교통계획

교통수요 이론과 모형

윤대식

박영사

『교통계획』을 내면서

『교통수요분석』이라는 제목으로 처음 책을 낸 것이 2001년이다. 이 책이 출판된 후 저자는 독자들로부터 많은 격려와 조언을 받았다. 이러한 격려와 조언을 바탕으로 이번에 책의 제목과 내용을 수정·보완하여 새로운 책을 내게 되었다.

이번에 새로운 책을 내게 된 것은 다음과 같은 이유 때문이다. 첫째는 교통수요분석이 교통계획의 가장 핵심적인 부분이어서 기존의 『교통수요분석』에다 일부 내용만 추가하면 『교통계획』이라는 책을 만들 수 있다고 판단했기 때문이다. 물론 『교통계획』에서 다루어야 할 내용적 범주에 대해서는 교통수요분석에 초점을 둘 수도 있고, 교통계획과 관련된 의사결정이나 정책에 초점을 둘 수도 있다. 아무튼 이번에 새롭게 내는 책은 전통적인 『교통계획』 교과서들의 내용적 범주를 따라 교통수요분석에 초점을 둔다. 한편 새로운 책을 내게 된 두 번째 동기는 그 동안의 강의 경험을 바탕으로 책의 내용을 재구성하고 최근의 교통계획 관련 이슈들을 포함해야 할 필요성을 느꼈기 때문이다.

이 책에서는 기존 『교통수요분석』의 내용을 바탕으로 수정·보완이 이루어졌다. 수정·보완이 이루어진 주요 내용은 다음과 같다.

첫째, 기존 『교통수요분석』에다 새로운 장(章)으로 교통계획의 의의를 다루는 장(章)과 교통계획 대안의 평가(비용-편익분석)를 다루는 장(章)을 추가하였다. 새로운 2개 장(章)을 추가하면서 기존 『교통수요분석』과 융합과 조화를 시도하였다.

둘째, 기존 『교통수요분석』에서 내용의 개정이 필요하거나 추가적으로 논의가 필요한 부분에 대해 수정·보완이 이루어졌다. 예컨대 최근 새로운 이슈가 되고 있는 빅 데이터의 활용이나 자율주행차의 도입과 관련된 내용을 '교통계획의 미래와 새로운 가능성'을 다루는 제14장에서 추가하였다.

　　셋째, 기존 『교통수요분석』에서 발견된 부적합한 표현이나 오류를 수정하고 보완하였으며, 부분적인 내용의 추가나 삭제가 이루어졌다. 아울러 부록에는 책의 내용을 이해하고 예제와 연습문제를 푸는 데 필요한 확률분포표를 실었다. 이러한 일부 내용의 추가나 삭제는 그 동안의 강의 경험을 바탕으로 내용의 중요도와 필요성을 고려하여 이루어졌다.

　　새로운 책을 내는 과정에서 몇 사람의 도움을 받았다. 영남대학교 도시공학과의 정연식 교수는 강의와 연구로 바쁜 일정에도 불구하고 원고의 일부를 읽고 소중한 의견을 주었다. 그리고 영남대학교 대학원에 재학 중인 김종진 군은 독자의 입장에서 원고를 검토하고, 교정작업을 적극적으로 도와주었다. 아울러 새로운 책의 출판을 위해 여러 모로 힘써 주신 박영사의 안종만 회장님과 관계자 여러분께 고마운 마음을 전한다.

2018년 1월

저자 씀

『교통수요분석』 머리말

　　다양한 형태로 나타나는 교통문제의 합리적 해결을 위해서는 교통수요
에 영향을 미치는 요인들은 무엇이며, 이들 요인들은 각기 교통수요에 얼마
만큼 영향을 미치는가를 과학적인 방법론을 이용하여 규명하고 예측하는 것
이 필요하다. 이 책은 교통수요를 결정하는 요인들을 밝혀내고 아울러 장래
교통수요의 예측을 위해 필수적으로 요구되는 분석기법을 소개하고, 이들 분
석기법이 실제로 어떻게 적용될 수 있는지를 소개하기 위하여 집필되었다.

　　『교통수요분석-이론과 모형』이라는 이름으로 이 책을 집필하게 된 중요
한 이유는 그 동안 우리 말로 쓰여진 교통수요분석 교과서가 거의 없었다는
점이다. 우리 말로 쓰여진 교통계획 관련서적에서 교통수요분석을 다루고 있
기는 하지만 어려운 내용을 압축적으로 설명한 까닭에 독자들이 교통수요
분석기법에 대하여 이해하는 것은 쉽지 않았다. 특히 많은 교통계획 관련서
적에서 교통수요 분석기법에 대해 설명하면서 예제를 통한 풀이과정이 제시
되지 않아 그렇지 않아도 어려운 교통수요 분석기법에 대한 독자들의 이해
가 피상적일 수밖에 없었던 한계가 있었다. 바로 이러한 점이 이 책을 집필
하게 된 중요한 배경이 되었다.

　　이 책의 집필은 저자가 1년간(1998. 8〜1999. 8) 해외파견교수로 미국
Purdue University에 머물면서 시작되었다. 그 후 귀국해서 미국 체류기간
동안 완성하지 못한 일부 원고를 추가적으로 집필하면서 이제야 결실을 맺
게 되었다. 저자는 이 책을 집필하면서 한 가지 원칙을 일관성 있게 유지하
고자 노력하였다. 그것은 가급적 어려운 수학이나 통계학의 도움이 없이도

쉽게 이해가 가능하도록 교통수요 분석기법을 소개하자는 것이었다. 교통수요 분석기법의 기본원리가 그렇게 어려운 것이 아닌데도 불구하고 교통수요 분석기법을 소개하기 위하여 어려운 수학적 표현만을 사용하면서 기본원리에 대한 설명이 부족할 경우에는 학생들이나 실무자들은 분석기법의 활용에 대해 두려움과 거부감을 갖게 되는 것이 사실이다. 이러한 점을 인식하여 저자는 학생들과 실무자들에게 어렵게만 느껴지는 교통수요 분석기법을 가능한 한 쉽게 설명하고자 노력하였다. 이러한 노력의 일환으로 개별 분석기법에 대하여 설명한 후에 예제와 이의 풀이과정을 상세하게 제시하여 독자들이 쉽게 이해할 수 있도록 하였다.

　　이 책에서 저자는 교통수요의 분석과 예측을 위한 이론과 모형, 그리고 알고리즘을 광범위하게 소개하려고 시도하였다. 저자는 이 책에서 다루어야 할 내용의 구성을 위해 많은 외국서적들의 내용을 검토하였으며, 유학시절이나 해외파견교수 기간 중에 작성하거나 수집한 강의노트도 상세히 검토하였다. 이 책은 다음과 같이 모두 5편으로 구성되어 있다.

　　제1편에서는 교통수요분석의 이론적 기초로서 교통수요의 경제이론, 교통수요분석의 접근방법과 이슈를 다룬다. 교통수요의 경제이론에서는 교통수요의 개념과 특성, 교통수요와 공급, 그리고 수요와 공급의 균형 개념을 살펴본다. 교통수요분석의 접근방법과 이슈에서는 교통수요분석의 개념, 연구범위, 접근방법을 살펴본다. 아울러 접근방법과 관련된 기타 이슈를 논의한다.

　　제2편에서는 교통수요분석의 접근방법 가운데 가장 전통적인 4단계 교통수요 분석기법을 구체적으로 살펴본다. 4단계 교통수요분석을 위하여 보편적으로 많이 활용되는 분석기법을 이론과 모형을 중심으로 살펴본다.

　　제3편에서는 개인 혹은 가구 단위의 비집계자료(disaggregate data)를 이용하여 다양한 측면의 통행 선택행태를 분석할 수 있어 그 활용이 증가추세에 있는 확률선택모형(probabilistic choice model)을 구체적으로 살펴본다. 확률선택모형의 이론적 배경, 모형의 추정, 가설검정 등 다양한 이슈들을 구체적으로 다룬다.

제 4 편에서는 네트워크 균형모형을 살펴본다. 교통수요자의 통행경로 선택행태를 가장 잘 반영하는 것으로 알려진 사용자균형(user equilibrium) 모형을 구체적으로 살펴보고, 이를 시스템최적(system optimum) 모형과 비교하여 살펴본다.

제 5 편에서는 교통수요분석의 미래를 살펴본다. 교통계획의 방법론으로서 교통수요모형의 이슈와 전망, 그리고 발전방향을 논의하고, 정보화 기술(information technology)의 발달과 함께 그 활용이 증가될 것으로 전망되는 ITS(Intelligent Transportation Systems)와 GIS(Geographic Information Systems)의 교통수요분석에의 활용가능성을 논의한다.

이 책은 교통수요분석을 공부하는 학부 및 대학원 학생들뿐만 아니라 교통계획 및 정책과 관련된 업무를 다루는 실무자와 연구자들에게도 유용한 참고서적이 될 것으로 본다. 이 책을 한 학기 강의용으로 사용하고자 할 경우에는 강의제목과 강의자의 취향에 따라 내용을 적절히 취사선택하여 사용할 수 있을 것이다. 예컨대 기초적인 교통수요분석에 대한 강의를 위해서는 이 책의 제 1 편과 제 2 편을 중심으로 강의하면 좋을 것 같고, 중급 및 고급 교통수요분석의 강의를 위해서는 제 3 편, 제 4 편, 제 5 편을 중심으로 강의하면 무난하리라 본다.

이 책이 세상에 빛을 보기까지에는 음으로 또는 양으로 많은 분들의 도움이 있었다. 특히 서울대학교 환경대학원의 여러 교수님들은 저자의 미국 유학과 학문적 성장에 큰 울타리가 되어 주었다. 미국 유학생활 중에 교통수요분석의 방법론에 대해 많은 가르침을 주신 The Ohio State University의 Philip Viton 교수, Mark McCord 교수, Morton O'Kelly 교수, 그리고 1년간의 해외파견교수 시절 동안 연구와 원고집필에 많은 도움을 주신 Purdue University의 Kumares Sinha 교수, Jon Fricker 교수, Srinivas Peeta 교수께 감사드린다. 그리고 현재 미국에 체류중인 윤성순 박사는 이 책의 원고의 일부를 읽고 귀중한 조언을 해 주었다. 한편 영남대학교 대학원의 김상황 군, 이윤경 양, 안영희 양은 이 책의 교정작업을 적극적으로 도와주었다. 이외에도 일일이 모두 열거하기 어려우나 직접 또는 간접으로 도움을 주신 많은 분들에게도 이 자리를 빌어 고마운 마음을 전하고 싶다.

저자는 이 책을 집필하는 기간 동안 시종 무척 바쁜 생활을 해야 했다. 이제 오래 된 숙제를 제출하는 후련한 마음으로 이 책을 내놓으면서, 한편으로는 부끄러운 책을 내놓는 것이 아닌가 하는 두려운 마음이 함께 하는 것이 사실이다. 이 책의 내용은 계속 수정·보완하여 독자들에게 내놓을 것을 약속드리면서, 독자들과 동학(同學) 여러분의 질책과 비판을 겸허하게 받아들이고자 한다.

끝으로, 이 책의 출판을 위해 저자의 까다로운 주문도 마다하지 않고 여러 모로 힘써 주신 박영사의 안종만 회장님과 편집부 최상구 선생님께 고마운 마음을 전하고자 한다.

2001년 1월

저 자 윤 대 식*

e-mail: dsyun@yu.ac.kr

차 례

제1편 교통계획의 의의

제 2 편 교통수요분석의 이론적 기초

제 3 편　4단계 교통수요 분석기법

제 4 편 확률선택모형

제 5 편 네트워크 모형

제 7 편 교통계획의 미래와 새로운 가능성

부 록

색 인

제 1 편
교통계획의 의의

제 1 장

교통계획의 의의

제 1 절   교통의 의의

1. 교통의 개념

교통(transportation 혹은 transport)은 사람이나 물자(화물)를 어떤 장소 (origin)에서 다른 장소(destination)로 이동시키는 활동을 말한다. 그래서 교통현상은 지리적 공간상에서 일어나게 되고, 교통은 장소와 장소 간의 거리의 장벽을 극복하기 위한 행위로 볼 수 있다.

이러한 관점에서 본다면 통신(telecommunication) 또한 비슷한 기능을 가진다. 따라서 교통과 통신은 부분적으로 상호 대체적인 기능을 가진 것으로 평가할 수 있다. 최근 통신수단의 발달이 교통문제의 해결에 도움을 줄 것으로 전망하는 학자들이 많은데, 이러한 시각도 이들 두 가지 기능의 부분적인 대체 가능성에 입각하고 있다고 볼 수 있다.

이제 교통의 본질이 무엇인지 생각해 보자. 교통은 통근, 통학, 쇼핑, 레크리에이션, 사교, 관광, 화물수송 등과 같이 인간에게 필요한 활동이 한 장소(주거지 등)에서 모두 이루어지지 않기 때문에 발생한다. 따라서 교통은 그 자체가 목적이 아니고, 사람들의 삶의 영위에 필요한 활동, 즉 목적을 보조해 주기 위한 수단적인 의미를 가진다.

2. 교통의 구성요소

교통은 다음의 3대 요소로 구성되어 있다(원제무, 1999: 5-6).

① 교통주체: 사람, 화물

② 교통시설: 도로, 철도, 항로, 교차로, 주차장, 정류장, 터미널, 철도역, 공항, 항만, 환승시설, 신호체계, 교통안전시설, 지능형 교통체계(Intelligent Transportation Systems: ITS) 등

③ 교통수단: 승용차, 버스, 도시철도(지하철, 경전철), 철도, 비행기, 선박 등

이들 3대 요소 가운데 교통주체를 뺀 교통시설과 교통수단을 교통시스템(transportation system)이라고 한다.

대표적인 교통시설인 도로를 기능별로 분류하면 다음과 같다(원제무, 1999: 17-18).

① 고속도로: 지역 간 교통을 연결해 주며, 교차로가 없는 도로

② 도시고속도로: 도시 내 교통을 연결해 주며, 신호등이 없는 도로

③ 외곽순환 고속도로: 도시 외곽에 출발지와 목적지를 둔 지역 간 교통을 도시 내로 신속하고 원활하게 연결하거나, 도시 내에서 도시 외곽 및 다른 지역으로 빠져 나가는 교통을 신속하게 처리해 주는 도로

④ 간선도로: 도시의 동맥(動脈)과 같은 기능을 발휘하며, 도시 내 장거리 교통을 처리해 주는 도로(간선도로는 다시 주간선도로와 보조간선도로로 구분)

⑤ 집분산도로: 가구(街區; Block)나 지구에서 발생하는 교통을 모아서 간선도로로 유도하고, 간선도로로부터 가구나 지구로 진입하는 교통을 모아서 국지도로로 접속시켜 주는 역할을 하는 도로

⑥ 국지도로: 공공의 도로에 접한 개인 영역(통행의 최초 출발지와 최종 목적지)으로의 접근을 위한 통로의 제공이 목적인 도로

한편 도로의 기능을 고려한 설계목적별로 ① 고속도로, ② 주간선도로, ③ 보조간선도로, ④ 집분산도로, ⑤ 국지도로의 5가지로 도로를 분류하기도 한다(도철웅, 1997: 296-298).

아울러 도로를 규모(도로폭원)별로 분류하면 다음과 같다(원제무, 1999: 19-20).

① 광로: 40m 이상 도로

② 대로: 25m 이상~40m 미만 도로

③ 중로: 12m 이상~25m 미만 도로

④ 소로: 12m 미만 도로

한편 교통수단 가운데 도시교통수단을 기능에 따라 세부적으로 분류하면 다음과 같다(원제무, 1999: 10).

① 개인교통수단: 승용차, 오토바이, 자전거 등

② 대중교통수단: 버스, 도시철도(지하철, 경전철) 등

③ 준대중교통수단(paratransit): 수요응답형 교통수단(Demand Responsive Transport or Transit: DRT) 등

④ 화물교통수단: 화물자동차, 트레일러 등

⑤ 보행교통수단: 도보

⑥ 서비스 교통수단: 소방차, 구급차, 우편차, 이동 도서관차, 청소차 등

교통은 궁극적으로 인간의 공간적 한계를 극복하기 위해 발생하는 활동으로, 교통시스템(transportation system)을 활용하고 교통시스템이 제공하는 서비스를 향유한다. 교통시스템은 역사적으로 오랫동안 진화하고 발전해 왔으며, 교통과 관련된 인간의 욕구(needs)를 충족시키고 다양한 교통문제를 해결하는 데 중요한 역할을 하여 왔다. 한편 인간의 활동시스템(activity system)은 교통수요(transportation demand)를 근원적으로 결정한다. 따라서 우리가 현실에서 관측하는 교통현상은 교통시스템과 활동시스템의 균형(equilibrium)의 결과로 볼 수 있다.

3. 교통의 공간적 분류

교통은 교통서비스의 대상지역에 따라 국가교통, 지역교통, 도시교통, 지구교통, 교통축교통으로 나누어지는데, 이들 각각을 구성하는 교통시스템(교통시설과 교통수단)은 다음과 같다(원제무, 1999: 8-9).

① 국가교통: 고속도로, 철도, 항공, 항만

② 지역교통: 고속도로, 철도, 항공

③ 도시교통: 도시고속도로, 간선도로, 이면도로, 승용차, 택시, 도시철도(지하철, 경전철), 버스

④ 지구교통: 보조간선도로, 이면도로, 골목, 주차장

⑤ 교통축교통: 간선도로, 교차로, 승용차, 택시, 도시철도(지하철, 경전철), 버스

4. 교통의 연구영역과 학문적 분류

교통문제는 주어진 교통시스템이 교통수요를 충족시키지 못하기 때문에 발생한다. 교통현상이 지리적 공간상에서 일어나는 것과 마찬가지로 교통문제 또한 지리적 공간상에서 일어나는데, 대부분의 교통문제는 공간계획(spatial planning)의 문제와 밀접한 연관성이 있다.

역사적인 관점에서 보면 교통문제는 산업화 및 도시화와 밀접한 연관성을 가지면서 나타났다. 농경사회에서는 인간의 주거지와 소득을 창출하는 터전은 바로 인접해 있었다. 따라서 농경사회에서는 통근을 위한 교통은 발생하지 않았고, 오늘날과 같은 교통문제 또한 없었다. 이러한 맥락에서 볼 때 교통문제는 도시적 생활양식과 산업생산구조에 기인한다고 볼 수 있다.

도시화는 산업화와 불가분의 관계에 있으며, 도시 인구는 대부분이 2차 산업과 3차 산업에 고용되는 것이 현실이다. 2차 산업과 3차 산업의 입지는 도시 내에서 자연히 주거지와 분리되고, 이러한 직주(職住) 분리는 교통문제의 중요한 원인이 되고 있다.

현대사회에서 나타나는 교통문제는 매우 다양하다. 도로교통 혼잡, 주차문제, 대중교통문제, 교통안전, 교통공해 등 다양한 교통문제를 해결하기 위한 노력이 실무적으로 지속되어 왔음은 물론이고, 학문적으로도 발전을 거듭하여 왔다. 현실적으로 당면한 다양한 교통문제를 해결하기 위한 학문적 노력은 교통계획(transportation planning), 교통공학(traffic engineering), 교통경제학(transportation economics)의 세 가지 영역으로 나누어져 이루어지고 있다. 이들 세 가지 연구영역을 구체적으로 살펴보면 다음과 같다.

교통계획(transportation planning)은 장래의 교통수요를 분석하고 예측하여 교통시스템(교통시설과 교통수단)의 공급·운영·관리 및 투자에 관한 계획을 수립하는 것을 다룬다. 따라서 교통계획은 교통수요의 분석과 예측, 교통시스템 투자의 경제성 분석을 포함한 교통계획 대안의 평가와 재원조달 등을 주로 다룬다.

교통공학(traffic engineering)은 교통시스템(교통시설과 교통수단)의 설계(design)와 운영(operation) 기법을 주로 다룬다. 따라서 교통공학은 교통류이론(traffic flow theory)을 바탕으로 다양한 교통시스템의 설계와 운영에 관련된 기술적인 분야를 주로 다룬다.

교통경제학(transportation economics)은 교통현상과 문제를 교통시장 (transportation market)에서 일어나는 현상으로 파악하고, 다양한 정책적 대안을 제시하는 데 관심을 둔다. 교통경제학의 전통적인 연구영역은 교통수요와 공급, 비용, 교통요금 및 가격 결정(transportation pricing), 교통부문에서의 시장실패(market failure), 교통산업과 정부규제, 교통투자분석 등이다.

한편 이상에서 살펴본 세 가지 연구영역은 상호 밀접한 연관성을 가진다. 현대사회가 봉착하는 대부분의 교통현상은 교통시설의 용량(capacity) 및 운영과 연관되어 있다. 따라서 교통계획과 교통경제학이 분석의 대상으로 하는 교통현상을 과학적으로 분석하기 위해서는 교통공학의 도움을 필요로 한다. 도로, 철도 등에서 나타나는 교통현상은 교통공학의 이론을 바탕으로 하지 않으면 설명이 불가능하다. 뿐만 아니라 교통계획의 경우에는 장래의 교통수요를 분석하고 예측하는 것이 가장 중요한 연구영역인데, 이를 위해서는 교통경제학의 기여가 결정적이라고 볼 수 있다.

제 2 절 교통계획의 의의

1. 교통계획의 개념

Faludi(1973)는 계획(planning)을 어떤 정책목표를 달성하기 위한 과학적 방법론의 탐색과정으로 정의하였다. 따라서 계획이란 정책의 유효성 (validity)을 증대시키기 위한 노력으로 볼 수 있다. 다시 말해 주어진 사회 시스템 내에서 설정된 목표를 실현하기 위한 수단 발견의 과정을 계획이라고 할 수 있다(윤대식, 2011: 3).

교통계획(transportation planning)은 사람이나 물자(화물)의 공간적 이동을 원활하게 하기 위한 목적을 달성시키는 계획이다(김대웅, 2006: 103). 교통계획도 Faludi(1973)가 정의한 일반적인 계획의 개념과 비슷하게 정의할 수 있는데, 다음과 같은 일련의 과정(process)으로 정의할 수 있다(Meyer and Miller, 1984: 8-9).

① 교통과 관련하여 이루어져야 할 의사결정 형태(교통계획 대안)의 이해

② 장래의 기회(opportunities)와 한계(limitations)에 대한 평가

③ 교통계획 대안 선택에 따른 장단기 영향(consequences)의 확인

④ 교통계획 대안의 평가(계획목표와 대안적 의사결정의 관련성 확인)

⑤ 의사결정자에게 필요한 정보의 제시

2. 교통계획의 목표

교통계획의 목표는 계획의 기간(장기, 중기, 단기 등), 대상(국가, 지역, 도시, 지구, 교통축 등), 여건 등에 따라 다소 다르게 설정될 수 있으나, 교통계획의 일반적이고 중요한 목표를 살펴보면 다음과 같다(원제무, 1999: 55-56).

① 교통시스템의 효율성(efficiency) 제고

교통수요를 충족시키기 위해 승객 수송을 최대한으로 증가시키고, 승용차의 이용을 가급적 억제하여 대량수송이 가능한 대중교통수단 위주로 교통서비스를 공급하고, 교통시스템의 생산성을 높이는 것을 말한다.

② 교통서비스의 질적 향상

승객과 화물을 수송하는 데 소요되는 통행(수송)시간과 통행(수송)비용을 줄이고, 안전성과 쾌적성을 확보하는 것을 말한다.

③ 교통서비스의 공평한 배분(형평성 제고)

도시 전역에 균형 있는 교통서비스를 공급하고, 모든 통행자들에게 이동성(mobility)을 확보해 주며, 장애인·고령자·어린이·저소득층에게 교통서비스에 대한 접근성을 높이는 것이다.

④ 다른 계획 또는 정책과의 조화

교통시스템은 토지이용, 도시개발, 도시구조, 도시경제, 도시미관, 도시행정 등과 밀접한 관련성을 가지기 때문에 모든 부문의 계획 및 집행과 최대한 조화되고 통합되어야 한다.

⑤ 환경적 악영향의 최소화

자동차 배출가스로 인한 대기오염을 최소화하고, 교통소음·먼지·진동을 줄이고, 도시미관의 악영향과 에너지 소비를 감소시키는 것이다.

3. 교통계획의 수단

앞서 살펴본 교통계획의 목표를 달성하기 위한 수단들(tools)을 계획 대

상별로 구분하여 살펴보면 다음과 같다(원제무, 1999: 56-58).

(1) 토지이용

교통시스템에 가장 큰 영향을 미치는 것은 토지이용시스템(land use system)이고, 교통시스템의 성과(performance)를 부분적이나마 근원적으로 결정짓는 것도 토지이용시스템이다. 따라서 교통계획의 목표를 달성하기 위한 가장 중요한 수단은 토지이용(land use)이라고 할 수 있다.

토지이용을 통해 교통문제를 개선할 수 있는 방법으로는 단핵도시구조의 다핵도시구조로의 전환, 직주근접을 유도할 수 있는 토지이용계획 수립, 혼합적 토지이용(mixed land use)의 활성화, 압축도시(compact city)의 실현 등이 있다. 아울러 교통영향을 최소화할 수 있도록 아파트단지, 공업단지, 유통단지, 터미널 등의 배치와 입지선정이 이루어져야 한다.

한편 최근에는 대중교통 중심개발(Transit Oriented Development: TOD)의 일환으로 도시철도(지하철, 경전철) 역세권의 고밀 개발이 새로운 경향으로 나타나고 있다. 대중교통 중심개발은 시민들의 승용차 의존도를 줄임으로써 대중교통 분담률을 높일 수 있을 것으로 기대된다.

(2) 도 로 망

도로망 계획은 도시의 여건과 계획의 구체적인 목표에 따라 수단이 다소 달라질 수 있다. 도심의 교통 혼잡이 심각한 도시의 경우에는 도심 통과 교통의 최소화를 위한 순환도로의 확충과 정비가 바람직하다. 그러나 도심 지향적인 간선도로의 확충은 도심을 통과하는 교통을 유발시켜 결과적으로 주요 간선도로와 연결된 도심의 일부 중로(中路)나 소로(小路)의 교통체증을 더욱 악화시키는 부작용을 초래할 수도 있다. 도로는 매우 복잡하게 연결되어 있어 일부 구간의 확장만으로는 제 기능을 발휘하지 못한다. 따라서 도로의 계층구조와 기능을 고려한 도로망의 체계적인 정비가 필요하다.

우리나라 대부분의 도시에서 간선도로로 활용되는 광로(廣路)와 대로(大路)는 비교적 잘 정비되어 있으나, 중로와 소로는 정비가 미흡하다. 이러한 이유 때문에 교통량이 간선도로에 집중되어 간선도로의 교통 혼잡을 가중시키고, 도로별 기능분담이 불분명한 문제점을 나타내고 있다. 따라서 현재 노

상주차로 인해 도로의 기능이 상실되어가는 중로의 기능을 부활시키는 것도
중요한 과제이다.

(3) 대중교통

대중교통은 도시에서 발생되는 대규모의 교통수요를 효율적으로 처리할
수 있는 교통수단이기 때문에 매우 중요한 도시교통계획의 수단이라고 할
수 있다. 아래에서는 도시의 대표적인 대중교통수단인 버스와 도시철도에 대
해 살펴보고, 최근 들어 대중교통의 이용 편리성을 제고하기 위해 도입되고
있는 환승시설에 대해 살펴보기로 한다.

① 버스

먼저 '도시의 균형적 발전'이라는 다소 거시적인 목표를 달성하기 위해
서는 버스노선이 도시 전역에 균형적인 서비스를 공급하도록 계획되어야 한
다. 한편 '버스 서비스의 향상'이라는 목표를 달성하기 위한 구체적인 수단
으로는 버스 서비스의 정시성 확보, 차내 승객혼잡 감소, 승객안전 확보 등
을 들 수 있다. 그리고 '버스 이용자에 대한 통행 우선권 부여'라는 목표를
달성하기 위해서는 버스전용 차선제와 같은 수단이 동원될 수 있다.

한편 도시철도가 건설되어 운영되고 있는 도시들의 경우 버스와 도시철
도 간에는 상호 경쟁적인 관계가 아니라, 상호 보완적인 기능분담이 필요하
다. 그리고 버스와 도시철도 간에는 연계수송체계가 마련되어야 한다. 아울
러 도시의 특성과 여건에 따라 버스도 간선(幹線) 운행 혹은 지선(支線) 운
행으로 구분되어 운영될 필요가 있다.

② 도시철도

먼저 '부도심 형성에 따른 교통의 분산'이라는 목표를 달성하기 위해서
는 도심에서 부도심까지 도시철도를 확충하고, 부수적인 수단으로 주거지에
서 부도심까지 연계교통수단(예: 지선버스)을 확충하는 대안이 검토될 수 있
다. 그리고 '대도시와 주변 위성도시의 연결강화'라는 목표를 달성하기 위해
서는 해당지역의 여건과 교통수요에 적합한 도시철도(예: 광역급행철도, 경전
철)를 도입할 수 있을 것이다.

도시철도의 경우 해당 지역의 교통수요에 따라 다양한 수송용량을 가진
도시철도의 공급이 검토될 수 있는데, 중량전철(重量電鐵), 중량전철(中量電

鐵), 경전철(輕電鐵: Light Rail Transit) 가운데 선택이 가능하다. 특히 경전철은 건설비용이 적게 소요되어 중량전철(重量電鐵 및 中量電鐵)의 공급이 비경제적일 것으로 판단되는 지역에서 적극적으로 검토될 수 있다.

③ 환승시설

최근에는 대중교통의 이용 편리성을 제고하기 위해 다양한 유형의 환승시설이 도입되고 있다. 대중교통은 문전(door-to-door) 서비스를 제공할 수 없는 한계를 가지고 있어 다양한 유형의 환승(예: 도시철도-버스, 도시철도-승용차, 도시철도-자전거, 도시철도-도시철도, 버스-버스)이 수반될 수밖에 없는 한계를 가진다. 이러한 환승의 수요를 충족시키기 위해 편리하게 환승할 수 있는 환승주차장, 복합환승센터, 대중교통환승센터의 공급과 확충이 무엇보다 중요하다. 특히 대중교통의 수송 분담률을 높이기 위해서는 환승시설의 충분한 공급과 확충이 이루어져야 한다.

(4) 교통운영

도로, 주차장 등과 같은 교통시설의 공급만으로는 늘어나는 교통수요를 만족시킬 수 없다. 도로나 주차장과 같은 교통시설의 물리적 공급을 위주로 하는 교통계획은 오히려 승용차를 위주로 하는 도로교통수요를 증가시켜 교통체증을 다시 유발하는 악순환을 되풀이할 수 있다. 그리고 교통시설의 공급은 많은 투자재원의 소요에도 불구하고 그 운영이 효율적이지 못할 경우 투자효과는 미흡하게 된다. 교통문제의 해결을 위한 1차적 과제는 기존의 교통시설을 효율적으로 이용하는 방법이며, 이는 다양한 교통체계관리(Transportation System Management: TSM) 기법을 활용함으로써 가능하다.

도시의 교통체계관리는 교통시설의 운영방법을 개선하여 교통 혼잡을 줄이는 방안, 특히 피크 시간대 교통 혼잡을 줄일 수 있는 방안이 검토되어야 한다. 이를 위해서는 버스에 통행의 우선권을 주는 버스전용 차선제 혹은 버스우선 신호제의 활용, 일방통행제의 도입, 교차로구조 개선, 교차로 신호체계의 조정 및 개선 등의 방안이 강구될 수 있다.

한편 최근에는 교통수요관리(Transportation Demand Management: TDM) 기법이 많이 활용되고 있는데, 이는 교통시스템을 이용하는 시민들의 통행행태 변화를 유도하여 교통 혼잡을 완화시키는 관리기법을 말한다. 교통

수요관리에는 교통시설에 대한 새로운 투자를 수반하지 않는 승용차 부제
운행, 도심통행료의 부과, 다인승 차량에 대한 통행 우선권 부여, 출퇴근 시
차제 등이 해당한다.

　　아울러 최근에는 지능형 교통체계(Intelligent Transportation Systems:
ITS)를 도입하여 교통운영의 효율성을 높일 수 있는 새로운 방법들이 계속
나타나고 있다. 특히 최근 들어 도로정보와 차량정보를 실시간으로 공유하는
C-ITS(Cooperative Intelligent Transportation Systems) 기술을 도입하여 교
통운영과 교통안전을 동시에 개선시키기 위한 노력을 진행하고 있다. 따라서
지능형 교통체계가 향후 교통운영의 새로운 가능성과 지평을 여는 데 큰 기
여를 할 수 있을 것으로 본다.

(5) 녹색교통

　　녹색교통(도보, 자전거 등)은 상대적으로 최근에 들어서 관심을 끌고 있
는 영역에 속한다. 우선 도보를 위한 교통계획 대안으로는 보행 동선의 연결
성 확대, 보도 폭원의 확폭, 차량과 보행자 간 상충지점의 최소화, 보도블록
의 정비 등이 있다.

　　자전거를 위한 교통계획 대안으로는 자전거도로의 연결성 확대, 자전거
전용도로의 확보, 차량과 자전거 간 상충지점의 최소화, 자전거주차대의 충
분한 확보 등이 있다. 한편 최근에는 공공자전거(public bike)의 도입이 국내
외 대도시를 중심으로 활발히 이루어지고 있는 만큼, 도시의 여건에 따라 공
공자전거의 도입도 적극적으로 검토될 수 있을 것이다.

제 3 절　교통계획과정

1. 일반적인 계획과정

　　계획과정(planning process)은 계획의 유형에 따라 달라질 수 있지만, 그
기본적인 흐름은 전통적인 합리적-종합적 계획(rational-comprehensive
planning)의 과정을 근간으로 한다. 합리적-종합적 계획은 과학적 지식과 방
법론을 동원하여 계획목표를 달성하기 위한 수단을 합리적으로 찾아내는 이

상주의적 접근방법이다. Simon(1957)의 말대로, 합리적-종합적 계획에서 합
리성(rationality)은 목적(ends)과 수단(means)의 연결고리를 만드는 데 필요
하며, 이러한 수단적 합리성(instrumental rationality)을 확보하기 위하여 계
량분석(quantitative analysis)과 같은 과학적 방법론이 동원된다(윤대식,
2011: 3).

Banfield(1973)는 합리적-종합적 계획의 과정을 ① 현황 분석(analysis
of situation), ② 목표의 구체화(end reduction and elaboration), ③ 행동, 즉
수단의 설계(design of courses of action), ④ 각 대안이 미칠 영향의 비교평가
(comparative evaluation of consequences)의 4단계 과정으로 요약하고 있다.

Lee(1973)는 계획의 4단계 과정을 ① 시스템 묘사와 문제 정의(system
description and problem definition), ② 대안 탐색 및 분석(solution generation
and analysis), ③ 평가 및 선택(evaluation and choice), ④ 집행 및 모니터링
(implementation and monitoring)의 단계로 요약하고 있다.

그리고 Krueckeberg and Silvers(1974)는 계획의 4단계 과정을 ① 목표
설정(goal formulation), ② 시스템 분석(system analysis), ③ 계획 평가(plan
evaluation), ④ 집행(implementation)의 단계로 요약하고 있다.

Lee(1973)와 Krueckeberg and Silvers(1974)의 4단계 계획과정은 기본적
으로 동일한 것으로 볼 수 있다. 〈그림 1-1〉은 Lee(1973)에 의해 제시된 계
획의 기본적인 4단계 과정을 나타내고 있다.

첫 번째 단계는 어떤 시스템의 현황을 파악하고 문제점을 인식하는 단

〈그림 1-1〉 계획의 4단계 과정

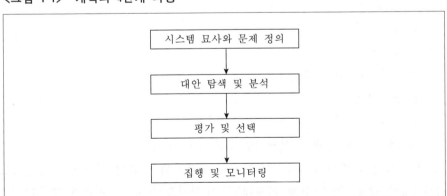

계이다. 이 단계에서는 먼저 현재 시스템의 구조(structure)와 성과(per-
formance)를 파악하기 위해 필요한 변수들을 찾아내고, 아울러 시스템의 목
표와 제약조건들을 도출하여야 한다.

두 번째 단계는 첫 번째 단계에서 도출된 시스템의 목표를 달성하기 위
한 다양한 대안(수단)들을 탐색해 보고, 아울러 각 대안의 파급효과(영향)들
을 예측하는 단계이다. 따라서 이 단계에서는 시스템의 목표를 달성할 수 있
는 대안의 선택범위를 파악할 수 있다.

세 번째 단계는 주어진 제약조건하에서 시스템의 목표를 가장 잘 만족
시키는 대안을 찾아내는 단계이다. 따라서 이 단계에서는 두 번째 단계에서
도출된 다수의 대안들과 이들의 파급효과들을 검토하고 평가하여 최적대안
을 선택하여야 한다.

마지막 단계는 선택된 최적대안을 집행하고 점검(모니터링)하는 단계이
다. 종합적인 계획이나 대규모 사업의 경우는 이 단계에서 다시 세부집행계
획(programming)을 수립해야 하며, 이때 선택 가능한 집행수단들의 평가와
가장 효율적인 집행수단의 선택 등 이른바 부분최적화(sub-optimization)를
위한 일련의 계획과정을 다시 거쳐 집행하여야 한다.

2. 교통계획과정

Stopher and Meyburg(1975)는 교통계획과정을 교통수요분석과 교통계
획 대안의 평가에 초점을 맞추어 다음의 7가지 단계로 구분하여 제시하였다.

① 현황자료 조사 및 정리
② 토지이용 예측
③ 통행발생
④ 통행분포
⑤ 교통수단 분담(선택)
⑥ 통행배정
⑦ 교통계획 대안의 평가

이러한 7가지 단계는 실제적인 교통계획과정으로 널리 알려져 있는데,
이 책의 내용적 범위도 교통수요분석과 교통계획 대안의 평가에 초점을 맞
춘다. 다만 이들 7가지 단계 가운데 ① 현황자료 조사 및 정리와 ② 토지이

용 예측은 이 책의 범위를 벗어나므로 다루지 않기로 하며, 나머지 5가지 단계와 관련된 내용을 이 책의 내용적 범위로 한다. 따라서 ③ 통행발생, ④ 통행분포, ⑤ 교통수단 분담(선택), ⑥ 통행배정, ⑦ 교통계획 대안의 평가라는 5가지 단계에 대한 상세한 설명과 구체적인 분석방법은 이 책의 제3장에서부터 다룰 것이다.

　　한편 Meyer and Miller(1984)는 교통계획과정을 의사결정과정까지 포함하여 〈그림 1-2〉와 같이 제시하였다. 그림에서 보는 바와 같이 의사결정과정까지 포함하면 교통계획과정은 크게 ① 문제 진단과 자료관리, ② 분석과 대안평가, ③ 스케줄링과 예산 확보, ④ 모니터링의 4단계로 나누어진다. 이들 4단계 가운데 ② 분석과 대안평가의 단계가 이 책의 내용적 범위에 해당하며, 이 단계에서 교통수요분석과 교통계획 대안의 평가를 주로 다룬다.

〈그림 1-2〉　의사결정 지향적인 교통계획과정

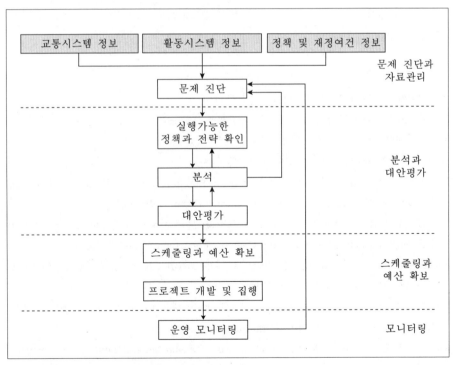

자료: M. D. Meyer and E. J. Miller(1984). *Urban Transportation Planning: A Decision-Oriented Approach.* New York: McGraw-Hill Book Co.: 10.

연습문제

1-1. 교통의 3대 구성요소에 대해 설명하시오.

1-2. 교통시스템의 개념을 설명하시오.

1-3. 교통계획(transportation planning)과 교통공학(traffic engineering)의 연구영역을 비교하여 설명하시오.

1-4. 교통계획의 중요한 목표는 어떤 것들이 있는지 설명하시오.

1-5. 교통계획의 목표를 달성하기 위한 수단들 가운데 토지이용을 통한 방법들은 어떤 것들이 있는지 설명하시오.

1-6. 도시철도가 건설되어 운영되고 있는 도시들의 경우 버스와 도시철도 간 기능분담의 방향에 대해 설명하시오.

1-7. 교통체계관리의 개념을 설명하고, 구체적인 사례를 들어 보시오.

1-8. 교통수요관리의 개념을 설명하고, 구체적인 사례를 들어 보시오.

1-9. Meyer and Miller(1984)가 제시한 의사결정 지향적인 교통계획과정을 설명하시오.

참고문헌

김대웅(2006). 도시교통계획. 서울: 형설출판사.

도철웅(1997). 교통공학원론(상). 개정판. 서울: 청문각.

원제무(1999). 도시교통론. 제2전정판. 서울: 박영사.

윤대식(2011). 도시모형론. 제4판. 서울: 홍문사.

Banfield, E. C.(1973). "Ends and Means in Planning". In *A Reader in Planning Theory*, A. Faludi, eds. Oxford: Pergamon Press: 139-149.

Faludi, A.(1973). "What is Planning Theory?: Introduction". In *A Reader in Planning Theory*, A. Faludi, eds. Oxford: Pergamon Press: 1-10.

Krueckeberg, D. A. and A. L. Silvers(1974). *Urban Planning Analysis: Methods and Models*. New York: John Wiley & Sons, Inc.

Lee, C.(1973). *Models in Planning: An Introduction to the Use of Quantitative Models in Planning*. Oxford: Pergamon Press.

Meyer, M. D. and E. J. Miller(1984). *Urban Transportation Planning: A Decision-Oriented Approach*. New York: McGraw-Hill Book Co.

Simon, H.(1957). *Administrative Behavior*. New York: The MacMillan Co.

Stopher, P. R. and A. M. Meyburg(1975). *Urban Transportation Modeling and Planning*. Lexington: Lexington Books.

제 2 편
교통수요분석의 이론적 기초

제 2 장

교통수요의 경제이론

제 1 절 교통수요의 의의

1. 교통수요의 개념

교통수요(transportation demand: 종종 travel demand로 쓰이기도 함)는 인간에게 필요한 각종 사회경제활동들이 지리적으로 흩어진 공간상에서 일어나기 때문에 발생한다. 즉 인간이 거주하는 장소에서 삶의 영위에 필요한 모든 활동을 수행할 수 없기 때문에 사람과 물자의 이동이 필요하며, 이러한 이동의 수요를 충족시키기 위해 교통수요가 발생하게 된다고 볼 수 있다.

어떤 개인은 교통에 대한 필요성과 그가 처한 환경을 바탕으로 하여 교통과 관련된 의사결정 즉 선택을 한다. 이러한 선택은 통행의 목적, 빈도, 시간대, 목적지, 교통수단에 대한 선택 등을 포함한다(Domencich and McFadden, 1975: 2).

교통수요는 교통시설이나 교통서비스 등으로 구성된 교통시스템을 이용하는 정도로 정의될 수 있다. 교통수요는 사람통행(person trip), 차량통행(vehicle trip) 등의 형태로 표현된다. 예컨대 어떤 도로를 이용하는 통행자수 혹은 차량대수, 항공기의 승객수, 철도의 화물톤수 등으로 표현된다(윤대식, 윤성순, 1998: 517: Kanafani, 1983: 2).

최근에는 교통수요를 나타내는 척도로 주어진 기간(예: 1일 혹은 1년) 동안 분석대상지역의 도로를 이용하는 모든 차량의 총통행거리를 나타내는 VKT(Vehicle Kilometers Traveled)가 이용되기도 한다. VKT는 교통량에다

차량통행거리의 개념이 추가된 것으로 교통수요의 종합적인 척도로 그 활용
이 증가추세에 있다.

교통수요는 일반적으로 구체적인 이용자나 구체적인 시간적 및 공간적
환경(혹은 범위)을 위해 정의된다. 예를 들면 교통수요는 평일의 어떤 도시내
두 특정 지점간의 차량 교통수요로 표현되거나, 주말의 두 특정 도시간의 항
공 교통수요로 표현된다.

관측된 교통량 그 자체는 주어진 교통시스템의 서비스수준에 의해 조정
된 것이다. 혼잡한 도로에서의 교통량은 진정한 교통수요를 표현하는 것은
아니며, 도로용량이 추가되면 교통량의 증가를 초래할 것이다. 따라서 교통
시설의 각기 다른 서비스수준에 따라 나타날 교통량의 변화를 표현하는 것
이 필요하게 되는데, 이렇게 표현된 것이 교통수요함수이다.

교통의 발생은 시간과 연료의 소비를 수반하는데, 이들은 모두 비용으
로 간주된다. 따라서 각기 다른 비용 수준 하에서 발생하는 교통량이 바로
교통수요(transportation demand)가 되며, 이 교통수요는 인간에 의해 이루어
지는 사회경제활동의 공간적 상호작용(spatial interaction)의 결과이다. 한편
특정 교통시설에서의 구체적인 교통량은 그 교통시설의 서비스 특성(즉 공급
특성)과 교통수요의 상호작용의 결과이다. 이러한 이유로 말미암아 일반적으
로 교통수요(transportation demand)와 교통량(traffic volume)은 다른 개념
으로 간주된다(Kanafani, 1983: 2).

〈그림 2-1〉은 Manheim(1979)에 의해 표현된 교통시스템(transportation
system), 활동시스템(activity system), 교통흐름(traffic flows)의 관계를 보여
준다. 그림에서는 이들 요소간의 관계가 세 개의 번호로 표현되어 있다.

①의 관계는 교통흐름의 패턴(출발지와 목적지, 통행경로, 교통량 등)은 교
통공급을 나타내는 교통시스템과 교통수요를 결정하는 활동시스템의 두 가
지 요소에 의해 결정됨을 보여준다.

②의 관계는 현재의 교통흐름의 패턴은 시간이 흐름에 따라 활동시스템
의 변화를 초래할 것임을 보여준다.

③의 관계는 현재의 교통흐름의 패턴은 시간이 흐름에 따라 교통시스템
의 변화를 초래할 것임을 보여준다.

<그림 2-1> 교통시스템, 활동시스템, 교통흐름의 관계

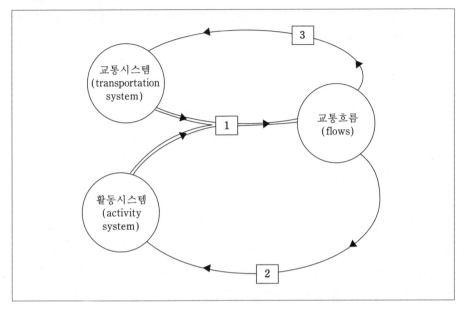

2. 교통수요의 특성

교통수요는 일반상품의 수요와는 다른 여러 가지 특성들을 가진다. 이러한 교통수요의 특성들을 정리하면 다음과 같다(Ortúzar and Willumsen, 1994: 3-4).

첫째, 교통수요는 매우 질적(qualitative)이고 분화된(differentiated) 특성을 가진다. 구체적인 교통수요는 통행의 목적, 시간대, 출발지와 목적지, 교통수단, 통행경로 등 다양한 특성으로 구분되는데, 이들 특성들을 구분하지 않고 교통수요를 분석하고 예측하는 것은 무의미하다고 할 수 있다.

둘째, 교통수요는 유발수요(derived demand)이다. 교통은 그 자체가 목적이 아니고 사람들의 삶의 영위에 필요한 활동 즉 목적을 지원하기 위한 수단적인 의미를 가진다. 즉 교통은 통근, 통학, 쇼핑, 레크리에이션, 사교, 관광 등의 활동을 지원하고, 각종 물자의 수송을 위해 발생한다. 교통수요의 이러한 특성으로 인해 인간활동 및 산업활동과 관련된 공간이동의 수요를 파악하는 것이 교통수요분석에서 중요하다고 할 수 있다.

셋째, 교통수요는 지리적인 공간상에서 발생한다. 교통수요를 근본적으로 결정짓는 각종 인간활동과 산업활동은 각기 떨어진 공간상에서 일어난다. 이러한 교통수요의 특성을 교통수요분석에서 고려하기 위해서 많은 경우 분석대상지역을 존(zone)으로 구분하고 네트워크(network)로 표현하는 것이 필요하게 된다.

넷째, 교통수요의 공간적 분포는 교통수요와 공급 사이의 균형 (equilibrium)에 큰 영향을 미칠 수도 있는 조정(coordination)의 어려움을 종종 초래하기도 한다. 예를 들면 인구 과소지역에서는 대중교통에 대한 수요 부족으로 인해 대중교통 공급의 경제성이 없는 반면에 인구가 밀집한 대도시의 경우 고급 대중교통 공급의 경제적 타당성이 존재하기도 한다.

다섯째, 교통수요는 특정 시간대에 집중적으로 발생하는 특성, 즉 동적 (dynamic) 요소를 가진다. 교통수요가 시간에 따라 변하는 특성은 교통수요 분석과 예측을 어렵게 하는 중요한 요소이다. 따라서 교통수요의 시간대별 변화를 예측하는 작업이 교통수요분석의 중요한 과제 중의 하나이다.

제 2 절 교통수요와 공급

1. 수요함수

경제학에서 수요함수(demand function)는 수요를 결정짓는 모든 변수들과 수요량의 관계를 표현한다. 교통도 일반상품이나 서비스와 마찬가지로 가격(비용), 시간, 기타 다른 서비스수준의 변화에 따른 수요량(즉 교통량)의 변화를 표현할 수 있는데, 이것이 교통수요함수가 된다.

한편 수요곡선(demand curve)은 가격과 수요량의 관계를 표현하며, 수요함수의 한 부분이다. 따라서 수요곡선에서는 수요에 영향을 미치는 가격 외의 다른 변수들은 고정(constant)되어 있음을 가정한다.

교통수요곡선은 교통시스템을 이용하는 데 드는 비용 즉 가격의 변화에 따른 교통량의 변화를 나타내는 곡선으로 〈그림 2-2〉에서 보는 바와 같이 일반상품의 수요곡선과 비슷한 모양을 가진다. 이 교통수요곡선에서 점 $A \rightarrow B \rightarrow C$로 이동하는 것처럼 가격의 변화에 따른 교통량의 변화를 '교통

〈그림 2-2〉 교통수요곡선

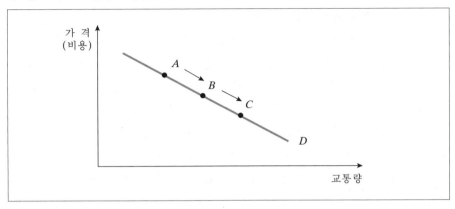

수요량의 변화'라 하며, 이는 주어진 수요곡선 상에서의 이동(movement)
이라고 할 수 있다.

한편 교통수요함수와 교통수요곡선의 관계는 개념적 정의에 따라 〈그림
2-3〉과 같이 나타낼 수 있다. 그림에서 우리는 3개의 교통수요곡선을 볼 수
있는데, 이들 각각의 수요곡선 D_1, D_2, D_3는 가격 외의 다른 변수들은 고정
되어 있음을 가정하면서 모두 가격(비용)과 교통량의 관계를 보여준다.

〈그림 2-3〉에서 3개의 교통수요곡선은 수요함수에서 가격 외의 다른 변
수들의 차이에 의해 만들어지는데, 예컨대 소득의 변화에 따라 교통수요가
변하는 경우가 여기에 해당한다. 이처럼 가격 외의 다른 외생변수(예: 소득)

〈그림 2-3〉 교통수요곡선의 이동

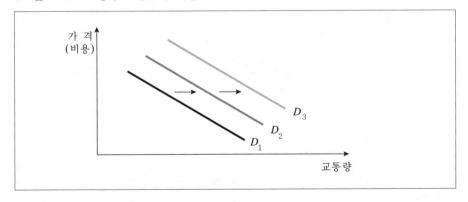

들의 변화에 의해 교통수요곡선 자체가 $D_1 \rightarrow D_2 \rightarrow D_3$로 이동(shift)하게 되는 현상을 '교통수요의 변화'라 한다.

그러므로 교통서비스 가격의 변화로 인한 교통수요곡선 상에서의 점의 이동(movement)인 '교통수요량의 변화'와 교통서비스 가격 외의 다른 요인들의 변화로 인한 교통수요곡선 자체의 이동(shift)인 '교통수요의 변화'를 혼동하지 않도록 주의하여야 한다.

교통수요란 가격과 교통수요량간의 전반적인 함수관계를 의미함에 반해, 교통수요량이란 주어진 교통서비스 가격하에서 실제로 수요되는 교통량을 의미하는 것이다. 그러므로 '교통수요의 변화'란 〈그림 2-3〉에서 보는 것처럼 교통수요곡선 자체의 이동(shift)을 의미하는 반면, '교통수요량의 변화'란 〈그림 2-2〉에서 보는 것처럼 주어진 교통수요곡선 상에서 한 점으로부터 다른 점으로의 이동(movement)을 의미하는 것이다.

2. 공급함수

공급함수(supply function)는 공급을 결정짓는 모든 변수들과 공급량의 관계를 표현한다. 예를 들어 대중교통 공급주체는 요금(가격)수준, 연료가격, 운전기사 임금, 차량 유지비용 등을 고려하여 교통서비스의 공급량을 결정하는데, 교통공급량에 영향을 미치는 변수와 교통공급량의 관계를 표현하는 것이 교통공급함수가 된다.

〈그림 2-4〉 교통공급곡선

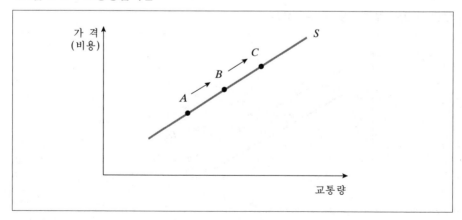

〈그림 2-5〉 교통공급곡선의 이동

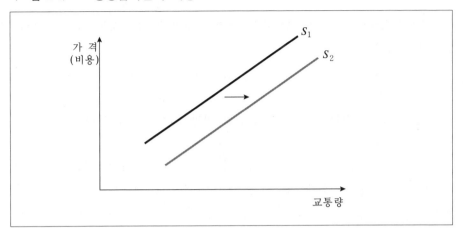

한편 공급곡선(supply curve)은 가격과 공급량의 관계를 표현한다. 따라서 공급곡선에서는 수요곡선에서와 마찬가지로 공급에 영향을 미치는 가격 외의 다른 변수들은 고정되어 있음을 가정한다.

교통공급곡선은 주어진 가격(요금)에서 교통공급주체가 제공할 의사가 있는 교통서비스의 공급량을 나타내는 곡선으로 일반적으로 〈그림 2-4〉에서 보는 바와 같은 모양을 가진다.

〈그림 2-5〉에서 교통공급곡선이 $S_1 \rightarrow S_2$로 이동하는 것을 공급곡선 자체의 이동(shift)이라 하며, 이것을 '교통공급의 변화'라고 한다. 교통공급곡선 자체의 이동(shift)은 교통시스템의 용량(capacity)이 변화할 경우에 나타난다. 예컨대 도로의 확장이나 대중교통시스템의 확충에 의해 교통공급곡선의 이동(shift)이 나타난다.

한편 앞서 수요함수를 논의할 때와 마찬가지로 '교통공급의 변화'와 '교통공급량의 변화'를 구분하는 것이 중요한데, '교통공급의 변화'란 〈그림 2-5〉에서 보는 것처럼 교통공급곡선 자체의 이동(shift)을 의미하는 반면, '교통공급량의 변화'란 〈그림 2-4〉에서 보는 것처럼 주어진 교통공급곡선 상에서 한 점으로부터 다른 점으로의 이동(movement)을 의미하는 것이다.

3. 수요와 공급의 균형

교통시스템에서 실제 교통량과 가격은 교통수요와 교통공급이 만나는 점에서 결정된다.

〈그림 2-6〉은 수요곡선과 공급곡선이 만나는 점에서 교통량과 가격이 결정되는 원리를 보여준다. 그림에서 수요곡선과 공급곡선이 만나는 점 O는 고려 중인 교통시스템 혹은 링크(link)를 위한 균형 교통량(V_0)과 가격(P_0)을 보여준다.

만약 균형 교통량보다 높은 교통량 V_1이 교통시스템을 이용하게 되면 통행의 가격은 공급곡선에 대응하는 P_1이 될 것이다. 그러나 교통량 V_1은 수요곡선에 따라 오직 가격 P_2에서 발생하며, 따라서 불균형이 발생하게 되는 것이다.

가격 P_1에서는 교통량 V_2가 교통시스템을 이용하게 될 것이다. 그러나 교통량 V_2에서는 통행의 가격은 P_3가 되고 또다시 불균형상태가 나타나게 된다.

가격이 P_3일 때, 교통량은 V_3로 증가하게 되고 가격은 다시 증가하게 될 것이다. 이와 같은 가격과 교통량의 불균형과 순환은 균형 교통량(V_0)과 가격(P_0)이 보장되는 점 O에 도달할 때까지 계속된다.

〈그림 2-6〉 교통수요와 공급의 균형

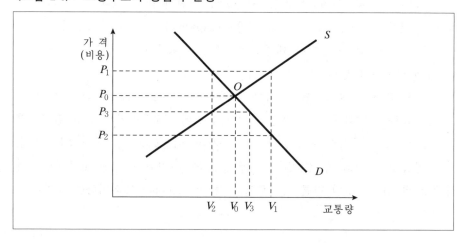

연습문제

2-1. 교통수요와 교통량의 개념을 비교하여 설명하시오.

2-2. 교통수요를 나타내는 척도로서 VKT의 유용성을 다른 척도와 비교하여 논의하시오.

2-3. 교통수요가 일반상품의 수요와 다른 특성을 설명하시오.

2-4. 교통수요에 영향을 미칠 수 있는 변수들은 어떤 것들이 있는지 논의하시오.

2-5. 교통수요곡선상의 이동(movement)과 교통수요곡선 자체의 이동(shift)의 개념상 차이를 설명하고, 어떤 요인에 의해 이들 현상이 발생할 수 있는지 논의하시오.

2-6. 교통공급에 영향을 미칠 수 있는 변수들은 어떤 것들이 있는지 논의하시오.

2-7. 교통시스템에서 균형이 달성되는 원리를 설명하고, 이러한 원리가 적용될 수 있는 전제조건을 논의하시오.

참고문헌

윤대식, 윤성순(1998). 도시모형론. 제 2 판. 서울: 홍문사.

Domencich, T. A. and D. McFadden(1975). *Urban Travel Demand: A Behavioral Analysis*. Amsterdam: North-Holland Publishing Co.

Kanafani, A.(1983). *Transportation Demand Analysis*. New York: McGraw-Hill Book Co.

Manheim, M. L.(1979). *Fundamentals of Transportation Systems Analysis. Vol. 1: Basic Concepts*. Cambridge: The MIT Press.

Ortúzar, J. de D. and L. G. Willumsen(1994). *Modelling Transport*. Second Edition, Chichester: John Wiley & Sons.

제 3 장

교통수요분석의 접근방법과 이슈

제 1 절 교통수요분석의 의의

1. 교통수요분석의 개념

교통수요분석(transportation demand analysis)은 교통수요와 그것을 발생시키는 사회경제적 활동의 관련성을 살펴보는 과정이다(Kanafani, 1983: 3). 교통수요분석의 과정에서 인간활동의 형태와 입지 등이 사람과 물자의 이동을 위한 수요를 결정한다. 제 2 장에서 살펴본 바와 같이 교통수요는 교통량과 교통비용(가격)의 관계에 의해 표현되기 때문에 교통수요분석의 결과는 한편으로는 교통량과 교통시스템 특성의 관계이면서, 다른 한편으로는 교통시스템 특성과 사회경제적 활동의 관계를 나타낸다.

교통수요분석의 가장 중요한 목적은 교통수요를 결정하는 요소는 무엇이며, 그리고 이들 요소는 어떻게 교통량의 변화에 영향을 미치는가 하는 것을 이해하는 것이다. 따라서 교통수요분석은 개별 링크(link)의 교통량 예측을 주요 목표로 하는 교통량 예측(traffic forecasting)과는 구별된다. 교통수요분석의 결과를 미래 교통량 예측을 위해 사용할 수 있는가의 여부는 예측자가 교통량에 영향을 미치는 요소들의 영향력을 이해하는 신뢰도와 교통수요모형에서 사용된 다양한 설명변수들을 예측할 수 있는 능력에 달려 있다. 교통수요모형이 교통량 예측과정에 중요한 투입요소임은 사실이지만 예측수단으로서는 한계를 가진다는 사실을 알아야 한다. 교통량의 단기 예측을 위해서는 교통수요분석을 위한 모형이 사용될 수 있지만, 예측기간이 길어질수록 교통수요모형이 교통량 예측을 위해 그대로 사용되는 것은 한계가 있을 수밖에 없는 것이 현실이다(Kanafani, 1983: 3).

한편 교통수요분석에서는 교통계획의 궁극적인 목표를 만족시킬 수 있는 모형의 개발이 필요한데, 이러한 목적을 충족시키기 위해서는 교통정책수단들의 효과를 분석할 수 있는 교통수요모형을 필요로 한다(Domencich and McFadden, 1975: 3). 교통수요모형이 충족시켜야 하는 이러한 필요조건이 바로 교통수요분석과 교통량 예측의 구분을 위한 또 하나의 논리적 근거를 제공한다고 볼 수 있다. 사실 링크 교통량 예측을 위해서는 교통수요분석을 위한 모형과는 다른 모형들이 주로 이용되어 왔다. 이들 교통량 예측모형들은 대부분 개인, 가구, 기업 등 교통발생주체들의 행태를 고려하지 않고, 연중 평균 1일 교통량(Annual Average Daily Traffic: AADT)을 종속변수로 하고 이에 영향을 미치는 주변지역의 토지이용 변수들을 설명변수로 하는 것이 대부분이다.

2. 교통수요분석의 연구범위

앞서 살펴본 교통수요분석의 개념과 성격을 고려할 때 교통수요분석의 연구대상은 교통수요를 결정하는 요소는 무엇이며, 이들 요소들은 얼마나 교통량의 변화에 영향을 미치는가의 인과관계를 분석하는 것이다. 따라서 교통수요분석을 위해서는 교통수요에 영향을 미치는 요소들을 살펴보고 이들의 관련성을 이해하는 것이 필수적이다.

교통수요분석은 통행을 발생시키는 개인, 가구(household), 기업의 의사결정을 기초로 하여야 한다. 개인, 가구, 기업의 많은 의사결정은 실질적인 통행발생과 불가분의 관련성을 가진다. 예를 들면 직장인의 직장 선택과 주거입지 선택 그 자체는 통행(trip)에 관한 의사결정이 아니라 하더라도 이들에 대한 선택은 결과적으로 직장인의 통행선택을 불가피하게 한다. 이러한 이유로 말미암아 개인 혹은 가구의 교통수요분석은 다음과 같은 측면의 선택행태를 살펴보아야 한다(Ben-Akiva and Lerman, 1985: 327-328).

① 직장입지
② 주거입지
③ 주택형태

④ 승용차 보유대수

⑤ 통근교통수단

⑥ 비통근통행의 빈도

⑦ 비통근통행의 목적지

⑧ 비통근통행의 통행시간대

⑨ 비통근통행의 교통수단

⑩ 통행경로

이들 각각의 선택 측면에 대한 선택행위는 상호 의존적인 성격을 가질 수 있다. 예를 들면 가구의 승용차 보유대수와 통근 및 비통근 통행의 교통수단 선택은 불가분의 관계를 가지는 경우가 많다. 다른 예로 비통근통행의 목적지와 이를 위한 교통수단 선택은 상호 의존적인 성격을 가진다. 이와 같은 선택행위의 상호 의존적인 성격으로 인하여 지나치게 많은 선택 측면의 상호 관련성을 모형정립에서 고려할 경우 모형은 매우 복잡하게 된다.

그러나 개인의 통행발생에 영향을 미치는 개인, 가구, 기업의 많은 의사결정과 선택은 위계질서(hierarchy)를 가진다. 예컨대 주거입지의 선택은 오랜 시간 간격을 두고 일어나지만 쇼핑통행과 레크리에이션 통행의 목적지와 빈도 선택은 하루 단위로 일어난다. 또한 어떤 선택은 가구 단위로 이루어지지만 어떤 선택은 개인 단위로 이루어진다. 따라서 교통에 관련된 개인, 가구, 기업의 의사결정과 선택은 크게 3단계로 계층화시켜 나타낼 수 있는데, 이는 〈그림 3-1〉에서 보는 바와 같다(Ben-Akiva and Lerman, 1985: 328-329).

첫 번째 단계에서는 도시개발에 관한 의사결정이 이루어지는데, 이는 장기적인 의사결정의 성격을 가진다. 이 단계에서 지방정부 및 고용주는 직장의 입지를 결정하고, 주택업자는 주택단지의 입지를 결정한다.

두 번째 단계에서는 가구의 이동성(mobility)에 관한 의사결정이 이루어지는데, 이는 중기적인 의사결정의 성격을 가진다. 이 단계에서는 가구 구성원의 직장, 주거입지, 주택형태, 승용차 보유대수, 통근교통수단에 관한 의사결정이 이루어진다.

세 번째 단계에서는 비통근통행에 관한 의사결정이 이루어지는데, 이는 단기적인 의사결정의 성격을 가지며 거의 하루 단위로 의사결정이 이루어진

〈그림 3-1〉 선택의 3단계 계층체계

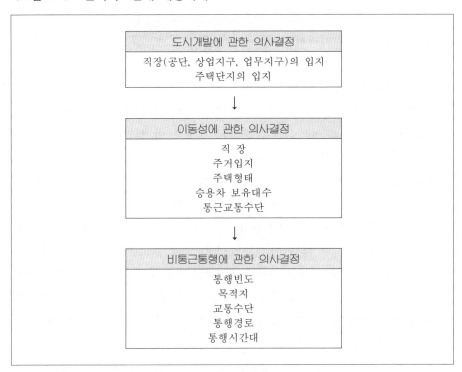

다. 이 단계에서는 비통근통행의 빈도, 목적지, 교통수단, 통행경로, 통행시간 대에 관한 의사결정이 이루어진다.

　　교통수요분석은 개인, 가구, 기업의 통행과 관련된 의사결정과 선택 행 태를 주요 연구대상으로 한다. 따라서 교통과 관련된 선택의 계층체계를 충 분히 이해하고, 이를 교통수요분석을 위한 모형정립과정에서 고려하는 것이 필수적이다.

3. 존의 구분

　　제2장에서 살펴본 바와 같이 교통수요는 지리적인 공간상에서 발생하기 때문에 분석대상지역을 존(zone)으로 구분(구획)하는 것이 필요하다. 존은 전 통적으로 교통수요분석을 위한 가장 기본적인 공간적 단위인데, 존의 구분을 위한 일반적인 기준은 다음과 같다(Ortúzar and Willumsen, 1994: 104).

첫째, 존의 크기는 모든 활동이 존의 센트로이드(centroid)에 집중되어 있다는 가정에 의해 발생하는 집계오차(aggregation error)가 너무 크지 않도록 구분되어야 한다. 따라서 많은 수의 작은 존으로 구분하여 자료를 수집하는 것이 편리하며, 그렇게 할 경우 나중에 분석의 목적에 따라 여러 가지 방법으로 집계하는 것도 가능할 것이다.

둘째, 존은 기본적인 자료집계의 단위이므로 행정구역과 일치해야 한다. 특히 센서스 존(census zones)과 모순되지 않도록 설정되는 것이 바람직하다.

셋째, 존은 가급적 토지이용과 인구구성이 동질적인 특성을 가지도록 구분되어야 한다. 예를 들어 소득수준이 매우 다른 센서스 존들은 비록 그 크기가 아주 작다고 하더라도 합쳐져서는 안 된다.

넷째, 존의 경계는 코든 라인(cordon lines) 및 스크린 라인(screen lines)과 모순되지 않도록 설정되어야 하며, 아울러 과거의 존의 경계와 모순되지 않도록 설정되어야 한다(코든 라인과 스크린 라인에 대한 상세한 설명은 임용택 외, 2013: 93-94 참조). 그러나 주요 도로를 존의 경계로 설정하는 것은 피해야 한다. 왜냐하면 존의 경계에서 출발하거나 끝나는 통행이 있을 때 이들 통행을 존으로 배정하는 데 어려움이 많기 때문이다.

다섯째, 존의 모양은 존의 센트로이드 커넥터(centroid connectors)를 쉽게 결정할 수 있도록 설정되어야 한다. 이는 나중에 존 내부의 특성들을 추정하는 데 특히 중요하다. 왜냐하면 어떤 하나의 존은 반드시 교통 네트워크의 자연적인 접근권역(natural catchment area)을 표현해야 하고, 접근비용을 나타낼 수 있도록 확인된 센트로이드 커넥터를 표현해야 하기 때문이다.

여섯째, 존은 동일한 크기(규모)로 구분될 필요는 없으며, 혼잡한 지역의 경우 혼잡하지 않은 지역에 비해 존의 크기가 작아야 한다.

제 2 절 교통수요분석의 접근방법

1. 직접수요모형

제 2 장에서 우리는 교통수요의 특성을 살펴보면서 구체적인 교통수요는 통행목적, 시간대, 출발지와 목적지, 교통수단, 통행경로 등 다양한 특성으로

구분된다는 사실을 살펴보았다. 따라서 이들 특성들을 구분하지 않고 교통수요를 분석하는 것은 무의미하다는 사실도 알 수 있었다.

　　직접수요모형(direct demand model)은 다양한 특성으로 구분된 구체적인 교통수요를 하나의 수요모형으로 분석하고 예측하는 것을 목적으로 한다. 일반적으로 직접수요모형은 다음과 같이 표현된다(Kanafani, 1983: 96).

$$T^p_{ijmrt} = f(D^p, S_{ijmrt})　　　　　　　　　　　　　　　　　　　　　\langle 3 \cdot 1 \rangle$$

　　단, T^p_{ijmrt} = 통행목적 p를 위해 출발지 i로부터 목적지 j로 교통수단 m과
　　　　　　　　통행경로 r을 이용해 t시간대에 통행하는 통행량
　　　　　D^p = 통행목적 p를 위한 수요변수의 벡터
　　　　　S_{ijmrt} = i, j, m, r, t에 의해 주어진 특성을 가진 통행을 위한 공급변수의
　　　　　　　　벡터

　　식 $\langle 3 \cdot 1 \rangle$에서 보면 수요변수와 공급변수의 벡터가 모형의 설명변수로 포함되어 있는데, 수요변수로는 인간의 활동수요를 나타내는 인구, 고용자수 등이 포함될 수 있고, 공급변수로는 통행시간, 통행비용 등이 대표적인 예이다. 한편 식 $\langle 3 \cdot 1 \rangle$에 표현된 직접수요모형의 종속변수 T^p_{ijmrt}에서 통행시간대를 나타내는 지수 t를 제거하면 1일 통행량을 위한 수요함수를 추정할 수 있어 모형이 단순화된다.

　　교통수요분석을 위해 실제로 직접수요모형이 활용된 것은 도시통행(urban travel)이 아니라 도시간 통행(intercity travel)이 대부분이다. 실제로 직접수요모형을 이용한 Quandt and Baumol(1966), Quandt(1968), Quandt and Young(1969), Howrey(1969) 등의 연구는 모두 도시간 통행수요를 분석대상으로 하였다.

　　도시간 교통수요의 경험적 분석을 위한 Quandt(1968)의 직접수요모형을 소개하면 다음과 같다.

$$T_{ijk} = \alpha_0 (P_i P_j)^{\alpha_1} (C_{ij}^b)^{\alpha_2} (C_{ijk}^r)^{\alpha_3} (H_{ij}^b)^{\alpha_4} (H_{ijk}^r)^{\alpha_5} (D_{ijk}^r)^{\alpha_6} (Y_{ij})^{\alpha_7} 　　　\langle 3 \cdot 2 \rangle$$

　　단, T_{ijk} = 출발지 i로부터 목적지 j로 교통수단 k를 이용해 가는 통행량
　　　　P_i, P_j = i와 j의 인구

C_{ij}^b = i와 j 사이의 가장 값싼 통행비용

C_{ijk}^r = i와 j 사이의 교통수단 k의 상대적 통행비용

H_{ij}^b = i와 j 사이의 가장 빠른 통행시간

H_{ijk}^r = i와 j 사이의 교통수단 k의 상대적 통행시간

D_{ijk}^r = i와 j 사이의 교통수단 k를 위한 상대적 출발빈도

Y_{ij} = i와 j의 1인당 평균소득에 따라 가중치가 부여된 i와 j의 인구의 합

$\alpha_0,\ \alpha_1,\ \alpha_2,\ \alpha_3,\ \alpha_4,\ \alpha_5,\ \alpha_6,\ \alpha_7$ = 파라미터

식 〈3·2〉에 포함된 C_{ijk}^r, H_{ijk}^r, D_{ijk}^r는 교통수단 k의 상대적 서비스 특성을 나타내는 변수로서 이용 가능한 교통수단 가운데 하나가 1의 값을 가질 때 교통수단 k가 갖는 상대적인 가중치이다.

2. 4단계 교통수요 분석기법

앞서 살펴본 직접수요모형은 출발지 i, 목적지 j, 교통수단 m, 통행경로 r, 통행시간대 t를 이용해 통행하는 통행량 T_{ijmrt}는 이들 5가지 교통선택 측면의 모든 대안들의 특성을 동시에 고려하여 선택행위를 하는 교통수요자들에 의한 동시적인 선택과정의 결과임을 가정하고 있다. 그러나 교통수요자들의 선택 혹은 의사결정 과정은 순차적인 선택과정을 거쳐 일어나는 것으로 가정하여 분석이 가능한데, 이 접근방법은 통행량 T_{ijmrt}를 예측하기 위해 교통수요자들의 선택과정을 명시적으로 모형화하는 시도이다(Kanafani, 1983: 98).

교통수요의 가장 중요한 요소는 다음과 같다.

① 주어진 목적을 위한 통행발생 여부의 결정(통행발생 : trip generation)

② 목적지의 선택(통행분포 : trip distribution)

③ 교통수단 선택(modal choice)

④ 통행경로 선택(통행배정 : trip assignment)

4단계 교통수요 분석기법은 이들 4가지 교통수요의 요소를 순차적으로 예측하는 방법으로 가장 전통적인 교통수요 예측방법으로 이용되어 왔다. 이 기법에 의하면 각 단계의 추정결과(outputs)는 다음 단계의 추정을 위한 투입요소(inputs)가 되는데, 교통수요의 4단계 예측과정은 〈그림 3-2〉에서 보는 바와 같다.

<그림 3-2> 4단계 교통수요 예측과정

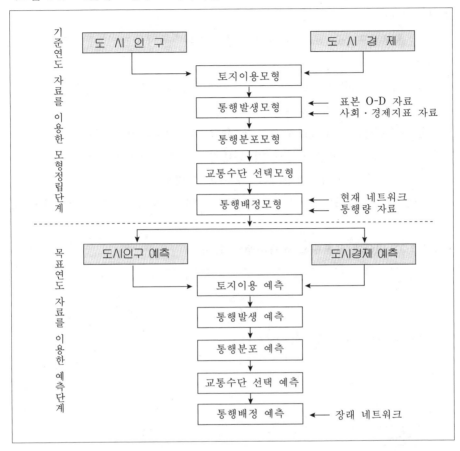

그림에서 중앙의 점선 윗부분은 통행발생, 통행분포, 교통수단 선택, 통행배정으로 구분된 현재의 교통수요를 수리적 모형으로 묘사하는 과정이다. 그림의 점선 아래 부분은 추정된 수리적 모형을 이용하여 장래의 교통수요를 예측하는 과정을 나타낸다(윤대식, 윤성순, 1998: 518).

　　다수의 존(zone)으로 구분된 분석대상지역을 위한 4단계 교통수요 예측과정의 각 단계의 내용을 더욱 구체적으로 살펴보면 다음과 같다.

　　① 통행발생(trip generation): 각 존의 1일 혹은 시간당 유출(production) 통행량과 유입(attraction) 통행량을 예측한다. 즉 통행발생단계에서는 각 존에서 나가고 들어오는 총통행량을 따로따로 예측한다. 그러나 통행발생단계

에서는 이들 통행량이 어디서부터 들어오고, 그리고 어디로 나가는지는 예측하지 않는다.

② **통행분포**(trip distribution): 출발지와 목적지간의 통행량(origin-destination flows: O-D flows)을 예측한다.

③ **교통수단 선택**(modal choice): 각 출발지와 목적지간의 통행량 가운데 각 교통수단별 이용 비율을 예측한다.

④ **통행배정**(trip assignment): 각 출발지와 목적지간을 특정 교통수단을 이용해 통행하는 통행량 가운데 각 통행경로별 통행량을 예측한다.

4단계 교통수요 예측과정의 각 단계를 그림으로 나타내면 〈그림 3-3〉과 같다. 4단계 교통수요 예측과정은 교통수요자의 의사결정과정을 정확하게 표

〈그림 3-3〉   **4단계 교통수요 예측과정의 단계**

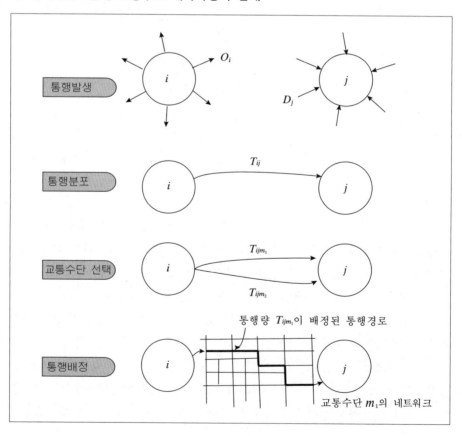

현한다기보다는 통행행태(travel behavior)의 복잡한 현상을 상대적으로 단순한 분석기법과 적절한 양의 자료를 이용해 분석할 수 있게 하는 접근방법이다(Meyer and Miller, 1984: 246).

4단계 교통수요 예측과정의 각 단계에 대한 이해를 돕기 위해 이들 과정을 단계별로 예시하여 나타내면 〈그림 3-4〉와 같다. 그림에서 보는 바와 같이 4단계 교통수요 예측과정의 마지막 단계인 통행배정단계에서는 주어진 통행시간대의 T_{ijmr}의 값을 알 수 있다. 아울러 우리는 T_{ijmr}을 이용해 통행(trip)에 대한 개념적 정의를 다음과 같이 내릴 수 있다. 즉 통행은 '주어진 시간대에 두 장소(혹은 두 존) i와 j간에 어떤 교통수단 m을 이용해 어떤 통행경로 r상에서 만들어지는 한 방향의 이동'으로 정의된다(Dickey, 1983: 178).

4단계 교통수요 분석기법은 분석기법의 간결성과 적절한 자료 요구량으로 말미암아 교통계획 실무에서 현재까지 널리 활용되어 오고 있다. 그럼에도 불구하고 이 분석기법은 다음과 같은 취약점을 가진다(Domencich and Mc-

〈그림 3-4〉 **4단계 교통수요 예측과정의 단계별 예시**

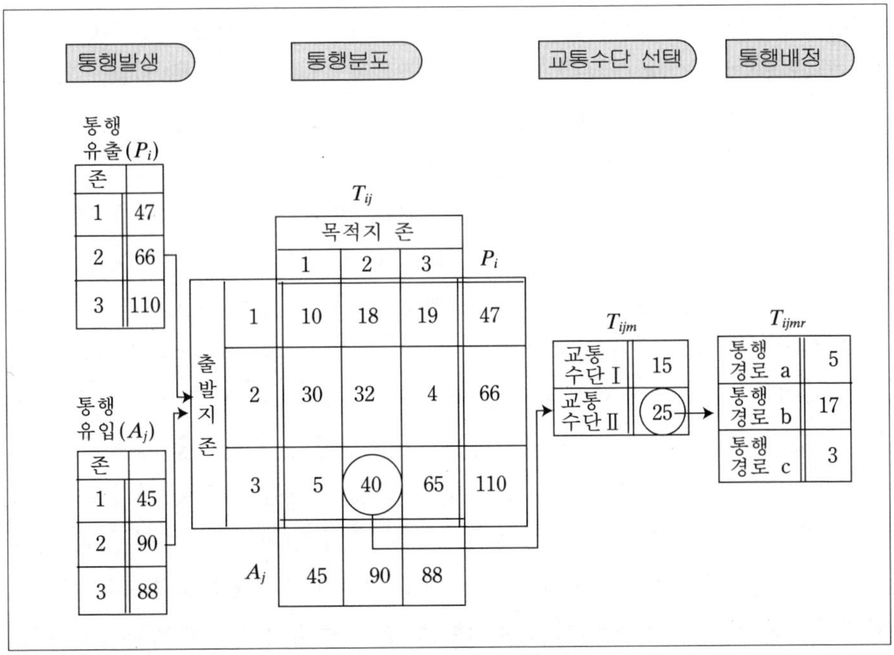

Fadden, 1975: 21-22; Oppenheim, 1995: 18-19; Boyce and Zhang, 1997: 1).

첫째, 4단계 교통수요 분석기법은 기본적으로 행태적인 측면(behavioral aspects)을 무시한다. 이 분석기법은 자료수집 시점에 존재하는 통행패턴의 결과를 나타낼 뿐이며, 다른 교통계획 대안들이 교통수요자들의 통행선택에 미칠 영향을 분석하는 데 한계를 가진다. 특히 교통수요자의 측면에서 보면 4단계로 구분된 교통수요는 모두 순차적인 의사결정의 과정 속에서 선택되는 것이 아니라, 둘 이상의 선택 측면이 동시에 고려되어 결정되는 것들이 많다. 예를 들면 교통수요자의 통행목적지 선택(통행분포), 교통수단 선택, 통행경로 선택(통행배정)은 상호 독립적이라기보다는 상호 영향을 미치는 교통수요의 요소이다.

둘째, 4단계 교통수요 분석기법의 각 단계에서 사용되는 대부분의 수요모형은 기본적으로 정책 지향적(policy-oriented)이지 못하다. 따라서 정책변수가 교통수요에 미치는 영향을 분석할 수 없는 여러 가지 한계를 가진다.

셋째, 통행시간대의 선택이 모형정립에 포함되지 않고 있다. 교통계획이나 교통운영에 있어 피크 시간대 교통수요와 시간대별 교통수요의 변화를 파악하는 것이 매우 중요함에도 불구하고 4단계 교통수요 분석과정에서는 이에 대한 체계적인 분석이 이루어지지 못한다. 아울러 통행시간대의 선택은 4단계 교통수요분석의 각 단계와 상호 밀접한 연관하에 이루어지는 경우가 많은 현실을 감안하면 통행시간대의 선택이 중요한 분석대상으로 간주되지 못하는 것은 분석의 한계라고 볼 수 있다.

넷째, 통행배정의 예측을 위해 사용되는 일부 모형(예: 사용자균형 통행배정모형, 용량제약 통행배정모형)을 제외한 대부분의 모형에서는 교통시스템에서의 균형(equilibrium) 개념이 무시되고 있다. 이러한 문제는 네트워크나 통행 목적지에 교통혼잡이 존재하는 경우 특히 심각한 예측의 오류를 초래할 가능성이 있다. 네트워크나 통행 목적지에 교통혼잡이 존재할 경우 교통수요자들의 행태를 고려하면 우리는 이러한 상황이 통행발생, 통행분포, 교통수단 선택, 통행배정의 각 단계에 모두 영향을 미칠 것으로 생각할 수 있다. 왜냐하면 이들 4단계의 선택 모두 교통시스템의 서비스수준에 따라 영향을 받는 것이 현실이기 때문이다. 그럼에도 불구하고 4단계 교통수요 분석기법에서는 이들 각각의 단계를 순차적이고 상호 독립적인 선택으로 간주한다.

이러한 이유로 말미암아 4단계 과정의 마지막 단계인 통행배정단계 외에는 교통혼잡을 고려하지 못하는 한계를 가진다.

다섯째, 4단계 교통수요분석에서는 4단계로 구분된 교통수요가 상호 독립적인 선택으로 간주되어 순차적인 과정을 거쳐 예측됨으로 인하여 각 단계에서 예측을 위해 사용되는 모형의 파라미터, 변수의 값 등이 각 단계간에 일치하지 않는 문제점이 있다. 예컨대 교통수단 선택단계에서 이용된 차량 통행시간과 통행배정단계에서 이용된 차량통행시간 변수의 값이 일관성을 유지하지 못하는 한계가 있다.

여섯째, 4단계 교통수요 분석기법의 각 단계에서 사용되는 대부분의 수요모형은 존(zone) 단위로 집계된 통행량과 사회경제적 변수를 이용하여 추정된다. 통행량과 이를 설명하는 각종 사회경제적 변수가 존 단위로 집계되어 개인 혹은 개별 가구의 평균값이 하나의 관측치로 이용된다. 따라서 개인혹은 가구의 통행행태, 사회경제적 특성 등을 포함한 유용한 정보들의 분석을 어렵게 한다. 예컨대 〈그림 3-5〉에서 보는 바와 같은 가구소득과 통행량의 관계를 나타내는 산포도(scatter diagram)를 보면 존 단위의 집계모형이 초래할 수 있는 예측의 오류를 충분히 짐작할 수 있다. 그림에서 보는 바와 같이 각각의 존(zone)내에서 가구소득과 통행량의 관계는 정(正, +)의 관계를 가지는 것을 볼 수 있는데, 존 단위로 집계된 평균값을 사용할 경우 이들

〈그림 3-5〉 가구소득과 가구통행량의 관계

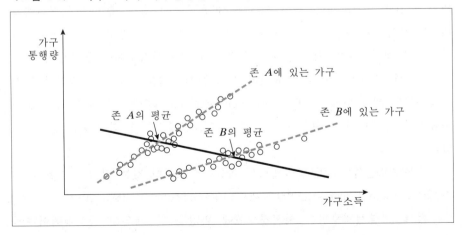

관계는 부(負, -)의 관계를 가질 것임을 알 수 있다.

4단계 교통수요 분석기법에 대한 구체적인 설명은 이 책의 제 3 편에서 다룰 것이다.

3. 확률선택모형

확률선택모형(probabilistic choice model)은 소비자의 선택행위이론에 근거하고 있다. 확률선택모형은 모든 의사결정주체는 선택 가능한 모든 대안들 중에서 가장 바람직하고 매력적인 대안을 선택한다는 사실에 기초를 두고 있다. 각 대안의 바람직함이나 매력의 정도는 대안의 특성(attributes)의 함수로 표현되는데, 이것이 바로 경제학적 용어로 효용함수(utility function)이다. 따라서 확률선택모형의 기본원리는 개별 의사결정주체는 선택 가능한 많은 대안들 중에서 효용을 극대화시키는 대안을 선택한다는 것이다(윤대식, 윤성순, 1998: 296).

확률선택모형이 활용되기 시작한 것은 전통적인 4단계 교통수요분석의 세 번째 단계인 교통수단 선택행태의 분석과 예측을 위해서였다(예: Warner, 1962; Lisco, 1967; Lave, 1969). 앞서 살펴본 바와 같이 4단계 교통수요 분석기법은 전반적으로 교통수요자의 행태를 분석하는 데 한계가 있고, 교통수요에 영향을 미칠 수 있는 정책변수의 효과를 분석할 수 없는 한계를 가진다.

따라서 존 단위의 집계자료(aggregate data)가 아닌 개인 혹은 가구 단위의 비집계자료(disaggregate data)를 이용하여 다양한 측면의 통행선택행태(예: 통행빈도, 목적지, 승용차 보유대수, 교통수단, 통행경로, 주거입지 등)를 분석하고 정책변수의 영향을 예측하기 위해 확률선택모형이 활용되어 오고 있다. 특히 최근에는 다양한 측면의 선택행태의 상호 관련성을 확인하고 지능형 교통체계(Intelligent Transportation Systems: ITS)의 도입에 따른 교통수요자의 행태변화를 확인하기 위해서 확률선택모형이 다양하게 활용되고 있다.

교통수요분석의 접근방법으로서 확률선택모형이 갖는 장점은 다음과 같다(Ortúzar and Willumsen, 1994: 209-210; Oppenheim, 1995: 20-21).

첫째, 확률선택모형은 미시경제학에 바탕을 둔 개인의 선택행위이론에 기초를 두고 있다. 확률선택모형은 개인의 통행 선택행태를 설명하기 위해 개인의 통행 그 자체에만 관심을 가지는 것이 아니라 통행과 관련된 활동시스템(activity system)에 대한 관심을 둔다. 개인의 선택행태를 설명하기 위해 모형이 추정되므로 전통적인 다른 모형들에 비해 시간과 공간상의 이전가능성(transferability)이 상대적으로 크다.

둘째, 확률선택모형은 존 단위로 집계된 자료가 아닌 개인이나 가구 단위의 자료를 이용하여 추정된다. 따라서 집계자료를 이용하는 전통적인 모형보다 정보활용(information usage)의 측면에서 훨씬 효율적이다. 확률선택모형에서는 개인 혹은 개별 가구의 선택이 하나의 관측치(an observation)로 사용되므로 다수의 개인이나 가구 자료가 집계되어 하나의 관측치로 사용되는 전통적인 접근방법보다는 효율적인 것으로 볼 수 있다. 아울러 전통적인 집계모형에서는 집계자료의 특성으로 인하여 개인의 선택행태가 분석되지 않음에 비해 확률선택모형은 개인의 선택행태를 분석할 수 있는 장점을 가진다.

셋째, 확률선택모형은 각 대안을 선택할 확률의 계산을 가능하게 한다. 아울러 여러 가지 측면의 선택행태를 모형으로 나타내고자 하는 경우에는 조건부 선택확률(conditional choice probability)의 곱으로 나타낼 수 있는데, 예를 들면 다음과 같다.

$$P(f, d, m, r) = P(f)\ P(d \mid f)\ P(m \mid d, f)\ P(r \mid m, d, f) \qquad \langle 3 \cdot 3 \rangle$$

단, f =통행빈도

d =목적지

m =교통수단

r =통행경로

넷째, 확률선택모형의 추정계수는 각 설명변수의 한계효용에 대한 해석을 용이하게 한다. 아울러 정책변수가 교통수요에 미치는 영향을 간편하게 분석할 수 있게 한다.

다섯째, 확률선택모형은 교통혼잡이 통행발생, 통행분포, 교통수단 선택, 통행배정의 4단계에 미칠 영향의 분석을 가능하게 한다. 집계자료를 이용하는 전통적인 4단계 분석기법에서는 이들 단계가 순차적으로 분석되고, 아울

러 이들 단계의 상호작용을 분석할 수 없는 한계가 존재한다. 그러나 확률선
택모형을 이용할 경우 이들 선택이 상호 영향을 미치는 것으로 모형정립이
가능하다.

　확률선택모형에 대한 상세한 설명은 이 책의 제 4 편에서 다룰 것이다.

제 3 절   교통수요분석의 기타 이슈

1. 횡단면자료 대 시계열자료의 분석

　1980년대 말까지 대부분의 교통연구는 어떤 한 시점에서의 개인 혹은
존 단위의 횡단면자료(cross-sectional data)의 분석에 의존하였다. 횡단면자
료를 이용하는 교통수요분석의 기본가정은 점진적인 교통정책의 변화에 대
한 수요에의 영향은 교통수요함수를 정책변수로 미분함으로써 쉽게 계산할
수 있다는 것이다.

　횡단면자료를 이용하는 교통수요분석의 이러한 가정은 다음과 같은 두
가지 심각한 문제점을 가진다(Ortúzar and Willumsen, 1994: 22).

　첫째, 어떤 횡단면자료의 경우 개인 혹은 가구의 선택에 영향을 미치는
어떤 핵심변수들의 관측값 변화는 특별한 이유 때문에 나타난 것일 수도 있
다. 예를 들면 시점의 변화에 따른 교통수단이나 주거입지의 변화는 휘발유
가격이나 가구의 생애주기(life-cycle) 등의 변화에 의해 초래되었을 가능성
도 있다. 이 경우 교통수단 및 주거입지의 변화와 휘발유가격 및 가구 생애
주기의 변화는 정확하게 같은 시점에 일어나지 않는다. 따라서 횡단면자료는
이들 변화의 인과관계를 파악하는 데 한계를 가질 수밖에 없다.

　둘째, 횡단면자료를 이용하여 추정한 모형은 자료수집 당시의 통행선택
과 설명변수간의 인과관계는 잘 표현할 수는 있으나 미래의 통행패턴을 예
측하는 데는 한계를 가질 수 있다.

　이와 같은 횡단면자료를 이용하는 교통수요분석의 취약점은 시계열자료
(time-series data)의 활용을 통해 극복이 가능하다. 더욱 신뢰할 수 있는 예측
모형의 구축을 위해서는 시계열자료를 이용하는 교통수요분석이 바람직하다
는 주장이 있다. 그럼에도 불구하고 시계열분석 역시 방법론 자체에 심각한

기술적 제약이 있으며, 따라서 시계열자료를 이용한 교통수요분석이 보편화되지는 못한 것이 사실이다(Ortúzar and Willumsen, 1994: 22-23).

2. 현시선호 대 잠재선호 접근방법

지금까지 대부분의 교통수요분석은 관측된 선택에 대한 자료, 즉 현시선호자료(revealed preferences data)를 바탕으로 이루어져 왔다. 현시선호자료를 이용한 교통수요분석은 현재의 교통시스템에 대한 교통수요자의 행태나 태도를 분석하고 이를 장래의 예측에 사용하는 것이다.

그러나 새로운 교통시스템이 도입될 경우 현시선호자료를 이용한 교통수요분석은 의미가 없게 된다. 현재 존재하지 않는 새로운 교통시스템이 도입될 경우 우리는 과거나 현재의 상태가 아닌 가상의 상황을 위한 교통수요자의 선택행태나 태도의 변화를 분석할 필요가 생긴다. 예를 들면 어떤 도시에 지금까지 없던 지하철이 새로이 도입될 경우 지하철에 대한 수요와 다른 교통수단에 미칠 파급효과를 분석하기 위해서 지하철요금이나 통행시간 등에 대한 가상의 상황을 설정하고 교통수요자의 선택행태나 태도의 변화를 분석할 수 있다. 이처럼 과거나 현재의 상황이 아닌 가상의 상황에서 조사된 개인의 반응이나 태도에 관한 자료를 잠재선호자료(stated preferences data)라 한다.

잠재선호자료는 조사대상자의 반응이나 태도가 과장되어 표현될 수 있다는 점이 취약점으로 지적된다. 이러한 문제점으로 말미암아 잠재선호자료를 이용한 교통수요모형은 신뢰성에 의문이 제기되는데, 이러한 의문은 가상적인 상황에서의 반응과 실제 상황에서의 행동의 차이에 기인한다. 잠재선호 접근방법이 갖는 이러한 제약에도 불구하고 현시선호와 잠재선호 접근방법은 상호 보완적인 방법으로 널리 인정되고 있다(Ortúzar and Willumsen, 1994: 23).

3. 통행기반 대 활동기반 접근방법

지금까지 교통수요분석은 대부분 '하나의 출발지(origin)에서 하나의 목적지(destination)로 가는 한 방향 이동(one-direction movement)'으로 정의되는 통행(trip)을 분석의 단위로 하였다. 이와 같은 통행기반 접근방법(trip-

based approach)은 실무분야에서는 물론이고 교통수요에 관한 학술연구에서
도 주종을 이루었다.

　　그러나 시간이 흐르면서 자동차의 대량보급과 개인의 자유시간 증가로
통근통행(work trip)에 비해 비통근통행(non-work trip)의 비중이 증가함에
따라 다양한 형태의 통행연계행태(trip-chaining behavior)가 나타나기 시작
하였다. 이러한 사회적인 변화를 교통수요 분석과정에서 고려하기 위한 시도
로 활동기반 접근방법(activity-based approach)이 1980년대 이후 나타나기
시작했다.

　　활동기반 접근방법은 통행발생을 유발하는 활동(activity)의 공간적, 시
간적 제약의 맥락 속에서 통행패턴을 분석하는 것으로 교통이 가지는 유발
수요적 성격(derived demand nature)의 명확한 인식에 기초를 두고 있다. 이
접근방법은 전통적인 통행기반 접근방법보다 교통현상을 폭 넓게 보려는 시
도로 볼 수 있다(윤대식, 1997: 36).

　　전통적인 통행기반 접근방법은 한 개인에 의해 만들어지는 각 통행은
다른 통행으로부터 분리되며, 따라서 독립적으로 분석될 수 있다는 가정을
전제로 한다. 이러한 이유 때문에 통행기반 접근방법은 한 개인 혹은 가구내
구성원들에 의해 만들어지는 통행들 사이의 관련성을 전혀 고려할 수 없으
며, 따라서 일정한 시간적 범위 내에서 만들어지는 개인의 통행패턴을 분석
하지 못한다.

　　Kitamura(1988)는 활동기반 접근방법의 연구영역을 다음의 4가지 영역
으로 구분하였다.

　　① 활동참여와 스케줄링(activity participation and scheduling)
　　② 통행에 관한 의사결정에 있어서의 상호작용(interaction in travel de-
　　　cisions)
　　③ 가구의 구조와 역할(household structure and roles)
　　④ 동태적 측면의 분석(analysis of dynamic aspects)
　　이처럼 활동기반 접근방법은 매우 폭 넓은 영역을 연구대상으로 하는
데, 다양한 방법론(methodology)이 이용되어 왔다. 특히 확률선택모형은 다
양한 측면의 개인 혹은 가구의 선택행태를 모형화 할 수 있는 장점이 있어
활동기반 접근방법에서 널리 이용되는 방법론 중의 하나이다.

제 4 절 책의 구성과 내용

이 책은 7개 편으로 구성되며, 각 편에서 다룰 내용은 다음과 같다.

제 1 편에서는 교통계획의 의의를 살펴본다. 구체적으로는 교통의 의의, 교통계획의 의의, 교통계획과정을 살펴보고, 아울러 이 책의 내용적 범위를 살펴본다.

제 2 편에서는 '교통수요분석의 이론적 기초'로서 교통수요의 경제이론, 교통수요분석의 접근방법과 이슈를 다룬다. 교통수요의 경제이론에서는 교통수요의 개념과 특성, 교통수요와 공급, 그리고 수요와 공급의 균형 개념을 살펴본다. 교통수요분석의 접근방법과 이슈에서는 교통수요분석의 개념, 연구범위, 접근방법을 살펴본다. 아울러 접근방법과 관련된 기타 이슈를 논의한다.

제 3 편에서는 교통수요분석의 접근방법 가운데 가장 전통적인 4단계 교통수요 분석기법을 구체적으로 살펴본다. 4단계 교통수요분석을 위하여 보편적으로 많이 활용되는 분석기법을 이론과 모형을 중심으로 살펴본다.

제 4 편에서는 개인 혹은 가구 단위의 비집계자료(disaggregate data)를 이용하여 다양한 측면의 통행 선택행태를 분석할 수 있어 그 활용이 증가추세에 있는 확률선택모형(probabilistic choice model)을 구체적으로 살펴본다. 확률선택모형의 이론적 배경, 모형의 추정, 가설검정 등 다양한 이슈들을 구체적으로 다룬다.

제 5 편에서는 네트워크 균형모형을 살펴본다. 교통수요자의 통행경로 선택행태를 가장 잘 반영하는 것으로 알려진 사용자균형(user equilibrium) 모형을 구체적으로 살펴보고, 이를 시스템최적(system optimum) 모형과 비교하여 살펴본다.

제 6 편에서는 교통계획 대안의 평가를 다룬다. 여기서는 교통계획 대안의 평가를 위한 비용-편익분석기법을 구체적으로 살펴본다.

제 7 편에서는 교통계획의 미래와 새로운 가능성을 살펴본다. 교통계획의 방법론으로서 교통수요모형의 이슈와 전망, 그리고 발전방향을 논의하고, 정보화 기술(information technology)의 발달과 함께 그 활용이 증가될 것으로 전망되는 ITS(Intelligent Transportation Systems), GIS(Geographic

Information Systems), 빅 데이터의 활용가능성을 논의하고, 자율주행차의 도입이 가져올 변화와 영향을 조망해 본다.

연습문제

3-1. 교통수요분석과 교통량 예측의 개념을 비교하여 설명하시오.

3-2. 교통수요분석의 연구범위를 설명하시오.

3-3. 4단계 교통수요 분석기법의 개념과 한계를 설명하시오.

3-4. 어떤 소도시는 3개의 존으로 구성되어 있는데, 이 도시를 위한 4단계 교통수요 예측과정은 〈그림〉과 같이 표현된다. 〈그림〉에서 x_1, x_2, x_3, x_4, x_5 의 값을 구하시오.

〈그림〉 4단계 교통수요 예측과정

| 통행발생 | | 통행분포(T_{ij}) 교통수단 선택(T_{23m}) 통행배정($T_{23, \text{승용차}, r}$) | | | | | | | |

통행 유출(P_i)		통행 유입(A_j)							
존	P_i	존	A_j	i \ j	존 1	존 2	존 3	교통수단	T_{23m}
1	50	1	60	존 1	15	x_3	15	승 용 차	20
2	x_1	2	75	존 2	20	30	30	대중교통	x_4
3	70	3	x_2	존 3	25	25	20		

승용차 통행경로	$T_{23, \text{승용차}, r}$
1	8
2	x_5
3	5

3-5. 확률선택모형의 유용성을 설명하시오.

3-6. 잠재선호 접근방법이 활용될 수 있는 상황을 설명하고, 그 한계를 설명하시오.

3-7. 활동기반 접근방법의 연구영역과 유용성을 논의하시오.

참고문헌

윤대식(1997). "통근통행자의 통행패턴 선택행태의 분석". 대한교통학회지, 제15권 제 4 호: 35-51.

윤대식, 윤성순(1998). 도시모형론. 제 2 판. 서울: 홍문사.

임용택, 백승걸, 엄진기, 김현명, 이준, 박진경(2013). 교통계획. 서울: 청문각.

Ben-Akiva, M. and S. R. Lerman(1985). *Discrete Choice Analysis: Theory and*

Application to Travel Demand. Cambridge: The MIT Press.

Boyce, D. E. and Y-F Zhang(1997). "Calibrating Combined Model of Trip Distribution, Modal Split, and Traffic Assignment". *Transportation Research Record* 1607: 1-5.

Dickey, J. W.(1983). *Metropolitan Transportation Planning.* Seond Edition, Bristol: Taylor & Francis.

Domencich, T. A. and D. McFadden(1975). *Urban Travel Demand: A Behavioral Analysis.* Amsterdam: North-Holland Publishing Co. .

Howrey, E. P.(1969). "On the Choice of Forecasting Models for Air Travel". *Journal of Regional Science,* Vol. 9, No. 2: 215-224.

Kanafani, A.(1983). *Transportation Demand Analysis.* New York: McGraw-Hill Book Co.

Kitamura, R.(1988). "An Evaluation of Activity-based Travel Analysis". *Transportation* 15: 9-34.

Lave, C. A.(1969). "A Behavioral Approach to Modal Split Forecasting". *Transportation Research,* Vol. 3: 463-480.

Lisco, T. E.(1967). *The Value of Commuters' Travel Time: A Study in Urban Transportation.* Ph. D. Dissertation, Department of Economics, University of Chicago.

Meyer, M. D. and E. J. Miller(1984). *Urban Transportation Planning: A Decision-Oriented Approach.* New York: McGraw-Hill Book Co.

Oppenheim, N.(1995). *Urban Travel Demand Modeling: From Individual Choices to General Equilibrium.* New York: John Wiley & Sons.

Ortúzar, J. de D. and L. G. Willumsen(1994). *Modelling Transport.* Second Edition, Chichester: John Wiley & Sons.

Quandt, R. E.(1968). "Estimation of Modal Splits". *Transportation Research,* Vol. 2, No. 1: 41-50.

Quandt, R. E. and W. J. Baumol(1966). "The Demand for Abstract Transport Modes: Theory and Measurement". *Journal of Regional Science,* Vol. 6, No. 2: 13-26.

Quandt, R. E. and K. H. Young(1969). "Cross-Sectional Travel Demand Models: Estimates and Tests". *Journal of Regional Science,* Vol. 9, No. 2: 201-214.

Warner, S. L.(1962). *Stochastic Choice of Mode in Urban Travel: A Study in Binary Choice.* Evanston: Northwestern University Press.

제3편
4단계 교통수요 분석기법

제 4 장

통행발생

제 1 절 분석의 기초개념

1. 통   행

통행(trip)은 '하나의 출발지(origin)에서 하나의 목적지(destination)로 가는 한 방향의 이동'으로 정의되는데, 대체로 하나의 통행목적을 충족시키기 위해 이동시간이 특정 시간(예: 5분)을 초과하거나 이동거리가 특정 거리(예: 300m 혹은 3 blocks)를 초과하는 것을 하나의 통행으로 본다. 한편 통행단(trip end)은 통행의 출발지 혹은 목적지를 뜻한다.

<그림 4-1> 통행, 통행사슬, 통행패턴의 구분(예)

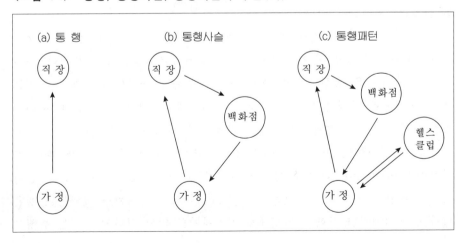

교통수요는 사람통행(person trip), 차량통행(vehicle trip) 등의 형태로 표현되므로 교통수요분석에서 통행이 가장 기본적인 분석단위가 된다. 하나의 출발지에서 출발하여 여러 목적지를 거친 후 다시 최초의 출발지로 돌아오는 통행사슬(trip chain)이나 하루 동안 일어나는 통행의 집합(set)으로 정의되는 통행패턴(travel pattern)이 교통수요분석의 대상이 될 수도 있으나, 전통적인 4단계 교통수요 분석기법에서는 개별 통행을 분석단위로 한다 (Meyer and Miller, 1984: 229).

통행은 여러 가지로 구분이 가능하다. 통행의 구분 가운데 가장 중요한 구분은 사람통행(person trip)과 차량통행(vehicle trip)으로의 구분이다. 교통수요분석의 목적에 따라 이 두 가지 통행 가운데 하나 혹은 모두가 분석의 대상이 된다.

통행은 그 목적에 따라 크게 통근통행(work trip)과 비통근통행(non-work trip)으로 구분된다. 통근통행은 직장인들의 출근과 퇴근을 위한 통행으로 대부분의 직장인들은 하루에 두 번의 통근통행을 한다고 볼 수 있다. 비통근통행에는 쇼핑통행, 레크리에이션 통행, 각종 사회활동을 위한 통행 등 다양한 통행이 포함된다. 통근통행은 출발지와 목적지, 통행빈도, 통행시간대 등이 대체로 고정되어 있어 분석이 용이하나, 비통근통행은 이들 통행의 요소가 모두 다양한 선택대안으로 구성되어 있어 분석이 상대적으로 어렵다. 통행을 그 목적에 따라 구분하는 중요한 이유는 통행목적에 따라 통행자의 통행행태가 크게 다르기 때문에 이러한 구분을 통하여 분석의 정확도를 높일 수 있기 때문이다.

통행은 하루중 시간대(time of day)에 따라 피크 시간대 통행(peak period trip)과 비피크 시간대 통행(non-peak period trip)으로 구분된다. 통행의 이러한 구분은 통행목적에 따른 통행의 구분과 불가분의 관계를 가지는데, 일반적으로 통행목적에 따라 하루중 시간대의 선택이 달라진다. 따라서 목적별 통행에 따라 통행시간대의 분포 비중에 차이가 존재한다.

통행은 통행단(trip end: 통행의 출발지 혹은 목적지)이 어디냐에 따라 가정기반(home-based: HB) 통행과 비가정기반(non-home-based: NHB) 통행으로 구분된다. 가정기반 통행은 가정(home)에서 시작하거나 끝나는 통행을 말하고, 비가정기반 통행은 가정에서 시작하지도 않고 끝나지도 않는 통행을 말한다(Meyer and Miller, 1984: 229). 아울러 가정기반 통행은 가정기반 통근(home-based work: HBW) 통행과 가정기반 비통근(home-based other: HBO) 통행으로 다시 구분이 가능하다.

2. 통행발생

통행발생(trip generation)은 전통적인 4단계 교통수요 예측과정의 첫 번째 단계로서 어떤 지역 혹은 도시내에서 구획된 교통 존(zone)에서 나가거나 혹은 들어오는 사람 또는 차량의 통행량을 예측하는 단계이다.

통행발생은 통행유출(trip production)과 통행유입(trip attraction)으로 구분된다. 통행유출과 유입은 통행의 방향(directions)에 따라 일률적으로 정의되는 것이 아니고, 통행 출발지와 목적지에서의 토지이용이 고려되어서 정의된다.

가정기반(HB) 통행에서는 가정에서 나가거나 가정으로 들어오는 통행 모두가 통행유출로 간주된다. 따라서 가정기반(HB) 통행에서는 출발지이든 혹은 목적지이든 상관 없이 가정이 아닌 통행단(a non-home end)은 통행유입으로 간주된다. 한편 비가정기반(NHB) 통행에서는 교통 존을 기준으로 하여 출발하는(나가는) 통행은 통행유출로 간주되고, 도착하는(들어오는) 통행은 통행유입으로 간주된다(도철웅, 1997: 165; Dickey, 1983: 178; Meyer and Miller, 1984: 246; Papacostas and Prevedouros, 1993: 313-314; Ortúzar and Willumsen, 1994: 114).

〈그림 4-2〉는 통행유출과 통행유입의 개념을 그림으로 보여주고 있다.

〈그림 4-2〉 통행유출과 통행유입

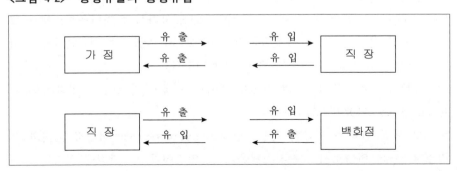

그림에서 보는 바와 같이 어떤 통행이 가정기반(HB) 통행인지 혹은 비가정
기반(NHB) 통행인지에 따라 통행유출과 통행유입의 구분이 달라진다.

　　이러한 통행유출과 통행유입의 개념으로부터 우리는 이들 개념이 출발
지(origin) 및 목적지(destination)의 개념과 다르다는 사실을 알 수 있다. 출
발지와 목적지의 구분은 통행의 방향에 따라 이루어지는 반면에 통행유출과
통행유입의 구분은 통행단(trip end)의 토지이용이 고려된다는 사실을 알 수
있다.

　　이제 통행유출 및 통행유입, 그리고 출발지(origin) 및 목적지(des-
tination) 구분의 차이를 요약하여 정리하면 다음과 같다. 가정기반(HB) 통
행에서는 통행유출 및 통행유입의 구분은 출발지 및 목적지 구분과 일치하
지 않는다. 반면에 비가정기반(NHB) 통행에서는 통행유출 및 통행유입 구
분과 출발지 및 목적지 구분은 항상 일치한다.

제 2 절　통행발생과 토지이용의 관계

1. 교통시스템과 토지이용시스템

　　어떤 도시나 지역을 지탱하고 유지시켜 주는 가장 중요한 두 가지 물리
적 요소는 교통시스템(transportation system)과 토지이용시스템(land use
system)이다. 토지이용계획이 다양한 인간활동에 필요한 토지의 양(量)을 분
석하여 이를 합리적으로 공간상에 배분시킴으로써 인간활동의 원활화와 적
절한 생활환경의 수준을 유지하는 데 그 목적이 있다면, 교통계획은 지리적
공간상에서 이루어지는 다양한 인간활동을 서로 신속하게 연결시켜 접근성
(accessibility)을 높여 주는 데 그 목적이 있다. 따라서 토지이용시스템과 교
통시스템의 관계는 '닭과 계란'과 같은 관계로서 상호 밀접한 연관을 지니
면서 작용한다고 할 수 있다(원제무, 1991: 16-17).

　　교통과 토지이용시스템의 관계에 관해서는 세 가지 관점이 있다(Chapin,
Jr. and Kaiser, 1979: 620-621).

　　첫 번째 관점은 인간의 활동패턴(activity pattern)을 지원하기 위한 서
비스시스템의 하나로서 교통시스템을 보는 입장이다. 이 관점에 의하면 교통

시스템은 개인, 기업, 조직들이 각기 공간적으로 분리된 장소에서 활동할 수 있도록 하는 하나의 서비스시스템으로 간주된다.

두 번째 관점은 토지이용이 교통수요의 중요한 결정인자로 간주되고, 또한 토지이용이 교통시스템의 성과(performance)를 부분적으로 결정짓는 것으로 보는 입장이다. 즉 이 관점은 토지이용을 교통계획의 정책투입요소 (policy input)로 보고 있다. 예컨대 우리는 종종 도심지역에서 고밀도 토지 이용을 하게 되는데, 이 경우에 도심의 교통혼잡이 악화되는 사례를 많은 도시들에서 살펴볼 수 있다. 이러한 두 번째의 관점은 첫 번째의 관점과 밀접한 관련이 있으며, 토지이용을 적절히 통제함으로써 교통문제를 해결할 수 있는 가능성을 시사한다.

세 번째의 관점은 교통시스템이 토지이용시스템에 미치는 영향을 부각시키는 관점으로 앞서의 두 가지 관점과는 반대되는 관점이다. 이러한 세 번째의 관점에 의하면 교통시스템의 변화가 토지이용에 중요한 영향을 미치게 된다. 일반적으로 교통망의 개발은 토지이용과 도시의 형태에 영향을 미친다. 도시성장의 역사를 더듬어 보아도 교통망의 형성과 발달이 도시의 공간구조를 만들어 왔음을 알 수 있다. 예컨대 전차나 지하철이 유럽과 미국 도시들의 공간구조 형성과 토지이용에 미친 영향을 우리는 쉽게 볼 수 있다.

2. 교통과 토지이용의 상호작용

교통과 토지이용의 상호작용은 〈그림 4-3〉에 보는 바와 같이 나타낼 수 있다. 그림에서 보는 바와 같이 인간의 활동시스템은 개인과 기업의 입지를 결정하고, 이들 입지결정은 인간의 활동패턴을 결정짓고 이는 다시 새로운 토지개발의 요인으로 작용한다. 이러한 토지개발은 다시 인간의 활동시스템을 변화시키는 순환과정이 이어진다.

한편 인간의 활동패턴은 통행과 관련된 의사결정에 결정적으로 영향을 미쳐 이것이 교통수요를 결정하게 된다. 교통수요는 교통시설과 서비스의 변화를 유도하여 궁극적으로 교통시스템에 영향을 미치게 되고, 교통시스템의 변화는 접근성(accessibility)의 변화를 초래하고 다시 인간의 활동시스템의 변화를 유도하게 되는 순환과정이 계속된다.

<그림 4-3> 교통과 토지이용의 상호작용

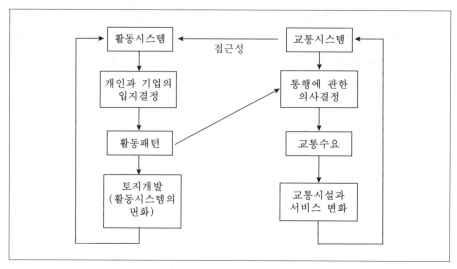

자료 : M. D. Meyer and E. J. Miller(1984). *Urban Transportation Planning : A Decision-Oriented Approach.* New York : McGraw-Hill Book Co.: 63.

3. 통행발생에 영향을 미치는 요소

교통과 토지이용의 관계는 앞서 살펴본 바와 같이 상호 불가분의 관계를 가진다. 따라서 통행발생에 토지이용이 미치는 영향은 절대적이라고 볼 수 있다. 토지이용 외에도 통행발생에 영향을 미치는 요소로는 가구의 사회경제적 특성과 교통시스템에의 접근성이 있다. 따라서 통행발생의 분석과 예측을 위해서는 이들 세 가지 요소가 고려되어야 한다.

(1) 입지(토지이용) 변수

가구의 통행발생에 영향을 미치는 입지(토지이용) 변수로는 교통분석을 위해 구획된 존(zone)의 인구밀도, 토지이용 유형(예 : 사무실, 공업, 상업, 학교, 병원, 극장, 공원), 토지이용 밀도 등이 있다. 이들 변수들은 어떤 시점에서 존의 공간적 특성인 토지이용에 따라 변하므로 입지 변수 혹은 토지이용 변수로 불린다.

(2) 사회경제적 변수

가구의 통행발생에 영향을 미치는 사회경제적 변수로는 가구의 차량보유대수, 가구소득, 가구의 구성원수, 가구당 고용자수, 가구의 생애주기(life-cycle), 가구주의 나이, 가구주의 직업 등이 있다. 이들 사회경제적 변수들은 시점의 변화에 따라 급격하게 변화할 소지가 크다는 점에서 예측의 어려움이 존재한다. 예컨대 가구의 승용차 보유대수는 시점의 변화에 따라 급격한 변화가 나타날 수 있다.

(3) 교통시스템에의 접근성

교통시스템에의 접근성을 나타내는 변수로는 대중교통시스템에의 접근성, 도로의 혼잡상태 등이 있다. 만약 어떤 존은 대중교통시스템(예: 버스, 지하철)에의 접근성이 좋고 어떤 존은 대중교통시스템에의 접근성이 좋지 않다면 이들 두 존은 차량 통행발생에 차이가 있을 것이다. 또한 각 존에 있는 도로의 혼잡상태에 따라 차량 통행발생량이 달라질 수 있다.

제 3 절 원단위법

1. 원단위법의 개요

원단위법(原單位法)은 통행은 토지이용 활동에 의해 발생한다는 가정을 기초로 한다. 원단위법은 용도별 토지면적(land area), 용도별 상면적(床面積, floor area), 용도별 토지이용 특성(예: 종합병원의 병상수, 예식장의 좌석수, 음식점의 좌석수) 등에 따라 통행발생량이 결정된다고 본다.

원단위법이 최초로 적용된 미국 시카고지역 교통연구(Chicago Area Transportation Study, 1956)에서는 용도별 토지면적(land area)당 통행발생 원단위가 사용되었다.

이 연구에서는 시카고지역을 도심(Central Business District: CBD)을 포함해서 8개의 링(ring)으로 구분하고, 구분된 링별로 토지용도별 면적당 사람통행 및 차량통행 발생 원단위를 조사한 후 이를 장래 통행발생량 예측을 위해 사용하였다. 용도별 토지면적(land area)당 통행발생 원단위는 다음과 같이 계산된다.

$$G_{lr} = \frac{T_{lr}}{A_{lr}}$$ 〈4·1〉

단, G_{lr} = 링 r의 토지이용 l의 통행발생 원단위

T_{lr} = 링 r의 토지이용 l에서 발생하는 통행단의 수

A_{lr} = 링 r의 토지이용 l의 면적

〈표 4-1〉은 시카고지역 교통연구에서 조사된 1일 사람 통행발생 원단위를 보여준다. 표에서 보는 바와 같이 동일한 용도라 하더라도 위치(도심으로부터의 거리)에 따라 토지면적당 사람 통행발생 원단위가 많이 다른 것을 볼 수 있는데, 이는 각 링별로 용도별 상면적(밀도)이 고려되지 않았기 때문이다.

최근에는 용도별 토지면적당 통행발생 원단위 대신에 용도별 상면적당 혹은 기타 다른 기준(예: 종합병원의 병상수, 예식장의 좌석수, 음식점의 좌석수)을 이용한 통행발생 원단위가 많이 이용된다. 용도별 토지면적 대신에 용도별 상면적 혹은 기타 다른 기준을 사용함으로써 건축밀도 및 토지이용의 집약도(intensity of land use)가 통행발생량의 예측을 위해 고려되는 장점이 있다.

〈표 4-1〉 시카고지역의 용도별 토지면적당 사람 통행발생 원단위(1956)

(단위: 사람 통행량/에이커)

링	도심으로부터의 평균거리(마일)	주 거	공 업	교 통	상 업	공공빌딩	공공녹지공간
0	0.0	2,228.5	3,544.7	273.1	2,132.2	2,013.8	98.5
1	1.5	224.2	243.2	36.9	188.7	255.5	28.8
2	3.5	127.3	80.0	15.9	122.1	123.5	26.5
3	5.5	106.2	86.9	10.8	143.3	100.7	27.8
4	8.5	68.3	50.9	12.8	212.4	77.7	13.5
5	12.5	43.0	26.8	5.8	178.7	58.1	6.1
6	16.0	31.2	15.7	2.6	132.5	46.6	2.5
7	24.0	21.1	18.2	6.4	131.9	14.4	1.5
평 균		48.5	49.4	8.6	181.4	52.8	4.2

예제 4-1   S시에서는 병원의 병상(bed)당 통행유출과 유입을 합쳐 하루 평균 14대의 차량통행이 발생하는 것으로 알려져 있다. 이 도시에서 200개의 병상을 가진 종합병원이 설립될 경우 하루 평균 차량 통행발생량을 예측하시오.

◆ 풀이 ◆   S시에서 200개의 병상을 가진 종합병원의 하루 평균 차량 통행발생량은 다음과 같이 예측된다.

14통행/병상 × 200병상 = 2,800통행/일

예제 4-2   D시에서는 30평형 아파트는 통행유출과 유입을 합쳐 하루 평균 6대의 차량통행을 발생시키고, 40평형 아파트는 하루 평균 8대의 차량통행을, 그리고 50평형 아파트는 하루 평균 10대의 차량통행을 발생시키는 것으로 원단위 조사결과 나타났다. 이 도시에서 새로운 아파트단지가 개발되고 있는데, 이 아파트단지는 30평형 아파트 200세대, 40평형 아파트 300세대, 50평형 아파트 100세대로 구성되어 있다. 이 아파트단지의 하루 평균 차량 통행발생량을 예측하시오.

◆ 풀이 ◆   D시에서 건설중인 새로운 아파트단지의 하루 평균 차량 통행발생량은 다음과 같이 예측된다.

$(200 \times 6) + (300 \times 8) + (100 \times 10) = 4,600$통행/일

2. 원단위법의 한계

　　원단위법은 그 분석방법의 단순성에도 불구하고 다음과 같은 한계를 가진다.

　　첫째, 원단위법은 기본적으로 어떤 시점의 통행발생 원단위가 장래에도 변하지 않을 것으로 가정하는데, 이러한 가정을 충족시킬 수 있는 상황은 현실적으로 많지 않을 것으로 보인다.

　　둘째, 원단위법의 적용을 통해 개별 존의 장래 통행발생량을 예측하기 위해서는 설명변수인 장래 토지이용에 대한 예측이 필수적으로 요구되는데,

과연 정확한 토지이용 예측이 가능한가 하는 문제가 제기된다.

셋째, 원단위법에서는 목적별 통행 비중의 변화를 고려하지 못한다. 가구당 통행발생량이 증가하는 경우 이는 목적별 통행 비중의 변화에 따라 나타날 수 있다. 예컨대 자유시간이 증가하면 통근통행의 비중이 상대적으로 줄어들고, 레크리에이션 통행 등의 비통근통행의 비중이 상대적으로 늘어날 것으로 보인다. 이 경우 통행발생량의 예측을 위해 원단위법을 적용하는 것은 한계를 가지게 된다.

넷째, 원단위법은 통행발생에 영향을 미치는 요소 가운데 토지이용과 관련된 변수만을 고려하여 개별 존의 통행발생량을 예측한다. 그러나 통행발생량의 예측을 위해 앞서 살펴본 가구의 사회경제적 변수(예: 가구의 승용차 보유대수, 가구소득)나 교통시스템에의 접근성 변수(예: 도로의 혼잡상태)를 고려하지 못하는 한계를 가진다.

제 4 절   교차분류 분석

1. 교차분류 분석의 개요

교차분류 분석(cross-classification analysis)은 카테고리 분석(category analysis)이라 불리기도 하는데, 이 방법은 통행과 관련된 사회경제적 특성에 따라 달리 나타나는 평균통행발생률(average trip rate)을 분석하여 장래 통행발생량을 예측하는 것이다.

교차분류 분석이 주거지 통행발생의 예측을 위해 사용될 경우 집단 분류의 기준으로 사용되는 사회경제적 특성으로는 가구소득, 가구당 차량보유대수, 가구당 가구원의 수 등이 있다. 통행발생에 영향을 미치는 각종 사회경제적 특성과 통행발생량의 관계를 살펴보는 교차분류 분석의 단위로는 주로 가구(household)가 사용된다. 교차분류 분석은 개별 가구를 사회경제적 특성에 따라 구분한 후, 이들 구분된 집단별로 평균통행발생률을 계산하여 장래 통행발생량을 예측한다.

〈표 4-2〉는 집단 분류의 기준으로 가구당 가구원의 수와 차량보유대수를 이용한 교차분류 분석의 과정을 예시하고 있다. 〈표 4-2〉의 (a)는 가구당

가구원의 수 및 차량보유대수별 가구수와 1일 통행발생량을 나타낸다. (b)는 (a)에 주어진 자료를 이용하여 계산된 가구당 평균통행발생률을 나타낸다. (c)는 분석대상 존의 장래 예상가구수를 나타낸다. (d)는 (b)와 (c)를 곱하여 계산한 1일 통행발생량 예측치를 나타낸다.

    교차분류 분석에서 어떤 존의 주거지 총통행발생량은 분류된 가구집단별 통행발생량의 합으로 계산되며, 이는 다음과 같이 표현된다.

$$O_i = \sum_h N_h R_h \qquad \langle 4 \cdot 2 \rangle$$

단, O_i = 존 i의 총통행발생량

     N_h = 분류된 사회경제적 특성들 중 h분류에 속하는 가구의 수

     R_h = h분류에 속하는 가구의 평균통행발생률

<표 4-2> 교차분류 분석의 과정

(a) 가구당 가구원의 수 및 차량보유대수별 가구수와 1일 통행발생량

(단위: 가구, 통행/일)

가구당 가구원의수	가구당 차량보유대수					
	0		1		2대 이상	
	가구수	통행발생량	가구수	통행발생량	가구수	통행발생량
1	925	1,098	1,872	4,821	121	206
2	1,471	2,105	1,934	6,129	692	1,501
3	1,268	1,850	3,071	13,989	4,178	19,782
4명 이상	745	1,509	4,181	18,411	4,967	25,106

(b) 가구당 평균통행발생률

(단위: 통행/일)

가구당 가구원의 수	가구당 차량보유대수		
	0	1	2대 이상
1	1.19	2.57	1.70
2	1.43	3.16	2.17
3	1.45	4.55	4.74
4명 이상	2.02	4.40	5.05

(c) 장래 예상가구수

(단위: 가구)

가구당 가구원의 수	가구당 차량보유대수		
	0	1	2대 이상
1	24	42	8
2	10	51	107
3	11	31	158
4명 이상	3	17	309

(d) 1일 통행발생량 예측치

(단위: 통행/일)

가구당 가구원의 수	가구당 차량보유대수			계
	0	1	2대 이상	
1	29	106	14	151
2	14	161	232	407
3	16	141	749	906
4명 이상	6	75	1,564	1,645
계	65	485	2,559	3,109

　　　교차분류 분석은 주로 주거지의 통행발생(통행유출) 예측을 위해 사용이 권장되지만(Dickey, 1983: 185), 비주거지의 통행발생 예측을 위해 사용될 수도 있다. 이 경우에는 산업의 유형(예: 공업, 소매업, 사무활동)과 고용의 밀도(예: 단위면적당 고용자수)가 집단별 평균통행발생률의 계산을 위한 분류의 기준으로 사용될 수 있다(Meyer and Miller, 1984: 250).

　　　한편 교차분류 분석에서 사회경제적 특성을 이용하여 집단 분류를 할 때 명심하여야 할 점은 다음과 같다.

　　　첫째, 교차분류를 할 때 각 세포(cell)에 속하는 관측치(observations)의 수가 충분히 많아서 계산된 평균통행발생률이 대표값으로서 의미가 있어야 한다.

　　　둘째, 교차분류를 할 때 각 세포에 속하는 개별 통행발생량 관측치들의 표준편차(standard deviation)가 크지 않도록 하여야 한다.

예제 4-3   S시의 어떤 존에 거주하는 모든 가구를 대상으로 하여 가구당 차량보유대수와 가구원의 수를 조사하고 이를 교차분류한 후 평균통행발생률을 계산한 결과는 〈표 1〉과 같다. 한편 이 존의 10년 후의 예상가구수는 〈표 2〉와 같이 전망된다. 10년 후 이 존의 1일 총통행발생량을 예측하시오.

〈표 1〉 평균통행발생률

(단위: 통행/일)

가구당 가구원의 수	가구당 차량보유대수		
	0	1	2대 이상
1	0.57	1.45	1.82
2	2.07	3.02	3.39
3	4.57	5.52	5.89
4명 이상	6.95	7.90	8.27

〈표 2〉 예상가구수

(단위: 가구)

가구당 가구원의 수	가구당 차량보유대수		
	0	1	2대 이상
1	100	300	150
2	200	500	100
3	150	210	60
4명 이상	20	50	0

◆ 풀이 ◆   식 〈4·2〉를 이용하여 10년 후 이 존의 1일 총통행발생량을 다음과 같이 예측할 수 있다.

$$O_i = (100 \times 0.57) + (200 \times 2.07) + (150 \times 4.57) + (20 \times 6.95)$$
$$+ (300 \times 1.45) + (500 \times 3.02) + (210 \times 5.52) + (50 \times 7.90)$$
$$+ (150 \times 1.82) + (100 \times 3.39) + (60 \times 5.89) + (0 \times 8.27)$$
$$= 5,760 통행/일$$

2. 교차분류 분석의 한계

교차분류 분석은 개념상의 명료성과 단순성에도 불구하고 다음과 같은 한계를 가진다(Stopher and Meyburg, 1975: 112-114; Dickey, 1983: 188; Ortúzar and Willumsen, 1994: 134).

첫째, 교차분류 분석에서는 분류된 집단별 평균통행발생률이 통행발생량 예측의 기준이 되는데, 계산된 가구당 평균통행발생률은 가구별 통행발생량의 분포(distribution)에 대한 정보를 제공하지 못한다. 분류된 집단별 평균통행발생률이 대표값으로서 의미를 갖기 위해서는 각각의 분류된 집단에 속하는 가구의 통행발생량의 분포가 정규분포(normal distribution)에 가깝고 작은 표준편차를 기져야 하는데, 그렇지 못할 경우 통계적 신뢰성의 문제가 제기될 수 있다.

둘째, 계산된 집단별 평균통행발생률의 정확도는 분류된 각 집단에 속하는 가구의 수와 밀접한 연관성을 가지는데, 각 집단에 속하는 가구의 수가 극히 적을 경우 계산된 평균통행발생률의 정확도는 떨어질 수밖에 없는 한계를 가진다.

셋째, 교차분류 분석은 분류의 기준이 되는 사회경제적 특성에 따라 예측결과가 민감하게 변할 수 있는 소지를 안고 있다. 이러한 문제를 해결하기 위한 방편으로 다수의 분류기준을 사용하여 예측의 안정성(stability)을 도모할 수 있으나, 이 경우 정확도를 유지하기 위해서는 표본의 크기가 증가하여야 한다.

넷째, 교차분류 분석은 분석기법의 통계적 신뢰성을 평가할 수 있는 척도를 갖고 있지 않다. 다음에 설명될 회귀분석기법의 경우 추정된 회귀모형의 적합도(goodness of fit) 검정이나 회귀계수에 대한 가설검정을 통하여 분석기법의 통계적 신뢰성을 평가할 수 있음에 반해서, 교차분류 분석기법은 교차분류된 집단별 통행발생량의 집계치(예측치)가 그 존의 실제 총통행발생량과 얼마나 근접하는지를 평가하는 것이 분석기법의 신뢰성을 평가할 수 있는 유일한 방법이다.

다섯째, 교차분류 분석에서는 교차분류의 기준이 되는 변수가 정해졌다 하더라도 이를 어떻게 분류하는 것이 예측의 정확도를 높일 수 있는지 평가할 수 있는 방법이 없다.

여섯째, 교차분류 분석은 존의 규모에 따라 분석의 정확도가 좌우될 수 있는 문제점이 있다.

제 5 절   회귀분석

1. 회귀분석의 개요

실제로 통행발생량 예측을 위해 가장 널리 사용되는 방법은 회귀분석 (regression analysis)이다. 회귀분석은 하나 혹은 그 이상의 변수가 다른 변수에 미치는 영향력의 정도를 파악하는 데 그 목적이 있다. 따라서 회귀분석은 원인과 결과의 인과관계를 이용하여 하나 혹은 그 이상의 변수들의 값의 변화에 따른 다른 변수의 값을 예측하고자 하는 경우에 유용하게 쓰인다(윤대식, 윤성순, 1998: 260).

회귀분석에서 서로 관계를 가지고 있는 둘 또는 그 이상의 변수들 중에는 다른 변수에 영향을 주는 변수도 있고, 다른 변수에 의해 영향을 받는 변수도 있다. 이때 영향을 주는 변수를 설명변수(explanatory variable) 또는 독립변수(independent variable)라 하고, 영향을 받는 변수를 종속변수 (dependent variable)라고 부른다.

회귀분석이 통행발생량 예측을 위해 사용될 경우 존 단위의 회귀모형과 가구 단위의 회귀모형이 대안적으로 이용될 수 있다. 이때 종속변수는 존 또는 가구의 통행발생량(유출 혹은 유입량)이 되고, 설명변수는 통행발생량에 영향을 미치는 가구의 차량보유대수, 존의 인구 혹은 가구의 가구원수, 존 혹은 가구의 고용자수 등이 된다. 아래에서는 이들 두 가지 접근방법을 따로따로 살펴보고자 한다.

(1) 존 단위의 회귀모형

존 단위의 회귀모형은 다양한 통행목적별 통행발생량의 예측을 위해 사용된다. 가정기반 통근통행(home-based work trip)의 통행발생량(통행유출량)은 예컨대 다음과 같은 존 단위의 회귀모형을 이용하여 예측될 수 있다.

$$T_i = 35.64 + 1.45H_i + 2.19C_i + 1.77W_i \qquad \langle 4 \cdot 3 \rangle$$

단, T_i = 존 i의 통근통행 유출량

　H_i = 존 i에 거주하는 가구의 수

　C_i = 존 i에 거주하는 가구의 차량보유대수

　W_i = 존 i에 거주하는 고용자수

예제 4-4)   지금부터 5년 후에 D시의 존 1은 350가구, 450명의 고용자가 거주하고, 이들 가구가 총 500대의 차량을 보유할 것으로 예측된다. 5년 후 D시의 존 1의 통근통행 유출량을 식 $\langle 4 \cdot 3 \rangle$을 이용해 예측하시오.

◆풀이◆   5년 후 D시의 존 1의 통근통행 유출량은 식 $\langle 4 \cdot 3 \rangle$을 이용해 다음과 같이 예측된다.

$$T_1 = 35.64 + 1.45(350) + 2.19(500) + 1.77(450) = 2,435통행/일$$

존 단위의 회귀모형은 비주거지의 통행유출 및 유입량의 예측을 위해서도 사용될 수 있는데, 예컨대 다음과 같은 회귀모형이 이용될 수 있다.

$$Y_i = 61.4 + 0.93X_i \qquad \langle 4 \cdot 4 \rangle$$

단, Y_i = 존 i의 피크 시간대 통근통행 유입량

　X_i = 존 i에 있는 직장의 고용자수

예제 4-5)   지금부터 3년 후에 B시의 존 2에 있는 직장의 고용자수는 850명이 될 것으로 예측된다. 3년 후 B시의 존 2의 피크 시간대 통근통행 유입량을 식 $\langle 4 \cdot 4 \rangle$를 이용해 예측하시오.

◆풀이◆   3년 후 B시의 존 2의 피크 시간대 통근통행 유입량은 식 $\langle 4 \cdot 4 \rangle$를 이용해 다음과 같이 예측된다.

$$Y_2 = 61.4 + 0.93(850) = 852통행/시간$$

(2) 가구 단위의 회귀모형

가구(household) 단위의 회귀모형은 주로 가정기반 통행(home-based trip)의 통행발생량(유출량)의 예측을 위해 이용되는데, 예를 들면 다음과 같다.

$$t_i = 0.75 + 2.44c_i + 1.63w_i \qquad\qquad \langle 4 \cdot 5 \rangle$$

> 단, t_i＝가구 i의 통근통행 유출량
> c_i＝가구 i의 차량보유대수
> w_i＝가구 i의 고용자수

식 $\langle 4 \cdot 5 \rangle$와 같은 가구 단위의 회귀모형은 분석대상지역에 있는 모든 가구에 대한 자료를 이용해 추정되거나, 분석대상지역의 개별 존에 있는 가구의 평균값에 대한 자료를 이용해 추정이 가능하다(Stopher and Meyburg, 1975: 115).

한편 가구 단위의 회귀모형을 이용해서 예측되는 가구의 통행발생량은 바로 분석대상지역 혹은 개별 존의 예상가구수를 곱함으로써 분석대상지역 혹은 존 전체의 통행발생량 예측이 가능하게 된다.

예제 4-6   T시에 거주하는 가구를 표본(sample)으로 하여 다음과 같은 피크 시간대(1시간) 가구당 쇼핑통행(차량통행) 유출의 회귀모형을 추정하였다.

$$t_i = 0.12 + 0.09HS_i + 0.011AI_i - 0.15EM_i$$

> 단, t_i＝가구 i의 피크 시간대 쇼핑통행 유출량(단위: 차량통행/시간)
> HS_i＝가구 i의 가구원수(단위: 명)
> AI_i＝가구 i의 연간소득(단위: 백만원)
> EM_i＝가구 i의 반경 2km내에 있는 소매업의 고용자수(단위: 백명)

한편 T시에 있는 어떤 가구는 6명의 가구원을 가지고, 연간소득이 5천만원이며, 반경 2km내에 있는 소매업의 고용자수는 450명이라고 한다. 그런데 이 가구는 가까운 장래에 이 도시내에서 다른 집으로 이사를 할 예정인데, 새로이 이사할 집의 반경 2km내에 있는 소매업의 고용자수는 150명이라고 한다. 이 가구의 이사 전과 후의 피크 시간대 쇼핑통행 유출량을 예측하시오.

◆ 풀이 ◆   문제에서 주어진 회귀모형에서 회귀계수의 부호를 보면 가구
의 가구원수와 연간소득이 증가함에 따라 가구의 피크 시간대 쇼핑통행 유
출량은 증가하고, 가구의 반경 2km내 주변지역의 소매업 고용자수가 증가
하면 문제에서 주어진 바와 같이 차량통행으로 표현된 쇼핑통행 유출량은
감소한다는 사실을 알 수 있다. 가구의 주변지역에 소매업 고용자수가 증가
한다는 사실은 소매업이 번창한다는 사실을 나타내고, 이 경우에 도보를 이
용한 쇼핑통행이 증가하여 쇼핑을 위한 차량통행은 오히려 감소할 것임을
짐작할 수 있다.

추정된 회귀모형을 이용하여 이 가구가 새로운 집으로 이사하기 전의
피크 시간대 쇼핑통행 유출량을 계산하면 다음과 같다.

$$t_i = 0.12 + 0.09(6) + 0.011(50) - 0.15(4.5) = 0.535통행/시간$$

한편 이 가구가 새로운 집으로 이사한 후의 피크 시간대 쇼핑통행 유
출량을 계산하면 다음과 같다.

$$t_i = 0.12 + 0.09(6) + 0.011(50) - 0.15(1.5) = 0.985통행/시간$$

이러한 계산결과로부터 주변지역에 소매업이 잘 형성되지 않은 지역의
경우 0.45통행/시간 만큼의 쇼핑을 위한 차량통행이 추가적으로 발생한다는
사실을 알 수 있다.

2. 회귀모형의 추정: 최소제곱법

회귀분석을 위한 인과관계의 함수적 표현은 회귀모형으로 나타나는데,
하나의 설명변수와 종속변수 사이의 관계를 나타내는 회귀모형을 단순회귀
모형(simple regression model)이라 하고 두 개 이상의 설명변수를 이용하는
회귀모형을 다중회귀모형(multiple regression model)이라 한다.

예를 들면 가구당 1일 사람 통행발생량이 오직 가구당 가구원의 수에
의해 영향을 받는 것으로 가정한다면 이는 단순회귀모형이 될 것이다. 한편
가구당 1일 사람 통행발생량이 가구당 가구원의 수와 차량보유대수의 두 가

지 설명변수에 의해 결정되는 것으로 가정한다면 이는 다중회귀모형이 된다.

회귀분석에 의한 일련의 통계적 추정 및 검정의 과정은 단순회귀모형에 있어서나 다중회귀모형에 있어서나 기본적으로 동일하다. 따라서 다중회귀모형은 단순회귀모형의 연장으로 볼 수 있다.

한편 설명변수와 종속변수 사이의 관계는 여러 가지 함수형태로 나타낼 수 있겠으나, 가장 간단한 형태는 이들 변수의 관계를 직선적인 비례관계로 보는 것이다. 실제로 대부분의 회귀분석에서는 설명변수와 종속변수의 관계를 직선식, 즉 1차식으로 나타낸다.

그 이유는 우선 수학적으로 해석이 용이하고, 또한 현실세계에서 나타나는 변수들의 관계를 1차식으로 생각할 수 있는 경우가 많고, 그렇지 않을 경우라 할지라도 수학적으로 적절한 조작을 함으로써 1차식의 관계로 변형시켜 분석할 수 있기 때문이다(윤대식, 윤성순, 1998: 263). 따라서 아래에서는 설명변수와 종속변수의 관계가 1차식으로 나타나는 단순선형회귀모형(simple linear regression model)과 다중선형회귀모형(multiple linear regression model)의 추정방법을 살펴보기로 한다.

(1) 단순선형회귀모형의 추정

단순선형회귀모형(單純線型回歸模型)은 설명변수의 값 x_i에 대응하는 종속변수의 값 y_i를 다음과 같이 표현한다.

$$y_i = \alpha + \beta x_i + e_i \qquad (i=1, 2, \cdots, n) \qquad\qquad \langle 4 \cdot 6 \rangle$$

여기서 e_i는 오차항으로서 평균이 0, 분산이 σ^2인 서로 독립인 확률변수이다. 오차항 e_i의 제곱의 합, 즉 $\sum_{i=1}^{n} e_i^2$을 최소화시키는 추정회귀직선(推定回歸直線; estimated regression line) $\hat{y} = \hat{\alpha} + \hat{\beta}x$를 추정하는 방법을 최소제곱법(혹은 최소자승법; method of least squares)이라 한다. 그리고 최소제곱법에 의해 구해지는 $\hat{\alpha}$과 $\hat{\beta}$을 최소제곱추정량(least squares estimator)이라 한다.

최소제곱추정량 $\hat{\alpha}$과 $\hat{\beta}$의 값은 $\sum_{i=1}^{n} e_i^2$을 최소화시키는 값이다. 따라서 $\sum_{i=1}^{n} e_i^2$을 $\hat{\alpha}$과 $\hat{\beta}$으로 편미분하여 이를 0으로 놓으면 $\hat{\alpha}$과 $\hat{\beta}$의 값을 구할 수 있다. 즉

$$\sum_{i=1}^{n} e_i^{\,2} = F(\hat{\alpha}, \hat{\beta}) = \sum_{i=1}^{n} \{y_i - (\hat{\alpha} + \hat{\beta} x_i)\}^2 \qquad \langle 4 \cdot 7 \rangle$$

을 최소화시키는 $\hat{\alpha}$과 $\hat{\beta}$의 값은 함수 $F(\hat{\alpha}, \hat{\beta})$를 $\hat{\alpha}$과 $\hat{\beta}$으로 편미분하여 이를 0 으로 놓으면 구할 수 있다. 따라서

$$\frac{\partial F}{\partial \hat{\alpha}} = \sum_{i=1}^{n} 2\{y_i - (\hat{\alpha} + \hat{\beta} x_i)\}(-1) = 0 \qquad \langle 4 \cdot 8 \rangle$$

을 만족시켜야 한다. 이것으로부터

$$\sum_{i=1}^{n} \{y_i - (\hat{\alpha} + \hat{\beta} x_i)\} = \sum_{i=1}^{n} y_i - n\hat{\alpha} - \hat{\beta} \sum_{i=1}^{n} x_i = 0 \qquad \langle 4 \cdot 9 \rangle$$

임을 알 수 있다. 이를 $\hat{\alpha}$에 대해서 풀기 위해 n으로 나누면 다음과 같다.

$$\frac{\sum_{i=1}^{n} y_i}{n} - \hat{\alpha} - \frac{\hat{\beta} \sum_{i=1}^{n} x_i}{n} = 0 \qquad \langle 4 \cdot 10 \rangle$$

식 $\langle 4 \cdot 10 \rangle$을 다시 정리하면 다음의 식을 얻는다.

$$\bar{y} - \hat{\alpha} - \hat{\beta} \bar{x} = 0 \qquad \langle 4 \cdot 11 \rangle$$

이를 $\hat{\alpha}$에 대해 풀면 다음과 같은 $\hat{\alpha}$의 값을 얻는다.

〈그림 4-4〉 최소제곱법에 의한 회귀직선의 추정

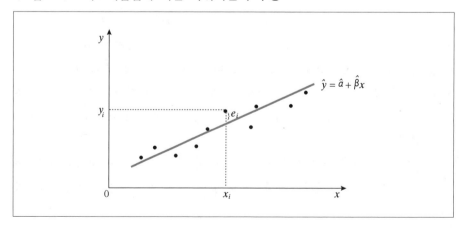

$$\hat{\alpha} = \bar{y} - \hat{\beta}\bar{x} \qquad\qquad \langle\, 4 \cdot 12 \,\rangle$$

이제 $\hat{\beta}$의 값은 어떻게 구해지는지 살펴보자. 먼저 $\sum\limits_{i=1}^{n} e_i^2$을 최소화시키기 위해

$$\frac{\partial F}{\partial \hat{\beta}} = \sum_{i=1}^{n} 2\{y_i - (\hat{\alpha} + \hat{\beta} x_i)\}(-x_i) = 0 \qquad\qquad \langle\, 4 \cdot 13 \,\rangle$$

을 만족시켜야 한다. 따라서

$$
\begin{aligned}
&\sum_{i=1}^{n} \{x_i y_i - x_i(\hat{\alpha} + \hat{\beta} x_i)\}\\
&= \sum_{i=1}^{n} x_i y_i - \hat{\alpha} \sum_{i=1}^{n} x_i - \hat{\beta} \sum_{i=1}^{n} x_i^2\\
&= \sum_{i=1}^{n} x_i y_i - (\bar{y} - \hat{\beta}\bar{x}) \sum_{i=1}^{n} x_i - \hat{\beta} \sum_{i=1}^{n} x_i^2\\
&= \sum_{i=1}^{n} x_i y_i - \bar{y} \sum_{i=1}^{n} x_i + \hat{\beta}\bar{x} \sum_{i=1}^{n} x_i - \hat{\beta} \sum_{i=1}^{n} x_i^2\\
&= 0 \qquad\qquad\qquad\qquad\qquad \langle\, 4 \cdot 14 \,\rangle
\end{aligned}
$$

이를 $\hat{\beta}$에 대해 풀면 다음을 얻는다.

$$\hat{\beta}\left(\sum_{i=1}^{n} x_i^2 - \bar{x} \sum_{i=1}^{n} x_i \right) = \sum_{i=1}^{n} x_i y_i - \bar{y} \sum_{i=1}^{n} x_i \qquad\qquad \langle\, 4 \cdot 15 \,\rangle$$

식 $\langle\, 4 \cdot 15 \,\rangle$를 정리하면 $\hat{\beta}$의 값을 얻는다.

$$
\begin{aligned}
\hat{\beta} &= \frac{\sum\limits_{i=1}^{n} x_i y_i - \bar{y} \sum\limits_{i=1}^{n} x_i}{\sum\limits_{i=1}^{n} x_i^2 - \bar{x} \sum\limits_{i=1}^{n} x_i}\\[2em]
&= \frac{\sum\limits_{i=1}^{n} x_i y_i - \left(\dfrac{\sum\limits_{i=1}^{n} y_i}{n} \right)\left(\sum\limits_{i=1}^{n} x_i \right)}{\sum\limits_{i=1}^{n} x_i^2 - \left(\dfrac{\sum\limits_{i=1}^{n} x_i}{n} \right)\left(\sum\limits_{i=1}^{n} x_i \right)}\\[2em]
&= \frac{n\left(\sum\limits_{i=1}^{n} x_i y_i \right) - \left(\sum\limits_{i=1}^{n} x_i \right)\left(\sum\limits_{i=1}^{n} y_i \right)}{n\left(\sum\limits_{i=1}^{n} x_i^2 \right) - \left(\sum\limits_{i=1}^{n} x_i \right)^2} \qquad \langle\, 4 \cdot 16 \,\rangle
\end{aligned}
$$

여기서 한 가지 주의할 점은 오차항 e_i에 관한 조건인 ⅰ) 평균 = 0, ⅱ) 등분산성, ⅲ) 독립성의 세 가지 전제조건을 만족하지 않는 경우 최소제곱법에 의해 추정된 회귀식은 산포된 점들을 잘 적합(fit)시키지 않을 수 있다는 점이다.

예제 4-7 〈표〉에 주어진 가구원의 수와 가구당 발생하는 사람통행의 수에 대한 자료에 대하여 α와 β의 최소제곱추정값을 구하시오.

〈표〉 가구당 가구원의 수와 하루 통행발생량

가구번호	가구원의 수	하루 통행발생량	가구번호	가구원의 수	하루 통행발생량
1	1	4	10	5	13
2	1	5	11	5	12
3	2	5	12	5	11
4	2	6	13	6	12
5	3	6	14	6	13
6	3	7	15	6	14
7	3	9	16	7	14
8	4	9	17	7	16
9	4	11			

◆ 풀이 ◆　다음과 같은 표를 작성하면 최소제곱추정값의 공식을 사용하기에 편리하다.

No.	x_i	y_i	x_i^2	y_i^2	x_iy_i
1	1	4	1	16	4
2	1	5	1	25	5
3	2	5	4	25	10
4	2	6	4	36	12
5	3	6	9	36	18
6	3	7	9	49	21
7	3	9	9	81	27
8	4	9	16	81	36
9	4	11	16	121	44
10	5	13	25	169	65
11	5	12	25	144	60
12	5	11	25	121	55
13	6	12	36	144	72
14	6	13	36	169	78

15	6	14	36	196	84
16	7	14	49	196	98
17	7	16	49	256	112
계	70	167	350	1,865	801

$$\bar{x}=\frac{\sum\limits_{i=1}^{n}x_i}{n}=\frac{70}{17}=4.118$$

$$\bar{y}=\frac{\sum\limits_{i=1}^{n}y_i}{n}=\frac{167}{17}=9.824$$

$$\hat{\beta}=\frac{n\left(\sum\limits_{i=1}^{n}x_iy_i\right)-\left(\sum\limits_{i=1}^{n}x_i\right)\left(\sum\limits_{i=1}^{n}y_i\right)}{n\left(\sum\limits_{i=1}^{n}x_i^2\right)-\left(\sum\limits_{i=1}^{n}x_i\right)^2}=\frac{17(801)-(70)(167)}{17(350)-(70)^2}=1.835$$

$$\hat{\alpha}=\bar{y}-\hat{\beta}\bar{x}=9.824-(1.835)(4.118)=2.267$$

따라서 추정회귀식은 $\hat{y}=\hat{\alpha}+\hat{\beta}x=2.267+1.835x$가 된다.

(2) 다중선형회귀모형의 추정

단순선형회귀모형에서와 마찬가지로 다중선형회귀모형에 있어서도 종속변수와 설명변수의 관계를 1차 함수로 나타낸다.

$$y_i=\beta_0+\beta_1x_{1i}+\beta_2x_{2i}+\cdots+\beta_Kx_{Ki}+e_i \quad (i=1, 2, \cdots, n) \qquad \langle 4\cdot17\rangle$$

여기서 표본의 수는 단순선형회귀모형에서의 경우와 마찬가지로 n개이지만 설명변수의 수는 K개가 되며, 오차항 e_i는 단순선형회귀모형에서 논하였던 것과 같다.

그러면 n개의 표본을 대상으로 회귀모형을 추정할 때 어떻게 적절히 추정할 수 있는가? 이 경우에도 단순선형회귀모형을 추정할 때와 마찬가지로 최소제곱법(즉 최소자승법)을 통해서 가능하다.

이해를 쉽게 하기 위하여 단순회귀모형에서 설명변수 하나가 더 추가된 가장 단순한 형태의 다중회귀모형을 예로 들어보자. 즉 다음과 같이 설명변수가 두 개인 다중선형회귀모형을 생각해 보자.

$$y_i=\beta_0+\beta_1x_{1i}+\beta_2x_{2i}+e_i \qquad (i=1, 2, \cdots, n) \qquad \langle 4\cdot18\rangle$$

여기서 x_{1i}는 첫 번째 설명변수가 i번째 관찰점을 취할 때 갖게 되는 설명변수의 값이고, x_{2i}는 두 번째 설명변수가 i번째 관찰점을 취할 때 갖게 되는 설명변수의 값이다. 그리고 y_i는 설명변수 x_{1i}와 x_{2i}에 대응하는 종속변수의 실제 관측값이다.

관찰된 n개의 표본에 대한 자료값을 토대로 추정되는 $E(y_i)$의 추정치는 다음과 같다.

$$\hat{y}_i = \hat{\beta}_0 + \hat{\beta}_1 x_{1i} + \hat{\beta}_2 x_{2i} \qquad \langle 4 \cdot 19 \rangle$$

여기서 $\hat{\beta}_0$, $\hat{\beta}_1$, $\hat{\beta}_2$은 β_0, β_1, β_2의 추정치이다. 따라서 오차항 e_i는 다음과 같이 표현된다.

$$e_i = y_i - \hat{y}_i = y_i - \hat{\beta}_0 - \hat{\beta}_1 x_{1i} - \hat{\beta}_2 x_{2i} \qquad \langle 4 \cdot 20 \rangle$$

최소제곱법은 $\sum_{i=1}^{n} e_i^2$을 최소화시키는 $\hat{\beta}_0$, $\hat{\beta}_1$, $\hat{\beta}_2$의 추정방법이다. 즉 우리는 다음의 식 $\langle 4 \cdot 21 \rangle$을 최소화시키는 $\hat{\beta}_0$, $\hat{\beta}_1$, $\hat{\beta}_2$의 값을 구하면 된다.

$$\sum_{i=1}^{n} e_i^2 = F(\hat{\beta}_0, \hat{\beta}_1, \hat{\beta}_2) = \sum_{i=1}^{n} (y_i - \hat{\beta}_0 - \hat{\beta}_1 x_{1i} - \hat{\beta}_2 x_{2i})^2 \qquad \langle 4 \cdot 21 \rangle$$

최소제곱추정량 $\hat{\beta}_0$, $\hat{\beta}_1$, $\hat{\beta}_2$의 값을 구하기 위해서는 함수 $F(\hat{\beta}_0, \hat{\beta}_1, \hat{\beta}_2)$를 $\hat{\beta}_0$, $\hat{\beta}_1$, $\hat{\beta}_2$으로 편미분하여 이를 0으로 놓으면 구할 수 있다.

$$\frac{\partial F}{\partial \hat{\beta}_0} = 2 \sum_{i=1}^{n} (y_i - \hat{\beta}_0 - \hat{\beta}_1 x_{1i} - \hat{\beta}_2 x_{2i})(-1) = 0$$

$$\frac{\partial F}{\partial \hat{\beta}_1} = 2 \sum_{i=1}^{n} (y_i - \hat{\beta}_0 - \hat{\beta}_1 x_{1i} - \hat{\beta}_2 x_{2i})(-x_{1i}) = 0$$

$$\frac{\partial F}{\partial \hat{\beta}_2} = 2 \sum_{i=1}^{n} (y_i - \hat{\beta}_0 - \hat{\beta}_1 x_{1i} - \hat{\beta}_2 x_{2i})(-x_{2i}) = 0 \qquad \langle 4 \cdot 22 \rangle$$

여기에 도출된 세 개의 식을 정리하면 다음과 같은 정규방정식(normal equations)을 얻을 수 있다.

$$\sum_{i=1}^{n} y_i = n\hat{\beta}_0 + \hat{\beta}_1 \sum_{i=1}^{n} x_{1i} + \hat{\beta}_2 \sum_{i=1}^{n} x_{2i}$$

$$\sum_{i=1}^{n} x_{1i}y_i = \hat{\beta}_0 \sum_{i=1}^{n} x_{1i} + \hat{\beta}_1 \sum_{i=1}^{n} x_{1i}^2 + \hat{\beta}_2 \sum_{i=1}^{n} x_{1i}x_{2i}$$

$$\sum_{i=1}^{n} x_{2i}y_i = \hat{\beta}_0 \sum_{i=1}^{n} x_{2i} + \hat{\beta}_1 \sum_{i=1}^{n} x_{1i}x_{2i} + \hat{\beta}_2 \sum_{i=1}^{n} x_{2i}^2 \qquad \langle 4 \cdot 23 \rangle$$

식 〈4·23〉은 세 개의 미지수 $\hat{\beta}_0$, $\hat{\beta}_1$, $\hat{\beta}_2$을 포함하고 있는 연립방정식이다. 따라서 $\hat{\beta}_0$, $\hat{\beta}_1$, $\hat{\beta}_2$에 대하여 연립방정식을 풀면 우리는 이들 회귀계수의 값을 구할 수 있다.

지금까지는 다중회귀모형 가운데 가장 단순한 형태인 설명변수가 두 개인 다중선형회귀모형을 살펴보았다. 물론 설명변수가 세 개 이상인 다중회귀모형도 지금까지 살펴본 것과 똑같은 요령으로 회귀계수의 값을 구할 수 있다. 다만 설명변수의 수가 많아질수록 풀어야 할 연립방정식의 수도 많아지므로 계산과정이 복잡해지는 어려움이 있다. 설명변수가 세 개 이상인 다중회귀모형의 추정을 위한 일반화된 최소제곱법에 대해서는 윤대식, 윤성순 (1998: 279-280)을 보기 바란다.

예제 4-8   다중회귀모형의 가장 단순한 형태로 설명변수가 둘인 경우에 대한 예를 들어보자. (예제 4-7)에서는 y가 가구당 하루에 발생하는 사람통행의 수이고 하나의 설명변수 x는 가구원의 수였는데, 여기서는 추가적으로 가구당 고용자수라는 설명변수를 생각해 보자. 이들 두 개의 설명변수와 종속변수에 관한 자료는 다음의 표와 같다. 표에 주어진 자료를 근거로 표본 회귀계수의 값을 추정하시오.

〈표〉 가구당 가구원의 수, 고용자수, 그리고 하루 통행발생량

가구번호 (No.)	가구원의 수(x_1)	고용자수 (x_2)	하루 통행 발생량(y)	가구번호 (No.)	가구원의 수(x_1)	고용자수 (x_2)	하루 통행 발생량(y)
1	1	1	4	10	5	3	13
2	1	1	5	11	5	3	12
3	2	1	5	12	5	2	11
4	2	2	6	13	6	2	12
5	3	1	6	14	6	3	13
6	3	1	7	15	6	2	14
7	3	2	9	16	7	3	14

| 8 | 4 | 2 | 9 | 17 | 7 | 4 | 16 |
| 9 | 4 | 2 | 11 | | | | |

◆풀이◆ 주어진 문제는 바로 정규방정식을 이용함으로써 간편하게 풀 수 있다. 설명변수가 두 개인 경우 정규방정식을 이용하는 데 필요한 자료는 아래의 표를 작성하면 구해진다.

No.	x_{1i}	x_{2i}	y_i	x_{1i}^2	x_{2i}^2	y_i^2	$x_{1i}x_{2i}$	$x_{1i}y_i$	$x_{2i}y_i$
1	1	1	4	1	1	16	1	4	4
2	1	1	5	1	1	25	1	5	5
3	2	1	5	4	1	25	2	10	5
4	2	2	6	4	4	36	4	12	12
5	3	1	6	9	1	36	3	18	6
6	3	1	7	9	1	49	3	21	7
7	3	2	9	9	4	81	6	27	18
8	4	2	9	16	4	81	8	36	18
9	4	2	11	16	4	121	8	44	22
10	5	3	13	25	9	169	15	65	39
11	5	3	12	25	9	144	15	60	36
12	5	2	11	25	4	121	10	55	22
13	6	2	12	36	4	144	12	72	24
14	6	3	13	36	9	169	18	78	39
15	6	2	14	36	4	196	12	84	28
16	7	3	14	49	9	196	21	98	42
17	7	4	16	49	16	256	28	112	64
계	70	35	167	350	85	1,865	167	801	391

표에 나타난 자료를 근거로 우리는 다음과 같은 정규방정식을 얻을 수 있다.

$$167 = 17\hat{\beta}_0 + 70\hat{\beta}_1 + 35\hat{\beta}_2$$
$$801 = 70\hat{\beta}_0 + 350\hat{\beta}_1 + 167\hat{\beta}_2$$
$$391 = 35\hat{\beta}_0 + 167\hat{\beta}_1 + 85\hat{\beta}_2$$

위의 정규방정식은 세 개의 미지수 $\hat{\beta}_0$, $\hat{\beta}_1$, $\hat{\beta}_2$을 가진 연립방정식이다. 이 정규방정식을 풀면 $\hat{\beta}_0 = 1.648$, $\hat{\beta}_1 = 1.405$, $\hat{\beta}_2 = 1.161$을 얻게 된다. 따라서 구하는 다중선형회귀모형은 다음과 같다.

$$\hat{y} = 1.648 + 1.405x_1 + 1.161x_2$$

3. 결정계수

　　결정계수(coefficient of determination)는 추정된 회귀선(回歸線)이 관측
된 자료를 얼마나 잘 설명하는가를 표현하는 계수이다. 결정계수는 추정된
회귀선에 의해 설명된 변동이 총변동에서 차지하는 상대적 크기를 나타내는
것으로서 R^2으로 표시한다.

　　결정계수 R^2을 계산하는 기본원리를 생각해 보자. 〈그림 4-5〉에서 설명
변수 x의 변화로 인해 종속변수 y가 얼마나 변화하는지를 종속변수 y의 평
균 $\bar{y}$를 기준으로 살펴보자.

　　어느 한 설명변수 x_i에 대하여 실제 관측치 y_i가 회귀선에 의한 추정치
$\hat{y}_i$으로부터 가까우면 가까울수록 추정된 회귀선은 좋을 것이다. 즉 오차항 e_i
가 작으면 작을수록 좋다는 얘기다.

　　$\bar{y}$에서 y_i까지의 거리는 y_i가 $\bar{y}$에서 떨어진 전체거리로서 총편차(total
error)를 나타낸다. 그리고 이 총편차 $(y_i - \bar{y})$는 오차항에 기인하는 설명 안
된 편차(unexplained error)인 $(y_i - \hat{y}_i)$과 회귀선에 의해 설명된 편차
(explained error)인 $(\hat{y}_i - \bar{y})$의 두 가지로 나누어진다. 따라서 총편차는 다음
과 같이 나타낼 수 있다.

$$(y_i - \bar{y}) = (y_i - \hat{y}_i) + (\hat{y}_i - \bar{y}) \qquad\qquad \langle 4 \cdot 24 \rangle$$

　　총편차＝설명 안된 편차+설명된 편차

〈그림 4-5〉 **총편차** $y_i - \bar{y}$**의 분해**

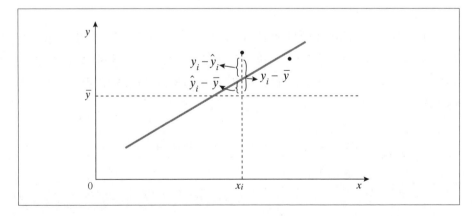

그런데 종속변수의 평균인 $\bar{y}$를 기준으로 해서 편차를 측정할 경우 이들 편차의 합은 0이 되므로 편차의 단순한 합은 의미가 없게 된다. 따라서 편차들의 단순한 합 대신에 편차들의 제곱의 합이 의미있는 측정치가 된다.

설명변수 x를 고려한 회귀모형을 생각하지 않는다면 종속변수의 예측값으로는 관측값 y_1, y_2, $\cdots$, y_n의 평균인 $\bar{y}$를 사용할 것이다. 따라서 종속변수의 예측값으로서 $\bar{y}$를 사용하는 데 따른 오차는 $(y_1 - \bar{y})$, $(y_2 - \bar{y})$, $\cdots$, $(y_n - \bar{y})$의 제곱의 합으로 나타낼 수 있으며, 이들의 제곱합을 총제곱합(total sum of squares: SST)이라 한다.

총제곱합(SST)은 설명 안된 편차의 제곱합인 오차제곱합(error sum of squares: SSE)과 설명된 편차의 제곱합인 회귀제곱합(regression sum of squares: SSR)의 두 가지로 분리된다. 즉 총변동 SST는 설명 안된 변동(unexplained variation) SSE와 설명된 변동(explained variation) SSR으로 분해가 가능하다.

$$\sum_{i=1}^{n} (y_i - \bar{y})^2 = \sum_{i=1}^{n} (y_i - \hat{y_i})^2 + \sum_{i=1}^{n} (\hat{y_i} - \bar{y})^2 \qquad \langle 4 \cdot 25 \rangle$$

$$SST \quad = \quad SSE \quad + \quad SSR$$
$$\text{총변동} \quad = \text{설명 안된 변동} + \text{설명된 변동}$$

총변동은 이처럼 두 가지로 구분할 수 있으므로 이를 통해 추정된 회귀식의 적합도(goodness of fit)의 개념을 쉽게 나타낼 수 있다. 만약 추정된 회귀식이 실제 관찰된 설명변수와 종속변수 사이의 인과관계를 완전히 설명하고 있다면 설명 안된 변동 $SSE=0$이 될 것이다. 그러나 $SSE=0$인 경우는 실제로는 거의 없다.

회귀식의 적합도는 SSE의 상대적 크기에 따라 달라진다. 추정된 회귀식의 적합도를 나타내는 척도인 결정계수 R^2은 총변동 SST에서 설명된 변동 SSR이 차지하는 상대적인 크기로 측정된다. 따라서 결정계수 R^2의 계산은 다음과 같이 나타낼 수 있다.

$$\text{결정계수} = \frac{\text{설명된 변동}}{\text{총변동}} = \frac{\text{총변동} - \text{설명 안된 변동}}{\text{총변동}}$$

$$=1-\frac{\text{설명 안된 변동}}{\text{총변동}}$$

$$R^2=\frac{SSR}{SST}=1-\frac{SSE}{SST} \qquad\qquad\qquad \langle 4\cdot 26 \rangle$$

결정계수의 산정식(算定式)에서 살펴볼 수 있듯이 결정계수 R^2은 항상 0과 1 사이의 값을 가지며, 다음과 같이 계산된다.

$$R^2=\frac{SSR}{SST}=\frac{\sum\limits_{i=1}^{n}(\hat{y_i}-\overline{y})^2}{\sum\limits_{i=1}^{n}(y_i-\overline{y})^2} \qquad\qquad \langle 4\cdot 27 \rangle$$

물론 R^2을 계산하는 산정식은 이것 외에도 여러 가지 방법으로 나타낼 수 있으나, 어떤 방법으로 나타내든 모두 식 〈4·27〉의 산정식을 다른 방법으로 정리한 것에 불과하다.

이제 이렇게 계산된 R^2의 값이 가지는 통계적 의미를 음미해 보자. 만약 $R^2=0$이면 추정된 회귀식이 설명변수와 종속변수간의 인과관계를 전혀 설명하지 못하는 것을 의미한다.

반면에 $R^2=1$이면 추정된 회귀식이 설명변수와 종속변수간의 인과관계를 오차항이 전혀 없이 100% 설명해 주는 셈이 되며, 모든 실제 관측치가 추정된 회귀선상에만 있다는 것을 뜻한다. 또한 R^2의 값이 1에 가까울수록 산포도에서 점들이 추정회귀직선 주위에 밀집하여 나타남을 뜻하며, 추정된 회귀식의 설명력이 높음을 뜻한다.

예제 4-9   (예제 4-7)에 주어진 자료를 근거로 가구당 발생하는 사람통행의 수를 종속변수(y)로 하고, 가구원의 수를 설명변수(x)로 하는 회귀식을 추정했을 때 결정계수 R^2의 값을 구하고 이를 해석하시오.

◆ 풀이 ◆   (예제 4-7)에서 추정회귀식은 $\hat{y}=2.267+1.835x$임을 발견했다.

그리고 〈표〉에 주어진 자료로부터 $\overline{y}=\dfrac{\sum\limits_{i=1}^{n}y_i}{n}=\dfrac{167}{17}=9.8$임을 알 수 있다. 결

정계수 R^2의 값은 표를 작성하면 공식을 사용하기에 편리하다.

No.	y_i	$\hat{y}_i$	$\bar{y}$	$y_i - \bar{y}$	$\hat{y}_i - \bar{y}$	$(y_i - \bar{y})^2$	$(\hat{y}_i - \bar{y})^2$
1	4	4.1	9.8	−5.8	−5.7	33.64	32.49
2	5	4.1	9.8	−4.8	−5.7	23.04	32.49
3	5	6.0	9.8	−4.8	−3.8	23.04	14.44
4	6	6.0	9.8	−3.8	−3.8	14.44	14.44
5	6	7.8	9.8	−3.8	−2.0	14.44	4.00
6	7	7.8	9.8	−2.8	−2.0	7.84	4.00
7	9	7.8	9.8	−0.8	−2.0	0.64	4.00
8	9	9.6	9.8	−0.8	−0.2	0.64	0.40
9	11	9.6	9.8	1.2	−0.2	1.44	0.40
10	13	11.5	9.8	3.2	1.7	10.24	2.89
11	12	11.5	9.8	2.2	1.7	4.84	2.89
12	11	11.5	9.8	1.2	1.7	1.44	2.89
13	12	13.3	9.8	2.2	3.5	4.84	12.25
14	13	13.3	9.8	3.2	3.5	10.24	12.25
15	14	13.3	9.8	4.2	3.5	17.64	12.25
16	14	15.1	9.8	4.2	5.3	17.64	28.09
17	16	15.1	9.8	6.2	5.3	38.44	28.09
계	167	167	167	0	0	224.48	208.26

$$R^2 = \frac{\sum\limits_{i=1}^{n} (\hat{y}_i - \bar{y})^2}{\sum\limits_{i=1}^{n} (y_i - \bar{y})^2} = \frac{208.26}{224.48} = 0.93$$

계산된 결정계수의 값 0.93은 회귀직선이 전체자료의 산포의 93%를 설명해 준다는 뜻이고, 이는 추정된 단순선형회귀모형이 관측결과를 비교적 잘 설명해 준다는 뜻이다.

4. 회귀계수에 대한 가설검정

변수 x, y에 대한 표본관측으로부터 최소제곱법에 의해 구한 추정회귀계수 $\hat{\alpha}$과 $\hat{\beta}$이 통계적으로 어느 정도 신뢰성이 있는지 살펴볼 필요가 있다. 이를 위해서 우리는 모회귀계수에 대한 가설을 설정하고 이를 검정해야 한다. 우리는 회귀분석을 위한 종속변수와 설명변수를 선택할 때 이미 이들 두 변수 사이에 어떤 인과관계가 있을 것임을 가정했을 것이다. 이러한 인과관계의 근거는 기존의 이론에 바탕을 둘 수도 있고, 혹은 경험적 사실이나 직관(intuition)에 기초한 것일 수도 있다. 따라서 회귀계수에 대한 가설검정은 기본적으로 기존의 이론이나 직관에 입각하여야 함은 물론이다.

회귀모형에서 가장 중요한 관심의 대상이 되는 통계적 추론은 모회귀계수(母回歸係數; population regression coefficient)라고 불리는 기울기 β에 대한 가설검정이다. 이 가설검정의 결과는 곧 추정회귀계수의 통계적 신뢰성을 말해주는 것이 된다.

그러면 β에 대한 가설검정을 위해 귀무가설(null hypothesis: H_0)과 대립가설(alternative hypothesis: H_1)은 어떻게 세워야 하는지 생각해 보자. β에 대한 가설검정을 위한 귀무가설과 대립가설의 설정은 어떤 가설을 검정하기를 원하는가에 따라 여러 가지가 가능하다. 가령 예상했던 종속변수와 설명변수간의 인과관계가 통계적으로 보아 의미가 있는 것인가를 살펴보기를 원한다면 H_0: $\beta=0$이라는 귀무가설과 H_1: $\beta\neq0$이라는 대립가설을 세워야 한다. 다른 예로, 만약 β가 어떤 주어진 값 β_0와는 충분히 다른 것인지를 검정하기 위해서는 H_0: $\beta=\beta_0$라는 귀무가설과 H_1: $\beta\neq\beta_0$라는 대립가설을 세워야 한다.

분석자의 의도에 따라 여러 가지 귀무가설의 설정이 가능하겠으나, 어쨌든 일반적인 회귀분석에서 가장 전형적으로 쓰이는 귀무가설은 선택된 설명변수가 과연 종속변수의 변화를 설명하는 데 의미가 있는가를 파악하는 H_0: $\beta=0$이다.

한편 대립가설은 앞서 살펴본 H_1: $\beta\neq0$이나 H_1: $\beta\neq\beta_0$와 같은 대립가설 외에도 몇 가지 다른 대립가설의 설정도 가능하다. 가령 기존의 이론 혹은 사전지식이 뚜렷이 H_1: $\beta>0$ 혹은 H_1: $\beta<0$임을 보여줄 때는 이처럼 한쪽 검정(one-sided test)이 가능하도록 대립가설을 세울 수도 있다. 이러한 대립가설은 귀무가설이 기각되었을 때 추정된 회귀계수의 부호가 양(+)이냐 혹은 음(-)이냐에 관심의 초점을 두는 것이다.

그러나 일반적으로 거의 대부분의 회귀분석에서 가장 전형적으로 쓰이는 대립가설은 H_1: $\beta\neq0$이다. 대립가설을 이와 같이 놓는 것은 β에 대한 사전지식이 없었든지, 혹은 있어도 구태여 그것에 구애받지 않았다는 것을 전제로 하고 있으나, 사실은 사전지식을 따지기 이전에 가설을 이렇게 설정하는 것은 회귀분석에서의 전형적인 가설검정의 방법이라고 할 수 있다.

따라서 회귀분석에서 쓰이는 가장 일반적이고 전형적인 가설은 다음과 같이 정리할 수 있다.

$H_0 : \beta = 0$

$H_1 : \beta \neq 0$

이렇게 귀무가설(H_0)과 대립가설(H_1)을 설정한 후에 우리는 이 가설을 검정해야 하는데, 이때 우리는 검정통계량(檢定統計量; test statistic)으로 거의 대부분의 경우 t-통계량을 사용한다. t-통계량을 사용한 가설검정에서 귀무가설이 기각되지 않으면 설명변수 x가 종속변수 y를 설명하는 데 의미가 없다는 뜻이다. 이러한 뜻에서 귀무가설을 $H_0 : \beta = 0$으로 하고 대립가설을 $H_1 : \beta \neq 0$으로 하는 가설검정을 회귀직선의 유의성검정(有意性檢定; significance test)이라 한다.

이와 같은 귀무가설과 대립가설을 설정한 후 검정통계량으로 사용할 t-통계량을 다음과 같이 계산한다.

$$t = \frac{\hat{\beta} - 0}{S_{\hat{\beta}}} = \frac{\hat{\beta}}{S_{\hat{\beta}}}$$

$\langle 4 \cdot 28 \rangle$

단, $S_{\hat{\beta}}$=추정회귀계수 $\hat{\beta}$의 표준오차

여기서 계산된 t-값과 t-분포표에서 가설검정을 위한 유의수준 (significance level) α에 따라 찾은 t-값을 비교하여 귀무가설(H_0)의 기각 혹은 채택여부를 판정하게 된다. 이때 대립가설이 $H_1 : \beta \neq 0$으로 설정되었기 때문에 양쪽검정(two-sided test)을 해야 한다.

따라서 계산한 t-값의 절대값이 t-분포표에서 찾은 t-값의 절대값보다 크면 귀무가설 $H_0 : \beta = 0$은 기각되어 추정된 회귀계수 $\hat{\beta}$은 통계적으로 의미가 있다고 볼 수 있다. 일반적으로 설명변수가 K개인 회귀모형에서 β에 대한 가설의 검정은 자유도(degree of freedom: d.f.)가 $n - (K+1)$인 t-분포를 이용한다.

회귀방정식의 추정결과를 식으로 표시할 때 각 추정치의 바로 밑에 괄

호로 t-값 혹은 표준오차(즉 표본의 표준편차)를 명시하여 그 추정치의 통계적 신뢰성을 검정하는 데 편리하도록 하고 있다. 회귀계수에 대한 가설검정을 하기 위해 유의수준 α를 미리 정해 놓고 귀무가설(H_0)을 기각한다 혹은 기각하지 않는다 등의 기술(記述)은 일반적으로 하지 않고, 회귀계수의 추정치와 t-값 혹은 표준오차 두 가지 중의 하나만 가지고 주로 해석하는 것이 보통이다. 이때 t-값이 2보다 크고 3보다 작으면 $\hat{\beta}$은 유의수준 5%에서 통계적으로 믿을 만한 추정치라 하여 x를 통계적으로 의미있고 중요한 변수라할 수 있고, t-값이 3보다 크면 $\hat{\beta}$은 유의수준 1%에서 통계적으로 매우 믿을 만한 추정치라 하여 x를 통계적으로 특히 중요한 변수라고 할 수 있다.

종종 유의수준 10%까지도 가설검정을 논하는 사람들이 있다. 통계적 분석이란 정도의 문제로서 생각하고 해석하기에 달렸다고 보면 신뢰성이 좀 적다고는 할 수 있으나 10% 유의수준이라 해서 무의미하다고 할 수는 없다.

5. 다중공선성

우리는 일반적으로 다중회귀모형에서 설명변수들 사이에 어느 정도 독립성을 가지는 것으로 가정하고 있다. 이와 같은 가정하에서만 회귀계수의 최소제곱추정량이 좋은 성질을 가지며, 모회귀계수에 대한 가설검정이나 예측이 바람직한 결과를 가져올 수 있다. 그러나 실제 사회현상이나 교통현상을 설명하는 다중회귀모형에서 설명변수간의 관계가 이와 같은 가정을 충족시키지 못하는 경우가 흔히 있다.

다중회귀모형에서 설명변수들간에 직선의 상관관계가 높은 것을 다중공선성(多重共線性; multicollinearity)이라 부른다. 다중회귀모형에서 설명변수들간의 상관관계는 대부분의 경우 어느 정도 있게 마련이다. 다만 이러한 다중공선성의 문제는 정도의 문제라고 볼 수 있으며, 어느 정도 이것이 심각하냐에 따라서 문제가 제기된다.

다중공선성의 문제는 회귀분석에서 애매하고 어려운 부분으로서 일반적으로 설명변수의 수가 많아질수록, 그리고 횡단면자료(cross-sectional data)를 이용하는 모형보다는 시계열자료(time-series data)를 사용하는 모형에서 더욱 심각하게 나타나는 것으로 알려져 있다.

다중공선성을 탐지하는 방법에는 몇 가지가 있지만 여기서는 일반적으로 많이 쓰이는 방법을 간단히 살펴보자. 우리는 다중공선성을 탐지할 때 추정량의 표준오차나 t-값, 설명변수간의 상관관계, 결정계수(R^2) 등을 종합적으로 살펴보아야 한다. 간단한 방법은 설명변수를 하나씩 하나씩 추가시킴에 따라 나타나는 다중회귀의 결과를 그때 그때 비교해 보는 것이다. 이 과정에서 우리가 유심히 보아야 할 것은 설명변수가 추가될 때마다 추정된 회귀계수의 값, 표준오차 및 t-값, R^2 등이 어떻게 변화하는가의 방향과 정도이다. 그래서 어느 설명변수가 새로이 추가되었을 때 추정값이 어떻게 변하는지 볼 수 있고, 어느 설명변수가 결과를 악화시키는지 혹은 호전시키는지 알 수 있다. 일반적으로 t-값들이 작은데도 R^2은 대단히 높게 되어 있으면 이 다중회귀모형에는 다중공선성의 문제가 심각하다고 판단할 수 있다.

다중공선성의 문제가 심각할 때에는 이에 대한 해결책이 강구되어야 한다. 이 해결책은 다중공선성의 정도, 자료의 추가적인 획득가능성, 공선변수(共線變數)의 중요도 등에 따라 다양하다. 일반적으로 고려될 수 있는 해결책은 다음과 같다.

첫째, 다중공선성이 심한 경우 원래의 모형에 대한 선험적(先驗的)인 사전지식이나 새로운 추가자료를 더 입수하여 이용하면 다중공선성은 감소될 수 있다. 보통 표본의 크기가 커지면 변수간의 상관관계가 줄어들 수 있다.

둘째, 이론적인 면과 실제 자료의 분포 등에 근거를 두고 높은 상관관계에 있는 설명변수를 면밀히 검토한 후에 그 중 하나 또는 일부 변수를 추정하고자 하는 회귀모형에서 제외시키면 다중공선성이 감소될 수 있다.

셋째, 서로 상관관계가 큰 설명변수를 변형시키거나 다른 것으로 대체시켜 원래 의도했던 모형 자체를 바꾸어 보는 것도 하나의 방법이 된다. 예를 들면 선형(線型)↔비선형(非線型)으로 변환시켜 볼 수도 있다.

6. 회귀분석의 한계

통행발생량 예측을 위해 회귀분석이 사용될 경우 다음과 같은 한계를 가진다(Stopher and Meyburg, 1975: 114-117; Meyer and Miller, 1984: 248).

첫째, 설명변수들 사이에 상관관계(correlation)가 높을 경우 다중공선성의 문제를 야기할 가능성이 높다. 따라서 다중회귀모형의 추정시에 상관관계가 높은 변수를 함께 설명변수로 포함하는 것은 피하는 것이 바람직하다. 예컨대 가구소득과 가구의 차량보유대수는 높은 상관관계를 가지게 될 가능성이 있다.

둘째, 통행발생량 예측을 목적으로 회귀모형을 추정할 경우 일반적으로 선형함수(linear function)임을 가정하고 모형을 추정하는데, 통행발생량과 이를 결정하는 설명변수들간에는 선형의 관계(linear relationship)가 성립되지 않는 것들이 많다. 이 경우에는 비선형함수(non-linear function)로의 변환이 바람직하다.

셋째, 회귀모형의 추정계수가 상당히 먼 장래의 통행발생량과 설명변수들간의 인과관계를 표현하는 데도 적절한 것인지에 대한 의문은 여전히 존재한다.

넷째, 통계적으로 가장 바람직한 것으로 평가되는 회귀모형도 종종 우리의 직관적인 판단과는 다른 결과를 보여줄 수 있다. 추정된 회귀모형의 통계적 신뢰성은 추정에 사용된 변수들간의 관계에 바탕을 두고 있으며, 모형의 통계적 신뢰성 자체가 장래 통행발생량의 정확한 예측능력을 평가하는 지표는 아니다. 따라서 분석자의 직관적인 판단과 크게 다르지 않는 회귀모형을 추정하는 것이 회귀분석의 관건이 된다고 볼 수 있다.

다섯째, 추정된 회귀모형을 장래 통행발생량의 예측을 위해 활용할 경우 먼저 장래 설명변수들의 값이 예측되어야 하는데, 이러한 예측이 정확하지 못할 가능성은 여전히 존재한다.

여섯째, 존 단위의 회귀모형을 사용할 경우 존 내에서 통행발생주체(예: 개인, 가구, 기업, 공공기관)의 사회경제적 특성의 차이가 존재하면 추정된 회귀모형은 실제의 인과관계를 정확하게 표현할 수 없다. 존 단위의 회귀모형을 사용할 경우 통행발생을 설명하는 각종 사회경제적 변수가 존 단위로 집계되어 개인 혹은 개별 가구의 평균값이 하나의 관측치로 이용된다. 따라서 이 경우 잘못된 인과관계의 설정으로 예측의 오류를 초래하게 된다. 이러한 가능성은 제 3 장의 〈그림 3-5〉에서 살펴본 바와 같이 존 단위의 집계모형이 초래할 수 있는 문제점을 논의하면서 검토한 바 있다.

연습문제

4-1. 직장인 K씨는 어제 하루 동안 집→직장→백화점→집→영화관→집으로
연결되는 통행패턴을 보였다.
   (1) K씨가 어제 발생시킨 통행의 수는?
   (2) K씨가 어제 발생시킨 통행단의 수는?
   (3) K씨가 어제 발생시킨 통행사슬의 수는?
   (4) K씨가 어제 발생시킨 각 통행을 출발지와 목적지로 구분하여 나타
내시오.
   (5) K씨가 어제 발생시킨 각 통행을 유출과 유입으로 구분하여 나타내
시오.

4-2. 통행발생에 영향을 미치는 요소들에 대해 설명하시오.

4-3. A시에 있는 예식장은 유사시설 조사결과 일요일 하루 동안 2,197사람
통행/1,000㎡의 통행발생 원단위를 가지는 것으로 알려져 있다. A시에
새로운 예식장이 건설되는데, 이 예식장은 3,400㎡의 연면적을 가진다.
   (1) 이 예식장의 일요일 하루 동안 사람 통행발생량을 계산하시오.
   (2) 이 예식장은 피크 시간대인 오후 1시에서 2시 사이에 하루 통행발
생량의 25%가 발생한다고 한다. 피크 시간대 사람 통행발생량을 계
산하시오.

4-4. S시에 거주하는 가구를 표본으로 하여 다음과 같은 가구당 통근통행
유출의 회귀모형이 추정되었다.

$$t_i = 0.734 + 2.622c_i + 1.790w_i$$

   단, t_i = 가구 i의 통근통행 유출량
   c_i = 가구 i의 차량보유대수
   w_i = 가구 i의 고용자수

지금부터 5년 후 S시에 있는 어떤 존은 2대의 차량과 2명의 고용자를
가진 가구가 60가구, 2대의 차량과 1명의 고용자를 가진 가구가 90가구,
1대의 차량과 2명의 고용자를 가진 가구가 70가구가 될 것으로 전망된
다. 이 존의 통근통행 유출량을 예측하시오.

4-5. B시에 거주하는 모든 가구를 대상으로 하여 연간가구소득과 차량보유
대수를 조사하고 이를 교차분류한 후 평균통행발생률을 계산한 결과는
〈표 1〉에 주어진 바와 같다. 한편 B시에 있는 어떤 존의 5년 후 예상가
구수는 〈표 2〉와 같이 전망된다. 5년 후 이 존의 1일 총통행발생량을
예측하시오.

〈표 1〉 평균통행발생률

(단위: 통행/일)

연간가구소득	가구당 차량보유대수		
	0	1	2대 이상
2,000만원 미만	2.24	4.75	6.82
2,000~3,000만원	4.88	7.52	9.46
3,000~4,000만원	5.78	9.76	11.64
4,000만원 이상	6.95	10.90	12.55

〈표 2〉 예상가구수

(단위: 가구)

연간가구소득	가구당 차량보유대수		
	0	1	2대 이상
2,000만원 미만	35	48	6
2,000~3,000만원	25	62	66
3,000~4,000만원	12	51	82
4,000만원 이상	4	28	97

4-6. 중소도시인 A시는 10개의 존으로 구성되어 있다. A시는 존 단위의 회
귀모형을 추정하기 위하여 다음의 〈표〉와 같은 자료를 수집하였다.

(1) 존 단위의 쇼핑통행 유출모형을 최소제곱법을 이용하여 추정하시오.

(2) 결정계수(R^2)를 구하고, 계산된 결정계수값이 의미하는 바를 설명
해 보시오.

(3) 5년 후 A시에 있는 어떤 존에는 730가구가 들어설 것으로 전망된
다. 이 존의 1일 쇼핑통행 유출량을 예측하시오.

〈표〉 존의 가구수와 1일 쇼핑통행 유출량

존 번호	가구수	쇼핑통행 유출량
1	452	942
2	470	994
3	233	492
4	330	657
5	421	839
6	482	1,063
7	364	684
8	312	651
9	343	672
10	385	802

4-7. 통행발생량 예측을 위해 사용되는 존 단위의 회귀모형과 가구 단위의 회귀모형 가운데 어떤 것이 통행자의 행태를 더욱 정확히 반영하는지 그 이유를 설명하시오.

참고문헌

도철웅(1997). 교통공학원론(하). 개정판. 서울: 청문각.

원제무(1991). 도시교통론. 서울: 박영사.

윤대식, 윤성순(1998). 도시모형론. 제 2 판. 서울: 홍문사.

Chapin, F. S., Jr. and E. J. Kaiser(1979). *Urban Land Use Planning*. Urbana: University of Illinois Press.

Dickey, J. W.(1983). *Metropolitan Transportation Planning*. Seond Edition, Bristol: Taylor & Francis.

Meyer, M. D. and E. J. Miller(1984). *Urban Transportation Planning: A Decision-Oriented Approach*. New York: McGraw-Hill Book Co.

Ortúzar, J. de D. and L. G. Willumsen(1994). *Modelling Transport*. Second Edition, Chichester: John Wiley & Sons.

Papacostas C. S. and P. D. Prevedouros(1993). *Transportation Engineering and Planning*. Second Edition, Englewood Cliffs: Prentice-Hall, Inc.

Stopher, P. R. and A. M. Meyburg(1975). *Urban Transportation Modeling and Planning*. Lexington: Lexington Books.

제 5 장

통행분포

제 1 절   분석의 기초개념

1. 통행분포

통행분포(trip distribution)는 전통적인 4단계 교통수요 예측과정의 두 번째 단계로서 통행발생단계에서 예측된 각 존(zone)의 유출(production) 및 유입(attraction) 통행량을 바탕으로 하여 각 출발지-목적지 쌍(origin-destination pair) 사이를 통행하는 통행량을 예측하는 단계이다. 따라서 통행분포단계에서는 각 존 사이의 통행량을 예측하게 된다.

〈그림 5-1〉 통행발생과 통행분포의 비교

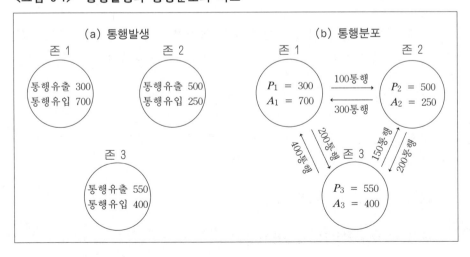

통행분포단계에서는 존 i에서 존 j로 가는 통행수요 T_{ij}를 예측한다. 〈그림 5-1〉은 4단계 교통수요 예측과정의 첫 번째 단계인 통행발생단계와 두 번째 단계인 통행분포단계를 비교하고 있다. 그림에서 보는 바와 같이 예컨대 존 1은 존 외부로의 1일 통행유출량이 300통행이고, 1일 통행유입량이 700통행으로 통행발생단계에서 예측되었다. 이러한 통행발생단계에서의 예측을 바탕으로 통행분포단계에서는 존 1은 존 2로 100통행, 존 3으로 200통행을 유출하고, 존 2로부터 300통행, 존 3으로부터 400통행을 유입하는 것으로 예측한다.

2. 출발지-목적지 통행표

출발지-목적지 통행표(origin-destination trip table: 일반석으로 O-D표라 불림)는 통행분포를 나타내는 표로서 〈표 5-1〉과 같은 형태로 표현된다. 표를 살펴보면 우리는 통행분포의 예측결과가 다음의 세 가지 조건을 충족시켜야 함을 알 수 있다(임강원, 1992: 94-95; 윤대식, 윤성순, 1998: 524-525; Stopher and Meyburg, 1975: 125-126; Ortúzar and Willumsen, 1994: 152-153).

첫째, 한 출발지 존 i에서 다른 모든 존으로 분포된 통행량의 합은 그 존의 총출발통행량(O_i)과 같아야 한다. 따라서 다음의 식이 성립한다.

$$\sum_j T_{ij} = O_i \qquad\qquad \langle 5 \cdot 1 \rangle$$

둘째, 다른 모든 존에서 출발하여 한 목적지 존 j에 도착하는 통행량의 합은 그 존의 총도착통행량(D_j)과 같아야 한다. 따라서 다음의 식이 성립한다.

$$\sum_i T_{ij} = D_j \qquad\qquad \langle 5 \cdot 2 \rangle$$

셋째, 모든 존간에 분포된 통행량의 총합은 분석대상지역의 총통행량과 같아야 한다. 따라서 다음의 식이 성립한다.

$$\sum_i \sum_j T_{ij} = \sum_i O_i = \sum_j D_j = T \qquad\qquad \langle 5 \cdot 3 \rangle$$

단, T=분석대상지역의 총통행량

〈표 5-1〉 출발지-목적지 통행표(O-D표)

목적지 존 / 출발지 존	1	2	·····	j	·····	J	계
1	T_{11}	T_{12}	·····	T_{1j}	·····	T_{1J}	O_1
2	T_{21}	T_{22}	·····	T_{2j}	·····	T_{2J}	O_2
⋮	⋮	⋮		⋮		⋮	⋮
i	T_{i1}	T_{i2}	·····	T_{ij}	·····	T_{iJ}	O_i
⋮	⋮	⋮		⋮		⋮	⋮
I	T_{I1}	T_{I2}	·····	T_{Ij}	·····	T_{IJ}	O_I
계	D_1	D_2	·····	D_j	·····	D_J	T

제 2 절 성장인자모형

성장인자모형(growth-factor models)은 통행분포의 예측을 위한 가장 단순한 형태의 모형이다. 성장인자모형은 존별 출발통행량(O_i), 도착통행량(D_j), 또는 분석대상지역의 총통행량(T)의 장래 성장률을 기준연도의 존간 통행량(T_{ij}^0)에 곱하여 목표연도의 존간 통행량(T_{ij}^*)을 예측한다.

성장인자모형은 성장인자(growth factor)의 수학적 적용형태에 따라 균일성장인자모형(uniform-factor model), 평균성장인자모형(average-factor model), Fratar모형(Fratar model), Detroit모형(Detroit model)으로 나누어지는데, 아래에서는 이들에 대해 구체적으로 살펴보기로 한다.

1. 균일성장인자모형

균일성장인자모형(uniform-factor model)은 여러 가지 성장인자모형 가운데서 가장 단순한 형태로서 분석대상지역에 대해 하나의 성장인자(growth factor)를 적용하여 존간의 통행분포를 예측하는 방법이다. 즉 균일성장인자모형은 기준연도의 존간 통행량에다 하나의 성장인자를 균일하게 곱하여 목표연도의 존간 통행량을 예측하는 데, 다음과 같은 수식으로 표현된다.

$$T_{ij}^* = T_{ij}^0 \ F^0 \qquad\qquad \langle 5 \cdot 4 \rangle$$

단, T_{ij}^*=목표연도의 존 i로부터 존 j로의 통행량
  T_{ij}^0=기준연도의 존 i로부터 존 j로의 통행량
  F^0=분석대상지역의 성장인자

한편 식 $\langle 5 \cdot 4 \rangle$에서 균일성장인자 F^0는 다음과 같이 계산된다.

$$F^0 = \frac{T^*}{T^0} \qquad\qquad \langle 5 \cdot 5 \rangle$$

단, T^*=목표연도의 분석대상지역의 총통행량
  T^0=기준연도의 분석대상지역의 총통행량

한편 식 $\langle 5 \cdot 5 \rangle$에서 T^*는 통행발생단계에서 예측된다.

예제 5-1)   네 개의 존으로 구성된 어떤 도시에서 현재의 통행분포는 〈표 1〉과 같다. 이 도시의 장래 통행발생 예측결과는 〈표 2〉와 같다. 이 도시의 장래 통행분포를 균일성장인자모형을 이용하여 예측하시오.

〈표 1〉 현재의 O-D표

O＼D	1	2	3	4	O_i
1	5	50	100	200	355
2	50	5	100	300	455
3	50	100	5	100	255
4	100	200	250	20	570
D_j	205	355	455	620	1,635

〈표 2〉 장래의 존별 통행발생

O＼D	1	2	3	4	O_i
1					426
2					546

3					306
4					684
D_j	246	426	546	744	1,962

◆ **풀이** ◆   주어진 문제로부터 이 도시의 성장인자(F^0)를 계산하면 다음과 같다.

$$F^0 = \frac{1,962}{1,635} = 1.2$$

계산된 성장인자(F^0)를 식 〈5·4〉에 대입하여 장래의 통행분포를 계산하면 다음과 같고, 계산결과를 O-D표로 나타내면 〈표 3〉과 같다.

$T_{11}^* = 5 \times 1.2 = 6$

$T_{12}^* = 50 \times 1.2 = 60$

$T_{13}^* = 100 \times 1.2 = 120$

$T_{14}^* = 200 \times 1.2 = 240$

$T_{21}^* = 50 \times 1.2 = 60$

$T_{22}^* = 5 \times 1.2 = 6$

$T_{23}^* = 100 \times 1.2 = 120$

$T_{24}^* = 300 \times 1.2 = 360$

$T_{31}^* = 50 \times 1.2 = 60$

$T_{32}^* = 100 \times 1.2 = 120$

$T_{33}^* = 5 \times 1.2 = 6$

$T_{34}^* = 100 \times 1.2 = 120$

$T_{41}^* = 100 \times 1.2 = 120$

$T_{42}^* = 200 \times 1.2 = 240$

$T_{43}^* = 250 \times 1.2 = 300$

$T_{44}^* = 20 \times 1.2 = 24$

〈표 3〉 장래의 O-D표

O \ D	1	2	3	4	O_i
1	6	60	120	240	426
2	60	6	120	360	546

3	60	120	6	120	306
4	120	240	300	24	684
D_j	246	426	546	744	1,962

예제 5-2)   네 개의 존으로 구성된 어떤 지역에서 존 내부의 통행을 고려하지 않을 경우 현재의 통행분포는 〈표 1〉과 같다고 한다. 이 지역의 장래 통행발생 예측결과는 〈표 2〉와 같다. 이 지역의 장래 통행분포를 균일성장인자모형을 이용하여 예측하시오.

〈표 1〉 현재의 $O\text{-}D$표

O＼D	1	2	3	4	O_i
1	0	12	10	18	40
2	12	0	14	6	32
3	10	14	0	14	38
4	18	6	14	0	38
D_j	40	32	38	38	148

〈표 2〉 장래의 존별 통행발생

O＼D	1	2	3	4	O_i
1					80
2					48
3					114
4					38
D_j	80	48	114	38	280

◆풀이◆   주어진 문제로부터 이 지역의 성장인자(F^0)를 계산하면 다음과 같다.

$$F^0 = \frac{280}{148} = 1.89$$

계산된 성장인자(F^0)를 식 〈5·4〉에 대입하여 장래의 통행분포를 계산하면 다음과 같고, 계산결과를 O-D표로 나타내면 〈표 3〉과 같다.

$$T_{11}^* = 0 \times 1.89 = 0$$
$$T_{12}^* = 12 \times 1.89 = 23$$
$$T_{13}^* = 10 \times 1.89 = 19$$
$$T_{14}^* = 18 \times 1.89 = 34$$
$$T_{21}^* = 12 \times 1.89 = 23$$
$$T_{22}^* = 0 \times 1.89 = 0$$
$$T_{23}^* = 14 \times 1.89 = 27$$
$$T_{24}^* = 6 \times 1.89 = 11$$
$$T_{31}^* = 10 \times 1.89 = 19$$
$$T_{32}^* = 14 \times 1.89 = 27$$
$$T_{33}^* = 0 \times 1.89 = 0$$
$$T_{34}^* = 14 \times 1.89 = 27$$
$$T_{41}^* = 18 \times 1.89 = 34$$
$$T_{42}^* = 6 \times 1.89 = 11$$
$$T_{43}^* = 14 \times 1.89 = 27$$
$$T_{44}^* = 0 \times 1.89 = 0$$

〈표 3〉 장래의 O-D표

O＼D	1	2	3	4	O_i
1	0	23	19	34	76
2	23	0	27	11	61
3	19	27	0	27	73
4	34	11	27	0	72
D_j	76	61	73	72	282

〈표 3〉의 O-D표로부터 우리는 균일성장인자모형을 적용하여 계산된 존별 출발통행량(O_i)과 도착통행량(D_j)이 〈표 2〉의 장래 통행발생 예측결과와 일치하지 않음을 살펴볼 수 있다. 이러한 결과는 각 존의 통행발생

$(O_i,\ D_j)$의 장래변화가 존별로 심한 차이를 보일 때 나타난다.

한편 (예제 5-1)에서는 존별 출발통행량(O_i)과 도착통행량(D_j)이 통행발생의 예측치와 통행분포의 예측치 사이에 차이가 없는데, 이는 기준연도와 목표연도 사이의 성장인자가 모든 존에 걸쳐 동일한 값(1.2)을 가지기 때문이다.

이러한 사실로부터 기준연도와 목표연도 사이에 존별 인구 및 토지이용의 변화가 존 사이에 심한 차이를 보일 경우 예측의 오차문제가 크게 나타날 수 있음을 알 수 있다.

2. 평균성장인자모형

평균성장인자모형(average-factor model)은 각 존마다 다른 성장인자를 적용하여 존간의 장래 통행분포를 예측하는 방법으로 앞서 살펴본 균일성장인자모형보다 정밀한 예측방법이다. 평균성장인자모형은 목표연도의 존간 통행량(T_{ij}^{*})을 예측하기 위해 존 i와 존 j의 성장인자의 평균값이 기준연도의 존간 통행량(T_{ij}^{0})에 곱해지며, 일반적으로 다음과 같은 반복계산과정(iteration process)이 적용된다.

$$T_{ij}^{1}=T_{ij}^{0}\frac{(E_i^{0}+F_j^{0})}{2} \qquad \langle\,5\cdot6\cdot1\,\rangle$$

$$T_{ij}^{2}=T_{ij}^{1}\frac{(E_i^{1}+F_j^{1})}{2} \qquad \langle\,5\cdot6\cdot2\,\rangle$$

$$\vdots \qquad\qquad \vdots$$

$$T_{ij}^{n}=T_{ij}^{n-1}\frac{(E_i^{n-1}+F_j^{n-1})}{2} \qquad \langle\,5\cdot6\cdot3\,\rangle$$

단, $T_{ij}^{n}=n$회차 반복계산단계에서의 존 i로부터 존 j로의 통행량

$\quad T_{ij}^{n-1}=(n\text{-}1)$회차 반복계산단계에서의 존 i로부터 존 j로의 통행량

$\quad E_i^{0}=$시작단계에서의 출발지 존 i의 성장인자

$\quad F_j^{0}=$시작단계에서의 목적지 존 j의 성장인자

$\quad E_i^{n-1}=(n\text{-}1)$회차 반복계산단계에서의 출발지 존 i의 성장인자

$\quad F_j^{n-1}=(n\text{-}1)$회차 반복계산단계에서의 목적지 존 j의 성장인자

한편 식 $\langle\,5\cdot6\cdot1\,\rangle$, $\langle\,5\cdot6\cdot2\,\rangle$, $\langle\,5\cdot6\cdot3\,\rangle$에서 나타낸 각 존의 성장인

자 E_i^0, F_j^0, E_i^{n-1}, F_j^{n-1}은 다음과 같이 계산된다.

$$E_i^0 = \frac{O_i^*}{O_i^0} \qquad\qquad \langle 5 \cdot 7 \cdot 1 \rangle$$

$$F_j^0 = \frac{D_j^*}{D_j^0} \qquad\qquad \langle 5 \cdot 7 \cdot 2 \rangle$$

$$E_i^{n-1} = \frac{O_i^*}{O_i^{n-1}} \qquad\qquad \langle 5 \cdot 7 \cdot 3 \rangle$$

$$F_j^{n-1} = \frac{D_j^*}{D_j^{n-1}} \qquad\qquad \langle 5 \cdot 7 \cdot 4 \rangle$$

단, O_i^*=통행발생단계에서 예측된 목표연도 존 i의 출발통행량

O_i^0=반복계산의 시작단계에서 계산된 존 i의 출발통행량

O_i^{n-1}=$(n$-1)회차 반복계산단계에서 계산된 존 i의 출발통행량

D_j^*=통행발생단계에서 예측된 목표연도 존 j의 도착통행량

D_j^0=반복계산의 시작단계에서 계산된 존 j의 도착통행량

D_j^{n-1}=$(n$-1)회차 반복계산단계에서 계산된 존 j의 도착통행량

식 $\langle 5 \cdot 6 \cdot 1 \rangle$, $\langle 5 \cdot 6 \cdot 2 \rangle$, $\langle 5 \cdot 6 \cdot 3 \rangle$에 표현된 바와 같은 반복계산과정을 거치는 이유는 대부분의 경우 반복계산단계를 거치지 않고 오직 식 $\langle 5 \cdot 6 \cdot 1 \rangle$을 이용하여 계산된 존간 통행분포($T_{ij}^1$)의 집계치인 존별 출발통행량($O_i^1$)과 도착통행량($D_j^1$)이 장래 통행발생 예측결과($O_i^*$, D_j^*)와 일치하지 않기 때문이다. 따라서 식 $\langle 5 \cdot 6 \cdot 1 \rangle$, $\langle 5 \cdot 6 \cdot 2 \rangle$, $\langle 5 \cdot 6 \cdot 3 \rangle$에 표현된 바와 같은 반복계산과정을 거치며, 일반적으로 계산된 E_i^n 및 F_j^n의 값이 반복계산의 중지를 위한 어떤 기준을 충족시킬 때까지 반복계산과정을 진행한다. 반복계산의 중지를 위한 전형적인 기준은 예컨대 다음과 같다.

$$0.95 \leq E_i^n (\text{또는 } F_j^n) \leq 1.05 \qquad\qquad \langle 5 \cdot 8 \cdot 1 \rangle$$

$$0.99 \leq E_i^n (\text{또는 } F_j^n) \leq 1.01 \qquad\qquad \langle 5 \cdot 8 \cdot 2 \rangle$$

이처럼 평균성장인자모형은 통행분포의 예측결과를 통행발생단계에서 예측된 존별 출발통행량(O_i^*) 및 도착통행량(D_j^*)과 근접하도록 한다는 점에서 앞서 살펴본 균일성장인자모형보다 진일보한 모형으로 볼 수 있다.

예제 5-3   (예제 5-2)에서 주어진 문제를 풀기 위하여 평균성장인자모형을 이용하되 2회차 반복계산단계까지만 계산하시오.

◆ 풀이 ◆   주어진 문제를 위한 통행분포의 예측은 다음과 같은 과정을 거친다.

〈0회차 계산〉

먼저 식 〈5·7·1〉을 이용하여 출발지 존별 성장인자(E_i^0)를 계산하면 다음과 같다.

$$E_1^0 = \frac{O_1^*}{O_1^0} = \frac{80}{40} = 2$$

$$E_2^0 = \frac{O_2^*}{O_2^0} = \frac{48}{32} = 1.5$$

$$E_3^0 = \frac{O_3^*}{O_3^0} = \frac{114}{38} = 3$$

$$E_4^0 = \frac{O_4^*}{O_4^0} = \frac{38}{38} = 1$$

한편 식 〈5·7·2〉를 이용하여 목적지 존별 성장인자(F_j^0)를 계산하면 다음과 같다.

$$F_1^0 = \frac{D_1^*}{D_1^0} = \frac{80}{40} = 2$$

$$F_2^0 = \frac{D_2^*}{D_2^0} = \frac{48}{32} = 1.5$$

$$F_3^0 = \frac{D_3^*}{D_3^0} = \frac{114}{38} = 3$$

$$F_4^0 = \frac{D_4^*}{D_4^0} = \frac{38}{38} = 1$$

이처럼 출발지 존별 성장인자(E_i^0)와 목적지 존별 성장인자(F_j^0)가 정확히 같은 값을 가지는 것은 (예제 5-2)의 〈표 1〉과 〈표 2〉에서 보는 바와 같이 현재 어떤 존(i)의 출발통행량(O_i^0)이 도착통행량(D_i^0)과 같으면서, 장래에도 어떤 존(i)의 출발통행량(O_i^*)이 도착통행량(D_i^*)과 정확히 같은 경우에 한정된다. 즉 $O_i^0 = D_i^0$와 $O_i^* = D_i^*$를 동시에 만족하는 경우에 한정된다.

＜1회차 계산 ＞

앞서 계산된 출발지 존별 성장인자(E_i^0)와 목적지 존별 성장인자(F_j^0)를 식 ＜ 5 · 6 · 1 ＞에 대입하여 1회차 반복계산단계에서의 존간 통행량(T_{ij}^1)을 계산하면 다음과 같다.

$$T_{11}^1 = T_{11}^0 \frac{(E_1^0 + F_1^0)}{2} = 0 \times \frac{(2+2)}{2} = 0$$

$$T_{12}^1 = T_{12}^0 \frac{(E_1^0 + F_2^0)}{2} = 12 \times \frac{(2+1.5)}{2} = 21$$

$$T_{13}^1 = T_{13}^0 \frac{(E_1^0 + F_3^0)}{2} = 10 \times \frac{(2+3)}{2} = 25$$

$$T_{14}^1 = T_{14}^0 \frac{(E_1^0 + F_4^0)}{2} = 18 \times \frac{(2+1)}{2} = 27$$

$$T_{21}^1 = T_{21}^0 \frac{(E_2^0 + F_1^0)}{2} = 12 \times \frac{(1.5+2)}{2} = 21$$

$$T_{22}^1 = T_{22}^0 \frac{(E_2^0 + F_2^0)}{2} = 0 \times \frac{(1.5+1.5)}{2} = 0$$

$$T_{23}^1 = T_{23}^0 \frac{(E_2^0 + F_3^0)}{2} = 14 \times \frac{(1.5+3)}{2} = 31.5$$

$$T_{24}^1 = T_{24}^0 \frac{(E_2^0 + F_4^0)}{2} = 6 \times \frac{(1.5+1)}{2} = 7.5$$

$$T_{31}^1 = T_{31}^0 \frac{(E_3^0 + F_1^0)}{2} = 10 \times \frac{(3+2)}{2} = 25$$

$$T_{32}^1 = T_{32}^0 \frac{(E_3^0 + F_2^0)}{2} = 14 \times \frac{(3+1.5)}{2} = 31.5$$

$$T_{33}^1 = T_{33}^0 \frac{(E_3^0 + F_3^0)}{2} = 0 \times \frac{(3+3)}{2} = 0$$

$$T_{34}^1 = T_{34}^0 \frac{(E_3^0 + F_4^0)}{2} = 14 \times \frac{(3+1)}{2} = 28$$

$$T_{41}^1 = T_{41}^0 \frac{(E_4^0 + F_1^0)}{2} = 18 \times \frac{(1+2)}{2} = 27$$

$$T_{42}^1 = T_{42}^0 \frac{(E_4^0 + F_2^0)}{2} = 6 \times \frac{(1+1.5)}{2} = 7.5$$

$$T_{43}^1 = T_{43}^0 \frac{(E_4^0 + F_3^0)}{2} = 14 \times \frac{(1+3)}{2} = 28$$

$$T_{44}^1 = T_{44}^0 \frac{(E_4^0 + F_4^0)}{2} = 0 \times \frac{(1+1)}{2} = 0$$

식 〈5·7·3〉을 이용하여 1회차 반복계산단계에서의 출발지 존별 성장인자(E_i^1)를 계산하면 다음과 같다.

$$E_1^1 = \frac{O_1^*}{O_1^1} = \frac{80}{(0+21+25+27)} = 1.10$$

$$E_2^1 = \frac{O_2^*}{O_2^1} = \frac{48}{(21+0+31.5+7.5)} = 0.80$$

$$E_3^1 = \frac{O_3^*}{O_3^1} = \frac{114}{(25+31.5+0+28)} = 1.35$$

$$E_4^1 = \frac{O_4^*}{O_4^1} = \frac{38}{(27+7.5+28+0)} = 0.61$$

한편 식 〈5·7·4〉를 이용하여 1회차 반복계산단계에서의 목적지 존별 성장인자(F_j^1)를 계산하면 다음과 같다.

$$F_1^1 = \frac{D_1^*}{D_1^1} = \frac{80}{(0+21+25+27)} = 1.10$$

$$F_2^1 = \frac{D_2^*}{D_2^1} = \frac{48}{(21+0+31.5+7.5)} = 0.80$$

$$F_3^1 = \frac{D_3^*}{D_3^1} = \frac{114}{(25+31.5+0+28)} = 1.35$$

$$F_4^1 = \frac{D_4^*}{D_4^1} = \frac{38}{(27+7.5+28+0)} = 0.61$$

〈2회차 계산〉

1회차 반복계산단계에서 계산된 출발지 존별 성장인자(E_i^1)와 목적지 존별 성장인자(F_j^1)를 식 〈5·6·2〉에 대입하여 2회차 반복계산단계에서의 존간 통행량(T_{ij}^2)을 계산하면 다음과 같다.

$$T_{11}^2 = T_{11}^1 \frac{(E_1^1 + F_1^1)}{2} = 0 \times \frac{(1.10 + 1.10)}{2} = 0$$

$$T_{12}^2 = T_{12}^1 \frac{(E_1^1 + F_2^1)}{2} = 21 \times \frac{(1.10 + 0.80)}{2} = 20$$

$$T_{13}^2 = T_{13}^1 \frac{(E_1^1 + F_3^1)}{2} = 25 \times \frac{(1.10 + 1.35)}{2} = 31$$

$$T_{14}^2 = T_{14}^1 \frac{(E_1^1 + F_4^1)}{2} = 27 \times \frac{(1.10 + 0.61)}{2} = 23$$

$$T_{21}^2 = T_{21}^1 \frac{(E_2^1 + F_1^1)}{2} = 21 \times \frac{(0.80 + 1.10)}{2} = 20$$

$$T_{22}^2 = T_{22}^1 \frac{(E_2^1 + F_2^1)}{2} = 0 \times \frac{(0.80 + 0.80)}{2} = 0$$

$$T_{23}^2 = T_{23}^1 \frac{(E_2^1 + F_3^1)}{2} = 31.5 \times \frac{(0.80 + 1.35)}{2} = 34$$

$$T_{24}^2 = T_{24}^1 \frac{(E_2^1 + F_4^1)}{2} = 7.5 \times \frac{(0.80 + 0.61)}{2} = 5$$

$$T_{31}^2 = T_{31}^1 \frac{(E_3^1 + F_1^1)}{2} = 25 \times \frac{(1.35 + 1.10)}{2} = 31$$

$$T_{32}^2 = T_{32}^1 \frac{(E_3^1 + F_2^1)}{2} = 31.5 \times \frac{(1.35 + 0.80)}{2} = 34$$

$$T_{33}^2 = T_{33}^1 \frac{(E_3^1 + F_3^1)}{2} = 0 \times \frac{(1.35 + 1.35)}{2} = 0$$

$$T_{34}^2 = T_{34}^1 \frac{(E_3^1 + F_4^1)}{2} = 28 \times \frac{(1.35 + 0.61)}{2} = 27$$

$$T_{41}^2 = T_{41}^1 \frac{(E_4^1 + F_1^1)}{2} = 27 \times \frac{(0.61 + 1.10)}{2} = 23$$

$$T_{42}^2 = T_{42}^1 \frac{(E_4^1 + F_2^1)}{2} = 7.5 \times \frac{(0.61 + 0.80)}{2} = 5$$

$$T_{43}^2 = T_{43}^1 \frac{(E_4^1 + F_3^1)}{2} = 28 \times \frac{(0.61 + 1.35)}{2} = 27$$

$$T_{44}^2 = T_{44}^1 \frac{(E_4^1 + F_4^1)}{2} = 0 \times \frac{(0.61 + 0.61)}{2} = 0$$

이상의 2회차 계산결과를 O-D표로 나타내면 다음 〈표〉와 같다.

〈표〉 장래의 O-D표(2회차 계산결과)

O \ D	1	2	3	4	O_i
1	0	20	31	23	74
2	20	0	34	5	59
3	31	34	0	27	92
4	23	5	27	0	55
D_j	74	59	92	55	280

한편 이 문제를 위한 반복계산의 결과가 반복계산의 중지를 위한 식 〈5·8·1〉의 기준을 충족시키기 위해서는 9회차 반복계산단계까지 거쳐야 한다.

3. Fratar모형

Fratar모형은 Fratar(1954)에 의해 개발된 성장인자모형의 한 종류로서 앞서 살펴본 균일성장인자모형이나 평균성장인자모형보다 진일보된 통행분포 예측모형이다. Fratar모형에 의하면 목표연도의 존간 통행량(T_{ij}^{*})을 예측하기 위해 먼저 식 〈5·7·1〉과 〈5·7·2〉를 이용하여 각 존의 성장인자 E_i^0와 F_j^0를 계산한다. 다음에 L_i^0와 M_j^0를 다음과 같이 계산한다.

$$L_i^0 = \frac{\sum\limits_{j=1}^{n} T_{ij}^0}{\sum\limits_{j=1}^{n} F_j^0 T_{ij}^0} \qquad \langle 5 \cdot 9 \cdot 1 \rangle$$

$$M_j^0 = \frac{\sum\limits_{i=1}^{n} T_{ij}^0}{\sum\limits_{i=1}^{n} E_i^0 T_{ij}^0} \qquad \langle 5 \cdot 9 \cdot 2 \rangle$$

이렇게 계산된 L_i^0와 M_j^0의 값을 이용하여 목표연도의 존간 통행량 (T_{ij}^{*})을 예측하기 위해서는 다음과 같은 계산식이 이용된다.

$$T_{ij}^{*} = T_{ij}^{0} E_i^{0} F_j^{0} \frac{(L_i^{0} + M_j^{0})}{2} \qquad \langle 5 \cdot 10 \rangle$$

Fratar모형은 앞서 살펴본 균일성장인자모형이나 평균성장인자모형보다 계산이 복잡하지만, 이들 모형보다 우월한 점은 식 $\langle 5 \cdot 9 \cdot 1 \rangle$과 $\langle 5 \cdot 9 \cdot 2 \rangle$에 표현된 L_i^{0}와 M_j^{0}라는 보정식의 도입이다. 일반적으로 Fratar모형도 반복 계산과정을 통해 장래의 존간 통행량(T_{ij}^{*})을 예측하는데, 예컨대 1회차 반복 계산을 위한 식은 다음과 같다.

$$T_{ij}^{1} = T_{ij}^{0} E_i^{0} F_j^{0} \frac{(L_i^{0} + M_j^{0})}{2} \qquad \langle 5 \cdot 11 \rangle$$

아울러 일반적인 반복계산식은 다음과 같이 표현된다.

$$T_{ij}^{n} = T_{ij}^{n-1} E_i^{n-1} F_j^{n-1} \frac{(L_i^{n-1} + M_j^{n-1})}{2} \qquad \langle 5 \cdot 12 \rangle$$

한편 식 $\langle 5 \cdot 12 \rangle$에 포함된 L_i^{n-1}과 M_j^{n-1}의 계산식은 다음과 같다.

$$L_i^{n-1} = \frac{\sum_{j=1}^{n} T_{ij}^{n-1}}{\sum_{j=1}^{n} F_j^{n-1} T_{ij}^{n-1}} \qquad \langle 5 \cdot 13 \cdot 1 \rangle$$

$$M_j^{n-1} = \frac{\sum_{i=1}^{n} T_{ij}^{n-1}}{\sum_{i=1}^{n} E_i^{n-1} T_{ij}^{n-1}} \qquad \langle 5 \cdot 13 \cdot 2 \rangle$$

반복계산의 중지를 위한 기준으로서는 평균성장인자모형에서와 마찬가지로 식 $\langle 5 \cdot 8 \cdot 1 \rangle$과 $\langle 5 \cdot 8 \cdot 2 \rangle$에 표현된 기준이 주로 이용된다.

예제 5-4) 세 개의 존으로 구성된 어떤 소도시에서 현재의 통행분포는 〈표 1〉과 같다. 이 도시의 장래 통행발생 예측결과는 〈표 2〉와 같다. 이 도시의 장래 통행분포를 Fratar모형을 이용하여 예측하시오.

〈표 1〉 현재의 O-D표

O \ D	1	2	3	O_i
1	0	40	30	70
2	120	0	90	210
3	70	100	0	170
D_j	190	140	120	450

〈표 2〉 장래의 존별 통행발생

O \ D	1	2	3	O_i
1				140
2				330
3				280
D_j	300	270	180	750

◆ 풀이 ◆   주어진 문제를 위한 통행분포의 예측은 다음과 같은 과정을 거친다.

〈0회차 계산〉

먼저 식 〈5·7·1〉을 이용하여 출발지 존별 성장인자(E_i^0)를 계산하면 다음과 같다.

$$E_1^0 = \frac{O_1^*}{O_1^0} = \frac{140}{70} = 2.00$$

$$E_2^0 = \frac{O_2^*}{O_2^0} = \frac{330}{210} = 1.57$$

$$E_3^0 = \frac{O_3^*}{O_3^0} = \frac{280}{170} = 1.65$$

한편 식 〈5·7·2〉를 이용하여 목적지 존별 성장인자(F_j^0)를 계산하면 다음과 같다.

$$F_1^0 = \frac{D_1^*}{D_1^0} = \frac{300}{190} = 1.58$$

$$F_2^0 = \frac{D_2^*}{D_2^0} = \frac{270}{140} = 1.93$$

$$F_3^0 = \frac{D_3^*}{D_3^0} = \frac{180}{120} = 1.50$$

앞서 계산된 목적지 존별 성장인자(F_j^0)를 식 〈5·9·1〉에 대입하면 다음과 같이 L_i^0의 값을 얻는다.

$$L_1^0 = \frac{70}{(1.58 \times 0) + (1.93 \times 40) + (1.50 \times 30)} = 0.573$$

$$L_2^0 = \frac{210}{(1.58 \times 120) + (1.93 \times 0) + (1.50 \times 90)} = 0.647$$

$$L_3^0 = \frac{170}{(1.58 \times 70) + (1.93 \times 100) + (1.50 \times 0)} = 0.560$$

한편 계산된 출발지 존별 성장인자(E_i^0)를 식 〈5·9·2〉에 대입하면 다음과 같이 목적지 존별 M_j^0의 값을 얻는다.

$$M_1^0 = \frac{190}{(2.00 \times 0) + (1.57 \times 120) + (1.65 \times 70)} = 0.625$$

$$M_2^0 = \frac{140}{(2.00 \times 40) + (1.57 \times 0) + (1.65 \times 100)} = 0.571$$

$$M_3^0 = \frac{120}{(2.00 \times 30) + (1.57 \times 90) + (1.65 \times 0)} = 0.596$$

〈1회차 계산〉

앞서 계산된 E_i^0, F_j^0, L_i^0, M_j^0의 값을 식 〈5·11〉에 대입하여 1회차 반복계산단계에서의 존간 통행량(T_{ij}^1)을 계산하면 다음과 같다.

$$T_{11}^1 = T_{11}^0 E_1^0 F_1^0 \frac{(L_1^0 + M_1^0)}{2} = 0$$

$$T_{12}^1 = T_{12}^0 E_1^0 F_2^0 \frac{(L_1^0 + M_2^0)}{2} = 40 \times 2.00 \times 1.93 \times \frac{(0.573 + 0.571)}{2} = 88.3$$

$$T_{13}^1 = T_{13}^0 E_1^0 F_3^0 \frac{(L_1^0 + M_3^0)}{2} = 30 \times 2.00 \times 1.50 \times \frac{(0.573 + 0.596)}{2} = 52.6$$

$$T_{21}^1 = T_{21}^0 E_2^0 F_1^0 \frac{(L_2^0 + M_1^0)}{2} = 120 \times 1.57 \times 1.58 \times \frac{(0.647 + 0.625)}{2} = 189.3$$

$$T_{22}^1 = T_{22}^0 E_2^0 F_2^0 \frac{(L_2^0 + M_2^0)}{2} = 0$$

$$T_{23}^1 = T_{23}^0 E_2^0 F_3^0 \frac{(L_2^0 + M_3^0)}{2} = 90 \times 1.57 \times 1.50 \times \frac{(0.647 + 0.596)}{2} = 131.7$$

$$T_{31}^1 = T_{31}^0 E_3^0 F_1^0 \frac{(L_3^0 + M_1^0)}{2} = 70 \times 1.65 \times 1.58 \times \frac{(0.560 + 0.625)}{2} = 108.1$$

$$T_{32}^1 = T_{32}^0 E_3^0 F_2^0 \frac{(L_3^0 + M_2^0)}{2} = 100 \times 1.65 \times 1.93 \times \frac{(0.560 + 0.571)}{2} = 180.1$$

$$T_{33}^1 = T_{33}^0 E_3^0 F_3^0 \frac{(L_3^0 + M_3^0)}{2} = 0$$

식 〈5·7·3〉을 이용하여 1회차 반복계산단계에서의 출발지 존별 성장인자(E_i^1)를 계산하면 다음과 같다.

$$E_1^1 = \frac{O_1^*}{O_1^1} = \frac{140}{(0 + 88.3 + 52.6)} = 0.99$$

$$E_2^1 = \frac{O_2^*}{O_2^1} = \frac{330}{(189.3 + 0 + 131.7)} = 1.03$$

$$E_3^1 = \frac{O_3^*}{O_3^1} = \frac{280}{(108.1 + 180.1 + 0)} = 0.97$$

한편 식 〈5·7·4〉를 이용하여 1회차 반복계산단계에서의 목적지 존별 성장인자(F_j^1)를 계산하면 다음과 같다.

$$F_1^1 = \frac{D_1^*}{D_1^1} = \frac{300}{(0 + 189.3 + 108.1)} = 1.01$$

$$F_2^1 = \frac{D_2^*}{D_2^1} = \frac{270}{(88.3 + 0 + 180.1)} = 1.01$$

$$F_3^1 = \frac{D_3^*}{D_3^1} = \frac{180}{(52.6 + 131.7 + 0)} = 0.98$$

1회차 반복계산단계에서 계산된 목적지 존별 성장인자(F_j^1)를 식 〈5·

$13 \cdot 1$〉에 대입하면 다음과 같이 출발지 존별 L_i^1의 값을 얻는다.

$$L_1^1 = \frac{(0+88.3+52.6)}{(1.01 \times 0)+(1.01 \times 88.3)+(0.98 \times 52.6)} = 1.001$$

$$L_2^1 = \frac{(189.3+0+131.7)}{(1.01 \times 189.3)+(1.01 \times 0)+(0.98 \times 131.7)} = 1.002$$

$$L_3^1 = \frac{(108.1+180.1+0)}{(1.01 \times 108.1)+(1.01 \times 180.1)+(0.98 \times 0)} = 0.990$$

한편 1회차 반복계산단계에서 계산된 출발지 존별 성장인자(E_i^1)를 식 〈$5 \cdot 13 \cdot 2$〉에 대입하면 다음과 같이 목적지 존별 M_j^1의 값을 얻는다.

$$M_1^1 = \frac{(0+189.3+108.1)}{(0.99 \times 0)+(1.03 \times 189.3)+(0.97 \times 108.1)} = 0.992$$

$$M_2^1 = \frac{(88.3+0+180.1)}{(0.99 \times 88.3)+(1.03 \times 0)+(0.97 \times 180.1)} = 1.024$$

$$M_3^1 = \frac{(52.6+131.7+0)}{(0.99 \times 52.6)+(1.03 \times 131.7)+(0.97 \times 0)} = 0.982$$

〈2회차 계산〉

1회차 반복계산단계에서 계산된 출발지 존별 성장인자(E_i^1)와 목적지 존별 성장인자(F_j^1)를 식 〈$5 \cdot 12$〉에 대입하여 2회차 반복계산단계에서의 존간 통행량(T_{ij}^2)을 계산하면 다음과 같다.

$$T_{11}^2 = T_{11}^1 E_1^1 F_1^1 \frac{(L_1^1 + M_1^1)}{2} = 0$$

$$T_{12}^2 = T_{12}^1 E_1^1 F_2^1 \frac{(L_1^1 + M_2^1)}{2} = 88.3 \times 0.99 \times 1.01 \times \frac{(1.001+1.024)}{2} = 89$$

$$T_{13}^2 = T_{13}^1 E_1^1 F_3^1 \frac{(L_1^1 + M_3^1)}{2} = 52.6 \times 0.99 \times 0.98 \times \frac{(1.001+0.982)}{2} = 51$$

$$T_{21}^2 = T_{21}^1 E_2^1 F_1^1 \frac{(L_2^1 + M_1^1)}{2} = 189.3 \times 1.03 \times 1.01 \times \frac{(1.002+0.992)}{2} = 196$$

$$T_{22}^2 = T_{22}^1 E_2^1 F_2^1 \frac{(L_2^1 + M_2^1)}{2} = 0$$

$$T_{23}^2 = T_{23}^1 E_2^1 F_3^1 \frac{(L_2^1 + M_3^1)}{2} = 131.7 \times 1.03 \times 0.98 \times \frac{(1.002 + 0.982)}{2} = 132$$

$$T_{31}^2 = T_{31}^1 E_3^1 F_1^1 \frac{(L_3^1 + M_1^1)}{2} = 108.1 \times 0.97 \times 1.01 \times \frac{(0.990 + 0.992)}{2} = 105$$

$$T_{32}^2 = T_{32}^1 E_3^1 F_2^1 \frac{(L_3^1 + M_2^1)}{2} = 180.1 \times 0.97 \times 1.01 \times \frac{(0.990 + 1.024)}{2} = 178$$

$$T_{33}^2 = T_{33}^1 E_3^1 F_3^1 \frac{(L_3^1 + M_3^1)}{2} = 0$$

　　1회차 반복계산단계에서 계산된 출발지 존별 성장인자(E_i^1)와 목적지 존별 성장인자(F_j^1)의 값이 식 〈5·8·1〉에 제시된 반복계산의 중지를 위한 기준을 충족시키므로 2회차 반복계산단계에서 반복계산을 중지하고 그 결과를 O-D표로 나타내면 〈표 3〉과 같다.

〈표 3〉　장래의 O-D표

O＼D	1	2	3	O_i
1	0	89	51	140
2	196	0	132	328
3	105	178	0	283
D_j	301	267	183	751

예제 5-5)　(예제 5-2)에서 주어진 문제를 풀기 위하여 Fratar모형을 이용하시오.

◆풀이◆　주어진 문제를 위한 통행분포의 예측은 다음과 같은 과정을 거친다.

〈0회차 계산〉

　　먼저 식 〈5·7·1〉을 이용하여 출발지 존별 성장인자(E_i^0)를 계산한 결과는 (예제 5-3)의 (풀이)에서 보는 바와 같다.

$E_1^0 = 2$

$E_2^0 = 1.5$

$E_3^0 = 3$

$E_4^0 = 1$

한편 식 〈5·7·2〉를 이용하여 목적지 존별 성장인자(F_j^0)를 계산한 결과도 (예제 5-3)의 (풀이)에서 보는 바와 같다.

$F_1^0 = 2$

$F_2^0 = 1.5$

$F_3^0 = 3$

$F_4^0 = 1$

목적지 존별 성장인자(F_j^0)를 식 〈5·9·1〉에 대입하면 다음과 같이 출발지 존별 L_i^0의 값을 얻는다.

$$L_1^0 = \frac{40}{(2 \times 0) + (1.5 \times 12) + (3 \times 10) + (1 \times 18)} = 0.606$$

$$L_2^0 = \frac{32}{(2 \times 12) + (1.5 \times 0) + (3 \times 14) + (1 \times 6)} = 0.444$$

$$L_3^0 = \frac{38}{(2 \times 10) + (1.5 \times 14) + (3 \times 0) + (1 \times 14)} = 0.691$$

$$L_4^0 = \frac{38}{(2 \times 18) + (1.5 \times 6) + (3 \times 14) + (1 \times 0)} = 0.437$$

한편 출발지 존별 성장인자(E_i^0)를 식 〈5·9·2〉에 대입하면 다음과 같이 목적지 존별 M_j^0의 값을 얻는다.

$$M_1^0 = \frac{40}{(2 \times 0) + (1.5 \times 12) + (3 \times 10) + (1 \times 18)} = 0.606$$

$$M_2^0 = \frac{32}{(2 \times 12) + (1.5 \times 0) + (3 \times 14) + (1 \times 6)} = 0.444$$

$$M_3^0 = \frac{38}{(2 \times 10) + (1.5 \times 14) + (3 \times 0) + (1 \times 14)} = 0.691$$

$$M_4^0 = \frac{38}{(2 \times 18) + (1.5 \times 6) + (3 \times 14) + (1 \times 0)} = 0.437$$

〈1회차 계산〉

앞서 계산된 E_i^0, F_j^0, L_i^0, M_j^0의 값을 식 〈5·11〉에 대입하여 1회차 반복계산단계에서의 존간 통행량(T_{ij}^1)을 계산하면 다음과 같다.

$$T_{11}^1 = T_{11}^0 E_1^0 F_1^0 \frac{(L_1^0 + M_1^0)}{2} = 0$$

$$T_{12}^1 = T_{12}^0 E_1^0 F_2^0 \frac{(L_1^0 + M_2^0)}{2} = 12 \times 2 \times 1.5 \times \frac{(0.606 + 0.444)}{2} = 18.9$$

$$T_{13}^1 = T_{13}^0 E_1^0 F_3^0 \frac{(L_1^0 + M_3^0)}{2} = 10 \times 2 \times 3 \times \frac{(0.606 + 0.691)}{2} = 38.9$$

$$T_{14}^1 = T_{14}^0 E_1^0 F_4^0 \frac{(L_1^0 + M_4^0)}{2} = 18 \times 2 \times 1 \times \frac{(0.606 + 0.437)}{2} = 18.8$$

$$T_{21}^1 = T_{21}^0 E_2^0 F_1^0 \frac{(L_2^0 + M_1^0)}{2} = 12 \times 1.5 \times 2 \times \frac{(0.444 + 0.606)}{2} = 18.9$$

$$T_{22}^1 = T_{22}^0 E_2^0 F_2^0 \frac{(L_2^0 + M_2^0)}{2} = 0$$

$$T_{23}^1 = T_{23}^0 E_2^0 F_3^0 \frac{(L_2^0 + M_3^0)}{2} = 14 \times 1.5 \times 3 \times \frac{(0.444 + 0.691)}{2} = 35.8$$

$$T_{24}^1 = T_{24}^0 E_2^0 F_4^0 \frac{(L_2^0 + M_4^0)}{2} = 6 \times 1.5 \times 1 \times \frac{(0.444 + 0.437)}{2} = 4.0$$

$$T_{31}^1 = T_{31}^0 E_3^0 F_1^0 \frac{(L_3^0 + M_1^0)}{2} = 10 \times 3 \times 2 \times \frac{(0.691 + 0.606)}{2} = 38.9$$

$$T_{32}^1 = T_{32}^0 E_3^0 F_2^0 \frac{(L_3^0 + M_2^0)}{2} = 14 \times 3 \times 1.5 \times \frac{(0.691 + 0.444)}{2} = 35.8$$

$$T_{33}^1 = T_{33}^0 E_3^0 F_3^0 \frac{(L_3^0 + M_3^0)}{2} = 0$$

$$T_{34}^1 = T_{34}^0 E_3^0 F_4^0 \frac{(L_3^0 + M_4^0)}{2} = 14 \times 3 \times 1 \times \frac{(0.691 + 0.437)}{2} = 23.7$$

$$T_{41}^1 = T_{41}^0 E_4^0 F_1^0 \frac{(L_4^0 + M_1^0)}{2} = 18 \times 1 \times 2 \times \frac{(0.437 + 0.606)}{2} = 18.8$$

$$T_{42}^1 = T_{42}^0 E_4^0 F_2^0 \frac{(L_4^0 + M_2^0)}{2} = 6 \times 1 \times 1.5 \times \frac{(0.437 + 0.444)}{2} = 4.0$$

$$T_{43}^1 = T_{43}^0 E_4^0 F_3^0 \frac{(L_4^0 + M_3^0)}{2} = 14 \times 1 \times 3 \times \frac{(0.437 + 0.691)}{2} = 23.7$$

$$T_{44}^1 = T_{44}^0 E_4^0 F_4^0 \frac{(L_4^0 + M_4^0)}{2} = 0$$

식 $\langle 5 \cdot 7 \cdot 3 \rangle$을 이용하여 1회차 반복계산단계에서의 출발지 존별 성장인자(E_i^1)를 계산하면 다음과 같다.

$$E_1^1 = \frac{O_1^*}{O_1^1} = \frac{80}{(0 + 18.9 + 38.9 + 18.8)} = 1.04$$

$$E_2^1 = \frac{O_2^*}{O_2^1} = \frac{48}{(18.9 + 0 + 35.8 + 4.0)} = 0.82$$

$$E_3^1 = \frac{O_3^*}{O_3^1} = \frac{114}{(38.9 + 35.8 + 0 + 23.7)} = 1.16$$

$$E_4^1 = \frac{O_4^*}{O_4^1} = \frac{38}{(18.8 + 4.0 + 23.7 + 0)} = 0.82$$

한편 식 $\langle 5 \cdot 7 \cdot 4 \rangle$를 이용하여 1회차 반복계산단계에서의 목적지 존별 성장인자(F_j^1)를 계산하면 다음과 같다.

$$F_1^1 = \frac{D_1^*}{D_1^1} = \frac{80}{(0 + 18.9 + 38.9 + 18.8)} = 1.04$$

$$F_2^1 = \frac{D_2^*}{D_2^1} = \frac{48}{(18.9 + 0 + 35.8 + 4.0)} = 0.82$$

$$F_3^1 = \frac{D_3^*}{D_3^1} = \frac{114}{(38.9 + 35.8 + 0 + 23.7)} = 1.16$$

$$F_4^1 = \frac{D_4^*}{D_4^1} = \frac{38}{(18.8 + 4.0 + 23.7 + 0)} = 0.82$$

1회차 반복계산단계에서 계산된 목적지 존별 성장인자(F_j^1)를 식 $\langle 5 \cdot 13 \cdot 1 \rangle$에 대입하면 다음과 같이 L_i^1의 값을 얻는다.

$$L_1^1 = \frac{(0 + 18.9 + 38.9 + 18.8)}{(1.04 \times 0) + (0.82 \times 18.9) + (1.16 \times 38.9) + (0.82 \times 18.8)} = 1.007$$

$$L_2^1 = \frac{(18.9 + 0 + 35.8 + 4.0)}{(1.04 \times 18.9) + (0.82 \times 0) + (1.16 \times 35.8) + (0.82 \times 4.0)} = 0.911$$

$$L_3^1 = \frac{(38.9 + 35.8 + 0 + 23.7)}{(1.04 \times 38.9) + (0.82 \times 35.8) + (1.16 \times 0) + (0.82 \times 23.7)} = 1.103$$

$$L_4^1 = \frac{(18.8 + 4.0 + 23.7 + 0)}{(1.04 \times 18.8) + (0.82 \times 4.0) + (1.16 \times 23.7) + (0.82 \times 0)} = 0.924$$

한편 1회차 반복계산단계에서 계산된 출발지 존별 성장인자(E_i^1)를 식 $\langle 5 \cdot 13 \cdot 2 \rangle$에 대입하면 다음과 같이 목적지 존별 M_j^1의 값을 얻는다.

$$M_1^1 = \frac{(0 + 18.9 + 38.9 + 18.8)}{(1.04 \times 0) + (0.82 \times 18.9) + (1.16 \times 38.9) + (0.82 \times 18.8)} = 1.007$$

$$M_2^1 = \frac{(18.9 + 0 + 35.8 + 4.0)}{(1.04 \times 18.9) + (0.82 \times 0) + (1.16 \times 35.8) + (0.82 \times 4.0)} = 0.911$$

$$M_3^1 = \frac{(38.9 + 35.8 + 0 + 23.7)}{(1.04 \times 38.9) + (0.82 \times 35.8) + (1.16 \times 0) + (0.82 \times 23.7)} = 1.103$$

$$M_4^1 = \frac{(18.8 + 4.0 + 23.7 + 0)}{(1.04 \times 18.8) + (0.82 \times 4.0) + (1.16 \times 23.7) + (0.82 \times 0)} = 0.924$$

〈2회차 계산〉

1회차 반복계산단계에서 계산된 출발지 존별 성장인자(E_i^1)와 목적지 존별 성장인자(F_j^1)를 식 $\langle 5 \cdot 12 \rangle$에 대입하여 2회차 반복계산단계에서의 존간 통행량(T_{ij}^2)을 계산하면 다음과 같다.

$$T_{11}^2 = T_{11}^1 E_1^1 F_1^1 \frac{(L_1^1 + M_1^1)}{2} = 0$$

$$T_{12}^2 = T_{12}^1 E_1^1 F_2^1 \frac{(L_1^1 + M_2^1)}{2} = 18.9 \times 1.04 \times 0.82 \times \frac{(1.007 + 0.911)}{2} = 15.5$$

$$T_{13}^2 = T_{13}^1 E_1^1 F_3^1 \frac{(L_1^1 + M_3^1)}{2} = 38.9 \times 1.04 \times 1.16 \times \frac{(1.007 + 1.103)}{2} = 49.5$$

$$T_{14}^2 = T_{14}^1 E_1^1 F_4^1 \frac{(L_1^1 + M_4^1)}{2} = 18.8 \times 1.04 \times 0.82 \times \frac{(1.007 + 0.924)}{2} = 15.5$$

$$T_{21}^2 = T_{21}^1 E_2^1 F_1^1 \frac{(L_2^1 + M_1^1)}{2} = 18.9 \times 0.82 \times 1.04 \times \frac{(0.911 + 1.007)}{2} = 15.5$$

$$T_{22}^2 = T_{22}^1 E_2^1 F_2^1 \frac{(L_2^1 + M_2^1)}{2} = 0$$

$$T_{23}^2 = T_{23}^1 E_2^1 F_3^1 \frac{(L_2^1 + M_3^1)}{2} = 35.8 \times 0.82 \times 1.16 \times \frac{(0.911 + 1.103)}{2} = 34.3$$

$$T_{24}^2 = T_{24}^1 E_2^1 F_4^1 \frac{(L_2^1 + M_4^1)}{2} = 4.0 \times 0.82 \times 0.82 \times \frac{(0.911 + 0.924)}{2} = 2.5$$

$$T_{31}^2 = T_{31}^1 E_3^1 F_1^1 \frac{(L_3^1 + M_1^1)}{2} = 38.9 \times 1.16 \times 1.04 \times \frac{(1.103 + 1.007)}{2} = 49.5$$

$$T_{32}^2 = T_{32}^1 E_3^1 F_2^1 \frac{(L_3^1 + M_2^1)}{2} = 35.8 \times 1.16 \times 0.82 \times \frac{(1.103 + 0.911)}{2} = 34.3$$

$$T_{33}^2 = T_{33}^1 E_3^1 F_3^1 \frac{(L_3^1 + M_3^1)}{2} = 0$$

$$T_{34}^2 = T_{34}^1 E_3^1 F_4^1 \frac{(L_3^1 + M_4^1)}{2} = 23.7 \times 1.16 \times 0.82 \times \frac{(1.103 + 0.924)}{2} = 22.8$$

$$T_{41}^2 = T_{41}^1 E_4^1 F_1^1 \frac{(L_4^1 + M_1^1)}{2} = 18.8 \times 0.82 \times 1.04 \times \frac{(0.924 + 1.007)}{2} = 15.5$$

$$T_{42}^2 = T_{42}^1 E_4^1 F_2^1 \frac{(L_4^1 + M_2^1)}{2} = 4.0 \times 0.82 \times 0.82 \times \frac{(0.924 + 0.911)}{2} = 2.5$$

$$T_{43}^2 = T_{43}^1 E_4^1 F_3^1 \frac{(L_4^1 + M_3^1)}{2} = 23.7 \times 0.82 \times 1.16 \times \frac{(0.924 + 1.103)}{2} = 22.8$$

$$T_{44}^2 = T_{44}^1 E_4^1 F_4^1 \frac{(L_4^1 + M_4^1)}{2} = 0$$

식 〈5·7·3〉을 이용하여 2회차 반복계산단계에서의 출발지 존별 성장인자(E_i^2)를 계산하면 다음과 같다.

$$E_1^2 = \frac{O_1^*}{O_1^2} = \frac{80}{(0 + 15.5 + 49.5 + 15.5)} = 0.99$$

$$E_2^2 = \frac{O_2^*}{O_2^2} = \frac{48}{(15.5 + 0 + 34.3 + 2.5)} = 0.92$$

$$E_3^2 = \frac{O_3^*}{O_3^2} = \frac{114}{(49.5 + 34.3 + 0 + 22.8)} = 1.07$$

$$E_4^2 = \frac{O_4^*}{O_4^2} = \frac{38}{(15.5 + 2.5 + 22.8 + 0)} = 0.93$$

한편 식 〈5·7·4〉를 이용하여 2회차 반복계산단계에서의 목적지 존별 성장인자(F_j^2)를 계산하면 다음과 같다.

$$F_1^2 = \frac{D_1^*}{D_1^2} = \frac{80}{(0 + 15.5 + 49.5 + 15.5)} = 0.99$$

$$F_2^2 = \frac{D_2^*}{D_2^2} = \frac{48}{(15.5 + 0 + 34.3 + 2.5)} = 0.92$$

$$F_3^2 = \frac{D_3^*}{D_3^2} = \frac{114}{(49.5 + 34.3 + 0 + 22.8)} = 1.07$$

$$F_4^2 = \frac{D_4^*}{D_4^2} = \frac{38}{(15.5 + 2.5 + 22.8 + 0)} = 0.93$$

2회차 반복계산단계에서 계산된 목적지 존별 성장인자(F_j^2)를 식 〈5·13·1〉에 대입하면 다음과 같이 L_i^2의 값을 얻는다.

$$L_1^2 = \frac{(0 + 15.5 + 49.5 + 15.5)}{(0.99 \times 0) + (0.92 \times 15.5) + (1.07 \times 49.5) + (0.93 \times 15.5)} = 0.986$$

$$L_2^2 = \frac{(15.5 + 0 + 34.3 + 2.5)}{(0.99 \times 15.5) + (0.92 \times 0) + (1.07 \times 34.3) + (0.93 \times 2.5)} = 0.962$$

$$L_3^2 = \frac{(49.5 + 34.3 + 0 + 22.8)}{(0.99 \times 49.5) + (0.92 \times 34.3) + (1.07 \times 0) + (0.93 \times 22.8)} = 1.048$$

$$L_4^2 = \frac{(15.5 + 2.5 + 22.8 + 0)}{(0.99 \times 15.5) + (0.92 \times 2.5) + (1.07 \times 22.8) + (0.93 \times 0)} = 0.970$$

한편 2회차 반복계산단계에서 계산된 출발지 존별 성장인자(E_i^2)를 식 〈5·13·2〉에 대입하면 다음과 같이 목적지 존별 M_j^2의 값을 얻는다.

$$M_1^2 = \frac{(0 + 15.5 + 49.5 + 15.5)}{(0.99 \times 0) + (0.92 \times 15.5) + (1.07 \times 49.5) + (0.93 \times 15.5)} = 0.986$$

$$M_2^2 = \frac{(15.5 + 0 + 34.3 + 2.5)}{(0.99 \times 15.5) + (0.92 \times 0) + (1.07 \times 34.3) + (0.93 \times 2.5)} = 0.962$$

$$M_3^2 = \frac{(49.5 + 34.3 + 0 + 22.8)}{(0.99 \times 49.5) + (0.92 \times 34.3) + (1.07 \times 0) + (0.93 \times 22.8)} = 1.048$$

$$M_4^2 = \frac{(15.5 + 2.5 + 22.8 + 0)}{(0.99 \times 15.5) + (0.92 \times 2.5) + (1.07 \times 22.8) + (0.93 \times 0)} = 0.970$$

〈3회차 계산〉

2회차 반복계산단계에서 계산된 출발지 존별 성장인자(E_i^2)와 목적지 존별 성장인자(F_j^2)를 식 〈5·12〉에 대입하여 3회차 반복계산단계에서의 존간 통행량(T_{ij}^3)을 계산하면 다음과 같다.

$$T_{11}^3 = T_{11}^2 E_1^2 F_1^2 \frac{(L_1^2+M_1^2)}{2} = 0$$

$$T_{12}^3 = T_{12}^2 E_1^2 F_2^2 \frac{(L_1^2+M_2^2)}{2} = 15.5 \times 0.99 \times 0.92 \times \frac{(0.986+0.962)}{2} = 14$$

$$T_{13}^3 = T_{13}^2 E_1^2 F_3^2 \frac{(L_1^2+M_3^2)}{2} = 49.5 \times 0.99 \times 1.07 \times \frac{(0.986+1.048)}{2} = 53$$

$$T_{14}^3 = T_{14}^2 E_1^2 F_4^2 \frac{(L_1^2+M_4^2)}{2} = 15.5 \times 0.99 \times 0.93 \times \frac{(0.986+0.970)}{2} = 14$$

$$T_{21}^3 = T_{21}^2 E_2^2 F_1^2 \frac{(L_2^2+M_1^2)}{2} = 15.5 \times 0.92 \times 0.99 \times \frac{(0.962+0.986)}{2} = 14$$

$$T_{22}^3 = T_{22}^2 E_2^2 F_2^2 \frac{(L_2^2+M_2^2)}{2} = 0$$

$$T_{23}^3 = T_{23}^2 E_2^2 F_3^2 \frac{(L_2^2+M_3^2)}{2} = 34.3 \times 0.92 \times 1.07 \times \frac{(0.962+1.048)}{2} = 34$$

$$T_{24}^3 = T_{24}^2 E_2^2 F_4^2 \frac{(L_2^2+M_4^2)}{2} = 2.5 \times 0.92 \times 0.93 \times \frac{(0.962+0.970)}{2} = 2$$

$$T_{31}^3 = T_{31}^2 E_3^2 F_1^2 \frac{(L_3^2+M_1^2)}{2} = 49.5 \times 1.07 \times 0.99 \times \frac{(1.048+0.986)}{2} = 53$$

$$T_{32}^3 = T_{32}^2 E_3^2 F_2^2 \frac{(L_3^2+M_2^2)}{2} = 34.3 \times 1.07 \times 0.92 \times \frac{(1.048+0.962)}{2} = 34$$

$$T_{33}^3 = T_{33}^2 E_3^2 F_3^2 \frac{(L_3^2+M_3^2)}{2} = 0$$

$$T_{34}^3 = T_{34}^2 E_3^2 F_4^2 \frac{(L_3^2+M_4^2)}{2} = 22.8 \times 1.07 \times 0.93 \times \frac{(1.048+0.970)}{2} = 23$$

$$T_{41}^3 = T_{41}^2 E_4^2 F_1^2 \frac{(L_4^2+M_1^2)}{2} = 15.5 \times 0.93 \times 0.99 \times \frac{(0.970+0.986)}{2} = 14$$

$$T_{42}^3 = T_{42}^2 E_4^2 F_2^2 \frac{(L_4^2+M_2^2)}{2} = 2.5 \times 0.93 \times 0.92 \times \frac{(0.970+0.962)}{2} = 2$$

$$T_{43}^3 = T_{43}^2 E_4^2 F_3^2 \frac{(L_4^2+M_3^2)}{2} = 22.8 \times 0.93 \times 1.07 \times \frac{(0.970+1.048)}{2} = 23$$

$$T_{44}^3 = T_{44}^2 E_4^2 F_4^2 \frac{(L_4^2+M_4^2)}{2} = 0$$

2회차 반복계산단계에서 계산된 출발지 존별 성장인자(E_i^2)와 목적지 존별 성장인자(F_j^2)의 값이 식 〈5·8·1〉에 제시된 반복계산의 중지를 위한 기준을 충족시키므로 3회차 반복계산단계에서 반복계산을 중지하고 그 결과를 O-D표로 나타내면 〈표〉와 같다.

〈표〉 장래의 O-D표

O \ D	1	2	3	4	O_i
1	0	14	53	14	81
2	14	0	34	2	50
3	53	34	0	23	110
4	14	2	23	0	39
D_j	81	50	110	39	280

한편 우리는 (예제 5-3)의 (풀이)에서 같은 문제를 평균성장인자모형을 이용해서 계산할 경우 9회차 반복계산까지 거쳐야 식 〈5·8·1〉에 제시된 반복계산의 중지를 위한 기준을 충족시킬 수 있음을 살펴보았다. 이러한 사실로부터 Fratar모형은 앞서 살펴본 평균성장인자모형보다 짧은 반복계산과정을 거쳐 바람직한 해(solution)를 얻을 수 있음을 알 수 있다.

4. Detroit모형

Fratar모형은 평균성장인자모형(average-factor model)보다 계산과정이 복잡한데, 이는 식 〈5·13·1〉과 〈5·13·2〉에 표현된 L_i^{n-1}과 M_j^{n-1}항의 계산에 기인한다. Detroit모형은 계산이 복잡한 L_i^{n-1} 및 M_j^{n-1}항을 단순한 성장인자로 대치하여 Fratar모형과 비슷한 계산과정을 적용한다.

Detroit모형은 Fratar모형에서 사용되는 일반적인 반복계산식인 식 〈5·12〉 대신에 다음의 식을 적용한다.

$$T_{ij}^n = T_{ij}^{n-1} \; \frac{E_i^{n-1} F_j^{n-1}}{F^{n-1}}　\hspace{3cm}〈5·14〉$$

한편 식 〈5·14〉에 포함된 성장인자 F^{n-1}의 계산식은 다음과 같다.

$$F^{n-1} = \frac{T^*}{T^{n-1}} \qquad\qquad \langle\,5 \cdot 15\,\rangle$$

단, $T^{n-1} = (n\text{-}1)$회차 반복계산단계에서 계산된 분석대상지역의 총통행량

예제 5-6   (예제 5-2)에서 주어진 문제를 풀기 위하여 Detroit모형을 이용하되 2회차 반복계산단계까지만 계산하시오.

◆ 풀이 ◆   주어진 문제를 위한 통행분포의 예측은 다음과 같은 과정을 거친다.

〈0회차 계산〉

먼저 식 〈$5 \cdot 15$〉를 이용하여 0회차 계산을 위한 분석대상지역의 성장인자(F^0)를 계산하면 다음과 같다.

$$F^0 = \frac{T^*}{T^0} = \frac{280}{148} = 1.89$$

한편 식 〈$5 \cdot 7 \cdot 1$〉을 이용하여 출발지 존별 성장인자(E_i^0)를 계산한 결과는 (예제 5-3)의 (풀이)에서 보는 바와 같다.

$E_1^0 = 2$
$E_2^0 = 1.5$
$E_3^0 = 3$
$E_4^0 = 1$

아울러 식 〈$5 \cdot 7 \cdot 2$〉를 이용하여 목적지 존별 성장인자(F_j^0)를 계산한 결과도 (예제 5-3)의 (풀이)에서 보는 바와 같다.

$F_1^0 = 2$
$F_2^0 = 1.5$
$F_3^0 = 3$
$F_4^0 = 1$

〈1회차 계산〉

식 〈$5 \cdot 14$〉를 이용하여 1회차 반복계산단계에서의 존간 통행량(T_{ij}^1)

을 계산하면 다음과 같다.

$$T_{11}^1 = T_{11}^0 \frac{E_1^0 F_1^0}{F^0} = 0$$

$$T_{12}^1 = T_{12}^0 \frac{E_1^0 F_2^0}{F^0} = 12 \times \frac{(2 \times 1.5)}{1.89} = 19.0$$

$$T_{13}^1 = T_{13}^0 \frac{E_1^0 F_3^0}{F^0} = 10 \times \frac{(2 \times 3)}{1.89} = 31.7$$

$$T_{14}^1 = T_{14}^0 \frac{E_1^0 F_4^0}{F^0} = 18 \times \frac{(2 \times 1)}{1.89} = 19.0$$

$$T_{21}^1 = T_{21}^0 \frac{E_2^0 F_1^0}{F^0} = 12 \times \frac{(1.5 \times 2)}{1.89} = 19.0$$

$$T_{22}^1 = T_{22}^0 \frac{E_2^0 F_2^0}{F^0} = 0$$

$$T_{23}^1 = T_{23}^0 \frac{E_2^0 F_3^0}{F^0} = 14 \times \frac{(1.5 \times 3)}{1.89} = 33.3$$

$$T_{24}^1 = T_{24}^0 \frac{E_2^0 F_4^0}{F^0} = 6 \times \frac{(1.5 \times 1)}{1.89} = 4.8$$

$$T_{31}^1 = T_{31}^0 \frac{E_3^0 F_1^0}{F^0} = 10 \times \frac{(3 \times 2)}{1.89} = 31.7$$

$$T_{32}^1 = T_{32}^0 \frac{E_3^0 F_2^0}{F^0} = 14 \times \frac{(3 \times 1.5)}{1.89} = 33.3$$

$$T_{33}^1 = T_{33}^0 \frac{E_3^0 F_3^0}{F^0} = 0$$

$$T_{34}^1 = T_{34}^0 \frac{E_3^0 F_4^0}{F^0} = 14 \times \frac{(3 \times 1)}{1.89} = 22.2$$

$$T_{41}^1 = T_{41}^0 \frac{E_4^0 F_1^0}{F^0} = 18 \times \frac{(1 \times 2)}{1.89} = 19.0$$

$$T_{42}^1 = T_{42}^0 \frac{E_4^0 F_2^0}{F^0} = 6 \times \frac{(1 \times 1.5)}{1.89} = 4.8$$

$$T_{43}^1 = T_{43}^0 \frac{E_4^0 F_3^0}{F^0} = 14 \times \frac{(1 \times 3)}{1.89} = 22.2$$

$$T_{44}^1 = T_{44}^0 \frac{E_4^0 F_4^0}{F^0} = 0$$

식 $\langle 5 \cdot 15 \rangle$를 이용하여 1회차 반복계산단계에서의 분석대상지역의 성장인자(F^1)를 계산하면 다음과 같다.

$$F^1 = \frac{T^*}{T^1} = \frac{280}{\begin{array}{l}(0+19.0+31.7+19.0+19.0+0+33.3+4.8+31.7+33.3+0 \\ \quad +22.2+19.0+4.8+22.2+0)\end{array}}$$
$$= 1.077$$

한편 식 $\langle 5 \cdot 7 \cdot 3 \rangle$을 이용하여 1회차 반복계산단계에서의 출발지 존별 성장인자(E_i^1)를 계산하면 다음과 같다.

$$E_1^1 = \frac{O_1^*}{O_1^1} = \frac{80}{(0+19.0+31.7+19.0)} = 1.15$$

$$E_2^1 = \frac{O_2^*}{O_2^1} = \frac{48}{(19.0+0+33.3+4.8)} = 0.84$$

$$E_3^1 = \frac{O_3^*}{O_3^1} = \frac{114}{(31.7+33.3+0+22.2)} = 1.31$$

$$E_4^1 = \frac{O_4^*}{O_4^1} = \frac{38}{(19.0+4.8+22.2+0)} = 0.83$$

아울러 식 $\langle 5 \cdot 7 \cdot 4 \rangle$를 이용하여 1회차 반복계산단계에서의 목적지 존별 성장인자(F_j^1)를 계산하면 다음과 같다.

$$F_1^1 = \frac{D_1^*}{D_1^1} = \frac{80}{(0+19.0+31.7+19.0)} = 1.15$$

$$F_2^1 = \frac{D_2^*}{D_2^1} = \frac{48}{(19.0+0+33.3+4.8)} = 0.84$$

$$F_3^1 = \frac{D_3^*}{D_3^1} = \frac{114}{(31.7+33.3+0+22.2)} = 1.31$$

$$F_4^1 = \frac{D_4^*}{D_4^1} = \frac{38}{(19.0+4.8+22.2+0)} = 0.83$$

<2회차 계산>

식 $\langle 5 \cdot 14 \rangle$를 이용하여 2회차 반복계산단계에서의 존간 통행량(T_{ij}^2)을 계산하면 다음과 같다.

$$T_{11}^2 = T_{11}^1 \frac{E_1^1 F_1^1}{F^1} = 0$$

$$T_{12}^2 = T_{12}^1 \frac{E_1^1 F_2^1}{F^1} = 19.0 \times \frac{(1.15 \times 0.84)}{1.077} = 17$$

$$T_{13}^2 = T_{13}^1 \frac{E_1^1 F_3^1}{F^1} = 31.7 \times \frac{(1.15 \times 1.31)}{1.077} = 44$$

$$T_{14}^2 = T_{14}^1 \frac{E_1^1 F_4^1}{F^1} = 19.0 \times \frac{(1.15 \times 0.83)}{1.077} = 17$$

$$T_{21}^2 = T_{21}^1 \frac{E_2^1 F_1^1}{F^1} = 19.0 \times \frac{(0.84 \times 1.15)}{1.077} = 17$$

$$T_{22}^2 = T_{22}^1 \frac{E_2^1 F_2^1}{F^1} = 0$$

$$T_{23}^2 = T_{23}^1 \frac{E_2^1 F_3^1}{F^1} = 33.3 \times \frac{(0.84 \times 1.31)}{1.077} = 34$$

$$T_{24}^2 = T_{24}^1 \frac{E_2^1 F_4^1}{F^1} = 4.8 \times \frac{(0.84 \times 0.83)}{1.077} = 3$$

$$T_{31}^2 = T_{31}^1 \frac{E_3^1 F_1^1}{F^1} = 31.7 \times \frac{(1.31 \times 1.15)}{1.077} = 44$$

$$T_{32}^2 = T_{32}^1 \frac{E_3^1 F_2^1}{F^1} = 33.3 \times \frac{(1.31 \times 0.84)}{1.077} = 34$$

$$T_{33}^2 = T_{33}^1 \frac{E_3^1 F_3^1}{F^1} = 0$$

$$T_{34}^2 = T_{34}^1 \frac{E_3^1 F_4^1}{F^1} = 22.2 \times \frac{(1.31 \times 0.83)}{1.077} = 22$$

$$T_{41}^2 = T_{41}^1 \frac{E_4^1 F_1^1}{F^1} = 19.0 \times \frac{(0.83 \times 1.15)}{1.077} = 17$$

$$T_{42}^2 = T_{42}^1 \frac{E_4^1 F_2^1}{F^1} = 4.8 \times \frac{(0.83 \times 0.84)}{1.077} = 3$$

$$T_{43}^2 = T_{43}^1 \frac{E_4^1 F_3^1}{F^1} = 22.2 \times \frac{(0.83 \times 1.31)}{1.077} = 22$$

$$T_{44}^2 = T_{44}^1 \frac{E_4^1 F_4^1}{F^1} = 0$$

이상의 2회차 계산결과를 $O\text{-}D$표로 나타내면 〈표〉와 같다.

〈표〉 장래의 *O-D표*(2회차 계산결과)

O \ D	1	2	3	4	O_i
1	0	17	44	17	78
2	17	0	34	3	54
3	44	34	0	22	100
4	17	3	22	0	42
D_j	78	54	100	42	274

한편 이 문제를 위한 반복계산의 결과가 반복계산의 중지를 위한 식 〈5·8·1〉의 기준을 충족시키기 위해서는 4회차 반복계산단계까지 거쳐야 한다. 따라서 Detroit모형은 반복계산의 중지를 위한 기준에 수렴하는 속도가 Fratar모형보다 약간 느리지만, 평균성장인자모형보다는 훨씬 빠른 것을 알 수 있다. 그럼에도 불구하고 Detroit모형은 각 반복계산단계에서의 계산과정이 Fratar모형보다 훨씬 단순한 장점으로 말미암아 여러 가지 성장인자모형 가운데 가장 효율적인 것으로 인정받고 있다(Stopher and Meyburg, 1975: 133).

5. 성장인자모형의 한계

통행분포의 예측을 위해 성장인자모형이 사용될 경우 다음과 같은 한계를 가진다(Dickey, 1983: 202; Ortúzar and Willumsen, 1994: 158).

첫째, 성장인자모형은 모형의 파라미터(parameters)를 추정할 필요가 없을 뿐만 아니라 계산이 단순하고 적용이 간편한 장점에도 불구하고 분석대상지역 혹은 출발지 및 목적지 존별로 오직 하나의 성장인자가 적용되는 한계를 가진다.

둘째, 성장인자모형은 토지이용 및 존 사이의 활동(interzonal activity)에 있어서의 중요한 변화를 통행분포의 예측과정에서 적절히 반영하지 못한다.

셋째, 성장인자모형은 존 사이의 거리, 통행비용, 통행시간 등을 통행분포의 예측과정에서 전혀 고려하지 못하는 한계를 가진다. 예컨대 어떤 존 사이의 통행시간은 새로운 도로의 건설이나 새로운 교통수단(예: 지하철)의 도입에 의해 줄어들 수도 있고, 교통혼잡의 악화로 늘어날 수도 있다. 이러한 경우에 성장인자모형의 적용은 한계를 가진다.

넷째, 성장인자모형은 기준연도에 통행량이 전혀 없는 존 사이에는 목표연도에도 통행량이 전혀 없을 것으로 예측하는 한계를 가진다.

다섯째, 성장인자모형을 활용할 때 기준연도의 존 사이의 통행분포가 잘못 조사되어 기준연도의 *O-D*표가 오차(errors)를 가질 경우 목표연도의 통행분포는 더욱 큰 오차를 가진다. 따라서 성장인자모형의 정확도는 기준연도의 *O-D*표가 얼마나 정확한지가 그 관건이 된다. 이러한 성장인자모형의 한계는 성장인자모형이 통행분포에 관한 적절한 행태적 이론(behavioral theory)에 기초를 두고 있지 않기 때문에 기인한다.

제 3 절   중력모형

앞서 살펴본 바와 같이 성장인자모형은 존 사이의 거리, 통행비용, 통행시간 등을 통행분포의 예측과정에서 전혀 고려하지 못하는 근본적인 한계를 가진다. 아울러 성장인자모형은 토지이용의 변화를 통행분포의 예측과정에 직접적으로 반영하지 못하는 한계를 가진다. 성장인자모형이 가지는 이러한 한계를 극복하면서 장래의 존간 통행량을 예측하기 위해 가장 널리 활용되어 온 모형이 중력모형(gravity model)이다.

1. 기본모형

중력모형의 기원은 모형의 이름에서 알 수 있듯이 뉴턴 물리학(Newtonian physics)의 중력작용(gravitational interaction)이다. 즉 물체간의 중력작용은 두 가지 요인에 의해 결정되는데, 첫째는 물체의 크기(scale impacts)로서, 예컨대 대도시들은 소도시들에 비해 사람이나 재화의 상호교류가 많다는 것이다. 두 번째 요인은 물체간에 떨어진 거리(distance impacts)로서 서로 멀리 떨어져 있는 도시들보다는 인접해 있는 도시들간에 상호교류가 많다는 것이다.

〈그림 5-2〉는 중력모형의 기본개념을 나타낸 것이다. 그림에 표시된 4

<그림 5-2> 중력모형의 기본개념

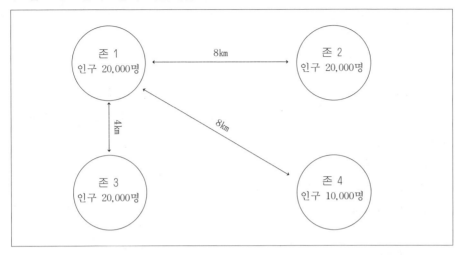

개의 존에서 존 1과 존 2 사이의 예상교류량과 존 1과 존 4 사이의 예상교류량을 비교해 보자.

존 1과 존 2 사이의 교류량이 존 1과 존 4 사이의 교류량보다 많음을 예상할 수 있다. 왜냐하면 존 2와 존 4의 존 1로부터의 거리는 8km로 동일한 반면, 존 2의 인구는 20,000명으로 존 4의 10,000명보다 두 배가 많기 때문이다. 이것이 바로 물체의 크기의 영향(scale impacts)이다.

이제 존 1과 존 2 사이의 예상교류량과 존 1과 존 3 사이의 예상교류량을 비교해 보자. 존 2와 존 3의 인구는 20,000명으로 동일한 반면, 존 1로부터 떨어진 거리는 존 3이 4km로서 존 2의 8km에 비해 절반밖에 되지 않는다. 따라서 우리는 존 1과 존 3 사이의 교류량이 존 1과 존 2 사이의 교류량보다 많을 것임을 예상할 수 있다. 이것은 바로 거리의 영향(distance impacts) 때문이다.

이제 이들 두 가지 영향을 묶어서 중력모형의 기본식을 나타내면 다음과 같다.

$$T_{ij} = \frac{P_i P_j}{d_{ij}}$$

〈 5 · 16 〉

단, P_i=존 i의 인구

P_j=존 j의 인구

d_{ij}=존 i와 존 j사이의 거리

2. 기본모형의 수정

중력모형의 기본개념을 단순하게 표현한 식 〈5·16〉은 보다 현실적으로 수정될 필요가 있다. 기본모형의 수정은 다음 세 가지 요소에 의해 이루어진다.

① 거리요소(distance element)

② 존의 규모요소(scale element)

③ 상수(constant)

(1) 거리요소

거리요소에 의한 기본모형의 수정은 두 존간의 거리(d_{ij})가 상호교류량(T_{ij})에 어떠한 함수관계를 가지면서 영향을 미치는가에 의존한다. 식 〈5·16〉에서는 T_{ij}와 d_{ij}는 단순한 역수관계를 보여주고 있으나 실제로는 이와 다를 것이다.

예를 들어 도시내 버스 및 지하철 교통의 경우 단위거리당 요금은 통행거리가 길어질수록 감소한다. 따라서 도시내 대중교통 통행량은 통행거리에 따라 일정하게 영향을 받지는 않을 것이다.

다른 예로 도시간 또는 국가간 항공교통의 경우 단위거리당 항공요금은 항공거리가 길어질수록 감소한다. 따라서 이 경우 역시 항공교통량은 항공거리에 따라 일정하게 영향을 받지는 않을 것이다.

한편 두 지역 혹은 국가간의 교류량은 물리적으로 떨어진 거리 외에 두 지역의 정치, 사회, 문화, 언어 등의 차이에 따라 크게 달라질 수 있다. 따라서 식 〈5·16〉의 d_{ij}^{-1}보다는 일반적으로 d_{ij}^{β}(여기서 β는 파라미터)로 수정하는 것이 보다 현실적이다.

〈그림 5-3〉은 β값의 변화에 따른 교류량의 변화를 보여주고 있다. 그림에서 보는 바와 같이 β값이 작은 경우(선진국 또는 잘 사는 도시의 경우)는 β값이 큰 경우(후진국 또는 못 사는 도시의 경우)보다 거리가 교류량에 미치는 영향이 상대적으로 작다고 볼 수 있다.

〈그림 5-3〉 거리영향함수관계(distance decay function)

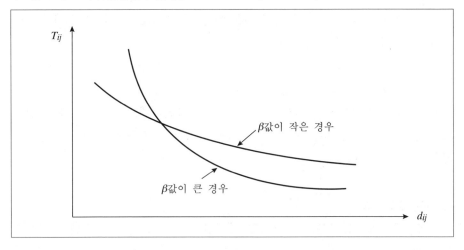

(2) 규모요소

식 〈5·16〉의 기본모형을 살펴보면 존 i와 j 사이의 교류량(T_{ij})은 존 i 의 규모 또는 인구(P_i) 및 존 j의 규모 또는 인구(P_j)에 단순히 비례하는 것 으로 되어 있다. 그러나 실제로 두 존 사이의 교류량은 인구 이외에 다른 많 은 요인들의 영향을 받을 것이다.

예를 들어 두 존간의 상품거래량은 두 존의 인구규모 외에 두 존의 소

〈그림 5-4〉 λ와 α값에 따른 교류량의 변화

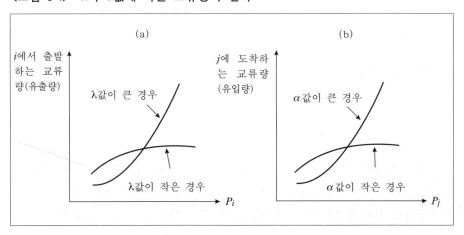

득수준에 의해 상당한 영향을 받을 것이다. 따라서 P_i를 P_i^λ로, 그리고 P_j를 P_j^α로 수정하는 것이 보다 현실적이다. 여기서 λ와 α는 파라미터로서 양(+)의 값을 가지는 것이 일반적이다.

〈그림 5-4〉는 λ와 α값의 크기에 따른 교류량의 변화를 보여주고 있다. 그림 (a)는 λ값이 크면 클수록 존 i의 규모(인구)가 존 i에서 출발하는 교류량에 미치는 영향이 점점 커짐을 나타낸다. 마찬가지로 그림 (b)는 α값이 크면 클수록 존 j의 규모(인구)가 존 j에 도착하는 교류량에 미치는 영향이 점점 커짐을 나타낸다.

(3) 상수요소

식 〈5·16〉의 기본모형에 대한 마지막 수정은 모형식이 실제 현실세계에 부합되게 하는 상수(constant)의 도입이다. 이해를 쉽게 하기 위해 존 i와 존 j 사이의 1일 통행수요와 1개월 통행수요를 예측하는 경우를 생각해 보자. 만약 기본모형식을 그대로 쓰면 1일 통행수요와 1개월 통행수요가 같아지는 잘못된 결과를 얻을 것이다. 왜냐하면 P_i, P_j, d_{ij}는 1일이건 1개월이건 같기 때문이다. 따라서 이러한 문제를 해결하기 위해 상수의 도입이 필요하다.

이제 이상에서 살펴본 세 가지 요소로 식 〈5·16〉의 기본모형을 수정하면 다음과 같이 수정된 중력모형을 얻을 수 있다.

$$T_{ij} = K \frac{P_i^\lambda P_j^\alpha}{d_{ij}^\beta} \qquad \qquad \langle 5 \cdot 17 \rangle$$

혹은

$$T_{ij} = K P_i^\lambda P_j^\alpha d_{ij}^\beta \qquad \qquad \langle 5 \cdot 18 \rangle$$

단, K=상수

  λ, α, β=파라미터

식 〈5·17〉 혹은 식 〈5·18〉과 같은 수정된 중력모형을 통행분포의 예측을 위해 사용하려면 존별 인구(P_i, P_j) 대신에 존별 출발통행량(O_i) 및 도착통행량(D_j) 자체를 직접 변수로 도입하고, 아울러 거리요소에 의한 영향력(d_{ij}^{β})도 보다 일반화된 형태로 표현되어야 한다. 따라서 중력모형식을 좀 더 일반화시켜 표현해 보면 다음과 같다.

$$T_{ij}=KO_iD_jF_{ij}(c_{ij}) \qquad \langle 5\cdot19\rangle$$

단, c_{ij}=존 i로부터 존 j로 가는 데 소요되는 일반화된 통행비용

식 $\langle 5\cdot19\rangle$에서 $F_{ij}(c_{ij})$는 존 i와 존 j간의 통행비용함수로서 두 존 사이의 통행에 마찰인자(friction factor)로 작용하는 통행시간, 통행거리, 통행의 금전비용 등의 함수로 표현된다. 통행비용함수로는 여러 가지 유형의 함수형태가 이용되는데, 그 예는 다음과 같다.

$$F_{ij}=t_{ij}^{\beta} \qquad \langle 5\cdot20\rangle$$
$$F_{ij}=e^{\beta t_{ij}} \qquad \langle 5\cdot21\rangle$$

단, t_{ij}=존 i로부터 존 j까지의 통행시간

식 $\langle 5\cdot20\rangle$과 식 $\langle 5\cdot21\rangle$에서 통행시간(t_{ij}) 대신에 통행거리(d_{ij})가 이용될 수 있음은 물론이다.

3. 중력모형의 유형

아래에서는 식 $\langle 5\cdot19\rangle$와 같이 표현되는 일반화된 중력모형식으로부터 파생될 수 있는 여러 가지 유형의 중력모형들에 대해 살펴보기로 한다.

(1) 총량제약 중력모형

총량제약 중력모형(total flow constrained gravity model)은 존별 총출발통행량(O_i)과 총도착통행량(D_j)에 대한 제약이 없는 모형이며, 모든 존간에 분포된 통행량의 총합($\sum_i\sum_j T_{ij}$)은 분석대상지역의 총통행량(T)과 같아야 한다는 제약조건만을 만족시키는 중력모형이다. 따라서 총량제약 중력모형은 다음의 식을 만족시킨다.

$$\sum_i\sum_j T_{ij}=T \qquad \langle 5\cdot22\rangle$$

식 $\langle 5\cdot19\rangle$에 표현된 일반화된 중력모형식에서 통행비용함수 $F_{ij}(c_{ij})$를 흔

히 쓰이는 통행거리의 함수(d_{ij}^{β})로 대체하면 식 $\langle 5 \cdot 19 \rangle$는 다음과 같이 표현된다.

$$T_{ij} = KO_iD_jd_{ij}^{\beta} \qquad\qquad \langle 5 \cdot 23 \rangle$$

식 $\langle 5 \cdot 23 \rangle$에서 출발지 존 i와 도착지 존 j간의 마찰인자(F_{ij})를 나타내는 d_{ij}^{β}는 앞서 설명하였듯이 통행시간(t_{ij}), 통행의 금전비용 등으로 대체될 수 있으며, 예컨대 식 $\langle 5 \cdot 21 \rangle$에서 살펴본 바와 같이 다른 형태의 함수로 표현될 수도 있다.

아무튼 식 $\langle 5 \cdot 22 \rangle$와 식 $\langle 5 \cdot 23 \rangle$을 결합시키면 조정계수 K는 다음과 같이 유도된다.

$$K = \frac{T_{ij}}{O_iD_jd_{ij}^{\beta}} = \frac{\sum_i \sum_j T_{ij}}{\sum_i \sum_j O_iD_jd_{ij}^{\beta}} = \frac{T}{\sum_i \sum_j O_iD_jd_{ij}^{\beta}} \qquad \langle 5 \cdot 24 \rangle$$

식 $\langle 5 \cdot 24 \rangle$는 식 $\langle 5 \cdot 22 \rangle$의 제약조건을 만족시킴을 주목하기 바란다. 일반적으로 파라미터 β의 값은 음수인데, 이에 대해서는 앞서 살펴본 바 있다. 따라서 총량제약 중력모형을 이용하여 존간 통행량(T_{ij})을 구하기 위해서는 먼저 식 $\langle 5 \cdot 24 \rangle$를 이용하여 조정계수 K의 값을 구한 후에 식 $\langle 5 \cdot 23 \rangle$을 이용하면 된다.

예제 5-7 세 개의 존으로 구성된 어떤 도시의 장래 통행발생 예측결과는 〈표 1〉과 같다. 이 도시의 장래 통행분포를 총량제약 중력모형을 이용하여 예측하시오. 단, 출발지 존 i와 도착지 존 j간의 거리(d_{ij})는 〈표 2〉와 같이 주어져 있고, 중력모형의 파라미터 값은 $\beta = -1$로 추정되었다고 한다. 〈표 2〉에서 존 내부의 통행거리가 0이 아닌 것은 존내 통행(intra-zonal trip)의 평균거리를 나타내기 때문이다.

〈표 1〉 장래의 존별 통행발생

O \ D	1	2	3	O_i
1				160

2			450
3			180
D_j	200	370	220	790

<표 2> 존간의 거리(d_{ij})

(단위 : km)

O＼D	1	2	3
1	2	15	5
2	15	2	10
3	5	10	2

◆풀이◆   먼저 조정계수 K값은 식 〈5·24〉를 이용하여 다음과 같이 계산된다.

$$K=\frac{790}{\left[\frac{(160)(200)}{2}+\frac{(160)(370)}{15}+\frac{(160)(220)}{5}+\frac{(450)(200)}{15}+\frac{(450)(370)}{2}\right.}$$
$$\left.+\frac{(450)(220)}{10}+\frac{(180)(200)}{5}+\frac{(180)(370)}{10}+\frac{(180)(220)}{2}\right]$$

$$=0.004944$$

이제 식 〈5·23〉을 이용하여 장래의 존간 통행분포(T_{ij}^*)를 계산하면 다음과 같고, 계산결과를 O-D표로 나타내면 〈표 3〉과 같다.

$$T_{11}^*=0.004944\times160\times200\times2^{-1}=79$$
$$T_{12}^*=0.004944\times160\times370\times15^{-1}=19$$
$$T_{13}^*=0.004944\times160\times220\times5^{-1}=35$$
$$T_{21}^*=0.004944\times450\times200\times15^{-1}=30$$
$$T_{22}^*=0.004944\times450\times370\times2^{-1}=411$$
$$T_{23}^*=0.004944\times450\times220\times10^{-1}=49$$
$$T_{31}^*=0.004944\times180\times200\times5^{-1}=36$$
$$T_{32}^*=0.004944\times180\times370\times10^{-1}=33$$
$$T_{33}^*=0.004944\times180\times220\times2^{-1}=98$$

〈표 3〉 장래의 *O-D*표

O＼D	1	2	3	O_i
1	79	19	35	133
2	30	411	49	490
3	36	33	98	167
D_j	145	463	182	790

　〈표 3〉의 *O-D*표로부터 우리는 총량제약 중력모형을 적용하여 계산된 존별 출발통행량(O_i)과 도착통행량(D_j)이 〈표 1〉의 장래 통행발생 예측결과와 일치하지 않으며, 다만 분석대상지역의 총통행량(T)만 790으로 같은 값을 가진다는 사실을 살펴볼 수 있다.

(2) 유출제약 중력모형

　유출제약 중력모형(production-constrained gravity model)은 존별 총출발통행량(O_i)에 대한 제약이 있는 모형이다. 유출제약 중력모형은 존 *i*에서 출발하여 다른 모든 존으로 가는 통행량의 합($\sum_j T_{ij}$)은 존 *i*의 총출발통행량(O_i)과 같아야 한다는 제약조건을 만족시키는 중력모형이다. 따라서 유출제약 중력모형은 다음의 식을 만족시킨다.

$$\sum_j T_{ij} = O_i \qquad\qquad \langle 5 \cdot 25 \rangle$$

유출제약 중력모형을 식으로 나타내면 다음과 같다.

$$T_{ij} = A_i\, O_i\, D_j\, d_{ij}^{\beta} \qquad\qquad \langle 5 \cdot 26 \rangle$$

단, A_i＝출발지 존 *i*의 조정계수

　식 〈$5 \cdot 26$〉에서 조정계수 A_i는 출발지 존별로 각기 다른 값을 가진다는 사실을 주목할 필요가 있다. 한편 식 〈$5 \cdot 25$〉와 식 〈$5 \cdot 26$〉을 결합시키면 조정계수 A_i는 다음과 같이 유도된다.

$$A_i = \frac{T_{ij}}{O_i D_j d_{ij}^{\beta}} = \frac{\sum_j T_{ij}}{O_i \sum_j D_j d_{ij}^{\beta}} = \frac{O_i}{O_i \sum_j D_j d_{ij}^{\beta}} = \frac{1}{\sum_j D_j d_{ij}^{\beta}} \qquad \langle 5 \cdot 27 \rangle$$

한편 식 〈5·27〉을 식 〈5·26〉에 대입하면 다음과 같이 유출제약 중력모형을 나타낼 수도 있다.

$$T_{ij}=O_i\frac{D_jd_{ij}{}^{\beta}}{\sum\limits_j D_jd_{ij}{}^{\beta}}\qquad\qquad\langle\,5\cdot 28\,\rangle$$

따라서 유출제약 중력모형을 이용하여 존간 통행량(T_{ij})을 구하기 위해서는 먼저 식 〈5·27〉을 이용하여 조정계수 A_i의 값을 구한 후에 식 〈5·26〉을 이용하여 계산할 수도 있고, 식 〈5·28〉을 이용하여 바로 계산할 수도 있다.

예제 5-8)   (예제 5-7)에서 주어진 문제를 풀기 위하여 유출제약 중력모형을 이용하시오.

◆풀이◆   먼저 출발지 존별 조정계수 A_i의 값은 식 〈5·27〉을 이용하여 다음과 같이 계산된다.

$$A_1=\cfrac{1}{\cfrac{200}{2}+\cfrac{370}{15}+\cfrac{220}{5}}=0.005929$$

$$A_2=\cfrac{1}{\cfrac{200}{15}+\cfrac{370}{2}+\cfrac{220}{10}}=0.004539$$

$$A_3=\cfrac{1}{\cfrac{200}{5}+\cfrac{370}{10}+\cfrac{220}{2}}=0.005348$$

이제 식 〈5·26〉을 이용하여 장래의 존간 통행분포($T_{ij}{}^*$)를 계산하면 다음과 같고, 계산결과를 $O\text{-}D$표로 나타내면 〈표〉와 같다.

$$T_{11}{}^*=0.005929\times160\times200\times2^{-1}=95$$
$$T_{12}{}^*=0.005929\times160\times370\times15^{-1}=23$$
$$T_{13}{}^*=0.005929\times160\times220\times5^{-1}=42$$
$$T_{21}{}^*=0.004539\times450\times200\times15^{-1}=27$$
$$T_{22}{}^*=0.004539\times450\times370\times2^{-1}=378$$

$$T_{23}^* = 0.004539 \times 450 \times 220 \times 10^{-1} = 45$$

$$T_{31}^* = 0.005348 \times 180 \times 200 \times 5^{-1} = 38$$

$$T_{32}^* = 0.005348 \times 180 \times 370 \times 10^{-1} = 36$$

$$T_{33}^* = 0.005348 \times 180 \times 220 \times 2^{-1} = 106$$

〈표〉 장래의 O-D표

O＼D	1	2	3	O_i
1	95	23	42	160
2	27	378	45	450
3	38	36	106	180
D_j	160	437	193	790

〈표〉의 O-D표로부터 유출제약 중력모형을 적용하여 계산된 통행분포는 식 〈5·25〉의 제약조건을 만족시킴을 알 수 있다.

예제 5-9   하나의 출발지 존에서 세 개의 목적지 존 A, B, C로 하루에 1,000통행이 발생한다고 알려져 있다. 〈그림〉에서 나타낸 바와 같이 출발지

〈그림〉 출발지 존과 목적지 존

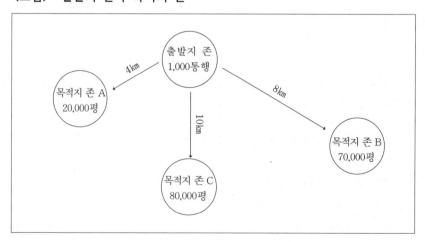

존에서 목적지 존 A, B, C까지의 거리는 각각 4km, 8km, 10km이다. 그리고 목적지 존 A, B, C는 모두 상업용 토지이용이 이루어지고 있는데, 각 존의 상업용 건물의 연건축면적은 각각 20,000평, 70,000평, 80,000평이다. 출발지 존에서 세 개의 목적지 존 A, B, C로 가는 하루 통행량을 유출제약 중력모형을 이용하여 예측하시오. 단, 중력모형의 파라미터 값은 $\beta = -2$로 추정되었다고 한다.

◆**풀이**◆　　출발지 존에서 목적지 존 A, B, C로의 하루 통행량을 식 〈5 · 28〉을 이용해서 계산하면 다음과 같다.

　　　존 A로의 통행량

$$= 1,000 \times \cfrac{\cfrac{20,000}{4^2}}{\cfrac{20,000}{4^2} + \cfrac{70,000}{8^2} + \cfrac{80,000}{10^2}} = 398$$

　　　존 B로의 통행량

$$= 1,000 \times \cfrac{\cfrac{70,000}{8^2}}{\cfrac{20,000}{4^2} + \cfrac{70,000}{8^2} + \cfrac{80,000}{10^2}} = 348$$

　　　존 C로의 통행량

$$= 1,000 \times \cfrac{\cfrac{80,000}{10^2}}{\cfrac{20,000}{4^2} + \cfrac{70,000}{8^2} + \cfrac{80,000}{10^2}} = 254$$

(3) 유입제약 중력모형

　　유입제약 중력모형(attraction-constrained gravity model)은 존별 총도착통행량(D_j)에 대한 제약이 있는 모형이다. 유입제약 중력모형은 다른 모든 존에서 출발하여 존 j에 도착하는 통행량의 합($\sum_i T_{ij}$)은 존 j의 총도착통행량(D_j)과 같아야 한다는 제약조건을 만족시키는 중력모형이다. 따라서 유입제약 중력모형은 다음의 식을 만족시킨다.

$$\sum_i T_{ij} = D_j \qquad \langle 5 \cdot 29 \rangle$$

유입제약 중력모형을 식으로 나타내면 다음과 같다.

$$T_{ij} = O_i\, B_j\, D_j\, d_{ij}^{\beta} \qquad \langle 5 \cdot 30 \rangle$$

단, B_j＝도착지 존 j의 조정계수

식 〈 5 · 30 〉에서 조정계수 B_j는 목적지 존별로 각기 다른 값을 가진다. 한편 식 〈 5 · 29 〉와 식 〈 5 · 30 〉을 결합시키면 조정계수 B_j는 다음과 같이 유도된다.

$$B_j = \frac{T_{ij}}{O_i D_j d_{ij}^{\beta}} = \frac{\sum_i T_{ij}}{D_j \sum_i O_i d_{ij}^{\beta}} = \frac{D_j}{D_j \sum_i O_i d_{ij}^{\beta}} = \frac{1}{\sum_i O_i d_{ij}^{\beta}} \qquad \langle 5 \cdot 31 \rangle$$

한편 식 〈 5 · 31 〉을 식 〈 5 · 30 〉에 대입하면 다음과 같이 유입제약 중력모형을 나타낼 수 있다.

$$T_{ij} = D_j \frac{O_i d_{ij}^{\beta}}{\sum_i O_i d_{ij}^{\beta}} \qquad \langle 5 \cdot 32 \rangle$$

따라서 유입제약 중력모형을 이용하여 존간 통행량(T_{ij})을 구하기 위해서는 먼저 식 〈 5 · 31 〉을 이용하여 조정계수 B_j의 값을 구한 후에 식 〈 5 · 30 〉을 이용하여 계산할 수도 있고, 식 〈 5 · 32 〉를 이용하여 바로 계산할 수도 있다.

[예제 5-10]　(예제 5-7)에서 주어진 문제를 풀기 위하여 유입제약 중력모형을 이용하시오.

◆풀이◆　먼저 도착지 존별 조정계수 B_j의 값은 식 〈 5 · 31 〉을 이용하여 다음과 같이 계산된다.

$$B_1 = \cfrac{1}{\cfrac{160}{2} + \cfrac{450}{15} + \cfrac{180}{5}} = 0.006849$$

$$B_2 = \cfrac{1}{\cfrac{160}{15} + \cfrac{450}{2} + \cfrac{180}{10}} = 0.003942$$

$$B_3 = \cfrac{1}{\cfrac{160}{5} + \cfrac{450}{10} + \cfrac{180}{2}} = 0.005988$$

이제 식 $\langle 5 \cdot 30 \rangle$을 이용하여 장래의 존간 통행분포($T_{ij}^{*}$)를 계산하면 다음과 같고, 계산결과를 $O\text{-}D$표로 나타내면 $\langle$표$\rangle$와 같다.

$$T_{11}^{*} = 160 \times 0.006849 \times 200 \times 2^{-1} = 110$$
$$T_{12}^{*} = 160 \times 0.003942 \times 370 \times 15^{-1} = 16$$
$$T_{13}^{*} = 160 \times 0.005988 \times 220 \times 5^{-1} = 42$$
$$T_{21}^{*} = 450 \times 0.006849 \times 200 \times 15^{-1} = 41$$
$$T_{22}^{*} = 450 \times 0.003942 \times 370 \times 2^{-1} = 328$$
$$T_{23}^{*} = 450 \times 0.005988 \times 220 \times 10^{-1} = 59$$
$$T_{31}^{*} = 180 \times 0.006849 \times 200 \times 5^{-1} = 49$$
$$T_{32}^{*} = 180 \times 0.003942 \times 370 \times 10^{-1} = 26$$
$$T_{33}^{*} = 180 \times 0.005988 \times 220 \times 2^{-1} = 119$$

$\langle$표$\rangle$　장래의 $O\text{-}D$표

O \ D	1	2	3	O_i
1	110	16	42	168
2	41	328	59	428
3	49	26	119	194
D_j	200	370	220	790

$\langle$표$\rangle$의 $O\text{-}D$표로부터 유입제약 중력모형을 적용하여 계산된 통행분포는 식 $\langle 5 \cdot 29 \rangle$의 제약조건을 만족시킴을 알 수 있다.

예제 5-11) S시의 외곽지역에 대형 할인점이 최근에 문을 열었다. 이 할인점은 주변에 세 개의 존으로 둘러싸여 있는데, 이 할인점을 이용하는 고객들은 이들 세 개의 존에 거주하는 것으로 알려져 있다. 이 할인점에는 하루에 1,524명의 고객들이 이들 세 개의 존으로부터 온다고 한다. 〈그림〉에서 보는 바와 같이 이들 세 개 존의 인구는 각각 3,000명, 4,500명, 7,500명이라고 한다. 그리고 이들 존으로부터 할인점까지의 거리는 각각 2.4km, 3.2km, 3.0km이다. 세 개의 출발지 존에서 대형 할인점으로 오는 하루 통행량을 유입제약 중력모형을 이용하여 예측하시오. 단, 중력모형의 파라미터 값은 $\beta = -1$로 추정되었다고 한다.

〈그림〉 대형 할인점과 주변의 출발지 존

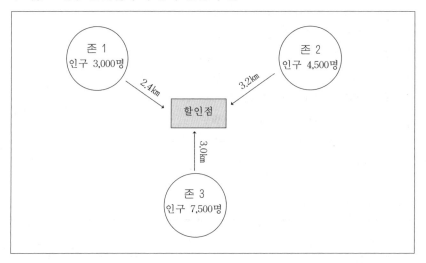

◆**풀이**◆ 세 개의 출발지 존에서 할인점으로의 하루 통행량은 식 〈5·32〉를 이용해서 계산될 수 있다. 비록 문제에서는 존별 총출발통행량(O_i) 대신에 존별 인구(P_i)가 주어져 있지만 식 〈5·32〉를 그대로 이용할 수 있다.

존 1에서의 출발통행량

$$=1{,}524\times\dfrac{\dfrac{3{,}000}{2.4}}{\dfrac{3{,}000}{2.4}+\dfrac{4{,}500}{3.2}+\dfrac{7{,}500}{3.0}}=369$$

존 2에서의 출발통행량

$$=1{,}524\times\dfrac{\dfrac{4{,}500}{3.2}}{\dfrac{3{,}000}{2.4}+\dfrac{4{,}500}{3.2}+\dfrac{7{,}500}{3.0}}=416$$

존 3에서의 출발통행량

$$=1{,}524\times\dfrac{\dfrac{7{,}500}{3.0}}{\dfrac{3{,}000}{2.4}+\dfrac{4{,}500}{3.2}+\dfrac{7{,}500}{3.0}}=739$$

(4) 이중제약 중력모형

이중제약 중력모형(doubly constrained gravity model)은 존별 총출발통행량(O_i)과 총도착통행량(D_j)에 대한 제약이 동시에 있는 모형이다. 이중제약 중력모형은 다음과 같이 표현된다.

$$T_{ij}=A_i\,O_i\,B_j\,D_j\,d_{ij}^{\beta} \qquad\qquad \langle\,5\cdot33\,\rangle$$

식 〈5·25〉와 식 〈5·33〉을 결합시키면 A_i는 다음과 같이 유도된다.

$$A_i=\dfrac{T_{ij}}{O_i\,B_j\,D_j\,d_{ij}^{\beta}}=\dfrac{\sum\limits_{j}T_{ij}}{O_i\sum\limits_{j}B_j\,D_j\,d_{ij}^{\beta}}=\dfrac{O_i}{O_i\sum\limits_{j}B_j\,D_j\,d_{ij}^{\beta}}=\dfrac{1}{\sum\limits_{j}B_j\,D_j\,d_{ij}^{\beta}} \qquad \langle\,5\cdot34\,\rangle$$

한편 식 〈5·29〉와 식 〈5·33〉을 결합시키면 B_j는 다음과 같이 유도된다.

$$B_j = \frac{T_{ij}}{A_i O_i D_j d_{ij}^{\beta}} = \frac{\sum_i T_{ij}}{D_j \sum_i A_i O_i d_{ij}^{\beta}} = \frac{D_j}{D_j \sum_i A_i O_i d_{ij}^{\beta}} = \frac{1}{\sum_i A_i O_i d_{ij}^{\beta}} \qquad \langle 5 \cdot 35 \rangle$$

조정계수 A_i는 제약조건식 $\langle 5 \cdot 25 \rangle$를, 그리고 조정계수 B_j는 제약조건
식 $\langle 5 \cdot 29 \rangle$를 만족시키는 역할을 한다.

앞서 살펴본 총량제약 중력모형, 유출제약 중력모형, 유입제약 중력모형
과는 달리 식 $\langle 5 \cdot 33 \rangle$과 같이 표현된 이중제약 중력모형의 적용은 그렇게
간단하지 않다. 왜냐하면 O_i와 D_j값은 알려져 있으나 식 $\langle 5 \cdot 34 \rangle$에서 A_i는
미지수인 B_j의 함수이며, 식 $\langle 5 \cdot 35 \rangle$에서 B_j 역시 A_i의 함수로서 한 번의
계산으로 A_i값과 B_j값이 결정될 수 없기 때문이다. 따라서 A_i값과 B_j값의 결
정을 위해서는 반복계산(iteration)이 불가피하다.

반복계산의 첫 단계로서 먼저 B_j값을 임의의 상수(1, 10, 50, …)로 정하
고 식 $\langle 5 \cdot 34 \rangle$를 이용해 A_i값을 구한 다음, 구한 A_i값을 식 $\langle 5 \cdot 35 \rangle$에 대
입하여 B_j값을 구한다. 반복계산의 두 번째 단계로서 첫 단계에서 구한 B_j값
을 식 $\langle 5 \cdot 34 \rangle$에 대입하여 새로운 A_i값을 구하고, 이렇게 구한 A_i값을 식
$\langle 5 \cdot 35 \rangle$에 대입하여 새로운 B_j값을 구한다. 이와 같은 반복계산은 A_i값과
B_j값이 반복계산으로 변화가 없을 때까지 계속한다. 즉 A_i값과 B_j값이 다음
의 식을 만족시키면 반복계산을 중지한다.

$$A_i^n - A_i^{n-1} = 0 \qquad\qquad\qquad\qquad \langle 5 \cdot 36 \cdot 1 \rangle$$

$$B_j^n - B_j^{n-1} = 0 \qquad\qquad\qquad\qquad \langle 5 \cdot 36 \cdot 2 \rangle$$

이와 같은 반복계산법을 DSF(Demming-Stephan-Furness) 방법이라고
하며, 교통분야에서는 Furness 방법으로 널리 알려져 있다. 이 방법의 가장
두드러진 장점은 수렴속도가 매우 빠르다는 점이다.

식 $\langle 5 \cdot 36 \cdot 1 \rangle$과 식 $\langle 5 \cdot 36 \cdot 2 \rangle$를 만족시키는 A_i값과 B_j값이 구해지면
그 값을 식 $\langle 5 \cdot 33 \rangle$에 대입하여 장래의 존간 통행량($T_{ij}^*$)을 구할 수 있다.

예제 5-12) (예제 5-7)에서 주어진 문제를 풀기 위하여 이중제약 중력모형을 이용하되 조정계수 A_i와 B_j의 계산은 4회차 반복계산단계까지만 하시오.

◆ 풀이 ◆　　주어진 문제를 위한 이중제약 중력모형의 적용과정은 다음과 같다.

<0회차 계산>

먼저 목적지 존별 조정계수 B_j값을 임의의 상수값인 1로 둔다.

<1회차 계산>

출발지 존별 조정계수 A_i값은 식 〈5·34〉를 이용하여 다음과 같이 계산된다.

$$A_1^1 = \frac{1}{\dfrac{200}{2} + \dfrac{370}{15} + \dfrac{220}{5}} = 0.005929$$

$$A_2^1 = \frac{1}{\dfrac{200}{15} + \dfrac{370}{2} + \dfrac{220}{10}} = 0.004539$$

$$A_3^1 = \frac{1}{\dfrac{200}{5} + \dfrac{370}{10} + \dfrac{220}{2}} = 0.005348$$

앞에서 계산된 A_i값을 식 〈5·35〉에 대입하여 목적지 존별 조정계수 B_j값을 계산하면 다음과 같다.

$$B_1^1 = \frac{1}{\dfrac{(0.005929 \times 160)}{2} + \dfrac{(0.004539 \times 450)}{15} + \dfrac{(0.005348 \times 180)}{5}} = 1.245302$$

$$B_2^1 = \frac{1}{\dfrac{(0.005929 \times 160)}{15} + \dfrac{(0.004539 \times 450)}{2} + \dfrac{(0.005348 \times 180)}{10}} = 0.846897$$

$$B_3^1 = \frac{1}{\dfrac{(0.005929 \times 160)}{5} + \dfrac{(0.004539 \times 450)}{10} + \dfrac{(0.005348 \times 180)}{2}} = 1.142462$$

〈2회차 계산〉

식 〈5·34〉를 이용하여 2회차 반복계산단계에서의 출발지 존별 조정계수 A_i값을 계산하면 다음과 같다.

$$A_1^2 = \frac{1}{\dfrac{(1.245302 \times 200)}{2} + \dfrac{(0.846897 \times 370)}{15} + \dfrac{(1.142462 \times 220)}{5}} = 0.005110$$

$$A_2^2 = \frac{1}{\dfrac{(1.245302 \times 200)}{15} + \dfrac{(0.846897 \times 370)}{2} + \dfrac{(1.142462 \times 220)}{10}} = 0.005040$$

$$A_3^2 = \frac{1}{\dfrac{(1.245302 \times 200)}{5} + \dfrac{(0.846897 \times 370)}{10} + \dfrac{(1.142462 \times 220)}{2}} = 0.004835$$

앞에서 계산된 A_i값을 식 〈5·35〉에 대입하여 2회차 반복계산단계에서의 목적지 존별 조정계수 B_j값을 계산하면 다음과 같다.

$$B_1^2 = \frac{1}{\dfrac{(0.005110 \times 160)}{2} + \dfrac{(0.005040 \times 450)}{15} + \dfrac{(0.004835 \times 180)}{5}} = 1.362286$$

$$B_2^2 = \frac{1}{\dfrac{(0.005110 \times 160)}{15} + \dfrac{(0.005040 \times 450)}{2} + \dfrac{(0.004835 \times 180)}{10}} = 0.783984$$

$$B_3^2 = \frac{1}{\dfrac{(0.005110 \times 160)}{5} + \dfrac{(0.005040 \times 450)}{10} + \dfrac{(0.004835 \times 180)}{2}} = 1.211431$$

식 〈5·36·1〉과 식 〈5·36·2〉에 제시된 반복계산의 중지기준을 충족시키는지 검토하여야 한다.

$A_1^2 - A_1^1 = 0.005110 - 0.005929 = -0.000819$

$A_2^2 - A_2^1 = 0.005040 - 0.004539 = 0.000501$

$A_3^2 - A_3^1 = 0.004835 - 0.005348 = -0.000513$

$B_1^2 - B_1^1 = 1.362286 - 1.245302 = 0.116984$

$B_2^2 - B_2^1 = 0.783984 - 0.846897 = -0.062913$

$B_3^2 - B_3^1 = 1.211431 - 1.142462 = 0.068969$

이상의 계산결과를 보면 반복계산의 중지를 위한 기준을 충분히 충족시키지 못하므로 다음의 반복계산이 필요함을 알 수 있다.

⟨3회차 계산⟩

식 ⟨5·34⟩를 이용하여 3회차 반복계산단계에서의 출발지 존별 조정계수 A_i값을 계산하면 다음과 같다.

$$A_1^3 = \frac{1}{\frac{(1.362286 \times 200)}{2} + \frac{(0.783984 \times 370)}{15} + \frac{(1.211431 \times 220)}{5}} = 0.004788$$

$$A_2^3 = \frac{1}{\frac{(1.362286 \times 200)}{15} + \frac{(0.783984 \times 370)}{2} + \frac{(1.211431 \times 220)}{10}} = 0.005267$$

$$A_3^3 = \frac{1}{\frac{(1.362286 \times 200)}{5} + \frac{(0.783984 \times 370)}{10} + \frac{(1.211431 \times 220)}{2}} = 0.004613$$

앞에서 계산된 A_i값을 식 ⟨5·35⟩에 대입하여 3회차 반복계산단계에서의 목적지 존별 조정계수 B_j값을 계산하면 다음과 같다.

$$B_1^3 = \frac{1}{\frac{(0.004788 \times 160)}{2} + \frac{(0.005267 \times 450)}{15} + \frac{(0.004613 \times 180)}{5}} = 1.414191$$

$$B_2^3 = \frac{1}{\frac{(0.004788 \times 160)}{15} + \frac{(0.005267 \times 450)}{2} + \frac{(0.004613 \times 180)}{10}} = 0.758046$$

$$B_3^3 = \frac{1}{\frac{(0.004788 \times 160)}{5} + \frac{(0.005267 \times 450)}{10} + \frac{(0.004613 \times 180)}{2}} = 1.241618$$

식 ⟨5·36·1⟩과 식 ⟨5·36·2⟩에 제시된 반복계산의 중지기준을 충족시키는지 검토하여야 한다.

$A_1^3 - A_1^2 = 0.004788 - 0.005110 = -0.000322$

$A_2^3 - A_2^2 = 0.005267 - 0.005040 = 0.000227$

$A_3^3 - A_3^2 = 0.004613 - 0.004835 = -0.000222$

$B_1^3 - B_1^2 = 1.414191 - 1.362286 = 0.051905$

$$B_2^3 - B_2^2 = 0.758046 - 0.783984 = -0.025938$$
$$B_3^3 - B_3^2 = 1.241618 - 1.211431 = 0.030187$$

이상의 계산결과를 2회차 계산단계에서의 반복계산의 중지여부 판단을 위한 계산결과와 비교하면 점차 식 〈5·36·1〉과 식 〈5·36·2〉의 기준에 수렴하는 것을 알 수 있다.

〈4회차 계산〉

식 〈5·34〉를 이용하여 4회차 반복계산단계에서의 출발지 존별 조정계수 A_i값을 계산하면 다음과 같다.

$$A_1^4 = \frac{1}{\frac{(1.414191 \times 200)}{2} + \frac{(0.758046 \times 370)}{15} + \frac{(1.241618 \times 220)}{5}} = 0.004657$$

$$A_2^4 = \frac{1}{\frac{(1.414191 \times 200)}{15} + \frac{(0.758046 \times 370)}{2} + \frac{(1.241618 \times 220)}{10}} = 0.005365$$

$$A_3^4 = \frac{1}{\frac{(1.414191 \times 200)}{5} + \frac{(0.758046 \times 370)}{10} + \frac{(1.241618 \times 220)}{2}} = 0.004521$$

앞에서 계산된 A_i값을 식 〈5·35〉에 대입하여 4회차 반복계산단계에서의 목적지 존별 조정계수 B_j값을 계산하면 다음과 같다.

$$B_1^4 = \frac{1}{\frac{(0.004657 \times 160)}{2} + \frac{(0.005365 \times 450)}{15} + \frac{(0.004521 \times 180)}{5}} = 1.436233$$

$$B_2^4 = \frac{1}{\frac{(0.004657 \times 160)}{15} + \frac{(0.005365 \times 450)}{2} + \frac{(0.004521 \times 180)}{10}} = 0.747285$$

$$B_3^4 = \frac{1}{\frac{(0.004657 \times 160)}{5} + \frac{(0.005365 \times 450)}{10} + \frac{(0.004521 \times 180)}{2}} = 1.254172$$

식 〈5·36·1〉과 식 〈5·36·2〉에 제시된 반복계산의 중지기준을 충족시키는지 검토하여야 한다.

$$A_1^4 - A_1^3 = 0.004657 - 0.004788 = -0.000131$$

$$A_2^4 - A_2^3 = 0.005365 - 0.005267 = 0.000098$$

$$A_3^4 - A_3^3 = 0.004521 - 0.004613 = -0.000092$$

$$B_1^4 - B_1^3 = 1.436233 - 1.414191 = 0.022042$$

$$B_2^4 - B_2^3 = 0.747285 - 0.758046 = -0.010761$$

$$B_3^4 - B_3^3 = 1.254172 - 1.241618 = 0.012554$$

이상의 계산결과를 3회차 계산단계에서의 반복계산의 중지여부 판단을 위한 계산결과와 비교하면 점차 식 〈5·36·1〉과 식 〈5·36·2〉의 기준에 수렴하는 것을 알 수 있다.

아무튼 4회차 반복계산단계에서 계산된 A_i값과 B_j값을 식 〈5·33〉에 대입하여 존간 통행량(T_{ij}^*)을 계산하면 다음과 같고, 이를 O-D표로 나타내면 〈표〉와 같다.

$$T_{11}^* = \frac{0.004657 \times 160 \times 1.436233 \times 200}{2} = 107$$

$$T_{12}^* = \frac{0.004657 \times 160 \times 0.747285 \times 370}{15} = 14$$

$$T_{13}^* = \frac{0.004657 \times 160 \times 1.254172 \times 220}{5} = 41$$

$$T_{21}^* = \frac{0.005365 \times 450 \times 1.436233 \times 200}{15} = 46$$

$$T_{22}^* = \frac{0.005365 \times 450 \times 0.747285 \times 370}{2} = 334$$

$$T_{23}^* = \frac{0.005365 \times 450 \times 1.254172 \times 220}{10} = 67$$

$$T_{31}^* = \frac{0.004521 \times 180 \times 1.436233 \times 200}{5} = 47$$

$$T_{32}^* = \frac{0.004521 \times 180 \times 0.747285 \times 370}{10} = 22$$

$$T_{33}^* = \frac{0.004521 \times 180 \times 1.254172 \times 220}{2} = 112$$

〈표〉의 O-D표로부터 이중제약 중력모형을 적용하여 계산된 통행분포는 식 〈5·25〉와 식 〈5·29〉의 제약조건을 대체로 만족시키는 것을 살펴볼 수 있다. 따라서 우리는 중력모형의 제약조건식이 많아질수록 모형 예측력의 정밀도가 높아진다는 사실을 확인할 수 있다.

〈표〉   장래의 *O-D*표

O \ D	1	2	3	O_i
1	107	14	41	162
2	46	334	67	447
3	47	22	112	181
D_j	200	370	220	790

4. 중력모형의 추정

중력모형의 구체적인 형태는 통행비용함수 $F_{ij}(c_{ij})$의 형태에 따라 결정된다. 존 i와 존 j간의 통행비용함수 $F_{ij}(c_{ij})$는 기준연도의 통행조사자료를 이용하여 추정된다. 통행비용함수 $F_{ij}(c_{ij})$는 통행에 마찰인자(friction factor)로 작용하는 통행시간, 통행거리, 통행의 금전비용 등의 함수로 표현되는데, 식 〈5·20〉 및 식 〈5·21〉에 나타낸 함수형태 외에 다음과 같은 함수형태가 빈번히 이용된다.

$$F_{ij} = \alpha t_{ij}^{\beta} \qquad\qquad\qquad\qquad \langle 5 \cdot 37 \rangle$$

$$F_{ij} = \alpha e^{\beta t_{ij}} \qquad\qquad\qquad\qquad \langle 5 \cdot 38 \rangle$$

$$F_{ij} = \alpha t_{ij}^{\beta} e^{\gamma t_{ij}} \qquad\qquad\qquad\qquad \langle 5 \cdot 39 \rangle$$

단, t_{ij} = 존 i로부터 존 j까지의 통행시간
  α, β, γ = 파라미터

식 〈5·37〉, 〈5·38〉, 〈5·39〉에서 통행마찰인자를 나타내는 통행시간 (t_{ij}) 대신에 통행거리나 통행의 금전비용도 대안적인 설명변수로 이용될 수 있다. 한편 모형의 파라미터 α, β, γ는 기존의 존간 통행량과 통행시간, 통행거리 혹은 통행의 금전비용 등에 관한 자료를 이용하여 회귀분석(regression analysis)을 통해 추정될 수 있다. 그러나 식 〈5·37〉, 〈5·38〉, 〈5·39〉에

나타낸 함수식은 선형함수(linear function)가 아니므로 먼저 선형함수로 전환하여야 한다(노정현, 1999: 124). 따라서 식 〈5·37〉, 〈5·38〉, 〈5·39〉의 양변을 다음과 같이 대수전환(log transformation)을 한 후 파라미터의 값을 추정할 수 있다.

$$\ln F_{ij} = \ln \alpha + \beta \ln t_{ij} \qquad\qquad \langle 5 \cdot 40 \rangle$$

$$\ln F_{ij} = \ln \alpha + \beta t_{ij} \qquad\qquad \langle 5 \cdot 41 \rangle$$

$$\ln F_{ij} = \ln \alpha + \beta \ln t_{ij} + \gamma t_{ij} \qquad\qquad \langle 5 \cdot 42 \rangle$$

5. 중력모형의 한계

중력모형은 앞서 살펴본 성장인자모형과는 달리 출발지 및 목적지 존의 토지이용, 존 사이의 거리·통행비용·통행시간 등을 통행분포의 예측과정에서 고려할 수 있는 장점을 가진다. 그럼에도 불구하고 통행분포의 예측을 위해 중력모형이 사용될 경우 다음과 같은 한계를 가진다(Dickey, 1983: 210).

첫째, 통행에 마찰인자로 작용하는 통행시간, 통행거리, 통행의 금전비용 등은 기준연도의 값이 목표연도에도 동일한 값을 가질 것으로 가정되는데, 이러한 가정은 현실적으로 한계를 가질 수밖에 없다.

둘째, 존 사이의 통행시간은 하루중에도 시간대별로 많은 차이를 보이는데도 불구하고 중력모형은 일반적으로 하나의 출발지-목적지 존쌍(O-D zone pair)의 통행시간은 하나의 값만을 가진 것으로 가정함으로써 정확한 통행분포의 예측에 한계를 가진다.

셋째, 일반적으로 중력모형은 먼 통행은 과소 예측하고, 가까운 통행은 과대 예측하는 경향이 있다.

연습문제

5-1. 네 개의 존으로 구성된 B시에서 현재의 통근통행분포는 〈표 1〉과 같다. 한편 이 도시의 장래 통근통행발생 예측결과는 〈표 2〉와 같다.

〈표 1〉 현재의 통근통행 O-D표

O＼D	1	2	3	4	O_i
1	1,080	450	810	1,120	3,460
2	1,650	540	1,310	1,450	4,950
3	1,800	930	1,270	1,950	5,950
4	2,400	750	1,560	2,010	6,720
D_j	6,930	2,670	4,950	6,530	21,080

〈표 2〉 장래의 존별 통근통행발생

O＼D	1	2	3	4	O_i
1					4,580
2					4,990
3					6,280
4					7,550
D_j	7,970	3,450	5,320	6,660	23,400

    (1) B시의 장래 통근통행분포를 균일성장인자모형을 이용하여 예측하시
오.

    (2) B시의 장래 통근통행분포를 평균성장인자모형을 이용하여 예측하시
오. 단, 반복계산은 2회차 계산단계까지만 하시오.

5-2. 세 개의 존으로 구성된 K시에서 현재의 통행분포는 〈표 1〉과 같다. 한
편 이 도시의 장래 통행발생 예측결과는 〈표 2〉와 같다.

〈표 1〉 현재의 O-D표

O＼D	1	2	3	O_i
1	580	3,500	3,120	7,200
2	1,120	1,280	940	3,340
3	815	1,030	1,310	3,155
D_j	2,515	5,810	5,370	13,695

〈표 2〉 장래의 존별 통행발생

O＼D	1	2	3	O_i
1				8,800
2				4,880
3				4,750
D_j	3,860	7,230	7,340	18,430

    (1) K시의 장래 통행분포를 Fratar모형을 이용하여 예측하시오.

    (2) K시의 장래 통행분포를 Detroit모형을 이용하여 예측하시오.

5-3. 통행분포의 예측을 위한 성장인자모형의 장점과 한계를 설명하시오.

5-4. 세 개의 존으로 구성된 D시의 장래 통행발생 예측결과는 〈표 1〉과 같다. 한편 이 도시의 출발지 존 i와 도착지 존 j간의 통행시간(t_{ij})은 〈표 2〉와 같이 주어져 있고, 통행의 마찰인자(friction factor)를 나타내는 통행비용함수는 다음과 같이 추정되었다고 한다.

$$F_{ij} = t_{ij}^{-1.4}$$

〈표 1〉 장래의 존별 통행발생

O＼D	1	2	3	O_i
1				2,300
2				2,400
3				3,250
D_j	2,200	2,650	3,100	7,950

〈표 2〉 존간의 통행시간(t_{ij})

(단위: 분)

O＼D	1	2	3
1	10	40	30
2	40	10	50
3	30	50	10

(1) D시의 장래 통행분포를 총량제약 중력모형을 이용하여 예측하시오.

(2) D시의 장래 통행분포를 유출제약 중력모형을 이용하여 예측하시오.

(3) D시의 장래 통행분포를 유입제약 중력모형을 이용하여 예측하시오.

(4) D시의 장래 통행분포를 이중제약 중력모형을 이용하여 예측하시오.

5-5. P시의 외곽지역에 최근에 대형 예식장이 새로이 문을 열었다. P시는 네 개의 존으로 구성되어 있는데, 이 예식장을 통행의 목적지로 하는 신혼부부와 결혼식 축하객, 그리고 예식장의 상근고용인구는 모두 P시에 거주하는 것으로 알려져 있다. 이 예식장은 일요일에 3,500명이 온다고 한다. 〈그림〉에서 보는 바와 같이 P시의 네 개 존의 인구는 각각 50,000명, 60,000명, 65,000명, 70,000명이라고 한다. 그리고 이들 존으로부터 예식장까지의 통행시간은 각각 20분, 30분, 50분, 35분이다.

P시의 네 개의 출발지 존에서 대형 예식장으로 오는 일요일의 통행량을 유입제약 중력모형을 이용하여 예측하시오. 단, 통행의 마찰인자 (friction factor)를 나타내는 통행비용함수는 다음과 같이 추정되었다고 한다.

$$F_{ij}=e^{-0.2t_{ij}}$$

〈그림〉 대형 예식장과 출발지 존

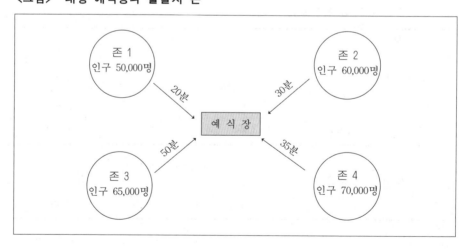

5-6. 다섯 개의 존으로 구성된 T시의 장래 통행발생 예측결과는 〈표 1〉과 같다. 한편 이 도시의 출발지 존 i와 도착지 존 j간의 통행시간(t_{ij})은

〈표 2〉와 같이 주어져 있고, 통행의 마찰인자(friction factor)를 나타내는 통행비용함수는 다음과 같이 추정되었다고 한다.

$$F_{ij} = t_{ij}^{-1.1}$$

〈표 1〉 장래의 존별 통행발생

O＼D	1	2	3	4	5	O_i
1						5,900
2						10,400
3						27,100
4						18,200
5						38,400
D_j	42,300	11,600	20,500	17,600	8,000	100,000

〈표 2〉 존간의 통행시간(t_{ij})   (단위: 분)

O＼D	1	2	3	4	5
1	16	17	21	19	27
2	17	12	22	18	31
3	21	22	16	29	20
4	19	18	29	13	25
5	27	31	20	25	17

(1) T시의 장래 통행분포를 이중제약 중력모형을 이용하여 예측하시오.

(2) T시의 존간 통행시간(t_{ij})은 교통혼잡으로 계속 증가하는 추세에 있다. 만약 T시의 존간 통행시간(t_{ij})이 모두 똑같이 10분씩 증가한다면 장래 통행분포는 어떻게 변화할 것인지 예측하시오.

(3) 만약 T시의 존간 통행시간(t_{ij})이 모두 똑같이 2배 증가한다면 장래 통행분포는 어떻게 변화할 것인지 예측하시오.

참고문헌

노정현(1999). 교통계획. 서울: 나남출판.

윤대식, 윤성순(1998). 도시모형론. 제 2 판. 서울: 홍문사.

임강원(1992). 도시교통계획. 서울: 서울대학교 출판부.

Dickey, J. W.(1983). *Metropolitan Transportation Planning*. Second Edition, Bristol: Taylor & Francis.

Ortúzar, J. de D. and L. G. Willumsen(1994). *Modelling Transport*. Second Edition, Chichester: John Wiley & Sons.

Stopher, P. R. and A. M. Meyburg(1975). *Urban Transportation Modeling and Planning*. Lexington: Lexington Books.

제 6 장

교통수단 선택

제 1 절   분석의 기초개념

  교통수단 선택(modal choice)은 각 출발지와 목적지간의 통행량 가운데 각 교통수단별 분담비율을 예측하는 단계이다. 따라서 교통수단 선택단계에서는 통행발생, 통행분포의 과정을 거쳐 예측된 출발지-목적지 통행량 (origin-destination travel demand)이 교통수단별로 어떻게 분담될 것인가를 예측한다. 이러한 이유 때문에 교통수단 선택은 종종 교통수단 분담(modal split)이라 불리기도 한다.

  교통수단 선택단계에서는 출발지 존 i에서 목적지 존 j로 가는 통행수요 T_{ij}가 주어졌을 때 이들 통행이 여러 가지의 대안적 교통수단(alternative

〈그림 6-1〉 교통수단 선택

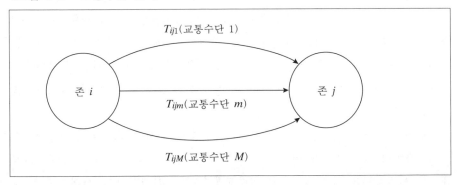

travel modes) 가운데 어떤 교통수단을 이용할 것인가를 예측한다. 즉 교통
수단 선택단계에서는 출발지 존 i에서 목적지 존 j로 교통수단 m을 이용하
여 가는 통행수요 T_{ijm}을 예측한다.

제2절 교통수단 선택에 영향을 미치는 요소

교통수단 선택에 영향을 미치는 요소를 보면 크게 통행자의 특성, 통행
의 특성, 교통수단의 특성으로 구분하여 볼 수 있다(Ortúzar and Willumsen,
1994: 188; 윤대식, 윤성순, 1998: 533-534).

1. 통행자의 특성

통행자의 특성으로는 가구소득, 가구의 승용차 보유대수, 운전면허 보유
여부, 교육수준, 가구규모, 성별, 나이, 주거밀도 등이 있다. 그런데 이와 같
은 통행자의 특성들은 상호 밀접하게 연관되어 있다. 따라서 이러한 특성들
을 모두 측정하여 교통수단 선택의 설명변수로 사용하는 것은 현실적으로
여러 가지 한계를 가지므로 이들 가운데 가구소득, 운전면허 보유여부, 가구
규모, 성별, 나이 등의 주요 변수들만이 통행자의 특성을 나타내기 위해 주
로 사용된다.

2. 통행의 특성

통행은 그 목적별로 통근, 통학, 쇼핑, 업무, 여가 및 친교 등의 통행으
로 구분되며, 이들 목적별 통행별로 각기 다른 교통수단 선택확률(혹은 분담
률)을 가진다. 예컨대 도로교통혼잡이 심한 도시에서 통근통행을 위해서는
정시성이 있는 지하철을 이용할 확률이 크지만, 식품구매를 위한 쇼핑통행을
위해서는 구매상품의 수송에 편리한 승용차를 이용할 확률이 상대적으로 클
수 있을 것이다.

통행은 통행시간대별로 각기 다른 교통수단 선택확률(혹은 분담률)을 가
진다. 예컨대 대중교통의 이용이 가능한 시간대의 통행은 그렇지 않은 시간
대(예: 늦은 밤)의 통행에 비해 대중교통수단의 선택확률이 상대적으로 클

것이다.

한편 통행의 거리별로 장거리통행과 단거리통행으로 나누어지는데, 일반적으로 장거리통행은 단거리통행에 비해 대중교통수단의 선택확률이 높다.

3. 교통수단의 특성

교통수단의 특성은 교통수단의 서비스수준(level-of-service)을 나타내는데, 이에는 통행시간, 통행비용, 편리성, 안전성, 안락감(comfort) 등이 포함된다. 통행시간은 크게 차내통행시간(in-vehicle travel time)과 차외통행시간(out-of-vehicle travel time)으로 구분되는데, 차외통행시간에는 보행시간(walking time)과 대기시간(waiting time) 등이 포함된다. 통행비용에는 대중교통요금, 승용차연료비, 통행료(toll), 차량유지관리비, 보험료 등이 포함된다.

편리성을 나타내는 지표로는 환승횟수 등이 포함된다. 안전성을 나타내는 지표로는 교통사고 건수, 교통사고 사망자수, 교통사고 부상자수 등이 포함된다. 마지막으로 안락감을 나타내는 지표로는 차내온도, 청결성, 승차감, 차량소음, 프라이버시(privacy) 보호 등이 포함된다.

제 3 절 통행단 교통수단 분담모형

1. 통행단 교통수단 분담모형의 개요

일반적으로 4단계 교통수요 예측과정에서 교통수단 선택확률(혹은 분담률)의 예측은 통행발생과 통행분포의 예측을 거친 후에 이루어진다. 그러나 때로는 각 존별 통행발생을 예측한 후에 교통수단 선택확률을 추정하고 그 다음에 통행분포모형을 이용하여 교통수단별로 존간 통행분포를 예측하기도 하는데, 이때 사용되는 교통수단 분담모형을 통행단 교통수단 분담모형(trip-end modal split model)이라 한다.

통행단 교통수단 분담모형은 통행발생단계에서 예측된 존별 발생통행량

〈그림 6-2〉 통행단 교통수단 분담모형의 적용단계

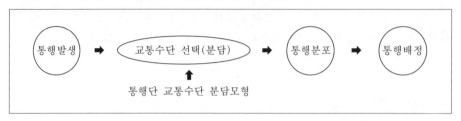

$(O_i$ 및 $D_j)$의 각각에 대한 교통수단 선택확률(혹은 분담률)을 추정하여 존별 교통수단별 발생통행량$(O_{im}$ 및 $D_{jm})$을 예측하는 모형을 말한다. 따라서 통행단 교통수단 분담모형은 통행발생→ 교통수단 선택→ 통행분포의 과정을 거쳐 교통수단 선택확률(혹은 분담률)을 예측할 때 쓰이는 교통수단 선택모형이다(Dickey, 1983: 211; 노정현, 1999: 153). 통행단 교통수단 분담모형의 적용단계는 〈그림 6-2〉와 같다.

　통행단 교통수단 분담모형은 통행분포의 예측에 앞서 적용되기 때문에 하나의 통행이 어디에서 출발해서 어디로 가는지에 대한 정보(information)는 없이 존별 발생통행량$(O_i$ 및 $D_j)$에 대하여 교통수단 선택확률(혹은 분담률)을 추정하게 된다. 따라서 통행자의 교통수단 선택에 영향을 미치는 요소 가운데 가장 중요한 요소로 인식되는 교통수단의 특성(예: 통행시간, 통행비용)을 통행단 교통수단 분담모형에서는 고려하지 못하게 된다. 이러한 이유로 말미암아 통행단 교통수단 분담모형에서는 통행발생량의 예측시에 사용되는 변수들인 토지이용, 가구의 사회경제적 특성, 교통시스템에의 접근성 등에 의해 통행자의 교통수단 선택이 주로 영향을 받는다고 가정한다.

　통행단 교통수단 분담모형의 현실 적용을 위해서는 전환곡선(diversion curve)을 이용하는 방법과 회귀분석(regression analysis)을 이용하는 방법의 두 가지 접근방법이 주로 사용된다. 아래에서는 이들 두 가지 방법에 대해 구체적으로 살펴보기로 한다.

(1) 전환곡선

　통행단 교통수단 분담모형의 현실 적용을 위해 전환곡선(diversion curve)을 이용하는 방법은 교통수단 선택확률(혹은 분담률)과 교통수단 선택

<그림 6-3> 가구당 평균 차량보유대수를 설명변수로 하는 전환곡선

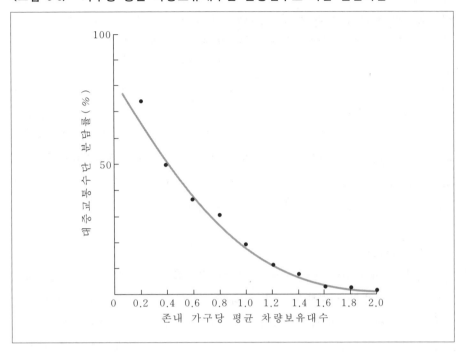

<그림 6-4> 통행발생 존의 인구밀도를 설명변수로 하는 전환곡선

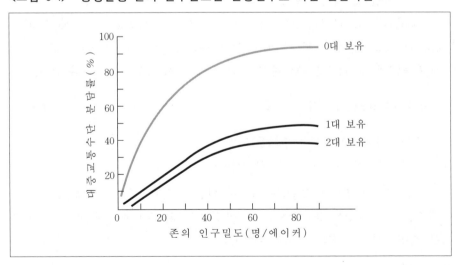

에 영향을 미치는 요소(설명변수)인 토지이용, 가구의 사회경제적 특성, 교통
시스템에의 접근성 등의 관계를 그래프의 형태로 표현한 후에 이를 이용하
여 장래의 교통수단 선택확률(혹은 분담률)을 예측하는 방법이다.

전환곡선이 통행단 교통수단 분담모형에서 이용될 경우 설명변수로는
토지이용, 가구의 사회경제적 특성, 교통시스템에의 접근성 등을 나타내는
변수 가운데 오직 한두 개의 변수만이 이용된다. 〈그림 6-3〉은 대중교통수단
선택확률(혹은 분담률)의 설명변수로 가구당 평균 차량보유대수를 사용한 전
환곡선을 나타내며, 〈그림 6-4〉는 대중교통수단 선택확률(혹은 분담률)의 설
명변수로 통행발생 존의 인구밀도를 사용하되 가구당 차량보유대수별로 각
기 다른 인과관계를 표현한 전환곡선을 나타낸다.

(2) 회귀분석

통행단 교통수단 분담모형의 현실 적용을 위해 회귀분석(regression
analysis)을 이용하는 방법은 어떤 교통수단의 선택확률(혹은 분담률)을 종속
변수(dependent variable)로 하고, 존의 토지이용, 가구의 사회경제적 특성,
교통시스템에의 접근성 등을 설명변수(explanatory variables)로 하는 회귀모
형(regression model)을 추정한 후, 이를 이용하여 장래의 교통수단별 선택확
률(혹은 분담률)을 예측하는 방법이다.

1960년대 초 미국의 피츠버그지역 교통연구(Pittsburgh Area Trans-
portation Study)에서 통행단(trip end)에서의 등교통행을 위한 대중교통수단
선택확률(혹은 분담률)을 예측하기 위해 사용된 회귀모형은 다음과 같다.

$$\ln Y = 3.30 - 0.91 \ln X \qquad \langle 6 \cdot 1 \rangle$$

단, Y=인구 1,000명당 대중교통 이용자의 수
X=순주거밀도(거주인구/에이커)

한편 피츠버그지역 교통연구에서는 다른 목적통행을 위한 대중교통수단
선택확률(혹은 분담률)을 예측하기 위해서 가구의 차량보유대수별로 다음과
같은 회귀모형이 추정되고 이용되었다.

차량을 소유하지 않는 가구: $Y = 84.02 + 8.9X - 0.094X^2 \qquad \langle 6 \cdot 2 \rangle$

차량을 1대 소유한 가구: $Y=3.04+3.20X-0.026X^2$ 〈6·3〉

차량을 2대 소유한 가구: $Y=16.4+3.6X-0.0334X^2$ 〈6·4〉

회귀모형의 추정, 결정계수, 회귀계수에 대한 가설검정, 다중공선성의 문제 등과 같이 회귀분석과 관련된 일반적인 이슈에 대해서는 제 4 장에서 상세히 설명한 바 있으므로 여기서는 다시 설명하지 않기로 한다.

예제 6-1   K시에 있는 존 단위의 자료를 이용하여 다음과 같은 대중교통수단 선택의 회귀모형이 추정되었다.

$$T=198+0.65X_1-0.45X_2+0.92X_3$$

단, T=대중교통을 이용하는 하루 통근(통학 포함)통행 유출량
    X_1=통행발생 존에 거주하는 고용자수
    X_2=통행발생 존에 거주하는 가구의 차량보유대수
    X_3=통행발생 존에 거주하는 학생수

만약 K시에 있는 어떤 존에는 650명의 고용자, 970명의 학생, 725대의 차량이 있다면 이 존에서 하루에 대중교통을 이용하는 통근(통학 포함)통행 유출량은 얼마나 될지 예측하시오.

◆ 풀이 ◆   추정된 회귀모형을 이용하여 이 존에서 하루에 대중교통을 이용하는 통근(통학 포함)통행 유출량을 계산하면 다음과 같다.

$$T=198+0.65(650)-0.45(725)+0.92(970)=1,187통행/일$$

---

2. 통행단 교통수단 분담모형의 한계

교통수단 선택확률(혹은 분담률)의 예측을 위해 통행단 교통수단 분담모형이 사용될 경우 다음과 같은 한계를 가진다(Stopher and Meyburg, 1975: 185-187; Dickey, 1983: 212).

첫째, 일반적으로 통행자는 통행의 목적지를 알기 전에 교통수단을 결정하는 것이 아니라 목적지가 결정된 후에 교통수단을 결정한다. 이러한 통행자의 통행에 관한 의사결정 행태(behavior)에 비추어보면 통행발생을 예측

한 후에 통행분포를 예측하지 않고 바로 교통수단 선택확률(혹은 분담률)을 예측하는 통행단 교통수단 분담모형은 통행자의 통행에 관한 의사결정 행태를 정확하게 반영하지 못하는 근본적인 한계를 가진다. 물론 통행목적(예: 쇼핑통행)에 따라 교통수단을 먼저 결정한 후에 목적지를 결정하는 경우가 있을 수도 있다. 하지만 대부분 목적통행의 경우 대체로 목적지를 결정한 후에 교통수단이 선택되는 상황이 상대적으로 많은 것이 사실이다.

둘째, 통행단 교통수단 분담모형은 통행자의 교통수단 선택에 가장 큰 영향을 미치는 것으로 볼 수 있는 교통수단의 특성(예: 통행시간, 통행비용)을 설명변수로 고려하지 못하는 한계를 가진다. 이처럼 교통수단의 특성이 설명변수로 포함되지 않는 이유로 말미암아 교통수단 선택확률(혹은 분담률)의 예측이 부정확할 가능성이 크다.

셋째, 통행단 교통수단 분담모형은 존 단위의 집계모형(aggregate model)인 이유로 말미암아 개별 통행자의 교통수단 선택행태를 반영하지 못하고, 따라서 어떤 지역의 자료를 이용하여 추정된 모형을 다른 지역의 교통수단 선택확률(혹은 분담률)의 예측을 위해 활용하는 데는 한계를 가진다. 이러한 문제를 모형의 이전가능성(transferability) 문제라 한다.

제 4 절   통행교차 교통수단 분담모형

1. 통행교차 교통수단 분담모형의 개요

각 출발지와 목적지 존쌍(zone pair) 사이의 통행량 가운데 교통수단별 분담비율의 예측을 목적으로 하는 통행교차 교통수단 분담모형(trip-interchange modal split model)은 출발지 존 i에서 목적지 존 j로 가는 통행량(T_{ij})에다 교통수단 m의 선택확률(혹은 분담률)을 곱하여 존 i에서 존 j로 교통수단 m을 이용하여 가는 통행량(T_{ijm})을 예측한다. 이처럼 통행발생→통행분포→교통수단 선택의 전통적인 4단계 교통수요 예측과정을 거쳐 교통수단 선택확률(혹은 분담률)을 예측하는 모형을 통행교차 교통수단 분담모형(trip-interchange modal split model)이라 한다(노정현, 1999: 153).

따라서 통행발생→통행분포의 과정을 거쳐 예측된 존간 통행량(T_{ij})에

〈그림 6-5〉 통행교차 교통수단 분담모형의 적용단계

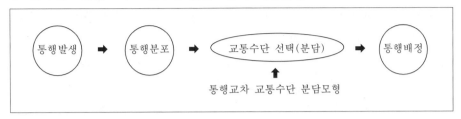

다 통행교차 교통수단 분담모형을 적용하여 교통수단별 $O\text{-}D$ 통행량(T_{ijm})을 예측한다. 통행교차 교통수단 분담모형의 적용단계는 〈그림 6-5〉와 같이 나타낼 수 있다.

　　통행교차 교통수단 분담모형은 통행분포의 예측 후에 적용되기 때문에 교통수단 선택에 영향을 미치는 요소 가운데 가장 중요한 요소로 인식되는 교통수단의 특성(예: 통행시간, 통행비용)과 교통망(network)의 특성(예: 출발지와 목적지를 연결하는 도로의 혼잡도)을 모형의 정립과정에서 고려할 수 있게 된다. 바로 이러한 점이 통행단 교통수단 분담모형에 비해 통행교차 교통수단 분담모형이 갖는 중요한 장점이다. 따라서 통행교차 교통수단 분담모형에서는 교통수단의 특성과 교통망의 특성을 나타내는 변수들에 의해 통행자의 교통수단 선택이 주로 영향을 받는다고 가정한다.

　　통행교차 교통수단 분담모형의 현실 적용을 위해서는 통행단 교통수단 분담모형의 경우와 마찬가지로 전환곡선(diversion curve)을 이용하는 방법과 회귀분석(regression analysis)을 이용하는 방법의 두 가지 접근방법이 주로 사용된다. 아래에서는 이들 두 가지 방법에 대해서 구체적으로 살펴보기로 한다.

(1) 전환곡선

　　통행교차 교통수단 분담모형의 현실 적용을 위해 전환곡선(diversion curve)을 이용하는 방법은 교통수단 선택확률(혹은 분담률)과 교통수단의 특성(예: 통행시간, 통행비용) 및 교통망(network)의 특성(예: 출발지와 목적지를 연결하는 도로의 혼잡도)의 관계를 그래프의 형태로 표현한 후 이를 이용하여 장래의 교통수단 선택확률(혹은 분담률)을 예측하는 방법이다.

　　전환곡선이 통행교차 교통수단 분담모형에서 이용될 경우 설명변수로는
교통수단의 통행시간이나 통행비용이 주로 이용된다. 그리고 종종 통행목적,
통행시간대, 출발지 및 목적지의 특성, 통행자의 소득 등에 따라 카테고리
(category)를 나누어 교통수단 선택확률(혹은 분담률)과 교통수단의 통행시간
혹은 통행비용의 관계가 전환곡선으로 표현되기도 한다.

　　〈그림 6-6〉은 미국 샌프란시스코지역에서 운행중인 전철인 BART(Bay
Area Rapid Transit)의 도입을 위한 타당성 분석을 하는 과정에서 이용된
전환곡선을 나타낸다. 그림에서 보는 바와 같이 대중교통수단(BART) 선택
확률(혹은 분담률)의 설명변수로 승용차의 통행시간에 대한 대중교통수단
(BART)의 통행시간 비율이 사용되었으며, 통행목적, 통행시간대, 통행 목적
지의 방향별로 카테고리를 나누어 전환곡선이 표현되었다.

〈그림 6-6〉　BART의 타당성 분석에 이용된 전환곡선

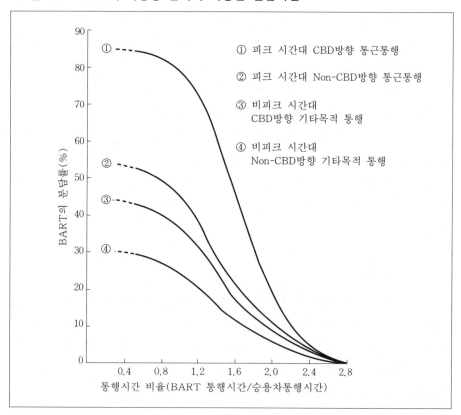

한편 미국의 워싱턴(Washington), 캐나다의 토론토(Toronto), 미국의 필라델피아(Philadelphia)의 교통연구를 위해 개발된 교통수단분담 전환곡선모형(Hill and von Cube, 1963)에서는 교통수단 선택확률(혹은 분담률)의 설명변수로 다음의 다섯 가지 변수가 사용되었다.

① 대중교통수단과 승용차의 총통행시간 비율
② 대중교통수단과 승용차의 총통행비용 비율
③ 대중교통수단과 승용차의 차외통행시간 비율
④ 근로자의 소득
⑤ 통행목적

이들 다섯 가지 설명변수의 개념 및 적용방법은 다음과 같다.

첫째, 대중교통수단과 승용차의 총통행시간 비율은 대중교통수단과 승용차의 차내통행시간(In-Vehicle Travel Time: *IVTT*)과 차외통행시간(Out-of-Vehicle Travel Time: *OVTT*)을 모두 포함한 모든 통행소요시간의 합의 상대적 비율을 말하며, 다음과 같이 계산된다.

대중교통수단과 승용차의 총통행시간 비율(*TTR*)

$$= \frac{a+b+c+d+e}{f+g+h} \qquad\qquad \langle 6 \cdot 5 \rangle$$

단, a＝대중교통 차내통행시간
　　b＝대중교통 환승시간
　　c＝대중교통 대기시간(기다리는 시간)
　　d＝대중교통 역(정류장)까지 걸어가는 시간
　　e＝대중교통 역(정류장)에서 최종 목적지까지 걸어가는 시간
　　f＝승용차운전시간
　　g＝목적지에서의 주차소요시간
　　h＝주차장에서 최종 목적지까지 걸어가는 시간

둘째, 대중교통수단과 승용차의 총통행비용 비율은 대중교통수단과 승용차를 이용하여 통행하는 데 소요되는 모든 통행비용의 합의 상대적 비율을 말하며, 다음과 같이 계산된다.

대중교통수단과 승용차의 총통행비용 비율(CR)

$$= \frac{i}{\frac{j+k+0.5l}{m}} \qquad \langle 6 \cdot 6 \rangle$$

단, i=대중교통요금

　　j=승용차의 연료비

　　k=승용차의 오일교환 및 윤활유 비용

　　l=승용차 목적지에서의 주차비

　　m=승용차의 평균 재차율(차량당 승객수)

셋째, 대중교통수단과 승용차의 차외통행시간 비율은 대중교통수단과 승용차의 차외통행시간(Out-of-Vehicle Travel Time: $OVTT$)의 상대적 비율을 말하며, 다음과 같이 계산된다.

대중교통수단과 승용차의 차외통행시간 비율(SR)

$$= \frac{b+c+d+e}{g+h} \qquad \langle 6 \cdot 7 \rangle$$

넷째, 근로자의 소득은 근로자의 연간소득을 나타내는데, 연간소득을 기

<그림 6-7>   워싱턴, 토론토, 필라델피아의 교통연구에서 이용된 전환곡선의 한 가지 예

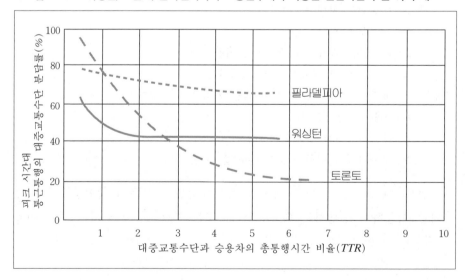

준으로 5개의 카테고리로 분류하였다.

다섯째, 통행목적은 통근통행과 비통근통행의 2가지로 구분되었다.

이상에서 살펴본 다섯 가지 설명변수 가운데 대중교통수단과 승용차의 총통행시간 비율(TTR)을 설명변수로 하여 피크 시간대 통근통행을 위한 교통수단분담의 전환곡선을 나타낸 것이 〈그림 6-7〉이다.

(2) 회귀분석

통행교차 교통수단 분담모형의 현실 적용을 위해 회귀분석(regression analysis)을 이용하는 방법은 어떤 교통수단의 선택확률(혹은 분담률)을 종속변수(dependent variable)로 하고 존의 토지이용, 가구의 사회경제적 특성뿐만 아니라 교통수단의 특성과 교통망의 특성을 나타내는 변수를 설명변수(explanatory variables)로 포함하는 회귀모형(regression model)을 추정한 후, 이를 이용하여 장래의 교통수단별 선택확률(혹은 분담률)을 예측하는 방법이다.

1960년대 초 미국의 미네소타(Minnesota)주 Twin Cities 교통연구에서 통행교차수준에서 가정기반 통근통행(home-based work trips)과 가정기반 기타통행(home-based other trips)을 위한 대중교통수단 선택확률(혹은 분담률)을 예측하기 위해 사용된 회귀모형은 다음과 같다(Stopher and Meyburg, 1975: 193-195).

$$Y_w = 41.4 - 12.1 \ln X_1 - 4.4 \ln X_2 + 8.0 \ln X_3 + 1.3 \ln X_4$$
$$+ 363.5 X_5 \qquad\qquad\qquad \langle 6 \cdot 8 \rangle$$

$$Y_o = 29.0 - 3.6 \ln X_1 - 3.2 \ln X_2 + 2.4 \ln X_3 + 285.2 X_6 \qquad \langle 6 \cdot 9 \rangle$$

단, Y_w=가정기반 통근통행을 위한 대중교통수단 분담률(%)

　　Y_o=가정기반 기타통행을 위한 대중교통수단 분담률(%)

　　X_1=대중교통수단과 승용차의 총통행시간 비율(대중교통 통행시간/승용차 통행시간)

　　X_2=평균소득

　　X_3=출발지 존의 주거밀도

　　X_4=목적지 존의 고용밀도

　　X_5=목적지 존의 9시간 주차비용

X_6＝목적지 존의 3시간 주차비용

식 $\langle 6 \cdot 8 \rangle$과 $\langle 6 \cdot 9 \rangle$에 나타낸 회귀모형에서 추정된 회귀계수의 부호는 우리의 직관적인 판단과 대체로 일치함을 보여준다. 승용차 대비 대중교통수단의 총통행시간 비율(X_1)과 평균소득(X_2)이 증가하면 할수록 통근통행과 기타통행 공히 대중교통수단의 분담률이 줄어드는 것을 알 수 있다. 반면에 출발지 존의 주거밀도(X_3), 목적지 존의 고용밀도(X_4), 목적지 존의 9시간 주차비용(X_5), 목적지 존의 3시간 주차비용(X_6)이 증가하면 할수록 대중교통수단의 분담률이 늘어나는 것을 알 수 있다.

이러한 회귀모형의 현실 적용에 있어 가장 큰 문제는 종속변수인 대중교통수단 분담률(%)의 값이 0～100 사이의 값을 가져야 한다는 점이다. 그러나 현실적으로 설명변수의 예측치를 대입하여 계산되는 대중교통수단 분담률(%)의 값이 0～100 사이의 값을 벗어나게 될 가능성이 있다는 문제점이 있다.

회귀모형의 추정, 결정계수, 회귀계수에 대한 가설검정, 다중공선성의 문제 등과 같이 회귀분석과 관련된 일반적인 이슈에 대해서는 제 4 장에서 상세히 설명한 바 있으므로 여기서는 다시 설명하지 않기로 한다.

예제 6-2   D시에 있는 존 단위의 자료를 이용하여 다음과 같은 대중교통수단 선택의 회귀모형이 추정되었다.

$$T_w = 58.5 - 9.4 \ln X_1 - 8.7 \ln X_2 - 6.8 \ln X_3$$

단, T_w＝가정기반 통근통행을 위한 대중교통수단 분담률(%)

　　X_1＝대중교통수단과 승용차의 총통행시간 비율(대중교통 통행시간/승용차통행시간)

　　X_2＝대중교통수단과 승용차의 총통행비용 비율(대중교통요금/승용차통행비용)

　　X_3＝출발지 존의 연평균 가구소득(단위: 천만원)

만약 D시에 있는 존 1에서 존 2로 가는 데 소요되는 대중교통수단과 승용차의 총통행시간 비율(X_1)이 1.5이고, 대중교통수단과 승용차의 총통행비용 비율(X_2)이 2이며, 존 1의 연평균 가구소득(X_3)이 2천만원이라면 이들 존 사이의 가정기반 통근통행을 위한 대중교통수단 분담률(%)은 얼마나 될지 예측하시오.

◆ 풀이 ◆   추정된 회귀모형을 이용하여 D시에 있는 존 1에서 존 2로 가는 가정기반 통근통행을 위한 대중교통수단 분담률(%)을 계산하면 다음과 같다.

$$T_w = 58.5 - 9.4 \ln 1.5 - 8.7 \ln 2 - 6.8 \ln 2 = 43.9\%$$

2. 통행교차 교통수단 분담모형의 한계

교통수단 선택확률(혹은 분담률)의 예측을 위해 통행교차 교통수단 분담모형이 사용될 경우 다음과 같은 한계를 가진다(Stopher and Meyburg, 1975: 195-196; Dickey, 1983: 215).

첫째, 통행교차 교통수단 분담모형은 전환곡선(diversion curve) 혹은 회귀분석(regression analysis)의 두 가지 접근방법 가운데 어떤 방법을 이용하든 일반적으로 대중교통수단과 승용차의 두 가지 교통수단만을 선택대안으로 고려하는 한계를 가진다. 따라서 여러 가지 대중교통수단이 통행자에게 선택이 가능한 상황에서는 통행교차 교통수단 분담모형의 활용은 한계를 가진다. 예컨대 버스, 지하철, 경전철 등 다양한 대중교통수단이 존재하는 교통시장에서 통행교차 교통수단 분담모형의 활용은 한계를 가지게 된다.

둘째, 일반적으로 통행자는 통행의 목적지를 결정한 후에 교통수단을 결정하는 경향이 있다. 그러나 어떤 목적통행(예: 쇼핑통행)의 경우 교통수단을 먼저 결정한 후에 목적지를 결정하는 경우도 있을 수 있다. 이러한 경우 통행교차 교통수단 분담모형은 통행자의 통행에 관한 의사결정 행태(behavior)를 적절히 반영하지 못하는 한계를 가진다.

셋째, 경험적 자료를 이용하여 추정된 통행교차 교통수단 분담모형을 이용하여 장래의 교통수단 선택확률(혹은 분담률)을 예측할 때 원래 변수들이 관측된 범위 밖의 설명변수와 종속변수(교통수단 선택확률)의 값을 가질 가능성이 크다. 이 경우 교통수단 선택확률(혹은 분담률)의 예측이 부정확할 가능성이 크게 된다.

넷째, 통행교차 교통수단 분담모형은 앞서 살펴본 통행단 교통수단 분담모형과 마찬가지로 존 단위의 집계모형(aggregate model)인 이유로 말미암아 개별 통행자의 교통수단 선택행태를 반영하지 못한다. 따라서 어떤 지역의 자료를 이용하여 추정된 모형을 다른 지역의 교통수단 선택확률(혹은 분담률)의 예측을 위해 활용하는 데는 한계를 가진다. 이러한 이유로 말미암아 통행교차 교통수단 분담모형은 통행단 교통수단 분담모형과 마찬가지로 모형의 이전가능성(transferability) 문제를 가진다.

제 5 절　확률선택모형

1. 확률선택모형의 개요

　　앞서 살펴본 통행단 교통수단 분담모형과 통행교차 교통수단 분담모형은 존 단위의 집계모형(aggregate model)인 이유로 말미암아 통행자와 교통수단의 특성을 집합적으로 파악하여 이의 평균치 또는 총량치를 사용하여 통행자의 교통수단별 선택확률(혹은 분담률)을 예측한다. 따라서 통행단 교통수단 분담모형과 통행교차 교통수단 분담모형은 통행자 개개인의 특성이나 교통수단 선택행태를 고려하지 못하게 된다. 아울러 이들 두 가지 방법은 한 시점에서 특정한 통행여건밖에 반영할 수 없어서 통행시간, 통행비용 등의 설명변수의 변화에 따른 통행자의 교통수단 선택행태의 변화를 예측하는 데는 한계를 가진다(윤대식, 윤성순, 1998: 535-536). 이와 같은 집계모형의 한계를 극복하기 위해 확률선택모형(probabilistic choice model)이 1970년대 중반 이후 교통수요분석에서 활발하게 이용되어 왔으며, 특히 교통수단 선택확률(혹은 분담률)의 예측을 위해 가장 활발히 이용되어 오고 있다.

　　확률선택모형(probabilistic choice model)은 존 단위의 집계자료(aggregate data)가 아니라 개인 단위의 비집계자료(disaggregate data)를 이용하므로 '비집계모형'(disaggregate model) 혹은 '개별행태모형'(individual behavioral model)으로 불리기도 하고, 종속변수인 교통수단별 선택확률이 개인 단위의 자료에서는 선택여부(선택된 경우=1, 선택되지 않은 경우=0)로 표현되므로 '개별선택모형'(individual choice model) 혹은 '이산선택모형'

(discrete choice model)으로 불리기도 한다.

확률선택모형은 확률효용이론(random utility theory)을 기초로 개발되었
다. 확률효용이론에 의하면 선택대안들(choice alternatives)의 총효용은 분석
자에게 확실하게 알려지지 않으며, 이러한 관점에서 어떤 대안의 총효용
(total utility)은 관측 가능한 효용의 요소로 구성된 결정적 효용(deter-
ministic utility or systematic utility)과 관측할 수 없는 효용요소인 확률적
효용(random utility or stochastic utility)의 두 가지 요소로 구분된다. 따라서
다음의 식이 성립한다.

$$U_{in} = V_{in} + \varepsilon_{in} \qquad\qquad\qquad\qquad \langle 6 \cdot 10 \rangle$$

단, U_{in}=개인 n을 위한 대안 i의 총효용

V_{in}=개인 n을 위한 대안 i의 결정적 효용요소

ε_{in}=개인 n을 위한 대안 i의 확률적 효용요소

확률선택모형은 개별 의사결정주체들의 선택행위이론에 근거를 두고 있
다. 확률선택모형은 모든 의사결정주체는 선택 가능한 모든 대안들 중에서
총효용이 가장 큰 대안을 선택한다는 사실에 기초를 둔다. 따라서 개인 n이
대안 i를 선택할 확률 $P_n(i)$는 다음과 같이 나타낼 수 있다.

$$P_n(i) = Prob(U_{in} \geq U_{jn}, \ \forall j \in C_n)$$
$$= Prob(V_{in} + \varepsilon_{in} \geq V_{jn} + \varepsilon_{jn}, \ \forall j \in C_n)$$
$$= Prob(V_{in} - V_{jn} \geq \varepsilon_{jn} - \varepsilon_{in}, \ \forall j \in C_n) \qquad \langle 6 \cdot 11 \rangle$$

단, $P_n(i)$=개인 n이 대안 i를 선택할 확률

C_n=개인 n이 선택할 수 있는 대안들의 집합(choice set)

식 〈$6 \cdot 11$〉에서 어떤 대안의 총효용은 결정적 효용요소와 확률적 효용
요소로 이루어져 있음을 볼 수 있다. 결정적 효용은 어떤 대안의 특성벡터
(예: 통행시간, 통행비용)와 어떤 대안을 선택하는 개인의 사회경제적 특성벡
터(예: 나이, 소득)로 구성된다. 한편 확률선택모형은 확률적 효용에 대한 확
률분포의 구체적인 가정이 있어야만 모형의 적용을 통한 선택확률의 계산이
가능하다. 식 〈$6 \cdot 11$〉에서 확률적 효용요소 $\varepsilon_{jn} - \varepsilon_{in}$이 와이블(Weibull)분포
를 가진 것으로 가정하게 되면 로짓모형(logit model)이 되며, 다음과 같이

표현된다.

$$P_n(i) = \frac{e^{V_{in}}}{\sum\limits_{j=1}^{J} e^{V_{jn}}}$$ 〈 6 · 12 〉

식 〈 6 · 12 〉에서 V_{in}은 함수의 형태로 표현이 가능한 교통수단의 결정적 효용을 나타내는데, 교통수단의 결정적 효용을 나타내는 설명변수로는 통행시간, 통행비용, 통행자의 나이, 소득 등이 고려될 수 있다. 특히 통행시간은 크게 차내통행시간(In-Vehicle Travel Time: *IVTT*)과 차외통행시간(Out-of-Vehicle Travel Time: *OVTT*)으로 구분되며, 차외통행시간에는 보행시간(walking time)과 대기시간(waiting time) 등이 포함된다. 따라서 가기 다른 통행시간 요소가 교통수단 선택에 미치는 영향을 세부적으로 살펴보기 위해서는 이들 세분된 통행시간 요소를 설명변수로 사용할 수 있을 것이다.

식 〈 *6 · 12* 〉와 같이 표현된 로짓모형이 현실적으로 가장 많이 사용되는 확률선택모형의 한 가지 유형이다. 로짓모형 외에도 확률적 효용요소 $\varepsilon_{jn} - \varepsilon_{in}$에 대한 확률분포의 가정에 따라 다른 유형의 확률선택모형(예: 프로빗모형)이 존재하지만, 계산의 편리성 때문에 로짓모형이 가장 많이 활용된다. 이 책의 제 4 편에서 확률선택모형에 대하여 더욱 구체적으로 설명할 것이다.

예제 6-3) K시의 시민들에 대한 설문조사자료를 바탕으로 다음과 같이 통근교통수단 선택을 위한 로짓모형이 추정되었다.

$$V_A = 2.2 - 0.2C - 0.03T$$
$$V_B = 0.8 - 0.2C - 0.03T$$
$$V_S = -0.2C - 0.03T$$

단, V_A=승용차의 결정적 효용
  V_B=버스의 결정적 효용
  V_S=지하철의 결정적 효용
  C=총통행비용(단위: 천원)
  T=총통행시간(단위: 분)

K시에 있는 존 1에서 존 2로 가는 통근통행자는 피크 시간대에 5,000명이라고 한다. 그리고 이들 두 존 사이의 총통행비용은 승용차 3,000원, 버스 500원, 지하철 600원으로 알려져 있다. 아울러 이들 두 존 사이의 총통행시간은 승용차 30분, 버스 45분, 지하철 25분으로 알려져 있다. 존 1에서 존 2로 가는 통근통행자는 승용차, 버스, 지하철을 각각 얼마나 이용할 것인지를 예측하시오.

◆ 풀이 ◆ 추정된 로짓모형을 이용하여 K시에 있는 존 1에서 존 2로 가는 통근교통수단의 결정적 효용을 계산하면 다음과 같다.

$$V_A = 2.2 - 0.2(3) - 0.03(30) = 0.7$$
$$V_B = 0.8 - 0.2(0.5) - 0.03(45) = -0.65$$
$$V_S = -0.2(0.6) - 0.03(25) = -0.87$$

계산된 교통수단별 결정적 효용의 값을 식 〈6·12〉에 대입하여 교통수단별 선택확률을 계산하면 다음과 같다.

$$P_n(A) = \frac{e^{0.7}}{e^{0.7} + e^{-0.65} + e^{-0.87}} = 0.68$$

$$P_n(B) = \frac{e^{-0.65}}{e^{0.7} + e^{-0.65} + e^{-0.87}} = 0.18$$

$$P_n(S) = \frac{e^{-0.87}}{e^{0.7} + e^{-0.65} + e^{-0.87}} = 0.14$$

K시에 있는 존 1에서 존 2로 가는 통근통행자는 피크 시간대에 5,000명이므로 이들 통근통행자의 교통수단별 분담은 다음과 같이 계산된다.

승용차통행 = 5,000 × 0.68 = 3,400통행
버스통행 = 5,000 × 0.18 = 900통행
지하철통행 = 5,000 × 0.14 = 700통행

2. 확률선택모형의 한계

교통수단 선택확률(혹은 분담률)의 예측을 위해 확률선택모형을 이용할 경우 앞서 살펴본 통행단 교통수단 분담모형과 통행교차 교통수단 분담모형과 같은 존 단위의 집계모형(aggregate model)에 비해 통행자들의 교통수단

선택행태를 더욱 잘 반영하는 장점을 가진다. 그럼에도 불구하고 확률선택모형은 다음과 같은 한계를 가진다.

첫째, 교통수단 선택확률(혹은 분담률)의 예측을 위해 확률선택모형을 이용하기 위해서는 통행자 개인별 통행자료의 수집이 선행적으로 이루어져야 하고, 이렇게 수집된 자료를 이용하여 모형이 추정된다. 아울러 교통수단 선택확률(혹은 분담률)의 장래예측을 위해서는 설명변수(예: 통행시간, 통행비용)에 대한 예측이 필수적인데, 이 또한 쉽지 않은 작업이다. 따라서 확률선택모형의 이용은 상당한 비용을 수반하게 된다고 볼 수 있다.

둘째, 확률선택모형 가운데 계산의 편리성으로 인해 현실적으로 가장 많이 이용되는 것은 로짓모형인데, 이 로짓모형은 IIA(Independence from Irrelevant Alternatives: 비관련 대안으로부터의 독립성)문제라는 바람직스럽시 못한 성질을 가진다. 로짓모형이 갖는 IIA문제는 서비스특성(예: 통행시간, 통행비용, 편리성, 안전성, 안락감)이 비슷한 교통수단이 분석대상지역에 존재할 경우 예측의 오류를 초래하게 한다. 로짓모형이 갖는 IIA문제와 이를 극복하기 위한 방법에 대해서는 이 책의 제 4 편에서 교통수단 선택의 사례를 이용하여 구체적으로 설명될 것이다.

연습문제

6-1. 교통수단 선택에 영향을 미치는 요소는 어떤 것들이 있는지 설명하시오.

6-2. 통행단 교통수단 분담모형과 통행교차 교통수단 분담모형의 차이점을 비교하고, 두 가지 모형의 한계를 설명하시오.

6-3. 전환곡선(diversion curve)이 통행단 교통수단 분담모형에서 이용될 경우 어떤 설명변수들이 이용될 수 있는지 논의하시오.

6-4. S시에 있는 존 단위의 자료를 이용하여 다음과 같은 등교통행을 위한 버스 선택의 회귀모형이 추정되었다.

$$T_s = 245 + 0.92X_1 - 0.17X_2$$

단, T_s = 버스를 이용하는 하루 등교통행 유출량(단위: 통행)

X_1 = 통행발생 존에 거주하는 학생수(단위: 명)

X_2＝통행발생 존에 거주하는 가구의 차량보유대수(단위: 대)

(1) 이 모형은 통행단 교통수단 분담모형 혹은 통행교차 교통수단 분담
모형 가운데 어느 것에 해당하는지 설명하시오.

(2) 만약 S시에 있는 어떤 존에 1,200명의 학생, 950대의 차량이 있다면
이 존에서 버스를 이용하는 하루 등교통행 유출량은 얼마나 될지
예측하시오.

6-5. A시에서 선택 가능한 교통수단은 승용차와 버스 두 가지라고 한다. A
시에 있는 존 단위의 자료를 이용하여 다음과 같은 쇼핑통행을 위한 버
스 선택의 회귀모형이 추정되었다.

$$T_s＝73.5 - 12.8 \ln X_1 - 13.5 \ln X_2$$

단, T_s＝쇼핑통행을 위한 버스 분담률(%)
　　 X_1＝버스와 승용차의 총통행시간 비율(버스통행시간/승용차통행시간)
　　 X_2＝버스와 승용차의 총통행비용 비율(버스요금/승용차통행비용)

(1) 이 모형은 통행단 교통수단 분담모형 혹은 통행교차 교통수단 분담
모형 가운데 어느 것에 해당하는지 설명하시오.

(2) 만약 A시에 있는 존 2에서 존 3으로 가는 데 소요되는 버스와 승용
차의 총통행시간 비율(X_1)이 1.8이고, 대중교통수단과 승용차의 총통
행비용 비율(X_2)이 2.7이라면 이들 존 사이의 쇼핑통행을 위한 버스
분담률(%)은 얼마나 될지 예측하시오.

(3) 이 모형은 설명변수로 두 가지 설명변수만 사용하였다. 좀더 정확한
버스 분담률의 예측을 위해 어떤 설명변수들이 추가되는 것이 바람
직한지 논의하시오.

6-6. D시에서는 교통수단으로 승용차와 버스의 두 가지가 선택 가능하다고
한다. D시의 시민들에 대한 설문조사자료를 바탕으로 다음과 같이 통근
교통수단 선택을 위한 로짓모형이 추정되었다.

$$V_A＝ - 0.1 \, IVTT - 1.2 \, COST - 0.2 \, AT$$
$$V_B＝0.1 - 0.1 \, IVTT - 1.2 \, COST - 0.2 \, AT$$

단, V_A＝승용차의 결정적 효용

V_B=버스의 결정적 효용

$IVTT$=차내통행시간(단위: 분)

$COST$=통행비용(단위: 천원)

AT=접근통행시간(걷는 시간과 기다리는 시간의 합)(단위: 분)

(1) D시에 있는 존 3에서 존 1로 가는 데 소요되는 차내통행시간은 승용차 20분, 버스 30분이라고 한다. 그리고 이들 두 존 사이의 통행비용은 승용차 2,500원, 버스 800원이라고 한다. 아울러 이들 두 존 사이의 접근통행시간은 승용차 5분, 버스 10분이라고 한다. 존 3에서 존 1로 가는 통근통행자는 승용차, 버스를 각각 몇 %를 이용할 것으로 예측되는가?

(2) 만약 버스요금이 800원에서 1,000원으로 인상된다면 승용차와 버스의 분담률이 어떻게 변할지 예측하시오. 단, 다른 설명변수들의 값은 변화가 없다고 한다.

(3) 이 모형에서 사용된 세 가지 설명변수 외에 모형의 예측력을 높이기 위해 어떤 설명변수들이 추가되는 것이 바람직한지 논의하시오.

참고문헌

노정현(1999). 교통계획. 서울: 나남출판.

윤대식, 윤성순(1998). 도시모형론. 제 2 판. 서울: 홍문사.

Dickey, J. W.(1983). *Metropolitan Transportation Planning*. Second Edition, Bristol: Taylor & Francis.

Hill, D. M. and H. G. von Cube(1963). "Development of a Model for Forecasting Travel Mode Choice in Urban Areas". *Highway Research Record* 38: 78-96.

Ortúzar, J. de D. and L. G. Willumsen(1994). *Modelling Transport*. Second Edition, Chichester: John Wiley & Sons.

Stopher, P. R. and A. M. Meyburg(1975). *Urban Transportation Modeling and Planning*. Lexington: Lexington Books.

제 7 장

통행배정

제 1 절   분석의 기초개념

1. 링크와 통행경로

교통 네트워크(transportation network)는 각종 교통시설의 집합체로서 노드(node), 그리고 이들 노드와 노드를 연결하는 링크(link)로 구성된다. 그런데 링크는 단순히 노드와 노드를 연결하는 구간으로서 링크 통행량(link flow)으로는 통행의 출발지(origin)와 목적지(destination)를 확인할 수 없다. 그리고 링크는 방향을 가진 링크(directed link)와 방향을 가지지 않은 링크 (undirected link)의 두 가지 유형이 있다.

교통 네트워크는 일반적인 네트워크와는 달리 각 링크가 통행의 흐름에 따른 방향성(orientation)을 갖고 있다. 따라서 두 노드를 연결하는 양방 교통시설은 방향별로 두 개의 링크로 표현된다(노정현, 1999: 181). 교통 네트워크에서 링크 통행량이 한 방향으로는 양(陽)의 값을 갖고, 다른 방향으로는 영(零)이라면 링크는 '방향을 가졌다'(directed, or oriented)라고 한다. 그리고 방향을 가진 교통 네트워크(directed transportation network)는 모든 링크가 방향을 가진 네트워크를 말한다. 〈그림 7-1〉은 방향을 가진 교통 네트워크의 예를 보여준다.

한편 통행경로(travel path or route)는 주어진 통행의 출발지와 목적지를 연결하는 링크들의 합이다. 따라서 하나의 링크는 두 개 이상의 통행경로에 중복되어 포함될 수 있다(윤대식, 윤성순, 1998: 541). 통행경로와 링크의

〈그림 7-1〉 방향을 가진 교통 네트워크의 예

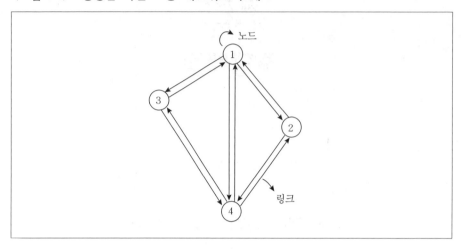

관계(path-link incidence relationships)에 대한 더욱 상세한 설명은 이 책의
제11장 제 3 절을 참조하기 바란다.

2. 통행배정

　　통행배정(trip assignment)은 전통적인 4단계 교통수요 예측과정의 마지
막 단계로서 각 출발지와 목적지간을 특정 교통수단을 이용해 통행하는 통
행량 가운데 각 통행경로별 통행량을 예측하는 단계이다. 따라서 통행배정단
계에서는 통행발생, 통행분포, 교통수단 선택의 과정을 거쳐 예측된 교통수
단별 출발지-목적지 통행량(origin-destination travel demand by mode)이 도
로망과 지하철망 등의 교통 네트워크에 어떻게 배정될 것인가를 예측한다.
이러한 이유 때문에 통행배정은 종종 노선배정(network assignment or route
assignment)이라 불리기도 한다.

　　통행배정단계에서는 존 i에서 존 j로 교통수단 m을 이용하여 가는 통행
수요 T_{ijm}이 주어졌을 때 이들 통행이 여러 개의 대안적 통행경로(alternative
travel paths or routes) 가운데 어떤 통행경로를 이용할 것인가를 예측한다.
즉 통행배정단계에서는 존 i에서 존 j로 교통수단 m과 통행경로 r을 이용하
여 가는 통행수요 T_{ijmr}을 예측한다.

　　따라서 통행배정단계에서는 궁극적으로 각 교통수단의 네트워크를 구성

하는 개별 링크의 통행량을 예측할 수 있게 된다. 도로 네트워크일 경우 링크 통행량은 두 개 교차로 사이의 구간상의 차량대수로 표현되고, 지하철 네트워크일 경우 링크 통행량은 두 개 지하철역 사이의 구간상의 승객수로 표현될 수 있다.

통행배정에서 기억해야 할 한 가지 중요한 사항으로서 통행경로별 통행량(T_{ijmr})과 링크 통행량은 신중히 구별되어야 한다. 통행경로별 통행량(T_{ijmr})은 출발지(존 i)와 목적지(존 j) 사이의 통행수요를 나타내는 반면, 링크 통행량은 특정 링크상에 존재하는 교통류(traffic flow)를 나타낸다.

3. 사람통행과 차량통행

전통적인 4단계 교통수요 예측과정에서 통행배정 이전의 3단계, 즉 통행발생, 통행분포, 교통수단 선택까지의 예측과정의 결과는 일반적으로 교통수단별 출발지-목적지 사람통행량이다. 그러나 교통수요 예측의 궁극적인 목적은 교통 네트워크를 구성하는 각 링크에 차량이 얼마나 다닐 것인가를 전망하여 이를 교통시설(예: 도로, 지하철) 계획을 위한 지표(indicator)로 삼기 위한 것이다.

따라서 통행배정단계에서는 통행의 단위를 '사람'에서 '차량'으로 환산해야 할 필요성이 있다. 이를 위해서 총통행량을 도로이용 통행(예: 승용차, 버스)과 지하철과 같이 독자적인 노선을 갖는 대중교통이용 통행으로 구분하여 교통수단별로 적절한 재차율(차량당 승객수)을 적용하여 사람통행량을 차량통행량으로 환산하여야 한다.

교통수단별 재차율은 여러 가지 요소에 의해 영향을 받는데, 분석대상 도시의 인구규모, 통행목적, 통행의 시간대, 시간 혹은 거리 단위로 표현된 통행길이(trip length in time or distance), 가구소득 등에 의해 영향을 받는 것으로 알려져 있다(National Cooperative Highway Research Program, 1998: 77-79). 따라서 이러한 요소들을 감안하여 교통수단별 재차율을 적용하는 것이 꼭 필요하다.

4. 통행의 시간대별 변동

전통적인 4단계 교통수요 예측과정에서 통행배정 이전의 단계까지 예측된 교통수요는 일반적으로 전일(全日, 24시간) 통행량이다. 그런데 24시간 통행량은 통행의 목적에 따라 다양한 시간대별 변동을 보인다. 따라서 통행목적별로 구분하여 통행의 시간대별 변동을 살펴보는 것이 중요하다.

통행의 목적에 따라 구분된 통행의 유형에 따라 다소 차이가 있지만 일반적으로 교통수요(통행량)는 오전 피크 시간대에 집중률이 높고, 오후 피크 시간대는 다소 길지만 오전처럼 집중률이 급격하게 높은 편은 아니다. 보통의 경우 오전 피크 시간대(1시간)의 통행 비중은 전일 교통수요의 10~20% 정도이다.

교통계획 또는 교통운영에서 전일 평균교통수요보다는 피크 시간대 교통수요(통행량)를 기준으로 교통시스템을 진단하는 것이 적절하고, 아울러 교통수요의 시간대별 변동을 파악하는 것이 매우 중요하다. 왜냐하면 피크 시간대의 통행량과 통행속도가 교통시스템의 서비스수준을 평가하는 데 중요한 지표가 되며, 이를 기초로 교통시스템에 대한 계획이 가능하기 때문이다. 또한 대중교통(예: 버스, 지하철) 운영의 경우 하루중 시간대별 교통수요의 변동을 고려하여 운행계획을 수립하는 것이 바람직하고, 도로교통 운영의 경우에도 시간대별 교통수요의 변동을 고려하여 교통수요관리(transportation demand management)를 하는 것이 효율적이기 때문이다.

제 2 절   전량 통행배정기법

1. 전량 통행배정기법의 개요

전량 통행배정기법(all-or-nothing trip assignment)은 모든 통행자가 출발지에서 목적지까지 가기 위해서는 자유교통류 링크 통행시간(free-flow link travel time)으로 계산된 최단통행경로(the shortest path or route)만을 이용한다는 가정에 기초를 둔다.

전량 통행배정기법은 가장 단순한 통행배정기법으로서 링크의 용량(link capacity)을 고려하지 않고 자유교통류 링크 통행시간으로 계산된 최단통행경로에 출발지-목적지간의 총통행량을 배정한다. 따라서 전량 통행배정기법을 적용하게 되면 어떤 출발지와 목적지 사이의 통행량은 자유교통류 상태에서 발견된 최단통행경로 이외의 다른 통행경로에는 전혀 배정되지 않는다.

예제 7-1 〈그림 1〉에서 보는 바와 같이 어떤 도시의 외곽지역에서 도심지역으로 들어오는 데는 11개 유입지점(entry points)을 통해 유입이 가능하다. 그런데 이 도시에서는 오전 피크 시간대인 8시에서 9시 사이에 5,000대의 차량이 도심지역의 특별 교통유발시설(special traffic generator)로 유입된다고 한다. 이 도시의 11개 유입지점별 오전 피크 시간대 유입차량통행량은 〈표 1〉과 같이 주어져 있다. 아울러 11개 유입지점으로부터 특별 교통유발시설까지의 최단통행경로는 〈표 2〉와 같이 주어져 있다. 이 도시의 외곽지역에서 도심지역의 특별 교통유발시설로 오전 피크 시간대에 유입되는 통행량을 전량 통행배정기법을 이용하여 통행배정을 하고, 개별 링크별 통행량을 계산하시오.

〈그림 1〉 도심지역의 교통 네트워크

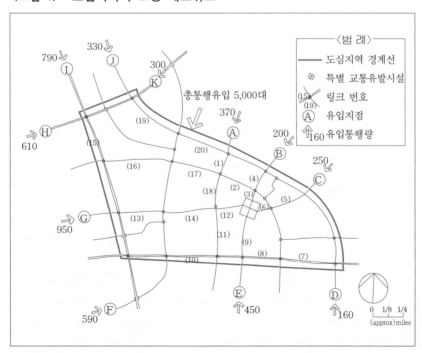

〈표 1〉 오전 피크 시간대 유입지점별 유입차량통행량

(단위: 대)

유입지점	유입차량통행량
A	370
B	200
C	250
D	160
E	450
F	590
G	950
H	610
I	790
J	330
K	300
합 계	5,000

〈표 2〉 유입지점으로부터 특별 교통유발시설까지의 최단통행경로

유입지점	최단통행경로
A	(1) - (2) -(3)
B	(4) - (3)
C	(5) - (6)
D	(7) - (8) - (9)
E	(9)
F	(10) - (11) - (12)
G	(13) - (14) - (12)
H	(15) - (16) - (17) - (18) - (12)
I	(15) - (16) - (17) - (18) - (12)
J	(19) - (20) - (1) - (2) - (3)
K	(19) - (20) - (1) - (2) - (3)

주: ( ) 안의 숫자는 링크번호임.

◆ 풀이 ◆   주어진 문제를 위하여 전량 통행배정기법을 적용하여 통행배정을 한 결과는 〈그림 2〉와 같다. 〈그림 2〉에서 보는 바와 같이 동일한 유입지점을 통해 유입된 차량통행은 모두 동일한 통행경로에 배정된다.

한편 〈그림 2〉에 나타낸 전량 통행배정의 결과를 표로 나타내면 〈표 3〉과 같이 링크별 통행량으로 표현이 가능하다. 아울러 각 링크별로 부하되는 통행량을 교통 네트워크상에 표현하면 〈그림 3〉과 같다.

<그림 2>　전량 통행배정기법의 적용결과

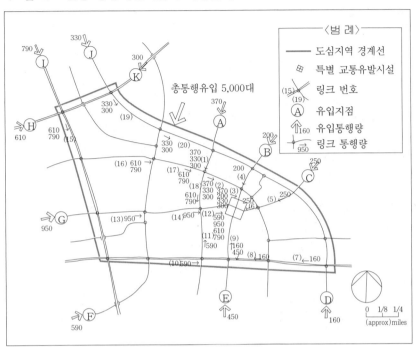

<표 3>　특별 교통유발시설로 유입되는 차량통행량

(단위: 대)

유입지점 과 통행량 / 링크 번호		1	2	3	4	5	6	7	8	9	10	11	12	13	14	15	16	17	18	19	20
A	370	370	370	370																	
B	200			200	200																
C	250					250	250														
D	160							160	160	160											
E	450									450											
F	590										590	590	590								
G	950												950	950	950						
H	610												610			610	610	610	610		
I	790												790			790	790	790	790		
J	330	330	330	330																330	330
K	300	300	300	300																300	300
합 계	5,000	1,000	1,000	1,200	200	250	250	160	160	610	590	590	2,940	950	950	1,400	1,400	1,400	1,400	630	630

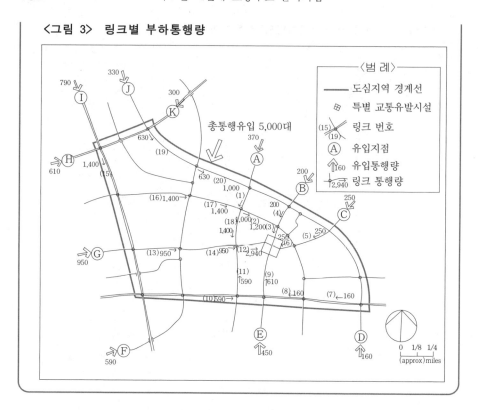

〈그림 3〉 링크별 부하통행량

2. 전량 통행배정기법의 한계

전량 통행배정기법은 다음과 같은 문제점을 가진다(윤대식, 윤성순, 1998: 549; Dial, 1971: 84-85; Thomas, 1991: 105-106).

첫째, 자유교통류를 가정하여 결정된 최단통행경로는 통행이 배정된 이후에는 더 이상 최단통행경로가 아닐 수도 있다.

둘째, 현실적으로 모든 링크는 용량을 가지는데, 전량 통행배정기법에 의해 배정된 통행경로별 통행량을 개별 링크에 부하(load)시켰을 때, 부하된 링크 통행량(단위: 대/시간)은 그 링크의 용량을 초과할 수도 있다.

셋째, 통행배정을 위한 투입자료(input data)인 링크 통행시간에 있어 작은 변화조차도 완전히 다른 통행배정 결과(output)를 초래할 수 있다. 실제로 링크 통행시간의 추정이 정확하지 않을 가능성은 상당히 크다. 그럼에도 불구하고 전량 통행배정기법은 최단통행경로에 모든 통행을 배정하고, 다른 통행경로에는 통행을 전혀 배정하지 않는다. 따라서 전량 통행배정기법의 사용은 현실과는 전혀 다른 통행배정 결과를 초래할 수 있다.

넷째, 전량 통행배정기법은 통행자의 통행경로 선택행태를 적절하게 반영하지 못한다. 통행경로 선택에 있어서 개별 통행자들 사이에 확률적 차이 (random variation)가 현실적으로 나타날 수 있는데, 전량 통행배정기법은 이러한 가능성을 무시하고 있다. 예컨대 통행경로 1은 통행경로 2보다 1~2분 정도 통행시간이 더 많이 소요되는데도 통행자들은 이러한 차이를 정확하게 인식하지 못할 수도 있다. 오히려 통행경로 1의 경우 신호등이 적고, 도로주변의 경관이 좋다면 통행자들은 통행경로 1을 더욱 선호할 수도 있다.

이러한 문제점에도 불구하고 전량 통행배정기법은 분석방법의 명료성과 계산의 단순성으로 말미암아 아직도 많이 사용되고 있는데, 특히 통행밀도 혹은 통행량이 적은 네트워크에서의 통행배정을 위해 많이 사용되어 왔다(Thomas, 1991: 106). 그러나 전량 통행배정기법은 자유교통류 링크 통행시간을 현실적으로 신뢰할 수 있는 상황, 즉 교통혼잡이 없고 링크 통행시간의 정확한 추정이 가능한 네트워크 상황이 아니면 현실 적용에 한계를 가지는 것이 사실이다.

3. Dijkstra 알고리즘

교통 네트워크에서 하나의 노드(node)로부터 모든 다른 노드로 가는 최단통행경로(the shortest path or route)를 찾아내기 위하여 활용되는 대표적인 알고리즘이 Dijkstra(1959)에 의해 개발된 알고리즘이다. Dijkstra 알고리즘의 기본 아이디어는 하나의 노드로부터 다른 노드까지의 최단통행경로를 거리(혹은 시간)가 가까운 노드의 순서대로 단계적으로 찾아내는 것이다 (Larson and Odoni, 1981: 364-367).

Dijkstra 알고리즘에 대한 설명을 위해 먼저 노드 j를 위한 라벨(label)을 나타내기 위해 사용되는 두 가지 변수를 정의할 필요가 있다.

$d(j)$ = 출발지 노드에서 노드 j로 가는 데 지금까지 발견된 최단통행경로의 길이(단위: 거리, 시간, 비용 등)

$p(j)$ = 출발지 노드에서 노드 j로 가는 데 지금까지 발견된 최단통행경로 상에서 노드 j 바로 이전의 노드(immediate predecessor node)

이러한 두 가지 변수를 이용해서 노드 j에 대해 $(d(j), p(j))$라는 라벨이 사용된다.

Dijkstra 알고리즘의 적용단계에서 각 노드는 다음과 같은 두 가지 상태 (two states) 중의 하나에 있게 된다.

① 어떤 노드의 라벨이 잠정적이면(tentative), 그 노드는 열린 상태 (open state)에 있다고 한다.

② 어떤 노드의 라벨이 확정적이면(permanent), 그 노드는 닫힌 상태 (closed state)에 있다고 한다.

그리고 마지막으로 닫히는 노드를 나타내기 위해 기호 k를 사용하고, 출발지 노드 s의 바로 이전의 노드를 표현하기 위해 기호 $*$를 사용한다.

이제 Dijkstra 알고리즘은 다음과 같은 과정을 거친다.

① 시작단계: 반복계산과정의 시작을 위해 먼저 출발지 노드에 대해 $d(s)=0$, $p(s)=*$로 둔다. 그리고 출발지 노드(s)가 아닌 모든 다른 노드 j에 대해 $d(j)=\infty$, $p(j)=-$로 둔다. 따라서 출발지 노드 s는 닫힌 상태에 있게 되고, 모든 다른 노드는 열린 상태에 있게 된다. 여기서 마지막으로 닫히는 노드는 출발지 노드 s가 되므로 $k=s$로 둔다.

② 노드의 라벨 수정단계: 출발지 노드(s)에서 노드 j로 가는 최단통행 경로의 길이를 다음의 식 〈7·1〉을 이용해 찾아낸다.

$$d(j) = 극소\ [d(j),\ d(k)+l(k, j)] \qquad\qquad \langle 7 \cdot 1 \rangle$$

단, $l(k, j)=$ 마지막으로 닫힌 노드(k)로부터 노드 j까지의 링크길이

식 〈7·1〉에서 우변에 있는 $d(j)$는 바로 앞 단계에서 발견된 $d(j)$의 값이라는 점을 알기 바란다. 그리고 노드 k와 노드 j를 잇는 링크가 존재하지 않으면 $l(k, j)$는 ∞의 값을 가진 것으로 보면 된다. 아무튼 만약 노드 j가 닫힌 상태이면 다음의 노드로 가고, 만약 노드 j가 열린 상태이면 그 노드의 라벨을 나타내는 두 가지 변수 가운데 첫 번째 변수 $d(j)$의 값을 식 〈7·1〉에서 발견된 값으로 수정한다.

③ 다음에 닫힐 노드의 선택단계: 다음에 닫힐 노드를 선택하기 위해 열린 상태에 있는 모든 노드의 라벨에서 $d(j)$의 값을 비교한다. 여기서 가장

작은 $d(j)$의 값을 가진 노드가 다음에 닫힐 노드로 선택된다. 그리고 이렇게 선택된 노드를 노드 i라고 가정하자.

④ 다음에 닫힐 노드의 바로 이전의 노드를 발견하는 단계: 다음에 닫힐 노드(노드 i)의 바로 이전의 노드(predecessor node)를 발견하기 위해 이미 닫힌 노드(노드 j)와 다음에 닫힐 노드(노드 i)가 다음의 식 〈7·2〉를 만족시키는지 확인한다.

$$d(i) - l(j, i) = d(j) \qquad\qquad \langle 7 \cdot 2 \rangle$$

단, $l(j, i)$＝노드 j로부터 노드 i까지의 링크길이

식 〈7·2〉에서 노드 j와 노드 i를 잇는 링크가 존재하지 않으면 $l(j, i)$는 ∞의 값을 가진 것으로 보면 된다. 아무튼 식 〈7·2〉를 만족시키는 바로 이전의 노드(predecessor node)를 j^*로 둔다. 즉 $p(i) = j^*$로 둔다.

⑤ 반복계산의 중지단계: 이제 노드 i를 닫힌 노드로 간주한다. 만약 모든 노드가 닫힌 상태에 있으면 반복계산과정을 중지한다. 만약 여전히 어떤 노드가 열린 상태에 있으면 ②, ③, ④, ⑤의 과정을 반복한다.

예제 7-2 〈그림〉에서 보는 바와 같은 교통 네트워크에서 노드 1로부터 모든 다른 노드로 가는 최단통행경로를 찾아내기 위하여 Dijkstra 알고리즘을 적용하시오.

〈그림〉 6개의 노드를 가진 교통 네트워크

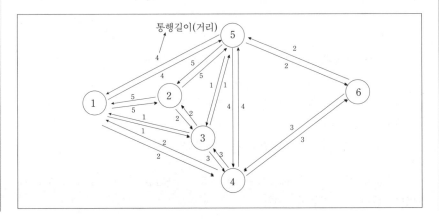

◆ 풀이 ◆   주어진 문제를 위해 Dijkstra 알고리즘을 적용하면 다음과 같다.

<0회차 계산>

① 시작단계: 출발지 노드에 대해 $d(s)=d(1)=0$, $p(s)=p(1)=*$로 둔다. 그리고 출발지 노드(s)가 아닌 모든 다른 노드 j에 대해 $d(j)=\infty$, $p(j)$ $=-$로 둔다. 따라서 출발지 노드 1은 닫힌 상태(closed state)에 있게 되고, 모든 다른 노드는 열린 상태(open state)에 있게 된다. 여기서 마지막으로 닫히는 노드는 출발지 노드 1이 된다. 아래 그림에서 각 노드의 옆에 있는 괄호 속에는 $d(j)$와 $p(j)$가 순서대로 표시되어 있다. 아울러 괄호 위의 +표시는 닫힌 상태임을 나타낸다.

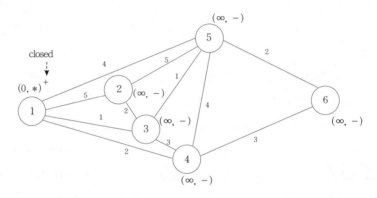

<1회차 계산>

② 노드의 라벨 수정단계: 출발지 노드(노드 1)에서 노드 j로 가는 최단통행경로의 길이를 식 〈7·1〉을 이용해 찾아내면 다음과 같다.

$d(1)=0$

$d(2)=극소[d(2),\ d(1)+l(1,\ 2)]=극소[\infty,\ 5]=5$

$d(3)=극소[d(3),\ d(1)+l(1,\ 3)]=극소[\infty,\ 1]=1$

$d(4)=극소[d(4),\ d(1)+l(1,\ 4)]=극소[\infty,\ 2]=2$

$d(5)=극소[d(5),\ d(1)+l(1,\ 5)]=극소[\infty,\ 4]=4$

$d(6)=극소[d(6),\ d(1)+l(1,\ 6)]=극소[\infty,\ \infty]=\infty$

이상의 계산결과를 바탕으로 각 노드의 라벨을 수정하여 교통 네트워크상에 나타내면 다음과 같다.

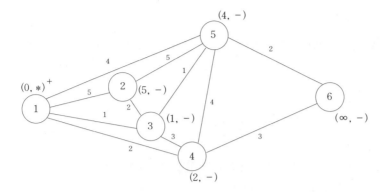

③ 다음에 닫힐 노드의 선택단계: 가장 작은 $d(j)$의 값을 가진 노드 3 이 다음에 닫힐 노드로 선택된다. 왜냐하면 $d(3)=1$이기 때문이다.

④ 다음에 닫힐 노드의 바로 이전의 노드를 발견하는 단계: 다음에 닫 힐 노드(노드 3)의 바로 이전의 노드(predecessor node)를 발견하기 위해 이미 닫힌 노드(노드 1)와 다음에 닫힐 노드(노드 3)가 식 〈7·2〉를 만족 시키는지 확인한다.

$$d(3)-l(1, 3)=1-1=0=d(1)$$

따라서 노드 3의 바로 이전의 노드(predecessor node)는 노드 1이 된다.

$$p(3)=1*$$

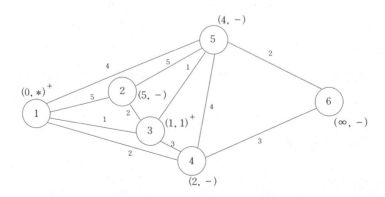

〈2회차 계산〉

② 노드의 라벨 수정단계: 출발지 노드(노드 1)에서 노드 j로 가는 최단통행경로의 길이를 식 〈7·1〉을 이용해 찾아내면 다음과 같다.

$d(1)=0$

$d(2)=극소[d(2),\ d(3)+l(3,\ 2)]=극소[5,\ 1+2]=3$

$d(3)=1$

$d(4)=극소[d(4),\ d(3)+l(3,\ 4)]=극소[2,\ 1+3]=2$

$d(5)=극소[d(5),\ d(3)+l(3,\ 5)]=극소[4,\ 1+1]=2$

$d(6)=극소[d(6),\ d(3)+l(3,\ 6)]=극소[\infty,\ 1+\infty]=\infty$

이상의 계산결과를 바탕으로 각 노드의 라벨을 수정하여 교통 네트워크상에 나타내면 다음과 같다.

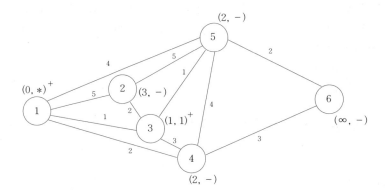

③ 다음에 닫힐 노드의 선택단계: 아직 닫히지 않은 노드 가운데 가장 작은 $d(j)$의 값을 가진 노드는 노드 4와 노드 5로 동일한 $d(j)$의 값($=2$)을 가진다. 따라서 이들 두 노드 가운데 임의로 노드 4를 선택하기로 한다.

④ 다음에 닫힐 노드의 바로 이전의 노드를 발견하는 단계: 다음에 닫힐 노드(노드 4)의 바로 이전의 노드(predecessor node)를 발견하기 위해 이미 닫힌 노드(노드 1과 3)와 다음에 닫힐 노드(노드 4)의 쌍이 식 〈7·2〉를 만족시키는지 확인한다.

노드 1과 노드 4의 관계: $d(4)-l(1,\ 4)=2-2=0=d(1)$

노드 3과 노드 4의 관계: $d(4)-l(3,\ 4)=2-3=-1\neq d(3)=1$

따라서 노드 4의 바로 이전의 노드(predecessor node)는 노드 1임을 알 수 있다.

$$p(4)=1*$$

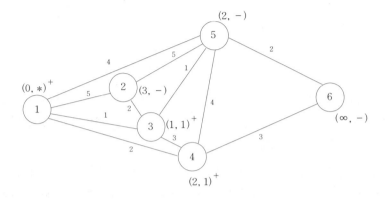

<3회차 계산>

② 노드의 라벨 수정단계: 출발지 노드(노드 1)에서 노드 j로 가는 최단통행경로의 길이를 식 〈7·1〉을 이용해 찾아내면 다음과 같다.

$$d(1)=0$$
$$d(2)=극소[d(2), d(4)+l(4, 2)]=극소[3, 2+\infty]=3$$
$$d(3)=1$$
$$d(4)=2$$
$$d(5)=극소[d(5), d(4)+l(4, 5)]=극소[2, 2+4]=2$$
$$d(6)=극소[d(6), d(4)+l(4, 6)]=극소[\infty, 2+3]=5$$

이상의 계산결과를 바탕으로 각 노드의 라벨을 수정하여 교통 네트워크상에 나타내면 다음과 같다.

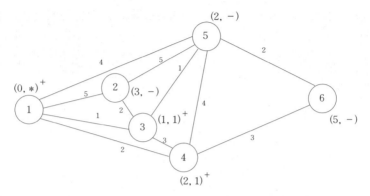

③ 다음에 닫힐 노드의 선택단계: 아직 닫히지 않은 노드 가운데 가장 작은 $d(j)$의 값을 가진 노드는 노드 5로 $d(5)=2$이다. 따라서 노드 5가 다음에 닫힐 노드로 선택된다.

④ 다음에 닫힐 노드의 바로 이전의 노드를 발견하는 단계: 다음에 닫힐 노드(노드 5)의 바로 이전의 노드(predecessor node)를 발견하기 위해 이미 닫힌 노드(노드 1, 3, 4)와 다음에 닫힐 노드(노드 5)의 쌍이 식 〈7 · 2〉를 만족시키는지 확인한다.

노드 1과 노드 5의 관계: $d(5)-l(1, 5)=2-4=-2 \neq d(1)=0$
노드 3과 노드 5의 관계: $d(5)-l(3, 5)=2-1=1=d(3)$
노드 4와 노드 5의 관계: $d(5)-l(4, 5)=2-4=-2 \neq d(4)=2$

따라서 노드 5의 바로 이전의 노드(predecessor node)는 노드 3임을 알 수 있다.

$p(5)=3*$

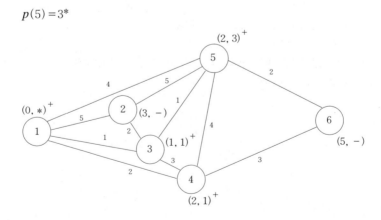

〈4회차 계산〉

② 노드의 라벨 수정단계: 출발지 노드(노드 1)에서 노드 j로 가는 최단통행경로의 길이를 식 〈7·1〉을 이용해 찾아내면 다음과 같다.

$d(1) = 0$

$d(2) = 극소[d(2),\ d(5) + l(5,\ 2)] = 극소[3,\ 2+5] = 3$

$d(3) = 1$

$d(4) = 2$

$d(5) = 2$

$d(6) = 극소[d(6),\ d(5) + l(5,\ 6)] = 극소[5,\ 2+2] = 4$

이상의 계산결과를 바탕으로 각 노드의 라벨을 수정하여 교통 네트워크상에 나타내면 다음과 같다.

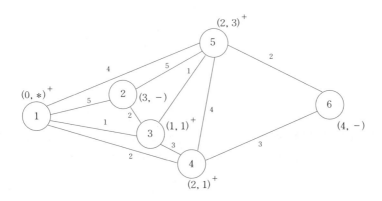

③ 다음에 닫힐 노드의 선택단계: 아직 닫히지 않은 노드 가운데 가장 작은 $d(j)$의 값을 가진 노드는 노드 2로 $d(2) = 3$이다. 따라서 노드 2가 다음에 닫힐 노드로 선택된다.

④ 다음에 닫힐 노드의 바로 이전의 노드를 발견하는 단계: 다음에 닫힐 노드(노드 2)의 바로 이전의 노드(predecessor node)를 발견하기 위해 이미 닫힌 노드(노드 1, 3, 4, 5)와 다음에 닫힐 노드(노드 2)의 쌍이 식 〈7·2〉를 만족시키는지 확인한다.

노드 1과 노드 2의 관계: $d(2) - l(1, 2) = 3 - 5 = -2 \neq d(1) = 0$

노드 3과 노드 2의 관계: $d(2) - l(3, 2) = 3 - 2 = 1 = d(3)$

노드 4와 노드 2의 관계: $d(2) - l(4, 2) = 3 - \infty = -\infty \neq d(4) = 2$

노드 5와 노드 2의 관계: $d(2) - l(5, 2) = 3 - 5 = -2 \neq d(5) = 2$

따라서 노드 2의 바로 이전의 노드(predecessor node)는 노드 3임을 알
수 있다.

$p(2) = 3^*$

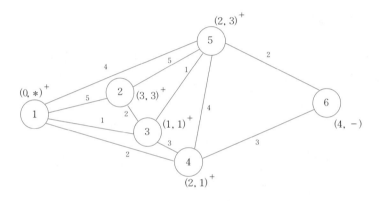

⟨5회차 계산⟩

② 노드의 라벨 수정단계: 출발지 노드(노드 1)에서 노드 j로 가는 최
단통행경로의 길이를 식 ⟨7·1⟩을 이용해 찾아내면 다음과 같다.

$d(1) = 0$

$d(2) = 3$

$d(3) = 1$

$d(4) = 2$

$d(5) = 2$

$d(6) = 극소[d(6), d(2) + l(2, 6)] = 극소[4, 3 + \infty] = 4$

이상의 계산결과를 바탕으로 각 노드의 라벨을 수정하여 교통 네트워
크상에 나타내면 다음과 같다.

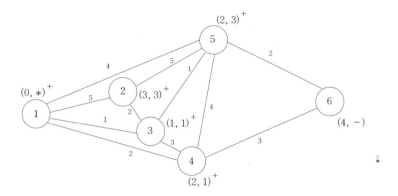

　　③ 다음에 닫힐 노드의 선택단계: 주어진 교통 네트워크상에서 아직 닫히지 않은 유일한 노드는 노드 6이다. 따라서 노드 6이 다음에 닫힐 노드가 된다.

　　④ 다음에 닫힐 노드의 바로 이전의 노드를 발견하는 단계: 다음에 닫힐 노드(노드 6)의 바로 이전의 노드(predecessor node)를 발견하기 위해 이미 닫힌 노드(노드 1, 2, 3, 4, 5)와 다음에 닫힐 노드(노드 6)의 쌍이 식 〈7·2〉를 만족시키는지 확인한다.

　　　　노드 1과 노드 6의 관계: $d(6) - l(1, 6) = 4 - \infty = -\infty \neq d(1) = 0$
　　　　노드 2와 노드 6의 관계: $d(6) - l(2, 6) = 4 - \infty = -\infty \neq d(2) = 3$
　　　　노드 3과 노드 6의 관계: $d(6) - l(3, 6) = 4 - \infty = -\infty \neq d(3) = 1$
　　　　노드 4와 노드 6의 관계: $d(6) - l(4, 6) = 4 - 3 = 1 \neq d(4) = 2$
　　　　노드 5와 노드 6의 관계: $d(6) - l(5, 6) = 4 - 2 = 2 = d(5)$

　　따라서 노드 6의 바로 이전의 노드(predecessor node)는 노드 5임을 알 수 있다.

　　$p(6) = 5*$

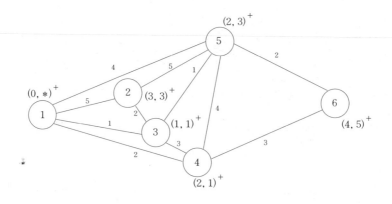

⑤ 반복계산의 중지단계: 모든 노드가 닫힌 상태에 있으므로 반복계산 과정을 중지하고, 최단통행경로 수형망(the shortest path tree)으로 나타내면 다음과 같다.

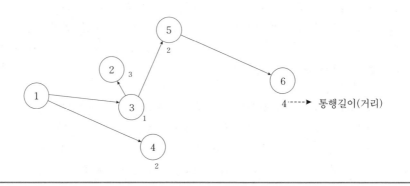

4. Floyd 알고리즘

앞서 살펴본 Dijkstra 알고리즘은 하나의 노드로부터 모든 다른 노드로 가는 최단통행경로(the shortest path or route)를 찾아내는 데 사용된다. 그러나 우리는 교통 네트워크를 구성하는 모든 노드들 사이의 최단통행경로를 동시에 찾아내야 하는 상황에 종종 직면한다. 이 경우에 유용하게 활용되는 알고리즘이 Floyd(1962)에 의해 개발된 알고리즘이다.

물론 앞서 살펴본 Dijkstra 알고리즘을 이용하더라도 모든 출발지 노드에 대해 최단통행경로를 찾아내면 Floyd 알고리즘을 적용한 것과 동일한 결과를 얻을 수 있다. 그러나 처음부터 모든 노드들 사이의 최단통행경로를 찾는 것이 목적이라면 Floyd 알고리즘을 이용하는 것이 Dijkstra 알고리즘을 이용하는 것보다 훨씬 간편하다(Larson and Odoni, 1981: 367-373).

Floyd 알고리즘에 대한 설명을 위해 먼저 두 가지 행렬(matrix)에 대해 정의할 필요가 있다. n개의 노드를 가진 교통 네트워크에서 링크의 길이(거리)를 나타내는 행렬 D와 바로 이전의 노드(predecessor node)를 나타내는 행렬 P는 다음과 같은 원소(elements)로 구성된다.

$$D=[d(i, j)] \hspace{4cm} \langle 7 \cdot 3 \rangle$$

단, $d(i, j) = \begin{cases} l(i, j): \text{만약 링크 } (i, j)\text{가 존재하면} \\ 0: \text{만약 } i=j\text{이면} \\ \infty: \text{만약 링크 } (i, j)\text{가 존재하지 않으면} \end{cases}$

$l(i, j)=$노드 i로부터 노드 j까지의 링크길이

$i=$출발지 노드

$j=$목적지 노드

$$P=[p(i, j)] \hspace{4cm} \langle 7 \cdot 4 \rangle$$

단, $p(i, j) = \begin{cases} i: \text{만약 } i \neq j\text{이면} \\ -: \text{만약 } i=j\text{이면} \end{cases}$

이제 Floyd 알고리즘은 다음과 같은 과정을 거친다.

① 시작단계: 반복계산과정의 시작을 위해 식 $\langle 7 \cdot 3 \rangle$과 $\langle 7 \cdot 4 \rangle$를 이용하여 행렬 $D^{(0)}=[d_0(i, j)]$와 행렬 $P^{(0)}=[p_0(i, j)]$를 작성한다.

② 링크길이 행렬의 수정단계: 반복계산단계를 $k=k+1$로 둔다. 그리고 다음의 식 $\langle 7 \cdot 5 \rangle$를 이용해 발견된 링크길이를 바탕으로 링크길이 행렬을 수정하여 행렬 $D^{(k)}$를 작성한다.

$$d_k(i, j)=극소[d_{k-1}(i, j), d_{k-1}(i, k)+d_{k-1}(k, j)] \hspace{1cm} \langle 7 \cdot 5 \rangle$$

③ 바로 이전의 노드 행렬의 수정단계: 다음의 식 $\langle 7 \cdot 6 \rangle$을 이용해 발견된 바로 이전의 노드(predecessor node)를 바탕으로 바로 이전의 노드 행렬

을 수정하여 행렬 $P^{(k)}$를 작성한다.

$$p_k(i,\ j) = \begin{cases} p_{k\text{-}1}(k,\ j)\ \colon\ \text{만약 } d_k(i,\ j) \neq d_{k\text{-}1}(i,\ j)\text{이면} \\ p_{k\text{-}1}(i,\ j)\ \colon\ \text{만약 그렇지 않으면} \end{cases} \qquad \langle 7 \cdot 6 \rangle$$

④ 반복계산의 중지단계: 만약 $k=n$(노드의 수)이면 반복계산과정을 중지한다. 만약 $k<n$이면 ②, ③, ④의 과정을 반복한다.

[예제 7-3]   (예제 7-2)에 주어진 문제를 풀기 위하여 Floyd 알고리즘을 적용하시오.

◆ 풀이 ◆   주어진 문제를 위해 Floyd 알고리즘을 적용하면 다음과 같다.

〈0회차 계산〉

① 시작단계: 식 〈7 · 3〉과 〈7 · 4〉를 이용하여 행렬 $D^{(0)}$와 $P^{(0)}$를 작성한다.

$$D^{(0)} = \begin{array}{c|cccccc} & 1 & 2 & 3 & 4 & 5 & 6 \\ \hline 1 & 0 & 5 & 1 & 2 & 4 & \infty \\ 2 & 5 & 0 & 2 & \infty & 5 & \infty \\ 3 & 1 & 2 & 0 & 3 & 1 & \infty \\ 4 & 2 & \infty & 3 & 0 & 4 & 3 \\ 5 & 4 & 5 & 1 & 4 & 0 & 2 \\ 6 & \infty & \infty & \infty & 3 & 2 & 0 \end{array} \qquad P^{(0)} = \begin{array}{c|cccccc} & 1 & 2 & 3 & 4 & 5 & 6 \\ \hline 1 & - & 1 & 1 & 1 & 1 & 1 \\ 2 & 2 & - & 2 & 2 & 2 & 2 \\ 3 & 3 & 3 & - & 3 & 3 & 3 \\ 4 & 4 & 4 & 4 & - & 4 & 4 \\ 5 & 5 & 5 & 5 & 5 & - & 5 \\ 6 & 6 & 6 & 6 & 6 & 6 & - \end{array}$$

〈1회차 계산〉

② 링크길이 행렬의 수정단계: 식 〈7 · 5〉를 이용해 1회차 반복계산단계의 링크길이 행렬의 원소값을 구한다.

$d_1(1,\ 1) = 0$

$d_1(1,\ 2) = 극소[d_0(1,\ 2),\ d_0(1,\ 1)+d_0(1,\ 2)] = 극소[5,\ 0+5] = 5$

$d_1(1,\ 3) = 극소[d_0(1,\ 3),\ d_0(1,\ 1)+d_0(1,\ 3)] = 극소[1,\ 0+1] = 1$

$d_1(1,\ 4) = 극소[d_0(1,\ 4),\ d_0(1,\ 1)+d_0(1,\ 4)] = 극소[2,\ 0+2] = 2$

$d_1(1,\ 5) = 극소[d_0(1,\ 5),\ d_0(1,\ 1)+d_0(1,\ 5)] = 극소[4,\ 0+4] = 4$

$d_1(1, 6) = 극소[d_0(1, 6), d_0(1, 1)+d_0(1, 6)] = 극소[\infty, 0+\infty] = \infty$

$d_1(2, 1) = 극소[d_0(2, 1), d_0(2, 1)+d_0(1, 1)] = 극소[5, 5+0] = 5$

$d_1(2, 2) = 0$

$d_1(2, 3) = 극소[d_0(2, 3), d_0(2, 1)+d_0(1, 3)] = 극소[2, 5+1] = 2$

$d_1(2, 4) = 극소[d_0(2, 4), d_0(2, 1)+d_0(1, 4)] = 극소[\infty, 5+2] = 7$

$d_1(2, 5) = 극소[d_0(2, 5), d_0(2, 1)+d_0(1, 5)] = 극소[5, 5+4] = 5$

$d_1(2, 6) = 극소[d_0(2, 6), d_0(2, 1)+d_0(1, 6)] = 극소[\infty, 5+\infty] = \infty$

$d_1(3, 1) = 극소[d_0(3, 1), d_0(3, 1)+d_0(1, 1)] = 극소[1, 1+0] = 1$

$d_1(3, 2) = 극소[d_0(3, 2), d_0(3, 1)+d_0(1, 2)] = 극소[2, 1+5] = 2$

$d_1(3, 3) = 0$

$d_1(3, 4) = 극소[d_0(3, 4), d_0(3, 1)+d_0(1, 4)] = 극소[3, 1+2] = 3$

$d_1(3, 5) = 극소[d_0(3, 5), d_0(3, 1)+d_0(1, 5)] = 극소[1, 1+4] = 1$

$d_1(3, 6) = 극소[d_0(3, 6), d_0(3, 1)+d_0(1, 6)] = 극소[\infty, 1+\infty] = \infty$

$d_1(4, 1) = 극소[d_0(4, 1), d_0(4, 1)+d_0(1, 1)] = 극소[2, 2+0] = 2$

$d_1(4, 2) = 극소[d_0(4, 2), d_0(4, 1)+d_0(1, 2)] = 극소[\infty, 2+5] = 7$

$d_1(4, 3) = 극소[d_0(4, 3), d_0(4, 1)+d_0(1, 3)] = 극소[3, 2+1] = 3$

$d_1(4, 4) = 0$

$d_1(4, 5) = 극소[d_0(4, 5), d_0(4, 1)+d_0(1, 5)] = 극소[4, 2+4] = 4$

$d_1(4, 6) = 극소[d_0(4, 6), d_0(4, 1)+d_0(1, 6)] = 극소[3, 2+\infty] = 3$

$d_1(5, 1) = 극소[d_0(5, 1), d_0(5, 1)+d_0(1, 1)] = 극소[4, 4+0] = 4$

$d_1(5, 2) = 극소[d_0(5, 2), d_0(5, 1)+d_0(1, 2)] = 극소[5, 4+5] = 5$

$d_1(5, 3) = 극소[d_0(5, 3), d_0(5, 1)+d_0(1, 3)] = 극소[1, 4+1] = 1$

$d_1(5, 4) = 극소[d_0(5, 4), d_0(5, 1)+d_0(1, 4)] = 극소[4, 4+2] = 4$

$d_1(5, 5) = 0$

$d_1(5, 6) = 극소[d_0(5, 6), d_0(5, 1)+d_0(1, 6)] = 극소[2, 4+\infty] = 2$

$d_1(6, 1) = 극소[d_0(6, 1), d_0(6, 1)+d_0(1, 1)] = 극소[\infty, \infty+0] = \infty$

$d_1(6, 2) = 극소[d_0(6, 2), d_0(6, 1)+d_0(1, 2)] = 극소[\infty, \infty+5] = \infty$

$d_1(6, 3) = 극소[d_0(6, 3), d_0(6, 1)+d_0(1, 3)] = 극소[\infty, \infty+1] = \infty$

$d_1(6, 4) = 극소[d_0(6, 4), d_0(6, 1)+d_0(1, 4)] = 극소[3, \infty+2] = 3$

$d_1(6, 5) = 극소[d_0(6, 5), d_0(6, 1)+d_0(1, 5)] = 극소[2, \infty+4] = 2$

$d_1(6, 6) = 0$

이상의 계산결과를 바탕으로 1회차 반복계산단계의 링크길이 행렬을 작성하면 다음과 같다.

$$D^{(1)} = \begin{array}{c|cccccc} & 1^* & 2 & 3 & 4 & 5 & 6 \\ \hline {}^*1 & 0 & 5 & 1 & 2 & 4 & \infty \\ 2 & 5 & 0 & 2 & 7^+ & 5 & \infty \\ 3 & 1 & 2 & 0 & 3 & 1 & \infty \\ 4 & 2 & 7^+ & 3 & 0 & 4 & 3 \\ 5 & 4 & 5 & 1 & 4 & 0 & 2 \\ 6 & \infty & \infty & \infty & 3 & 2 & 0 \end{array}$$

③ 바로 이전의 노드 행렬의 수정단계: 식 〈7·6〉을 이용해 바로 이전의 노드(predecessor node)를 찾아보자. 식 〈7·6〉을 보면 $d_1(i, j) \neq d_0(i, j)$를 만족시키는 행렬 $D^{(1)}$의 원소는 $d_1(2, 4) = 7$과 $d_1(4, 2) = 7$의 두 개이다. 따라서 이들 원소에 대응하는 행렬 $P^{(1)}$의 원소 $p_1(i, j)$만 다음과 같이 수정하면 된다.

$$p_1(2, 4) = p_0(1, 4) = 1$$
$$p_1(4, 2) = p_0(1, 2) = 1$$

따라서 1회차 반복계산단계를 위한 바로 이전의 노드 행렬을 작성하면 다음과 같다.

$$P^{(1)} = \begin{array}{c|cccccc} & 1^* & 2 & 3 & 4 & 5 & 6 \\ \hline {}^*1 & - & 1 & 1 & 1 & 1 & 1 \\ 2 & 2 & - & 2 & 1^+ & 2 & 2 \\ 3 & 3 & 3 & - & 3 & 3 & 3 \\ 4 & 4 & 1^+ & 4 & - & 4 & 4 \\ 5 & 5 & 5 & 5 & 5 & - & 5 \\ 6 & 6 & 6 & 6 & 6 & 6 & - \end{array}$$

〈2회차 계산〉

② 링크길이 행렬의 수정단계: 식 〈7·5〉를 이용해 2회차 반복계산단계의 링크길이 행렬을 작성하면 다음과 같다. 계산방법은 1회차 반복계산단계와 동일하므로 구체적인 계산은 생략한다.

$$D^{(2)} = \begin{array}{c|cccccc} & 1 & 2^* & 3 & 4 & 5 & 6 \\ \hline 1 & 0 & 5 & 1 & 2 & 4 & \infty \\ {}^*2 & 5 & 0 & 2 & 7 & 5 & \infty \\ 3 & 1 & 2 & 0 & 3 & 1 & \infty \\ 4 & 2 & 7 & 3 & 0 & 4 & 3 \\ 5 & 4 & 5 & 1 & 4 & 0 & 2 \\ 6 & \infty & \infty & \infty & 3 & 2 & 0 \end{array}$$

③ 바로 이전의 노드 행렬의 수정단계: 앞서 작성된 행렬 $D^{(2)}$와 $D^{(1)}$을 비교해 보면 동일함을 알 수 있다. 따라서 행렬 $P^{(2)}$ 역시 행렬 $P^{(1)}$과 동일한 것임을 식 〈7·6〉을 보면 알 수 있다.

$$P^{(2)} = \begin{array}{c|cccccc} & 1 & 2^* & 3 & 4 & 5 & 6 \\ \hline 1 & - & 1 & 1 & 1 & 1 & 1 \\ {}^*2 & 2 & - & 2 & 1 & 2 & 2 \\ 3 & 3 & 3 & - & 3 & 3 & 3 \\ 4 & 4 & 1 & 4 & - & 4 & 4 \\ 5 & 5 & 5 & 5 & 5 & - & 5 \\ 6 & 6 & 6 & 6 & 6 & 6 & - \end{array}$$

〈3회차 계산〉

② 링크길이 행렬의 수정단계: 식 〈7·5〉를 이용해 3회차 반복계산단계의 링크길이 행렬을 작성하면 다음과 같다. 계산방법은 1회차 반복계산단계와 동일하므로 구체적인 계산은 생략한다.

$$D^{(3)} = \begin{array}{c|cccccc} & 1 & 2 & 3^* & 4 & 5 & 6 \\ \hline 1 & 0 & 3^+ & 1 & 2 & 2^+ & \infty \\ 2 & 3^+ & 0 & 2 & 5^+ & 3^+ & \infty \\ {}^*3 & 1 & 2 & 0 & 3 & 1 & \infty \\ 4 & 2 & 5^+ & 3 & 0 & 4 & 3 \\ 5 & 2^+ & 3^+ & 1 & 4 & 0 & 2 \\ 6 & \infty & \infty & \infty & 3 & 2 & 0 \end{array}$$

③ 바로 이전의 노드 행렬의 수정단계: 식 〈7·6〉을 이용해 3회차 반복계산단계를 위한 바로 이전의 노드 행렬을 작성하면 다음과 같다. 계산방법은 1회차 반복계산단계와 동일하므로 구체적인 계산은 생략한다.

$$
P^{(3)} =
\begin{array}{c|cccccc}
 & 1 & 2 & 3^* & 4 & 5 & 6 \\
\hline
1 & - & 3^+ & 1 & 1 & 3^+ & 1 \\
2 & 3^+ & - & 2 & 3^+ & 3^+ & 2 \\
{}^*3 & 3 & 3 & - & 3 & 3 & 3 \\
4 & 4 & 3^+ & 4 & - & 4 & 4 \\
5 & 3^+ & 3^+ & 5 & 5 & - & 5 \\
6 & 6 & 6 & 6 & 6 & 6 & - \\
\end{array}
$$

〈4회차 계산〉

② 링크길이 행렬의 수정단계: 식 〈7·5〉를 이용해 4회차 반복계산단계의 링크길이 행렬을 작성하면 다음과 같다. 계산방법은 1회차 반복계산단계와 동일하므로 구체적인 계산은 생략한다.

$$
D^{(4)} =
\begin{array}{c|cccccc}
 & 1 & 2 & 3 & 4^* & 5 & 6 \\
\hline
1 & 0 & 3 & 1 & 2 & 2 & 5^+ \\
2 & 3 & 0 & 2 & 5 & 3 & 8^+ \\
3 & 1 & 2 & 0 & 3 & 1 & 6^+ \\
{}^*4 & 2 & 5 & 3 & 0 & 4 & 3 \\
5 & 2 & 3 & 1 & 4 & 0 & 2 \\
6 & 5^+ & 8^+ & 6^+ & 3 & 2 & 0 \\
\end{array}
$$

③ 바로 이전의 노드 행렬의 수정단계: 식 〈7·6〉을 이용해 4회차 반복계산단계를 위한 바로 이전의 노드 행렬을 작성하면 다음과 같다. 계산방법은 1회차 반복계산단계와 동일하므로 구체적인 계산은 생략한다.

$$P^{(4)} = \begin{array}{c|cccccc} & 1 & 2 & 3 & 4^* & 5 & 6 \\ \hline 1 & - & 3 & 1 & 1 & 3 & 4^+ \\ 2 & 3 & - & 2 & 3 & 3 & 4^+ \\ 3 & 3 & 3 & - & 3 & 3 & 4^+ \\ *4 & 4 & 3 & 4 & - & 4 & 4 \\ 5 & 3 & 3 & 5 & 5 & - & 5 \\ 6 & 4^+ & 3^+ & 4^+ & 6 & 6 & - \end{array}$$

<5회차 계산>

② 링크길이 행렬의 수정단계: 식 〈7·5〉를 이용해 5회차 반복계산단계의 링크길이 행렬을 작성하면 다음과 같다. 계산방법은 1회차 반복계산단계와 동일하므로 구체적인 계산은 생략한다.

$$D^{(5)} = \begin{array}{c|cccccc} & 1 & 2 & 3 & 4 & 5^* & 6 \\ \hline 1 & 0 & 3 & 1 & 2 & 2 & 4^+ \\ 2 & 3 & 0 & 2 & 5 & 3 & 5^+ \\ 3 & 1 & 2 & 0 & 3 & 1 & 3^+ \\ 4 & 2 & 5 & 3 & 0 & 4 & 3 \\ *5 & 2 & 3 & 1 & 4 & 0 & 2 \\ 6 & 4^+ & 5^+ & 3^+ & 3 & 2 & 0 \end{array}$$

③ 바로 이전의 노드 행렬의 수정단계: 식 〈7·6〉을 이용해 5회차 반복계산단계를 위한 바로 이전의 노드 행렬을 작성하면 다음과 같다. 계산방법은 1회차 반복계산단계와 동일하므로 구체적인 계산은 생략한다.

$$P^{(5)} = \begin{array}{c|cccccc} & 1 & 2 & 3 & 4 & 5^* & 6 \\ \hline 1 & - & 3 & 1 & 1 & 3 & 5^+ \\ 2 & 3 & - & 2 & 3 & 3 & 5^+ \\ 3 & 3 & 3 & - & 3 & 3 & 5^+ \\ 4 & 4 & 3 & 4 & - & 4 & 4 \\ *5 & 3 & 3 & 5 & 5 & - & 5 \\ 6 & 3^+ & 3^+ & 5^+ & 6 & 6 & - \end{array}$$

〈6회차 계산〉

② 링크길이 행렬의 수정단계: 식 〈7·5〉를 이용해 6회차 반복계산단계의 링크길이 행렬을 작성하면 다음과 같다. 계산방법은 1회차 반복계산단계와 동일하므로 구체적인 계산은 생략한다.

$$
D^{(6)} = \begin{array}{c|cccccc}
 & 1 & 2 & 3 & 4 & 5 & 6^* \\
\hline
1 & 0 & 3 & 1 & 2 & 2 & 4 \\
2 & 3 & 0 & 2 & 5 & 3 & 5 \\
3 & 1 & 2 & 0 & 3 & 1 & 3 \\
4 & 2 & 5 & 3 & 0 & 4 & 3 \\
5 & 2 & 3 & 1 & 4 & 0 & 2 \\
^*6 & 4 & 5 & 3 & 3 & 2 & 0 \\
\end{array}
$$

③ 바로 이전의 노드 행렬의 수정단계: 앞서 작성된 행렬 $D^{(6)}$와 $D^{(5)}$를 비교해 보면 동일함을 알 수 있다. 따라서 행렬 $P^{(6)}$ 역시 행렬 $P^{(5)}$와 동일한 것임을 식 〈7·6〉을 보면 알 수 있다.

$$
P^{(6)} = \begin{array}{c|cccccc}
 & 1 & 2 & 3 & 4 & 5 & 6^* \\
\hline
1 & - & 3 & 1 & 1 & 3 & 5 \\
2 & 3 & - & 2 & 3 & 3 & 5 \\
3 & 3 & 3 & - & 3 & 3 & 5 \\
4 & 4 & 3 & 4 & - & 4 & 4 \\
5 & 3 & 3 & 5 & 5 & - & 5 \\
^*6 & 3 & 3 & 5 & 6 & 6 & - \\
\end{array}
$$

④ 반복계산의 중지단계: $k = 6 = n$(노드의 수)이므로 반복계산과정을 중지한다. 그리고 6회차 반복계산단계의 행렬 $D^{(6)}$와 $P^{(6)}$의 첫 번째 행(行)을 바탕으로 하여 노드 1로부터 모든 다른 노드로 가는 최단통행경로 수형망(the shortest path tree)을 나타내면 다음과 같으며, (예제 7-2)의 Dijkstra 알고리즘의 적용결과와 동일한 결과임을 알 수 있다.

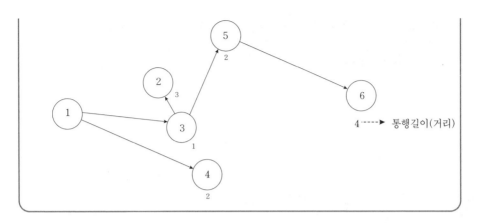

제 3 절   용량제약 통행배정기법

1. 용량제약 통행배정의 이론적 배경

가장 전통적인 통행배정기법인 전량 통행배정기법은 각 출발지와 목적지 사이의 모든 통행을 최단통행경로에 부하(load)시킴으로써 계산의 단순성에도 불구하고 링크의 용량제약(capacity restraint)을 고려하지 못하는 치명적인 약점을 가지고 있다. 전량 통행배정기법은 자유교통류 링크 통행시간만을 통행배정을 위한 자료로 사용함으로써 링크 용량을 초과하는 교통수요로 인해 교통혼잡이 발생하는 상황에서는 현실 설명력이 미약한 것으로 지적되어 왔다.

링크의 용량제약을 고려한 통행배정기법은 전통적인 전량 통행배정기법의 이러한 취약점을 극복하기 위해 개발되었다. 용량제약을 고려한 통행배정기법은 전량 통행배정기법과는 달리 링크 통행시간은 링크 통행량에 따라 변하는 함수관계를 갖는다는 가정을 기초로 한다.

〈그림 7-2〉는 전량 통행배정기법의 기본가정과 용량제약을 고려한 통행배정기법의 기본가정을 비교하고 있다. 〈그림 7-2〉에서 보는 바와 같이 용량제약 통행배정기법은 링크 통행량(link flow)에 따라 링크 통행시간(link travel time)이 변하는 것으로 가정하며, 따라서 통행자의 통행경로 선택도 링크의 교통혼잡 상태를 고려하여 이루어진다고 본다.

링크 통행량과 링크 통행시간의 관계는 〈그림 7-3〉에서 보는 바와 같은

<그림 7-2>　전량 통행배정기법과 용량제약 통행배정기법의 기본가정 비교

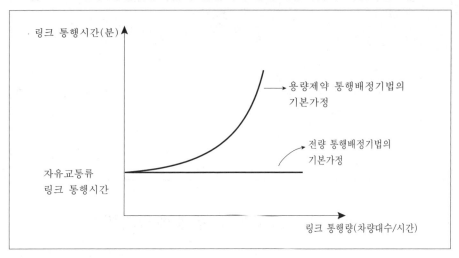

링크 통행시간 함수(link performance function)로 표현된다. 링크 통행량과 링크 통행시간의 관계를 나타내는 링크 통행시간 함수는 교통량-지체 함수(volume-delay function), 링크혼잡 함수(link congestion function), 링크서비스 함수(link service function)로 불리기도 한다.

　이제 링크의 용량(link capacity)이 결정되는 원리를 살펴보자. 〈그림 7-

<그림 7-3>　링크 통행시간 함수

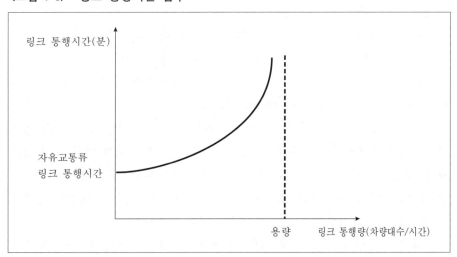

4>의 (a)는 속도와 통행량의 관계(speed-flow relationship)를 보여주는데, 통행량이 증가함에 따라 차량의 속도(km/시간)가 처음에는 조금씩 줄어들다가 나중에는 급격하게 줄어드는 것을 볼 수 있다. 특히 통행량이 링크의 용량에 접근할수록 통행속도의 감소율이 증가하는 것을 볼 수 있다. 그리고 링크의 용량(link capacity)에서 최대 통행량이 통행할 수 있으며, 링크의 용량을 초과할 경우 결국 적은 통행량과 낮은 속도를 초래하게 될 것임을 보여준다.

〈그림 7-4〉 속도 - 통행량 관계와 링크 통행시간 함수

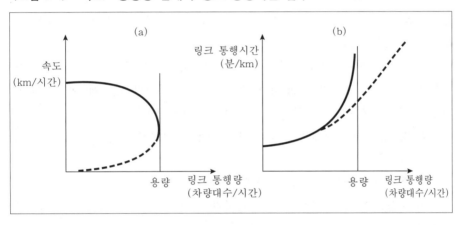

이러한 속도와 통행량의 관계를 통행배정단계에서 실무적으로 이용하기 위해 개발된 것이 〈그림 7-4〉의 (b)에서 보여주는 링크 통행시간 함수이다 (Ortúzar and Willumsen, 1994: 289). 따라서 링크 통행시간 함수에서 나타낸 용량은 주어진 링크에서 최대로 가능한 통행량(단위: 대/시간)을 나타낸다.

2. 용량제약 통행배정기법의 개요

용량제약 통행배정기법(capacity restrained trip assignment)은 링크 통행시간 함수(link performance function)로 표현되는 링크 통행량과 링크 통행시간의 관계를 이용하여 최단통행경로를 발견하고, 발견된 최단통행경로에 통행량을 배정하는 방법이다. 용량제약 통행배정기법이 앞서 살펴본 전량 통행배정기법과 다른 점은 전량 통행배정기법에서는 자유교통류 상태에서

발견된 최단통행경로에 출발지-목적지간 총통행량이 배정되는 반면, 용량제
약 통행배정기법에서는 링크 통행량의 변화에 따른 링크 통행시간의 변화가
고려되어 최단통행경로가 발견되고 이 최단통행경로에 통행량이 배정된다는
점이다. 즉 용량제약 통행배정기법에서는 통행배정시 개별 링크의 용량이 고
려된다.

용량제약 통행배정기법에서는 다음과 같은 4단계 과정을 거쳐 통행배정
이 이루어진다.

① 시작단계: 반복계산단계를 $n=0$으로 둔다. 그리고 자유교통류 통행시
간을 이용하여 최단통행경로를 발견하고, 전량 통행배정기법을 이용하여 통
행경로별 통행배정을 한다. 여기서 시작단계($n=0$)에서의 링크별 통행량
(x_a^0)이 발견된다.

② 링크 통행시간 계산단계: 반복계산단계를 $n=n+1$로 둔다. 그리고 전량
통행배정에 의한 링크별 통행량(x_a^{n-1})을 링크 통행시간 함수에 대입하여 링
크별 통행시간(t_a^n)을 계산한다. 즉 $t_a^n = t_a(x_a^{n-1})$을 구한다.

③ 통행경로별 통행배정단계: ②에서 계산된 링크별 통행시간(t_a^n)을 이용
하여 다시 최단통행경로를 발견하고, 전량 통행배정기법을 이용하여 통행경
로별 통행배정을 한다. 즉 x_a^n을 구한다.

④ 수렴여부 검사단계: 링크 통행시간 계산단계와 통행경로별 통행배정
단계의 과정을 거쳐 계산된 링크 통행량의 변화($x_a^n - x_a^{n-1}$)가 무시될 정도로
적을 때까지 ②와 ③의 과정을 반복한다. 만약 이렇게 계산된 링크 통행량의
변화($x_a^n - x_a^{n-1}$)가 미리 설정한 어떤 기준치(K)보다 적으면 반복계산을 중지
하고, 이 때의 값을 통행배정량으로 한다.

용량제약 통행배정기법에서 링크 통행량(x_a)을 계산하기 위한 반복과정
을 개념적으로 표현하면 〈그림 7-5〉와 같다. 그림에서 보는 바와 같이 용량
제약 통행배정기법은 전량 통행배정기법을 이용하여 링크 통행량(x_a)을 계
산하고, 계산된 링크 통행량(x_a)을 링크 통행시간 함수에 대입하여 링크 통
행시간(t_a)을 계산하는 과정을 반복계산의 중지를 위한 기준을 충족시킬 때
까지 반복한다.

용량제약 통행배정기법에서 가장 핵심적인 부분은 링크 통행량과 링크
통행시간의 관계를 나타내는 링크 통행시간 함수를 결정하는 것이다. 가장

<그림 7-5> **용량제약 통행배정기법의 반복계산과정**

┌─────→ 전량 통행배정기법 → 링크 통행량: x_a → 링크 통행시간: $t_a(x_a)$ ─┐

일반적으로 사용되는 링크 통행시간 함수는 미국 도로국(U. S. Bureau of Public Roads)이 제안한 것으로 다음과 같다.

$$t_a = t_f \left[1 + 0.15 \left(\frac{V}{C} \right)^4 \right] \qquad\qquad \langle 7 \cdot 7 \rangle$$

단, t_a = 링크 a의 통행시간
　　t_f = 링크 a의 자유교통류 통행시간
　　V = 링크 통행량
　　C = 링크 용량

예제 7-4　　<그림>에서 보는 바와 같이 한 쌍의 출발지와 목적지, 그리고 이들을 연결하는 두 개의 통행경로(paths)로 구성된 단순한 네트워크가 있다. 그리고 이들 통행경로는 각기 하나의 링크로 구성되어 있다. 이들 출발지와 목적지간의 차량통행량은 시간당 8,000대로 주어져 있고, 링크 통행시간 함수는 아래에 주어져 있다. 용량제약 통행배정기법을 사용하여 통행배정을 하시오. 단, 2회차 계산에서 반복계산을 중지하시오.

$$t_1 = 15 \left[1 + 0.15 \left(\frac{x_1}{1,000} \right)^4 \right]$$

$$t_2 = 20 \left[1 + 0.15 \left(\frac{x_2}{3,000} \right)^4 \right]$$

단, t_1 = 링크 1의 통행시간(단위: 분)
　　t_2 = 링크 2의 통행시간(단위: 분)
　　x_1 = 링크 1의 통행량(단위: 대)
　　x_2 = 링크 2의 통행량(단위: 대)

<그림>   네트워크

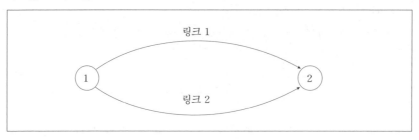

◆ 풀이 ◆   주어진 문제를 위한 용량제약 통행배정은 다음과 같은 과정을 거쳐 이루어진다.

<0회차 계산>

① 시작단계: 링크 1과 링크 2의 자유교통류 통행시간이 각기 15분과 20분이므로 최단통행경로는 링크 1이다. 따라서 링크 1에 모든 통행량(8,000대)을 배정하면 $x_1^0 = 8,000$, $x_2^0 = 0$이 된다.

<1회차 계산>

② 링크 통행시간 계산단계: 시작단계에서 배정된 링크별 통행량($x_1^0 = 8,000$, $x_2^0 = 0$)을 링크 통행시간 함수에 대입하여 1회차 반복계산단계의 링크별 통행시간을 계산하면 다음과 같다. 즉 $n=1$을 위한 $t_a^n = t_a(x_a^{n-1})$을 구하면 다음과 같다.

$$t_1^1 = 15\left[1 + 0.15\left(\frac{8,000}{1,000}\right)^4\right] = 9,231$$

$$t_2^1 = 20\left[1 + 0.15\left(\frac{0}{3,000}\right)^4\right] = 20$$

③ 통행경로별 통행배정단계: ②에서 계산된 링크별 통행시간을 이용하면 링크 2가 최단통행경로임을 알 수 있다. 따라서 링크 2에 모든 통행량(8,000대)을 배정하면 $x_1^1 = 0$, $x_2^1 = 8,000$이 된다.

<2회차 계산>

② 링크 통행시간 계산단계: 1회차 계산단계에서 배정된 링크별 통행

량($x_1^1=0$, $x_2^1=8,000$)을 링크 통행시간 함수에 대입하여 2회차 반복계산단계의 링크별 통행시간을 계산하면 다음과 같다. 즉 $n=2$를 위한 $t_a^n = t_a(x_a^{n-1})$을 구하면 다음과 같다.

$$t_1^2 = 15\left[1+0.15\left(\frac{0}{1,000}\right)^4\right] = 15$$

$$t_2^2 = 20\left[1+0.15\left(\frac{8,000}{3,000}\right)^4\right] = 171.7037$$

③ 통행경로별 통행배정단계: ②에서 계산된 링크별 통행시간을 이용하면 링크 1이 최단통행경로임을 알 수 있다. 따라서 링크 1에 모든 통행량(8,000대)을 배정하면 $x_1^2=8,000$, $x_2^2=0$이 된다.

3. 수정된 용량제약 통행배정기법

수정된 용량제약 통행배정기법(modified capacity restrained trip assignment)은 종종 반복적 통행배정기법(iterative trip assignment)으로 불리기도 하는데(Eash, Janson, and Boyce, 1979: 4), 이 방법은 앞서 살펴본 표준 용량제약 통행배정기법의 4단계 과정 중에서 두 번째 단계인 링크 통행시간 계산단계만이 다소 다르다.

앞서 살펴본 표준 용량제약 통행배정기법에서는 n회차 반복계산단계의 링크 통행시간(t_a^n)은 $(n-1)$회차 반복계산단계에서 계산된 링크 통행량(x_a^{n-1})을 링크 통행시간 함수에 대입하여 계산한다.

한편 수정된 용량제약 통행배정기법에서는 n회차 반복계산단계의 링크 통행시간(t_a^n)은 $(n-1)$회차 반복계산단계에서 발견된 링크 통행시간(t_a^{n-1})과 $(n-1)$회차 반복계산단계에서 전량 통행배정에 의해 배정된 링크 통행량(x_a^{n-1})을 n회차 반복계산단계에서 링크 통행시간 함수에 그대로 대입하여 계산한 링크 통행시간 $t_a^n(x_a^{n-1})$을 가중평균하여 계산된다. 따라서 수정된 용량제약 통행배정기법에서 n회차 반복계산단계의 링크 통행시간(t_a^n)은 다음과 같이 계산된다.

$$t_a^n = (1-\varPhi)t_a^{n-1} + \varPhi t_a^n(x_a^{n-1}) \qquad \langle 7\cdot 8\rangle$$

단, $t_a^n = n$회차 반복계산단계의 링크 a의 통행시간

$t_a^{n-1} = (n-1)$회차 반복계산단계의 링크 a의 통행시간

$t_a^n(x_a^{n-1}) = (n-1)$회차 반복계산단계에서 전량 통행배정에 의해 배정된 링크 통행량(x_a^{n-1})을 n회차 반복계산단계에서 링크 통행시간 함수에 대입하여 계산한 링크 통행시간

Φ＝가중치($0 \leq \Phi \leq 1$)

식 〈7·8〉은 앞서 살펴본 표준 용량제약 통행배정기법의 4단계 과정 중에서 두 번째 단계인 링크 통행시간 계산단계가 다음과 같이 두 가지 단계로 구분되어 표현될 수 있음을 의미한다(Ortúzar and Willumsen, 1994: 306).

② 링크 통행시간 계산단계:

(a) $(n-1)$회차 반복계산의 과정에서 전량 통행배정에 의해 배정된 링크 통행량(x_a^{n-1})을 링크 통행시간 함수에 대입하여 링크 통행시간 $t_a^n(x_a^{n-1})$을 계산한다.

(b) $(n-1)$회차 반복계산의 과정에서 발견된 링크 통행시간(t_a^{n-1})과 (a)에서 계산된 $t_a^n(x_a^{n-1})$을 가중평균하여 n회차 반복계산단계의 링크 통행시간(t_a^n)을 계산한다.

수정된 용량제약 통행배정기법은 링크 통행시간의 계산에 있어 반복계산단계별 가중평균의 개념이 적용되므로 반복계산단계에 따라 링크 통행시간이 앞서 살펴본 표준 용량제약 통행배정기법보다 상대적으로 완만하게 변한다고 볼 수 있다. 그럼에도 불구하고 통행배정의 방법은 여전히 전량 통행배정의 방식을 채택하고 있다.

──────────────────────────────

예제 7-5)　　(예제 7-4)에 주어진 문제를 수정된 용량제약 통행배정기법을 사용하여 풀어 보시오. 단, 가중치 Φ는 0.25로 주어져 있다고 한다.

◆ 풀이 ◆　　주어진 문제를 위한 수정된 용량제약 통행배정은 다음과 같은 과정을 거쳐 이루어진다.

〈0회차 계산〉

① 시작단계: 링크 1과 링크 2의 자유교통류 통행시간이 각기 15분과

20분이므로 최단통행경로는 링크 1이다. 따라서 링크 1에 모든 통행량 (8,000대)을 배정하면 $x_1^0 = 8,000$, $x_2^0 = 0$이 된다.

<1회차 계산>

② 링크 통행시간 계산단계:

(a) 시작단계에서 배정된 링크별 통행량($x_1^0 = 8,000$, $x_2^0 = 0$)을 링크 통행시간 함수에 대입하여 1회차 반복계산단계의 링크별 통행시간을 계산하면 다음과 같다. 즉 $n=1$을 위한 $t_a^n = t_a(x_a^{n-1})$을 구하면 다음과 같다.

$$t_1^1 = 15\left[1 + 0.15\left(\frac{8,000}{1,000}\right)^4\right] = 9,231$$

$$t_2^1 = 20\left[1 + 0.15\left(\frac{0}{3,000}\right)^4\right] = 20$$

(b) 시작단계에서의 링크 통행시간(t_a^0)과 (a)에서 계산된 $t_a^1(x_a^0)$을 가중 평균하여 1회차 반복계산단계의 링크 통행시간(t_a^1)을 계산하면 다음과 같다.

$$t_1^1 = 0.75(15) + 0.25(9,231) = 2,319$$

$$t_2^1 = 0.75(20) + 0.25(20) = 20$$

③ 통행경로별 통행배정단계: ②에서 계산된 링크별 통행시간을 이용 하면 링크 2가 최단통행경로임을 알 수 있다. 따라서 링크 2에 모든 통행량 (8,000대)을 배정하면 $x_1^1 = 0$, $x_2^1 = 8,000$이 된다.

<2회차 계산>

② 링크 통행시간 계산단계:

(a) 1회차 계산단계에서 배정된 링크별 통행량($x_1^1 = 0$, $x_2^2 = 8,000$)을 링 크 통행시간 함수에 대입하여 2회차 반복계산단계의 링크별 통행시간을 계 산하면 다음과 같다. 즉 $n=2$를 위한 $t_a^n = t_a(x_a^{n-1})$을 구하면 다음과 같다.

$$t_1^2 = 15\left[1 + 0.15\left(\frac{0}{1,000}\right)^4\right] = 15$$

$$t_2^2 = 20\left[1 + 0.15\left(\frac{8,000}{3,000}\right)^4\right] = 171.7037$$

(b) 1회차 계산단계에서의 링크 통행시간(t_a^1)과 (a)에서 계산된 $t_a^2(x_a^1)$을 가중평균하여 2회차 반복계산단계의 링크 통행시간(t_a^2)을 계산하면 다음과 같다.

$$t_1^2 = 0.75(2,319) + 0.25(15) = 1,743$$

$$t_2^2 = 0.75(20) + 0.25(171.7037) = 57.9259$$

③ 통행경로별 통행배정단계: ②에서 계산된 링크별 통행시간을 이용하면 링크 2가 최단통행경로임을 알 수 있다. 따라서 링크 2에 모든 통행량(8,000대)을 배정하면 $x_1^2 = 0$, $x_2^2 = 8,000$이 된다.

4. 용량제약 통행배정기법의 한계

수정된 용량제약 통행배정기법은 표준 용량제약 통행배정기법의 취약점을 다소 보완한 것으로 볼 수 있으나, 이들 두 방법은 기본적으로 대동소이(大同小異)한 것으로 볼 수 있으며 다음과 같은 근본적인 한계를 가진다.

첫째, 용량제약 통행배정기법은 통행배정에서 링크의 용량제약을 고려하는 시도에도 불구하고 통행배정의 방식은 여전히 전량 통행배정방식에 의존한다. 용량제약 통행배정기법은 링크 통행시간 함수의 활용을 통해 어떤 링크에 통행량이 과도하게 많이 부하될 경우 출발지-목적지간 최단통행경로의 변경 가능성을 함축하고 있긴 하지만, 전량 통행배정방식에 의존함으로써 불안정한 통행배정 해(unstable solutions of trip assignment)를 가져다 준다.

둘째, 용량제약 통행배정기법에서는 최적 통행배정의 해를 발견하는 반복계산과정이 자기발견적 방법(heuristic method)에 의존하고 있어 계산된 통행배정 결과에 대한 이론적 해석이 어렵다. 또한 반복계산의 중지를 위한 기준치를 충족시키지 못할 경우 끊임없는 반복계산(루프: loop)에 빠질 수 있는 가능성도 있다. 이러한 가능성은 용량제약 통행배정기법이 채택하고 있는 전량 통행배정방식의 문제점 때문에 주로 발생한다.

제4절 확률선택모형을 이용한 통행배정기법

1. 확률선택모형을 이용한 통행배정기법의 개요

통행배정을 위한 확률선택모형(probabilistic choice model)의 활용은 통행자의 통행경로 선택행태가 확률적인 측면을 내포하고 있다는 가정에 기초를 두고 있다. 앞서 살펴본 전량 통행배정기법과 용량제약 통행배정기법에서는 통행자의 통행경로 선택은 통행경로별 통행시간을 바탕으로 전부 혹은 전무(all-or-nothing)의 형태로 이루어진다고 본다. 그러나 현실적으로 통행자는 최단통행경로를 정확하게 판단하지 못하는 경우가 많고, 어느 정도 판단이 가능하더라도 통행자들의 특성에 따라 각기 다른 통행경로를 선택할 수 있다. 예컨대 통행경로 1은 통행경로 2보다 통행시간은 1~2분 정도 많이 소요되더라도 도로의 주행환경이나 주변경관이 좋을 수도 있다. 이러한 경우에 상당수의 통행자들이 통행경로 2 대신에 통행경로 1을 선택할 수도 있다.

Dial(1971)은 최단통행경로보다 통행시간이 많이 걸리는 통행경로에도 통행량이 배정될 것으로 보고, 통행자들이 최단통행경로가 아닌 통행경로를 이용할 확률을 최단통행경로와의 통행시간 차이를 이용해 찾아내는 확률적 다중경로 통행배정 알고리즘(probabilistic multipath trip assignment algorithm)을 개발하였다. 한편 1980년대 이후에는 로짓모형(logit model), 프로빗모형(probit model) 등의 확률선택모형이 교통수요분석에서 보편적으로 사용되면서 통행배정을 위해서도 많이 활용되고 있다.

확률선택모형이 활용되기 시작한 것은 전통적인 4단계 교통수요분석의 세 번째 단계인 교통수단 선택행태의 분석과 예측을 위해서였다(예: Warner, 1962; Lisco, 1967; Lave, 1969). 교통수단 선택행태의 분석을 위해서 확률선택모형이 이용될 경우 교통수단별 통행시간, 통행비용, 통행자들의 사회경제적 특성 등이 설명변수로 포함되는데, 통행자의 통행경로 선택행태의 분석과 확률계산을 위해 이용될 경우에는 다른 통행배정기법과 마찬가지로 통행경로별 통행시간이 주로 설명변수로 포함된다.

확률선택모형 가운데 계산의 편리성 때문에 가장 많이 이용되는 로짓모형을 통행자의 통행경로 선택확률의 계산을 위해 사용할 경우 어떤 통행자

n이 통행경로 k를 선택할 확률 $P_n(k)$은 다음과 같이 계산된다.

$$P_n(k) = Prob(U_{kn} \geq U_{rn}, \ \forall \ r \in C_n) = \frac{e^{V_{kn}}}{\sum_r e^{V_{rn}}}$$ 〈7·9〉

단, $P_n(k)$＝통행자 n이 통행경로 k를 선택할 확률

　　 U_{kn}＝통행자 n을 위한 통행경로 k의 총효용(total utility)

　　 V_{kn}＝통행자 n을 위한 통행경로 k의 결정적 효용(deterministic utility)

　　 C_n＝통행자 n이 선택할 수 있는 통행경로들의 집합(choice set)

식 〈7·9〉는 통행자 n이 통행경로 k를 선택할 확률은 통행자 n을 위한 통행경로 k의 총효용(total utility)이 다른 이떤 통행경로(r)들의 총효용보다도 크거나 같을 확률과 같음을 나타낸다. 식 〈7·9〉에서 V_{kn}은 함수의 형태로 표현이 가능한 통행경로의 결정적 효용(deterministic utility)을 나타내는데, 통행경로의 결정적 효용을 나타내는 설명변수로는 통행시간, 통행거리, 통행비용, 통행경로에 대한 사전지식, 신호등의 수, 통행자의 나이, 성별(sex) 등이 고려될 수 있다(Thomas, 1991: 43). 선택 가능한 이들 설명변수들 가운데 일반적으로 통행경로별 통행시간이 주로 설명변수로 사용된다. 이때 V_{kn}은 다음과 같은 함수형태로 표현이 가능하다.

$$V_{kn} = f(t_{kn}) = \alpha + \beta t_{kn}$$ 〈7·10〉

단, t_{kn}＝통행자 n에 의해 평가된 통행경로 k의 통행시간

　　 $\alpha, \ \beta$＝파라미터

식 〈7·10〉과 같은 통행경로의 결정적 효용함수에서 파라미터 α와 β는 통행자들에 대한 경험적 자료(empirical data)를 이용해 추정될 수 있다. 만약 파라미터 α와 β의 경험적 추정(empirical estimation)이 여러 가지 이유로 어려울 경우 통행경로 k의 통행시간(t_{kn}) 자체를 결정적 효용을 나타내는 지표(indicator)로 그대로 사용할 수 있다. 이 경우 식 〈7·9〉는 다음의 식 〈7·11〉과 같이 표현될 수 있다(Sheffi, 1985: 272).

$$P_n(k) = Prob(t_{kn} \leq t_{rn}, \ \forall \ r \in C_n) = \frac{e^{-t_{kn}}}{\sum_r e^{-t_{rn}}}$$ 〈7·11〉

식 〈 7 · 11 〉은 통행자 n이 통행경로 k를 선택할 확률은 통행자 n에 의해 평가된 통행경로 k의 통행시간이 다른 어떤 통행경로(r)들의 통행시간보다도 작거나 같을 확률과 같음을 나타낸다. 일반적으로 통행배정을 다루는 실무에서는 출발지와 목적지가 무수히 많고 이들을 연결하는 통행경로 또한 무수히 많아서 식 〈 7 · 11 〉과 같은 간편계산법이 많이 사용된다.

예제 7-6 〈그림〉에서 보는 바와 같이 존 A에서 출발하여 존 B로 가는 4개의 통행경로가 있다. 이들 통행경로 가운데 통행경로 1은 1시간, 통행경로 2는 1.5시간, 통행경로 3은 2시간, 통행경로 4는 3시간의 통행시간이 소요된다. 로짓모형을 이용하여 통행경로별 선택확률을 구하시오.

〈그림〉 네트워크

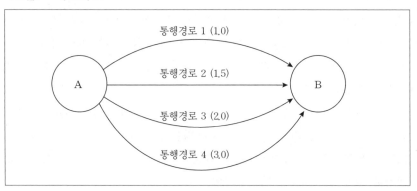

◆ 풀이 ◆ 문제에서 통행경로별 통행시간이 각기 1시간, 1.5시간, 2시간, 3시간으로 주어져 있다. 따라서 각 통행경로의 통행시간을 식 〈 7 · 11 〉에 대입하여 다음과 같이 통행경로별 선택확률을 구할 수 있다.

$$P_n(1) = \frac{e^{-1.0}}{e^{-1.0}+e^{-1.5}+e^{-2.0}+e^{-3.0}} = 0.47$$

$$P_n(2) = \frac{e^{-1.5}}{e^{-1.0}+e^{-1.5}+e^{-2.0}+e^{-3.0}} = 0.29$$

$$P_n(3) = \frac{e^{-2.0}}{e^{-1.0}+e^{-1.5}+e^{-2.0}+e^{-3.0}} = 0.17$$

$$P_n(4) = \frac{e^{-3.0}}{e^{-1.0}+e^{-1.5}+e^{-2.0}+e^{-3.0}} = 0.07$$

이상의 계산결과로부터 최단통행경로인 통행경로 1의 선택확률이 47% 이고, 통행경로의 통행시간이 길어질수록 통행자의 선택확률이 점차 줄어드는 것을 알 수 있다.

2. 확률선택모형을 이용한 통행배정기법의 한계

확률선택모형을 이용한 통행배정기법은 앞서 살펴본 전량 통행배정기법이나 용량제약 통행배정기법에 비해 통행자들의 통행경로 선택행태를 더욱 잘 반영하는 장점을 가진다. 전량 통행배정기법과 용량제약 통행배정기법은 최단통행경로에 모든 통행량을 배정함에 반해 확률선택모형을 이용한 통행배정기법은 최단통행경로에 모든 통행량을 배정하지 않는다. 확률선택모형을 이용한 통행배정기법이 갖는 이러한 통행배정의 원리는 통행자들의 통행경로 선택행태를 더욱 잘 설명하는 것으로 볼 수 있다. 그럼에도 불구하고 확률선택모형을 이용한 통행배정기법은 몇 가지 한계를 가지는데, 아래에서는 확률선택모형 가운데 가장 많이 이용되는 로짓모형을 중심으로 확률선택모형을 이용한 통행배정기법이 가지는 한계를 살펴보기로 한다(Sheffi, 1985: 294-297; Thomas, 1991: 48-52).

첫째, 통행경로 대안이 어떤 링크를 중복적으로 포함하고, 중복되는 링크가 전체 통행경로 중에서 차지하는 비중이 상당히 클 경우 로짓모형을 이용한 통행배정기법은 잘못된 통행배정을 초래할 가능성이 크다. 이러한 가능성은 〈그림 7-6〉의 (c)에서 보는 바와 같은 네트워크에서 주로 발생한다. 〈그림 7-6〉의 (a), (b), (c)에 나타낸 네트워크는 모두 한 쌍의 출발지와 목적지를 연결하는 3개의 통행경로를 가지고, 이들 각 통행경로의 통행시간은 모두 1시간이라고 한다. 그리고 아래쪽에 있는 두 개의 통행경로는 중복된 링크를 포함한다. 그런데 (a), (b)에 나타낸 네트워크의 경우 아래쪽에 있는 두 통행경로의 중복구간이 상대적으로 짧고, (c)에 나타낸 네트워크의 경우 아래쪽에 있는 두 통행경로의 중복구간이 길고 중복되는 링크가 전체 통행

경로 중에서 차지하는 비중이 상당히 크다. 따라서 〈그림 7-6〉의 (c)에 나타
낸 네트워크에서 아래쪽에 있는 두 통행경로는 사실상 큰 차이가 없는 통행
경로로 볼 수 있고, 이 경우에 통행자들은 이들 두 통행경로를 하나의 대안
(alternative)으로 인식할 가능성이 높다. 이러한 경우에 직관적인 판단에 의
하면 중복구간의 통행시간(ρ)의 크기에 따라 통행경로별 통행배정이 달라지
겠지만 가장 위쪽에 있는 통행경로는 총통행량의 $\frac{1}{2} \sim \frac{1}{3}$이 배정될 것으로
전망되고, 아래쪽에 있는 두 통행경로는 각각 총통행량의 $\frac{1}{3} \sim \frac{1}{4}$이 배정될
것으로 전망된다. 그러나 로짓모형은 이들 세 통행경로의 통행시간이 같으므
로 〈그림 7-6〉의 (a), (b), (c)에 있는 네트워크의 모양에 관계없이 각 통행
경로에 총통행량의 $\frac{1}{3}$을 배정함으로써 중복구간을 가지는 통행경로에 과도
한 통행배정을 할 가능성이 높다. 사실 이러한 문제는 로짓모형이 갖는 근본

〈그림 7-6〉 세 가지 네트워크의 예

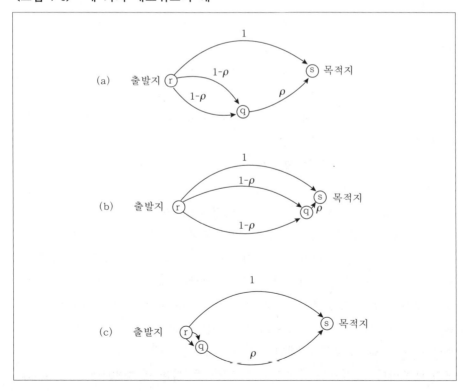

〈그림 7-7〉　통행경로 선택의 네스티드 로짓모형 구조

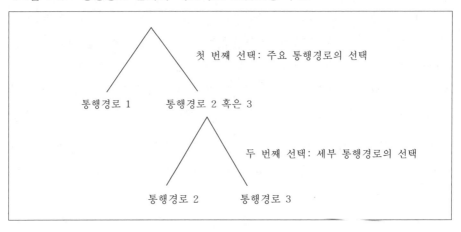

적인 문제점으로서 IIA(Independence from Irrelevant Alternatives: 비관련 대안으로부터의 독립성)로 불리는 로짓모형이 가지는 바람직스럽지 못한 성질 때문에 발생한다. 로짓모형이 갖는 IIA문제를 극복하기 위해서는 네스티드 로짓모형(nested logit model)의 활용이 가능한데, 주어진 통행경로 대안 2와 3이 중복구간을 많이 포함할 경우 〈그림 7-7〉에서 보는 바와 같은 네스티드 로짓모형 구조의 활용이 가능하다. 로짓모형의 IIA문제와 네스티드 로짓모형에 대해서는 이 책의 제 4 편에서 구체적으로 설명할 것이다.

　　둘째, 로짓모형을 통행배정에 활용할 경우 나타나는 또 다른 문제점은 로짓모형은 기본적으로 통행경로의 선택확률이 오직 통행시간의 차이에 의해 결정되는 것으로 가정하고 있다는 사실 때문에 나타난다. 〈그림 7-8〉의 (a)와 (b)에 나타낸 네트워크는 모두 한 쌍의 출발지와 목적지를 연결하는 2개의 통행경로를 가지고, 이들 각 통행경로의 통행시간 차이는 모두 5분으로 같은 값을 가진다. 그러나 직관적인 판단에 의하면 (a)에 나타낸 네트워크에서는 거의 모든 통행자가 통행시간이 5분 걸리는 통행경로를 이용할 것으로 예측되지만, (b)에 나타낸 네트워크에서는 상당수의 통행자가 통행시간이 오래 걸리는 통행경로(125분)를 이용할 것으로 예측된다. 왜냐하면 〈그림 7-8〉의 (b)에 나타낸 네트워크의 경우는 (a)에 나타낸 네트워크의 경우보다 통행자들이 통행경로 대안들의 통행시간을 잘못 인지할 가능성이 훨씬 크기 때문이다. 그럼에도 불구하고 로짓모형은 이들 두 통행경로의 통행시간

〈그림 7-8〉 두 가지 네트워크의 예

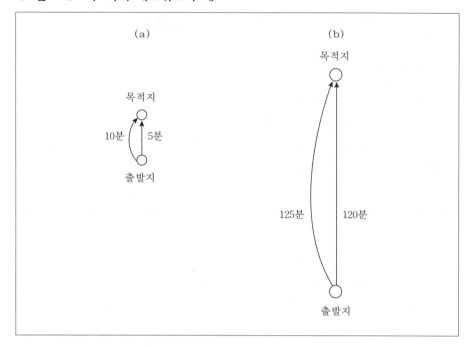

차이가 같으므로 〈그림 7-8〉의 (a)와 (b)에 있는 네트워크에 같은 비율의
통행량을 배정한다. 사실 이러한 문제는 확률적 효용(random utility)이 독립
적이고 동일하게 분포되어(independently and identically distributed: IID) 있
는 것으로 가정하는 로짓모형의 기본적인 성질 때문에 발생한다. 따라서 로
짓모형은 확률적 효용의 분포가 대안의 결정적 효용(deterministic utility)에
의존하는 경우에는 그 활용에 한계를 가진다. 로짓모형이 갖는 확률적 효용
의 분포에 대해서는 이 책의 제 4 편에서 다시 논의할 것이다.

　　셋째, 로짓모형을 비롯한 확률선택모형을 이용한 통행배정기법은 링크
의 용량제약을 명시적으로 고려하지 못하는 한계를 가진다. 통행배정을 위해
확률선택모형을 이용할 경우 앞서 살펴본 전량 통행배정기법이나 용량제약
통행배정기법보다는 최단통행경로에 통행량이 배정될 확률이 훨씬 줄어든
다. 그럼에도 불구하고 통행배정과정에서 링크 통행시간 함수를 명시적으로
고려하지 않는 문제점으로 말미암아 어떤 링크에는 용량을 초과하는 통행량
이 배정될 가능성이 충분히 있다.

제 5 절　사용자균형 통행배정기법

1. 사용자균형 통행배정기법의 개요

(1) Wardrop의 통행경로 선택원리

통행자의 통행경로 선택원리는 Wardrop(1952)에 의해 두 가지 가능성이 제시되었다. Wardrop이 제시한 첫 번째 통행경로 선택원리는 '통행자는 다른 통행자의 통행경로 선택과는 상관없이 자신의 통행시간을 최소화하는 통행경로를 선택한다' 는 것이다. Wardrop이 제시한 두 번째 통행경로 선택원리는 '통행자는 자신을 포함한 모든 통행자들의 총통행시간이 최소화되도록 통행경로를 선택한다' 는 것이다.

Wardrop이 제시한 첫 번째 통행경로 선택원리는 개별 통행자들의 이기적인(selfish) 통행경로 선택원리를 나타낸다. 이러한 원리는 통행자의 통행경로 선택행태에 관한 아주 제한적인 가정을 기초로 하는 것은 아니며, 통행자의 통행경로 선택행태를 적절히 반영하는 것으로 평가된다(Mannering and Kilareski, 1990: 228).

Wardrop이 제시한 두 번째 통행경로 선택원리는 모든 통행자들의 총통행시간 혹은 개별 통행자들의 평균통행시간이 최소화되도록 통행자들은 통행경로를 선택한다는 사실을 나타낸다. 이러한 원리는 모든 통행자들이 그들 자신이 선택할 수 있는 모든 통행경로 대안의 통행시간을 알 수 있는 상황에서 실현될 수 있다. 따라서 Wardrop의 두 번째 통행경로 선택원리는 효율적인 교통운영을 위한 정책적 개입이 가능할 경우에 실현이 가능하며, 정책적 개입이 없을 경우에는 Wardrop의 첫 번째 통행경로 선택원리에 의해 통행자들의 통행경로 선택이 나타날 가능성이 크다고 볼 수 있다.

(2) 사용자균형 통행배정기법의 기본원리

사용자균형(user equilibrium) 통행배정기법은 '통행자는 자신의 통행시간을 최소화하는 통행경로를 선택한다' 는 가정에서 출발한다. 따라서 사용자균형 통행배정기법은 Wardrop의 첫 번째 통행경로 선택원리에 기초를 두고 있다.

사용자균형 통행배정의 결과는 출발지와 목적지가 같을 경우 어떠한 통
행경로를 이용하더라도 같은 통행시간을 보장하도록 한다(윤대식, 윤성순,
1998: 543; Sheffi, 1985: 22). 왜냐하면 만약 한 쌍의 출발지와 목적지를 연
결하는 여러 개의 통행경로 가운데 통행시간이 짧게 걸리는 통행경로가 존
재할 경우 통행자는 언제든지 그들 자신의 통행경로를 바꿀 것으로 가정하
고 있기 때문이다.

따라서 사용자균형 통행패턴은 통행자가 그들의 통행경로를 바꿈으로써
더 이상 그들의 통행시간을 단축시킬 수 없는 상태로 볼 수 있다. 이러한 점
에서 사용자균형 통행배정기법은 통행자의 일반적인 통행경로 선택행태를
가장 잘 반영한다고 볼 수 있다. 사용자균형 통행배정기법의 원리에 대한 더
욱 상세한 설명은 제11장에서 다룰 것이다.

(3) 사용자균형 통행배정의 수리모형

사용자균형 통행배정기법의 기본원리를 충족시키도록 통행배정을 하기
위해서는 수리모형(mathematical model)을 이용하는 것이 편리하다. 특히 많
은 통행경로와 링크를 가진 교통 네트워크에서의 사용자균형 통행배정을 위
해서는 수리모형의 이용이 불가피하다. 사용자균형 통행배정은 '베크만의 변
환'(Beckmann's transformation)으로 알려진 다음과 같은 최적화모형의 해를
구함으로써 가능하다(Sheffi, 1985: 59-66).

극소화: $Z(X) = \sum_a \int_0^{x_a} t_a(\omega)d\omega$ 　　　　　$\langle 7 \cdot 12 \cdot 1 \rangle$

제약조건: $\sum_k f_k^{rs} = q_{rs} \quad \forall \ r, s$ 　　　　$\langle 7 \cdot 12 \cdot 2 \rangle$

$f_k^{rs} \geq 0 \quad \forall \ k, r, s$ 　　　　$\langle 7 \cdot 12 \cdot 3 \rangle$

여기서 $x_a = \sum_r \sum_s \sum_k f_k^{rs} \delta_{ak}^{rs} \ \forall \ a$ 　　$\langle 7 \cdot 12 \cdot 4 \rangle$

단, x_a=링크 a의 통행량
　　t_a=링크 a의 통행시간
　　f_k^{rs}=출발지 r와 목적지 s간의 통행경로 k의 통행량

q_{rs}＝출발지 r와 목적지 s간의 통행분포량

$\delta_{ak}^{rs} = \begin{cases} 1: \text{ 만약 링크 } a\text{가 출발지 } r\text{와 목적지 } s\text{간의 통행경로 } k\text{상에 있으면} \\ 0: \text{ 그렇지 않으면} \end{cases}$

식 〈 $7 \cdot 12 \cdot 1$ 〉의 목적함수는 링크 통행시간 함수(link performance funtion)의 적분 값을 모든 링크에 대해 합한 것이다.

식 〈 $7 \cdot 12 \cdot 2$ 〉의 제약조건은 출발지 r와 목적지 s간에 있는 모든 통행 경로의 통행량을 합한 것은 출발지 r와 목적지 s간의 총통행분포량과 같아야 한다는 사실을 나타낸다. 두 번째 제약조건인 식 〈 $7 \cdot 12 \cdot 3$ 〉은 출발지 r와 목적지 s간의 통행경로 k의 통행량은 항상 0보다 같거나 큰 값을 가진다는 비음(非陰)의 제약조건(non-negativity constraints)을 나타낸다. 식 〈 $7 \cdot 12 \cdot 4$ 〉는 어떤 링크 a의 통행량은 그 링크를 통과하는 모든 통행경로의 통행량 의 합과 같아야 한다는 사실을 나타내며, 이것은 오직 정의상의 제약조건 (definitional constraints)이다.

한편 식 〈 $7 \cdot 12 \cdot 2$ 〉의 제약조건은 통행경로의 통행량의 관점에서 표현 된 반면, 식 〈 $7 \cdot 12 \cdot 1$ 〉의 목적함수는 링크 통행량의 함수로 표현되어 있음 을 볼 수 있다. 따라서 식 〈 $7 \cdot 12 \cdot 4$ 〉의 제약조건이 필요하게 되는데, 이 제약조건은 통행경로 통행량을 이용하여 링크 통행량을 나타낸 것이다. 사용 자균형 통행배정의 수리모형에 대한 더욱 상세한 설명은 이 책의 제11장을 참조하기 바란다.

예제 7-7   다음의 〈그림〉에 주어진 네트워크는 두 개의 출발지-목적지 쌍(O-D pairs)과 5개의 링크를 가진다. 두 개의 출발지-목적지 쌍은 노드 1 에서 5로 가는 것과 노드 2에서 5로 가는 것이다. 또한 각 출발지-목적지 쌍은 각기 두 개의 통행경로를 가진다. 노드 1에서 5로 가는 통행량은 분당 2대이고, 노드 2에서 5로 가는 통행량은 분당 3대이다. 아울러 링크 통행시 간 함수(단위: 분)는 다음과 같다.

$t_1 = 1$

$t_2 = 2$

$t_3 = 2 + x_3$

$t_4 = 1 + 2x_4$

$t_5 = 1$

이 네트워크에서 통행경로별 사용자균형 통행량과 통행시간을 구하시오.

〈그림〉 네트워크

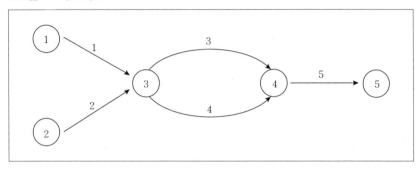

◆ **풀이** ◆   주어진 문제를 풀기 위한 최적화모형은 다음과 같이 표현된다.

극소화: $Z(X) = \displaystyle\int_0^{x_1} 1 d\omega + \int_0^{x_2} 2 d\omega + \int_0^{x_3} (2+\omega) d\omega$

$\qquad\qquad + \displaystyle\int_0^{x_4} (1+2\omega) d\omega + \int_0^{x_5} 1 d\omega \qquad\qquad \langle 1 \rangle$

제약조건: $x_1 = 2$ $\langle 2 \rangle$

$\qquad\qquad x_2 = 3$ $\langle 3 \rangle$

$\qquad\qquad x_5 = 5$ $\langle 4 \rangle$

$\qquad\qquad x_3 + x_4 = 5$ $\langle 5 \rangle$

$\qquad\qquad x_3, \ x_4 \geq 0$ $\langle 6 \rangle$

이 최적화모형의 해를 구하기 위해 목적함수식 〈*1*〉을 적분하여 표현하면 다음과 같다.

$$Z(X) = x_1 + 2x_2 + \left(2x_3 + \frac{x_3^2}{2}\right) + \left(x_4 + x_4^2\right) + x_5 \qquad\qquad \langle 7 \rangle$$

식 〈*7*〉로 표현된 목적함수식에다 식 〈*2*〉, 〈*3*〉, 〈*4*〉의 제약조건식의 값들을 대입하고, 아울러 식 〈5〉의 제약조건이 $x_3 = 5 - x_4$로 표현이 가능하므로 주어진 문제를 위한 최적화모형은 다음과 같이 표현된다.

$$
\begin{aligned}
\text{극소화}:\ Z(X) &= 2 + 2(3) + \left(2x_3 + \frac{x_3^2}{2}\right) + (x_4 + x_4^2) + 5 \\
&= 13 + \left(2x_3 + \frac{x_3^2}{2}\right) + (x_4 + x_4^2) \\
&= 13 + 2(5 - x_4) + \frac{1}{2}(5 - x_4)^2 + (x_4 + x_4^2) \\
&= \frac{3}{2}x_4^2 - 6x_4 + \frac{71}{2} \qquad\qquad\qquad \langle 8 \rangle
\end{aligned}
$$

제약조건 : $0 \leq x_4 \leq 5$ $\qquad\qquad\qquad\qquad\qquad\qquad\qquad$ 〈9〉

식 〈8〉의 목적함수의 최적해는 $Z(x_4)$를 x_4로 미분한 값을 0으로 놓으면 구해진다.

$$
\frac{dZ(x_4)}{dx_4} = 3x_4 - 6 = 0
$$

이 식을 풀면 $x_4 = 2$(즉 2대/분)를 얻고, 이 최적해는 식 〈9〉의 제약조건을 만족시키는 것을 알 수 있다. 아울러 계산된 x_4의 값을 식 〈5〉의 제약조건에 대입하면 다음을 얻는다.

$x_3 = 5 - 2 = 3$(즉 3대/분)

이제 최적해($x_1 = 2$, $x_2 = 3$, $x_3 = 3$. $x_4 = 2$, $x_5 = 5$)를 이용해 두 개의 출발지-목적지 쌍별, 그리고 두 개의 통행경로별 사용자균형 통행시간을 다음과 같이 구할 수 있다.

$$
\begin{aligned}
c_1^{15} &= t_1 + t_3 + t_5 = 1 + (2+3) + 1 = 7 \\
c_2^{15} &= t_1 + t_4 + t_5 = 1 + (1+4) + 1 = 7 \\
c_1^{25} &= t_2 + t_3 + t_5 = 2 + (2+3) + 1 = 8 \\
c_2^{25} &= t_2 + t_4 + t_5 = 2 + (1+4) + 1 = 8
\end{aligned}
$$

이 계산결과로부터 사용자균형 통행배정의 결과는 출발지와 목적지가 같을 경우 어떠한 통행경로를 이용하더라도 통행시간이 같게 걸린다는 사실을 알 수 있다.

2. 사용자균형 통행배정기법의 한계

사용자균형 통행배정기법은 통행자의 통행경로 선택행태를 적절히 반영하는 통행배정기법으로 평가받고 있다. 그럼에도 불구하고 사용자균형 통행배정기법은 다음과 같은 한계를 가진다.

첫째, 사용자균형 통행배정기법의 현실 적용을 위해서는 네트워크를 구성하는 모든 링크에 대해 링크 통행시간 함수(link performance function)가 주어져 있어야 하는데, 개별 링크별 링크 통행시간 함수의 추정에 많은 비용과 시간이 소비된다.

둘째, 사용자균형 통행배정기법을 적용할 경우 종종 새로운 링크의 추가적인 건설에도 불구하고 통행자의 통행경로별 통행시간과 총통행시간은 증가하는 역설적인 결과가 나타나기도 한다. 이러한 현상을 일컬어 'Braess의 역설'(Braess's paradox)이라 하는데, Braess의 역설에서 나타나는 새로운 링크의 건설로 인한 통행시간의 증가는 사용자균형 통행배정의 기본원리에서 비롯된다. 'Braess의 역설'과 관련된 사용자균형 통행배정기법의 한계에 대해서는 제12장에서 구체적으로 논의하기로 한다.

셋째, 사용자균형 통행배정기법의 현실 적용을 위해 사용되는 링크 통행시간 함수에 의하면 개별 링크의 통행시간은 그 링크에 있는 통행량의 함수로 표현되며, 다른 링크에 있는 통행량과는 무관하다. 그러나 분석대상지역이 실시간(real time) 교통혼잡을 고려하여 교통운영을 할 경우 개별 링크의 통행시간은 그 링크의 통행량뿐만 아니라 다른 링크의 통행량에 의해서도 영향을 받을 수 있다. 이러한 경우에 사용자균형 통행배정기법은 한계를 가지며, 이러한 한계를 극복하기 위한 다양한 시도가 계속되어 오고 있다.

연습문제 ───────────────────────

7-1. 링크와 통행경로의 차이점을 설명하시오.

7-2. 통행배정단계에서는 교통수단별로 적절한 재차율(차량당 승객수)을 적용하여 사람통행량을 차량통행량으로 환산하여야 한다. 그런데 승용차의 재차율은 통행목적별로 상당한 차이가 있는 것으로 알려져 있다. 가정기반 통근(home-based work: HBW) 통행과 가정기반 비통근(home-based other: HBO) 통행 가운데 어느 것이 재차율이 클 것으로 예측되는지 논의하시오.

7-3. 통행배정단계에서 시간대별 링크 통행량의 예측이 왜 중요한 의미를 갖는지 설명하시오.

7-4. (예제 7-1)에 주어진 문제에서 분석대상도시의 11개 유입지점별 오전 피크 시간대 유입차량통행량이 〈표〉와 같이 변화되었다고 한다. 전량 통행배정기법을 이용하여 통행배정을 하고, 개별 링크별 통행량을 계산하시오.

〈표〉 오전 피크 시간대 유입지점별 유입차량통행량

(단위: 대)

유입지점	유입차량통행량
A	370
B	300
C	250
D	160
E	500
F	590
G	600
H	800
I	790
J	500
K	300
합 계	5,160

7-5. 전량 통행배정기법이 갖는 한계를 논의하시오.

7-6. 〈그림〉에서 보는 바와 같은 교통 네트워크에서 노드 a로부터 모든 다른 노드로 가는 최단통행경로를 찾아내기 위하여 Dijkstra 알고리즘을 적용하시오.

〈그림〉 10개의 노드를 가진 교통 네트워크

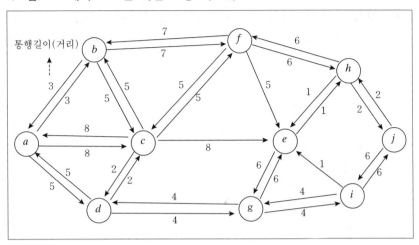

7-7. 〈그림〉에서 보는 바와 같이 5개의 노드를 가진 교통 네트워크에서 모든 노드들 사이의 최단통행경로를 찾아내기 위해 Floyd 알고리즘을 적용하시오.

〈그림〉 5개의 노드를 가진 교통 네트워크

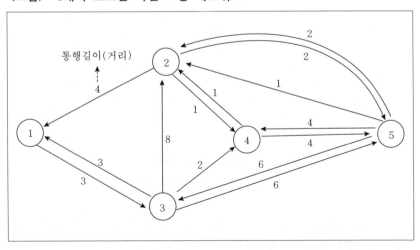

7-8. 〈그림〉에서 보는 바와 같이 한 쌍의 출발지와 목적지, 그리고 이들을 연결하는 세 개의 통행경로(paths)로 구성된 네트워크가 있다. 그리고

이들 통행경로는 각기 하나의 링크로 구성되어 있다. 이들 출발지와 목적지간의 차량통행량은 시간당 1,000대로 주어져 있고, 링크 통행시간 함수는 아래에 주어져 있다. 용량제약 통행배정기법을 사용하여 통행배정을 하시오. 단, 2회차 계산에서 반복계산을 중지하시오.

$$t_1 = 10\left[1 + 0.15\left(\frac{x_1}{200}\right)^4\right]$$

$$t_2 = 20\left[1 + 0.15\left(\frac{x_2}{400}\right)^4\right]$$

$$t_3 = 25\left[1 + 0.15\left(\frac{x_3}{300}\right)^4\right]$$

단, t_1 = 링크 1의 통행시간(단위: 분)
  t_2 = 링크 2의 통행시간(단위: 분)
  t_3 = 링크 3의 통행시간(단위: 분)
  x_1 = 링크 1의 통행량(단위: 대)
  x_2 = 링크 2의 통행량(단위: 대)
  x_3 = 링크 3의 통행량(단위: 대)

〈그림〉 네트워크

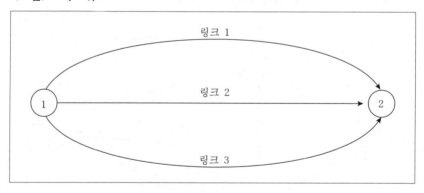

7-9. 수정된 용량제약 통행배정기법을 이용하여 **7-8** 문제의 해를 구하시오. 단, 가중치 **Φ**는 0.25로 주어져 있다고 한다.

7-10. 〈그림〉에서 보는 바와 같이 존 A에서 출발하여 존 B로 가는 3개의 통행경로가 있다. 이들 통행경로 가운데 통행경로 1은 15분, 통행경로

2는 13분, 통행경로 3은 12분의 통행시간이 소요된다. 로짓모형을 이용
하여 통행경로별 선택확률을 구하시오.

〈그림〉 네트워크

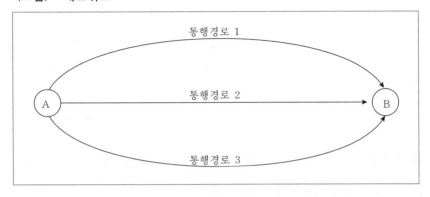

7-11. 확률선택모형을 이용한 통행배정기법의 한계를 논의하시오.

7-12. 〈그림〉에 주어진 네트워크는 하나의 출발지-목적지 쌍(O-D pairs)과
4개의 링크를 가진다. 그리고 이 출발지-목적지 쌍은 두 개의 통행경
로를 가진다. 이들 출발지와 목적지간의 차량통행량은 분당 6대이다.
아울러 링크 통행시간 함수(단위: 분)는 다음과 같다.

$$t_1 = 50 + x_1$$
$$t_2 = 50 + x_2$$
$$t_3 = 10x_3$$
$$t_4 = 10x_4$$

이 네트워크에서 통행경로별 사용자균형 통행량과 통행시간을 구하시오.

<그림>　네트워크

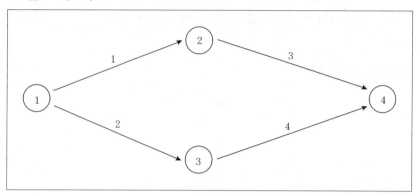

참고문헌

노정현(1999). 교통계획. 서울: 나남출판.

윤대식, 윤성순(1998). 도시모형론. 제2판. 서울: 홍문사.

Dial, R. B.(1971). "A Probabilistic Multipath Traffic Assignment Model Which Obviates Path Enumeration". *Transportation Research*, Vol. 5: 83-111.

Dijkstra, E. W.(1959). "A Note on Two Problems in Connection with Graphs". *Numerische Mathematik*, 1.

Eash, R. W., B. N. Janson, and D. E. Boyce(1979). "Equilibrium Trip Assignment: Advantages and Implications for Practice". *Transportation Research Record* 728: 1-8.

Floyd, R. W.(1962). "Algorithm 97-Shortest Path". *Communications of ACM*, 5.

Larson, R. C. and A. R. Odoni(1981). *Urban Operations Research*. Englewood Cliffs: Prentice-Hall, Inc.

Lave, C. A.(1969). "A Behavioral Approach to Modal Split Forecasting". *Transportation Research*, Vol. 3: 463-480.

Lisco, T. E.(1967). *The Value of Commuters' Travel Time: A Study in Urban Transportation*. Ph. D. Dissertation, Department of Economics, University of Chicago.

Mannering, F. L. and W. P. Kilareski(1990). *Principles of Highway Engineering and Traffic Analysis*. New York: John Wiley & Sons.

National Cooperative Highway Research Program(1998). *Travel Estimation*

Techniques for Urban Planning. Report 365, Washington, D. C.: Transportation Research Board, National Research Council.

Ortúzar, J. de D. and L. G. Willumsen(1994). *Modelling Transport.* Second Edition, Chichester: John Wiley & Sons.

Sheffi, Y.(1985). *Urban Transportation Networks: Equilibrium Analysis with Mathematical Programming Methods.* Englewood Cliffs: Prentice-Hall, Inc.

Thomas, R.(1991). *Traffic Assignment Techniques.* Aldershot: Avebury Technical.

Wardrop, J. G.(1952). "Some Theoretical Aspects of Road Traffic Research". *Proceedings, Institution of Civil Engineers* II(1): 325-378.

Warner, S. L.(1962). *Stochastic Choice of Mode in Urban Travel: A Study in Binary Choice.* Evanston: Northwestern University Press.

제 4 편
확률선택모형

제 8 장

확률선택모형의 의의와 이론적 구조

제 1 절 확률선택모형의 의의

1. 확률선택모형의 의의

우리는 일상생활에서 수많은 선택을 하면서 살아간다. 전체로서 나타나는 대부분의 현상들은 일견 집단적인 선택으로 인한 것으로 보일 수도 있지만, 사실은 개별 의사결정주체들의 개별적인 선택행위의 집계치(集計値)에 불과하다(윤대식, 윤성순, 1998: 295). 예를 들면 어떤 도시의 교통수단 분담률은 개별 통행자들의 교통수단 선택행위의 결과에 따른 것이다. 따라서 대부분의 교통현상들의 분석과 이해는 개별 통행자들의 선택행태(choice behavior)에 대한 과학적인 분석과 이해를 통해 가능하다.

확률선택모형(probabilistic choice model)은 전통적인 4단계 교통수요 분석기법과는 달리 존(zone) 단위의 집계자료(aggregate data)가 아닌 개인 혹은 가구 단위의 비집계자료(disaggregate data)를 이용하여 교통현상을 분석하고 미래의 교통수요를 예측한다. 이러한 이유로 말미암아 확률선택모형은 종종 '개별행태모형'(individual behavioral model) 혹은 '비집계모형'(disaggregate model)으로 불리기도 한다.

확률선택모형이 교통수요분석에서 활용되기 시작한 것은 전통적인 4단계 교통수요분석의 세 번째 단계인 교통수단 선택행태의 분석과 예측을 위해서였다(예: Warner, 1962; Lisco, 1967; Lave, 1969). 그러나 1980년대 이후 교통수요의 다양한 측면을 분석하기 위해 확률선택모형은 다각도로 활용

되고 있다. 〈표 8-1〉에서 보는 바와 같이 확률선택모형은 전통적인 4단계 교
통수요 분석기법(집계모형; aggregate model)이 분석대상으로 하는 4가지 교
통수요의 요소를 개별 통행자의 통행빈도, 목적지, 교통수단, 통행경로의 선
택행태분석을 통해 분석할 수 있을 뿐만 아니라, 교통수요에 영향을 미치는
다양한 정책변수들의 영향을 예측하기 위해 활용될 수 있다.

　　확률선택모형이 갖는 장점에 대해서는 이 책의 제 3 장 제 2 절에서 상세
하게 살펴본 바 있으므로 관심이 있는 독자는 다시 살펴보기 바란다.

〈표 8-1〉 확률선택모형과 집계모형의 비교

	집계모형	확률선택모형
자료의 형태	존별 통행실태 자료	개인별 통행행태 자료
종속변수	존별 집계치(연속변수)	개인별 선택(이산변수)
설명변수	대안별 평균 서비스수준 및 존별 사회경제적 지표	대안별 서비스특성 및 개인별 사회경제적 특성
교통수요의 분석과정	통행발생 ↓ 통행분포 ↓ 교통수단 분담 ↓ 통행배정	통행빈도 ↓ 목적지 선택 ↓ 교통수단 선택 ↓ 통행경로 선택

2. 확률선택모형의 활용이 가능한 상황

　　확률선택모형은 개별 의사결정주체들의 선택행위이론에 근거를 두고
McFadden(1981)에 의해 이론적으로 개발되고 체계화되었다. 확률선택모형
은 '모든 의사결정주체는 선택 가능한 모든 대안들 중에서 가장 바람직하고
매력적인 대안을 선택한다'는 사실에 기초를 두고 개발되었다. 각 대안의 바
람직함이나 매력의 정도는 대안의 특성(attributes)의 함수로 표현되는데, 이
것이 바로 경제학적 용어로 효용함수(utility function)이다. 따라서 확률선택
모형의 기본원리는 개별 의사결정주체는 선택 가능한 많은 대안들 중에서
효용을 극대화시키는 대안을 선택한다는 것이다.

이러한 확률선택모형의 기본원리는 미시경제학의 소비자이론(micro-economic consumer theory)에 논리적 근거를 두고 있다. 소비자이론에 의하면 소비자는 그의 예산(budget) 제약을 고려하면서 효용을 극대화시키는 상품과 서비스의 소비량을 결정한다. 그런데 소비자이론에서는 소비자가 소비하는 상품과 서비스의 양(quantities)은 일반적으로 비음(非陰)의 연속변수(non-negative continuous variables)인 것으로 간주된다.

그러나 교통시장(transportation market)에서 이루어지는 통행자들의 선택은 대부분 이산선택(discrete choice)의 문제로 표현된다. 이러한 이유로 말미암아 확률선택모형은 종종 '이산선택모형'(discrete choice model)이라 불리기도 한다. 그리고 이러한 이산선택은 상품과 서비스의 소비량을 결정하는 것이 아니라 여러 가지 선택대안들 가운데 하나의 대안의 질적 선택(qualitative choice) 문제를 취급한다는 점을 고려하여 '확률선택모형'은 또한 종종 '질적 선택모형'(qualitative choice model)이라 불리기도 한다.

확률선택모형의 활용이 가능한 상황은 다음의 세 가지 조건을 동시에 만족시키는 대안들의 집합(a set of alternatives)으로부터 하나의 대안을 선택하는 경우에 한정된다(Train, 1986: 4).

첫째, 대안들의 집합에 포함된 대안들의 수가 한정적(finite)이어야 한다.

둘째, 의사결정주체가 선택할 수 있는 대안들은 상호 배타적(mutually exclusive)이어야 한다. 즉 의사결정주체가 대안들의 집합으로부터 하나의 대안을 선택하면 나머지 다른 대안들은 선택될 수 없다는 것이다.

셋째, 모든 가능한 대안들이 대안들의 집합에 포함되어야 하고, 의사결정주체는 선택 가능한 대안들의 집합으로부터 꼭 하나의 대안을 선택하여야 한다.

제 2 절 확률효용이론

확률선택모형은 확률효용이론(random utility theory)에 기초를 두고 개발되었다. 확률효용이론에서 효용은 확률함수(random function)임을 가정하며, 의사결정주체는 가장 높은 효용을 가진 대안을 선택한다고 가정한다. 확률효용이론에 의하면 일반적으로 선택대안들의 실제적인 총효용은 분석자에게 확실하게 알려지지 않는다. 이러한 관점에서 어떤 대안의 총효용(total utility)은 결정적 효용(deterministic utility or systematic utility)과 확률적 효용(random utility or stochastic utility)의 두 가지 요소로 구분된다. 여기서 결정적 효용은 관측 가능한 효용의 요소를 말하며, 확률적 효용은 관측할 수 없는 효용의 요소를 말한다.

$$U_{in} = V_{in} + \varepsilon_{in} \qquad\qquad \langle 8 \cdot 1 \rangle$$

단, U_{in} = 개인 n을 위한 대안 i의 총효용

　　V_{in} = 개인 n을 위한 대안 i의 결정적 효용요소

　　ε_{in} = 개인 n을 위한 대안 i의 확률적 효용요소

Manski(1973)는 확률적 효용이 존재하는 원인을 ① 대안의 관측되지 않는 특성(unobserved attributes), ② 의사결정주체의 관측되지 않는 사회경제적 특성(unobserved taste variations), ③ 측정의 오차와 불완전한 정보(measurement errors and imperfect information), ④ 대리변수(instrumental or proxy variables) 사용의 네 가지라는 사실을 밝혀냈다. 이들 네 가지 확률적 효용의 근원을 구체적으로 살펴보면 다음과 같다(윤대식, 윤성순, 1998: 297-299).

1. 대안의 관측되지 않는 특성

각 의사결정주체들의 의사결정, 즉 선택행위에 영향을 주는 대안들의 특성들이 결정적 효용함수(deterministic utility function)의 설명변수로서 모두 모형에 포함되지는 않는다. 즉 의사결정주체들의 선택행위에 영향을 미치는 대안들의 특성들이 모형에 충분히 포함되지 않는다.

$$U_{in} = U(Z_{in}, S_n, Z_{in}^{u}) \qquad\qquad \langle 8 \cdot 2 \rangle$$

단, U_{in} = 개인 n을 위한 대안 i의 총효용

　　Z_{in} = 개인 n에 의해 평가된 대안 i의 특성벡터

　　S_n = 개인 n의 사회경제적 특성벡터

　　Z_{in}^{u} = 결정적 효용에 포함되지 않는 개인 n을 위한 대안 i의 특성벡터

　　여기서 $Z_{in}{}^u$의 존재가 바로 확률적 효용의 논리적 근거를 제공한다. 이를 교통수단 선택의 경우를 예로 들어 살펴보면 다음과 같다.

　　실제: $U_{in}=U$(통행시간, 비용, 안전성, 안락감, 의사결정주체의 사회경제적 특성)
　　모형: $V_{in}=V$(통행시간, 비용, 의사결정주체의 사회경제적 특성)

　　단, U_{in}＝개인 n을 위한 교통수단 i의 총효용
　　　　V_{in}＝개인 n을 위한 교통수단 i의 결정적 효용

2. 의사결정주체의 관측되지 않는 사회경제적 특성

　　효용함수는 의사결정주체마다 제각기 다른 사회경제적 특성들을 결정적 효용함수의 변수로서 모두 포함할 수는 없다.

$$U_{in}=U(Z_{in},\ S_n,\ S_n{}^u)\qquad\qquad\qquad\langle 8\cdot 3\rangle$$

　　단, $S_n{}^u$＝결정적 효용에 포함되지 않는 개인 n의 사회경제적 특성벡터

　　여기서도 역시 $S_n{}^u$의 존재가 바로 확률적 효용의 논리적 근거를 제공한다. 이를 교통수단 선택의 경우를 예로 들어 살펴보면 다음과 같다.

　　실제: $U_{in}=U$(대안의 특성, 의사결정주체의 나이, 소득, 성별, 결혼 여부)
　　모형: $V_{in}=V$(대안의 특성, 의사결정주체의 나이, 소득)

3. 측정의 오차와 불완전한 정보

　　비록 어떤 변수를 효용함수의 설명변수로서 모형에 포함시킨다 하더라도 불완전한 정보로 인해 각 변수의 값이 정확하게 측정되지 않을 가능성도 존재한다. 예를 들어 승용차의 운영비용(operating cost)을 효용함수의 독립변수로서 사용할 경우, 모형에서는 운영비용을 유류비, 유지보수비용(maintenance cost), 보험료의 합계치로 파악했으나 실제로는 주차비용이나 고속도로 통행료까지도 고려해야 할 경우가 여기에 해당하며, 이에 따른 정확한 통계치를 개인별로 구하는 것이 쉽지 않다. 따라서 개인 n을 위한 대안

i의 총효용은 다음과 같다.

$$U_{in} = U(\widetilde{Z}_{in},\ S_n) \qquad\qquad\qquad \langle 8 \cdot 4 \rangle$$

그러나 우리는 $\widetilde{Z}_{in}$에 대한 불완전한 정보로 말미암아 보통 $\widetilde{Z}_{in}$의 불완전한 측정치(imperfect measurement)인 Z_{in}을 결정적 효용함수의 추정을 위해 사용한다. 즉 Z_{in}은 원래의 대안의 특성을 정확히 표현하지 못하게 되며, 여기서 확률적 효용의 존재 의의를 찾을 수 있다. 따라서 우리는 다음의 사실을 알 수 있다.

$$\widetilde{Z}_{in} = Z_{in} + \tilde{\varepsilon}_{in} \qquad\qquad\qquad \langle 8 \cdot 5 \rangle$$

단, $\tilde{\varepsilon}_{in}$ = 알려지지 않은 측정오차

따라서 우리는 개인 n을 위한 대안 i의 총효용을 다음과 같이 표현할 수 있다.

$$U_{in} = U(Z_{in} + \tilde{\varepsilon}_{in},\ S_n) \qquad\qquad\qquad \langle 8 \cdot 6 \rangle$$

4. 대리변수

효용함수의 추정을 위해서 종종 대리변수를 사용하는 경우가 많이 있다. 계량화가 쉽지 않은 질적(質的) 변수의 경우 주로 대리변수를 사용하는데, 이것이 확률적 효용의 존재에 대한 또 하나의 논리적 근거를 제공한다.

$$U_{in} = U(\widetilde{\widetilde{Z}}_{in},\ S_n) \qquad\qquad\qquad \langle 8 \cdot 7 \rangle$$

여기서 $\widetilde{\widetilde{Z}}_{in}$의 몇몇 요소들은 직접 관측될 수 없는 경우가 있으며, 이를 위해 종종 대리변수가 사용된다. 따라서 대리변수 Z_{in}은 다음의 성질을 가진다.

$$\widetilde{\widetilde{Z}}_{in} = g(Z_{in}) + \tilde{\tilde{\varepsilon}}_{in} \qquad\qquad\qquad \langle 8 \cdot 8 \rangle$$

단, $\tilde{\tilde{\varepsilon}}_{in}$ = 확률오차

결국 우리는 개인 n을 위한 대안 i의 총효용을 다음과 같이 표현할 수 있다.

$$U_{in} = U[g(Z_{in}) + \tilde{\tilde{\varepsilon}}_{in}, \ S_n] \hspace{3cm} \langle 8 \cdot 9 \rangle$$

이를 교통수단 선택의 경우를 예로 들어 살펴보자. 만약 분석자가 각기 다른 교통수단의 효용함수를 추정하기 위해 각 교통수단의 안전성을 변수로서 사용하기를 원한다고 하자. 여기서 각 교통수단의 안전성을 표현하기 위해 교통사고 사망자수를 사용하면 교통사고 부상자수에 관한 통계치를 고려하지 못함으로써 교통수단의 안전성의 표현에 확률오차를 가진다고 볼 수 있다. 이것이 바로 대리변수의 사용으로 인한 확률오차이다.

실제: $U_{in} = U$(통행시간, 비용, 안전성, 의사결정주체의 사회경제적 특성)

모형: $V_{in} = V$(통행시간, 비용, 교통사고 사망자수, 의사결정주체의 사회경제적 특성)

제 3 절 확률선택모형의 이론적 구조

1. 확률선택모형과 효용함수

개인 n이 대안 i를 선택할 확률은 개인 n을 위한 대안 i의 효용이 다른 모든 대안들의 효용을 초과할 확률과 같으며, 개인 n이 대안 i를 선택할 확률 $P_n(i)$는 다음과 같이 나타낼 수 있다.

$$
\begin{aligned}
P_n(i) &= Prob(U_{in} \geq U_{jn}, \ \forall j \in C_n) \\
&= Prob(V_{in} + \varepsilon_{in} \geq V_{jn} + \varepsilon_{jn}, \ \forall j \in C_n) \\
&= Prob(V_{in} - V_{jn} \geq \varepsilon_{jn} - \varepsilon_{in}, \ \forall j \in C_n) \hspace{1cm} \langle 8 \cdot 10 \rangle
\end{aligned}
$$

단, $P_n(i)$ = 개인 n이 대안 i를 선택할 확률

C_n = 개인 n이 선택할 수 있는 대안들의 집합(choice set)

효용극대화에 근거한 개별 의사결정주체, 즉 개인의 선택행태를 확률선택모형으로 정립하고 설명하기 위해서는 결정적 효용함수 V_{in}과 V_{jn}의 모형정립이 이루어져야 하고, 아울러 개인 n을 위한 대안의 확률적 효용 ε_{in}과

ε_{jn}에 대한 확률분포를 가정해야 한다.

2. 결정적 효용함수의 모형정립

결정적 효용함수 V_{in}과 V_{jn}의 모형정립을 위한 첫 번째 과제는 어떤 종류의 변수들이 모형에 포함되어야 하는가를 결정하는 것이다. 어떤 개인 n을 위한 대안 i는 개인 n에 의해 평가된 대안 i의 특성벡터인 Z_{in}에 의해 묘사되고 설명된다. 즉 Z_{in}은 대안 i의 서비스수준(level-of-service)을 나타내는 변수이며, 이들 변수들이 모형에 포함되어야 한다. 교통수단 선택모형의 경우를 예로 들어 보면 Z_{in}에는 통행시간·비용·안락감(comfort)·편리성·안전성 등이 포함된다.

한편 성공적인 예측모형이 되기 위해서는 대안들의 서비스수준의 변화가 대안들의 수요에 미칠 영향을 정확하게 평가할 수 있어야 하는데, 이를 위해 대안들의 서비스수준의 변화가 대안들의 수요에 미칠 영향이 의사결정 주체인 어떤 개인 n의 사회경제적 특성들의 영향으로부터 분리되어야 할 필요가 있다. 따라서 결정적 효용함수의 모형정립을 위해서 개인 n의 사회경제적 특성벡터 S_n이 포함되어야 한다. 예를 들어 소득·나이·성별·직업·교육수준 등이 여기에 해당한다. 따라서 결정적 효용함수 V_{in}은 다음과 같이 두 가지 변수들의 벡터로 구성된다.

$$V_{in}=V(Z_{in},\ S_n) \tag{8·11}$$

단, V_{in}=개인 n을 위한 대안 i의 결정적 효용
Z_{in}=개인 n에 의해 평가된 대안 i의 특성벡터
S_n=개인 n의 사회경제적 특성벡터

결정적 효용함수 V_{in}과 V_{jn}의 모형정립을 위한 두 번째 과제는 이들 효용함수의 함수형태(functional form)를 결정하는 것이다. Ben-Akiva and Lerman(1985)에 의하면 함수형태의 선택은 다음과 같이 양립하기 어려운 두 가지 기준을 동시에 충족시켜야 한다. 첫째는 다양한 설명변수들이 효용에 어떻게 영향을 미치는가를 보여주는 이론적 기준을 충족시켜야 하며, 둘째는 미지의 파라미터(unknown parameters)를 추정하는 데 있어서의 계산

적 효율성의 기준을 충족시켜야 한다.

　　이처럼 양립하기 어려운 두 가지 기준을 동시에 충족시키는 것은 쉬운 일이 아니다. 그러나 일반적으로 '파라미터와 선형'(linear in the para-meters)의 관계에 있음이 주로 가정되는데, 이러한 가정은 이들 두 가지 기준을 타협적으로 만족시켜 주는 것으로 평가된다. 따라서 결정적 효용함수 V_{in}은 식 〈8·12〉에서 보는 바와 같이 K개의 미지의 파라미터 벡터를 포함하는 함수식으로 표현된다.

$$V_{in} = \beta_1 x_{in1} + \beta_2 x_{in2} + \beta_3 x_{in3} + \cdots + \beta_K x_{inK} \qquad \langle 8 \cdot 12 \rangle$$

　　단, β_k = 파라미터

3. 확률적 효용의 분포 가정

　　확률선택모형의 구체적인 형태는 확률적 효용 ε_{in}과 ε_{jn}에 대한 확률분포의 구체적인 가정에 의해 결정된다. 즉 결정적 효용함수와 선택확률의 관계는 확률적 효용요소의 분포에 의해 결정된다. 그러나 확률적 효용에 관한 확률분포의 형태를 규범적으로 제시할 만한 이론이나 기준은 없으며, 다만 세 가지 가정이 일반적으로 사용된다. 이들 세 가지 가정은 각각 선형확률모형 (linear probability model), 프로빗모형(probit model), 로짓모형(logit model)의 세 가지 구체화된 확률선택모형을 낳는다.

(1) 선형확률모형

　　가장 단순한 형태의 확률선택모형은 선형확률모형(linear probability model)으로서 확률적 효용 ε_{in}과 ε_{jn}에 대한 확률분포가 균일분포(uniform distribution)를 따른다는 가정을 기초로 한다. 균일분포의 확률밀도함수 (probability density function)는 〈그림 8-1〉에서 보는 바와 같이 나타낼 수 있다.

　　균일분포는 〈그림 8-1〉에서 보는 바와 같이 확률적 효용($\varepsilon_n = \varepsilon_{jn} - \varepsilon_{in}$)의 확률분포가 L과 H 사이의 구간에서 $\dfrac{1}{H-L}$로 균일함을 보여준다. 〈그림 8-1〉에 나타낸 균일분포의 확률밀도함수를 이용하여 ε_n의 누적분포함수

<그림 8-1> 균일분포의 확률밀도함수

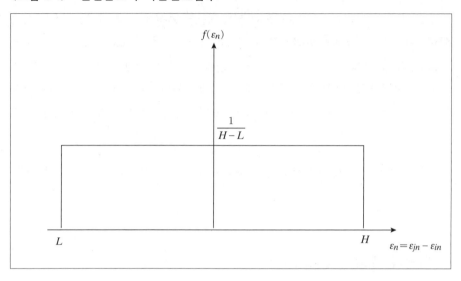

(cumulative distribution function)를 고려하면 개인 n이 대안 i를 선택할 확률 $P_n(i)$는 다음과 같이 표현된다.

$$
\begin{aligned}
P_n(i) &= Prob(U_{in} \geq U_{jn}) \\
&= Prob(V_{in} + \varepsilon_{in} \geq V_{jn} + \varepsilon_{jn}) \\
&= Prob(V_{in} - V_{jn} \geq \varepsilon_{jn} - \varepsilon_{in}) \\
&= Prob(V_{in} - V_{jn} \geq \varepsilon_n) \\
&= \begin{cases} 0: \text{만약 } V_{in} - V_{jn} < L \text{이면} \\ \dfrac{(V_{in} - V_{jn}) - L}{H - L}: \text{만약 } L \leq V_{in} - V_{jn} \leq H \text{이면} \\ 1: \text{만약 } V_{in} - V_{jn} > H \text{이면} \end{cases}
\end{aligned}
\qquad \langle 8 \cdot 13 \rangle
$$

식 〈8·13〉에 표현된 $P_n(i)$가 선형확률모형의 선택확률이 되며, 이를 그림으로 나타내면 〈그림 8-2〉와 같다.

〈그림 8-2〉에서 보는 바와 같이 선형확률모형은 L과 H 사이의 구간에서 선형의 함수형태를 가지며, 아울러 L과 H의 두 지점에서 선택확률이 각각 0과 1이 된다. 선형확률모형은 계산의 편리성에도 불구하고 확률분포의 모양이 확률효용이론(random utility theory)의 원리에 기본적으로 어긋난다는 이론적 약점을 가지고 있어 널리 활용되지는 않는다.

<그림 8-2> 선형확률모형

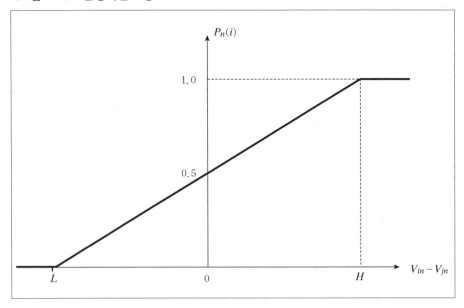

(2) 프로빗모형

확률분포 가운데 경험적으로 보아 가장 설득력이 있는 확률분포는 정규분포(normal distribution)이다. 특히 표본의 수가 많아질수록 중심극한정리(central limit theorem)에 의해 오차항의 분포는 정규분포에 근접한다는 사실이 일반적으로 알려져 있다.

프로빗모형(probit model)은 바로 확률적 효용이 정규분포임을 가정하는 확률선택모형이다. 선택 가능한 대안의 수가 오직 두 개인 이항프로빗모형(binary probit model)에서 어떤 개인 n이 대안 i를 선택할 확률 $P_n(i)$는 다음과 같이 계산된다.

$$
\begin{aligned}
P_n(i) &= Prob(U_{in} \geq U_{jn}) \\
&= Prob(V_{in} + \varepsilon_{in} \geq V_{jn} + \varepsilon_{jn}) \\
&= Prob(V_{in} - V_{jn} \geq \varepsilon_{jn} - \varepsilon_{in}) \\
&= \int_{\varepsilon=-\infty}^{V_{in}-V_{jn}} \frac{1}{\sqrt{2\pi}\,\sigma}\, \exp\left[\frac{-1}{2}\left(\frac{\varepsilon}{\sigma}\right)^2\right] d\varepsilon, \ \sigma > 0, \\
&= \frac{1}{\sqrt{2\pi}} \int_{-\infty}^{\frac{V_{in}-V_{jn}}{\sigma}} \exp\left[-\frac{1}{2}u^2\right] du
\end{aligned}
$$

$$= \Phi\left(\frac{V_{in} - V_{jn}}{\sigma}\right) \qquad \langle 8 \cdot 14 \rangle$$

여기서 $\Phi\left(\dfrac{V_{in} - V_{jn}}{\sigma}\right)$ 는 표준누적정규분포(standardized cumulative normal distribution)를 나타낸다. 위의 식에서 $\sigma=1$인 경우 이항프로빗모형은 〈그림 8-3〉과 같이 나타낼 수 있다.

프로빗모형에서는 확률적 효용이 정규분포임을 가정함으로써 모형의 이론적 설득력은 있으나, 계산의 어려움을 가지는 것으로 평가된다. 특히 세가지 이상의 선택대안이 고려되는 다항선택(multinomial choice)의 경우에 그렇다. 이러한 계산의 어려움은 여러 번에 걸친 정규밀도함수(normal density function)의 적분계산에 기인한다. 이러한 문제점 때문에 프로빗모형은 주로 이항선택의 상황에서 제한적으로 이용되는 것이 현실이다.

〈그림 8-3〉   이항프로빗모형

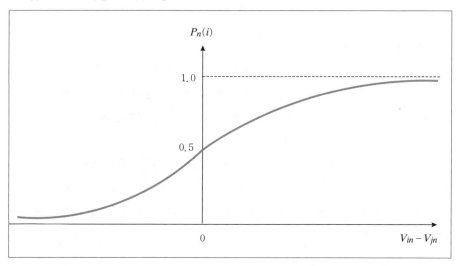

<예제 8-1〉   D시의 시민들에 대한 설문조사자료를 바탕으로 다음과 같이 통근시 교통수단 선택을 위한 프로빗모형이 추정되었다.

$$V_A = -4.76 - 0.147WT - 0.0411IVTT - 2.24C + 3.78AW$$
$$V_B = -0.147WT - 0.0411IVTT - 0.0411WTT - 2.24C$$

단, V_A=승용차의 효용

V_B=버스의 효용

WT=걷는 시간(단위: 분)

$IVTT$=차내통행시간(단위: 분)

C=교통비(단위: 천원)

AW=가구내 자동차의 수/가구내 직장인의 수

WTT=기다리는 시간(단위: 분)

만약 프로빗모형의 추정을 위해 사용된 설명변수들의 값이 다음과 같다면 통근을 위해 승용차와 버스를 선택할 확률은 각각 몇 %인지 계산하시오(오직 두 가지 교통수단이 존재한다고 가정).

승용차의 걷는 시간=0분

버스의 걷는 시간=7분

승용차의 차내통행시간=25분

버스의 차내통행시간=40분

버스의 기다리는 시간=10분

승용차의 교통비=1.10천원

버스의 교통비=0.75천원

가구내 자동차의 수/가구내 직장인의 수=0.6

◆ 풀이 ◆   주어진 문제를 위한 승용차와 버스의 효용은 각각 다음과 같이 계산된다.

$$V_A = -4.76 - 0.147(0) - 0.0411(25) - 2.24(1.10) + 3.78(0.6) = -5.9835$$
$$V_B = -0.147(7) - 0.0411(40) - 0.0411(10) - 2.24(0.75) = -4.7640$$

이러한 계산결과를 바탕으로 두 교통수단의 효용의 차이를 계산하면 다음과 같다.

$$V_A - V_B = -5.9835 - (-4.7640) = -1.2195$$

식 〈8·14〉를 이용하고, 표준정규분포표를 활용하여 승용차의 선택확률을 계산하면 다음과 같다.

$$P_n(A)=\frac{1}{\sqrt{2\pi}}\int_{-\infty}^{-1.2195}\exp(-\frac{1}{2}u^2)du=0.1112$$

아울러 버스의 선택확률은 다음과 같이 계산된다.

$$P_n(B)=1-0.1112=0.8888$$

(3) 로짓모형

로짓모형(logit model)은 프로빗모형이 가지는 계산의 어려움이라는 약점을 극복하기 위하여 개발되었다. 로짓모형은 확률적 효용 ε_{in}과 ε_{jn}이 와이블(Weibull)분포(종종 type-1-extreme-value분포 혹은 Gumbel분포라고 불리기도 함)를 가지면서 독립적이고 동일하게 분포되어(independently and identically distributed) 있다고 가정한다.

와이블분포는 분포의 모양이 정규분포와 거의 비슷하면서 아울러 계산의 편리성도 가진다. 이러한 계산의 편리성 때문에 로짓모형은 확률선택모형 가운데 가장 널리 이용되고 있다. 로짓모형에 대해서는 제9장에서 구체적으로 설명하기로 한다.

<표 8-2> 이항선택을 위한 로짓모형과 프로빗모형의 비교

설명변수($V_{in}-V_{jn}$)	로짓모형의 선택확률	프로빗모형의 선택확률
0.0	0.5	0.5
0.2	0.5791	0.5792
0.4	0.6543	0.6554
0.6	0.7226	0.7257
0.8	0.7818	0.7881
1.0	0.8314	0.8413
1.2	0.8715	0.8849
1.4	0.9032	0.9192
1.6	0.9277	0.9451
1.8	0.9464	0.9640
2.0	0.9605	0.9772
2.2	0.9709	0.9860
2.4	0.9787	0.9918
2.6	0.9844	0.9953
2.8	0.9886	0.9974
3.0	0.9917	0.9986

4.0	0.9983	1.0
5.0	0.9996	1.0
6.0	0.9999	1.0
7.0	1.0	1.0

자료: T. A. Domencich and D. McFadden(1975). *Urban Travel Demand: A Behavioral Analysis.* Amsterdam: North-Holland Publishing Co.: 57.

연습문제

8-1. 확률선택모형과 집계모형의 차이점을 비교하여 설명하시오.

8-2. 확률선택모형의 활용이 가능한 상황을 설명하고, 그러한 상황의 예를 들어 보시오.

8-3. 확률적 효용이 존재하는 네 가지 원인을 예를 들어 설명해 보시오.

8-4. 결정적 효용함수의 모형정립을 위해 포함되어야 하는 설명변수로는 어떤 변수들이 있는지 논의하시오.

8-5. (예제 8-1)에 주어진 문제에서 만약 설명변수들의 값이 다음과 같다면 통근을 위해 승용차와 버스를 선택할 확률은 각각 몇 %가 될지 예측하시오.

    승용차의 걷는 시간=1분
    버스의 걷는 시간=7분
    승용차의 차내통행시간=10분
    버스의 차내통행시간=15분
    버스의 기다리는 시간=5분
    승용차의 교통비=1.10천원
    버스의 교통비=0.75천원
    가구내 자동차의 수/가구내 직장인의 수=0.5

8-6. 프로빗모형의 장점과 약점을 설명하시오.

참고문헌

윤대식, 윤성순(1998). 도시모형론. 제 2 판. 서울: 홍문사.

Ben-Akiva, M. and S. R. Lerman(1985). *Discrete Choice Analysis: Theory and Application to Travel Demand.* Cambridge: The MIT Press.

Domencich, T. A. and D. McFadden(1975). *Urban Travel Demand: A Behavioral Analysis.* Amsterdam: North-Holland Publishing Co.

Lave, C. A.(1969). "A Behavioral Approach to Modal Split Forecasting". *Transportation Research,* Vol. 3: 463-480.

Lisco, T. E.(1967). *The Value of Commuters' Travel Time: A Study in Urban Transportation.* Ph. D. Dissertation, Department of Economics, University of Chicago.

Manski, C.(1973). *The Analysis of Qualitative Choice.* Ph. D. Dissertation, Department of Economics, MIT.

McFadden, D.(1981). "Econometric Models of Probabilistic Choice". In *Structural Analysis of Discrete Data with Econometric Applications,* C. F. Manski and D. McFadden, eds. Cambridge: The MIT Press: 198-272.

Train, K.(1986), *Qualitative Choice Analysis: Theory, Econometrics, and an Application to Automobile Demand.* Cambridge: The MIT Press.

Warner, S. L.(1962). *Stochastic Choice of Mode in Urban Travel: A Study in Binary Choice.* Evanston: Northwestern University Press.

제 9 장

로짓모형

제 1 절   로짓모형의 이론적 구조

제 8 장에서 우리는 효용은 결정적 효용과 확률적 효용의 두 가지 요소로 구성되며, 확률적 효용에 대한 확률분포의 구체적 가정이 있어야만 선택확률을 계산할 수 있다는 사실을 알았다. 확률적 효용에 대한 가정을 위해 가장 많이 쓰이는 확률분포는 와이블(Weibull)분포[1]이다. 확률적 효용에 대한 가정을 위해 와이블분포가 많이 쓰이는 이유는 와이블분포가 이론적으로 가장 설득력이 있는 확률분포인 정규분포와 비슷한 모양의 확률밀도함수(probability density function)를 가지면서, 동시에 계산이 편리하다는 장점을 가지기 때문이다.

로짓모형(logit model)은 바로 확률적 효용이 와이블분포임을 가정하는 확률선택모형이다. 로짓모형에 의하면 어떤 개인 n이 대안 i를 선택할 확률 $P_n(i)$는 다음과 같이 계산된다.

$$P_n(i) = Prob(U_{in} \geq U_{jn}, \ \forall j \in C_n) = \frac{e^{V_{in}}}{\sum_{j=1}^{J} e^{V_{jn}}} \qquad \langle 9 \cdot 1 \rangle$$

여기서 나타낸 로짓선택확률의 계산공식은 선택할 수 있는 대안의 수가 J개인 경우를 나타내는 것으로, 일반적인 다항로짓모형(multinomial logit

---

1) 와이블(Weibull)분포는 종종 type-1-extreme-value분포 혹은 Gumbel분포라고 불리기도 한다.

model)을 나타낸 것이다. 따라서 선택 가능한 대안의 수가 오직 두 개인 이
항로짓모형(binary logit model)에서의 선택확률은 다음과 같이 계산된다.

$$P_n(i) = Prob(U_{in} \geq U_{jn}) = \frac{e^{V_{in}}}{e^{V_{in}} + e^{V_{jn}}}$$ ⟨9·2⟩

<그림 9-1> 정규분포와 와이블분포의 확률밀도함수

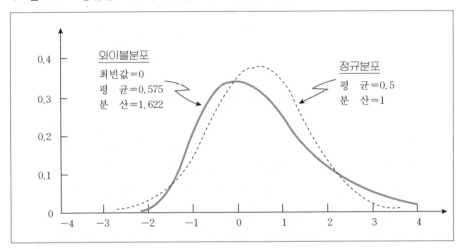

다항로짓모형과 이항로짓모형의 구분은 단순히 선택 가능한 대안의 수
가 두 개 혹은 세 개 이상인가에 따른 구분일 뿐이며, 기본원리는 같다고 볼
수 있다. 따라서 비교적 단순한 이항로짓모형에 대하여 충분히 이해하는 것
이 로짓모형을 이해하는 데 중요하다고 볼 수 있다.

일반적으로 확률적 효용의 평균은 0이라고 가정되기 때문에 결정적 효
용 V_{in}은 종종 대표적 효용, 기대효용, 혹은 평균효용이라고 불리기도 한다.
여기서 한 가지 유의할 점은 확률적 효용이 존재하는 논리적 근거는 의사결
정자 즉 선택의 주체에 의해 관찰되지 않는 요소가 있다는 점이 아니라, 분
석자에 의한 결정적 효용의 모형정립과정에서 관찰(포함)되지 않는 요소가
있다는 점이다.

로짓선택확률은 다음의 세 가지 성질을 가진다(Train, 1986: 16).

첫째, 각 대안을 선택할 확률은 0과 1 사이의 값을 가진다. 만약 어떤

대안 i가 의사결정자의 판단에 매력적이지 못한 것으로 보이면 대안 i의 결정적 효용은 음($-$)의 무한대에 접근하고, $P_n(i)$가 0에 가까와질 것이다. 반면에 어떤 대안 i가 의사결정자의 눈에 아주 매력적인 것으로 비춰진다면 대안 i의 결정적 효용은 아주 커지게 되고, $P_n(i)$는 1에 접근할 것이다.

  둘째, 각 대안의 선택확률을 모든 대안에 대해 합칠 경우 그 합은 1이 된다. 이러한 성질은 선택할 수 있는 대안들은 상호 배타적이고, 의사결정자는 선택 가능한 대안들의 집합으로부터 꼭 하나의 대안을 선택하는 상황의 경우에 적용이 가능하다는 확률선택모형의 기본원리에 따른 것이다.

$$\sum_{i=1}^{J} P_n(i) = \sum_{i=1}^{J} \left(\frac{e^{V_{in}}}{\sum_{j=1}^{J} e^{V_{jn}}} \right) = 1 \qquad\qquad \langle 9 \cdot 3 \rangle$$

  셋째, 어떤 대안의 선택확률과 그 대안의 결정적 효용과의 관계는 〈그림 9-2〉와 같이 S자의 모양을 가진다.

〈그림 9-2〉 로짓모형에서의 결정적 효용과 선택확률의 관계

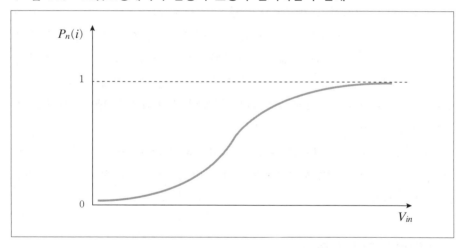

예제 9-1) (예제 8-1)에 주어진 문제를 위해 로짓모형을 이용하여 승용차와 버스의 선택확률을 계산하시오.

◆풀이◆   (예제 8-1)의 풀이에서 승용차(A)와 버스(B)의 효용은 다음
과 같이 계산되었다.

$$V_A = -5.9835$$
$$V_B = -4.7640$$

로짓모형을 이용하여 승용차와 버스의 선택확률을 계산하면 다음과 같다.

$$P_n(A) = \frac{e^{-5.9835}}{e^{-5.9835} + e^{-4.7640}} = 0.2273$$

$$P_n(B) = 1 - 0.2273 = 0.7727$$

제 2 절 로짓모형의 정립

제 8 장에서 확률선택모형의 이론적 구조를 논의할 때 결정적 효용함수
의 모형정립을 위해서 크게 두 가지 종류의 변수들의 벡터가 사용되어야 한
다는 사실을 알았다. 이들 두 가지 종류의 변수벡터는 어떤 대안들의 특성을
묘사하는 변수들의 벡터인 Z_{in}과 선택주체들의 사회경제적 특성을 나타내는
변수들의 벡터인 S_n이다. 그리고 결정적 효용함수의 함수형태는 '파라미터와
선형'(linear in the parameters)이라는 가정이 일반적으로 받아들여지고 있
다는 사실도 알았다.

이제 로짓모형이 실제로 어떻게 정립(specification)되는지 살펴보기 위
해 이항로짓모형과 다항로짓모형을 구분하여 살펴보기로 한다(윤대식, 윤성
순, 1998: 305-310).

1. 이항로짓모형의 정립

이항로짓모형이 실제로 어떻게 정립(specification)되는지 살펴보기 위해
Cambridge Systematics(1976)가 추정한 교통수단 선택행태의 분석을 위해
이항로짓모형의 정립과 추정결과를 보기로 하자.

1968년에 실시된 워싱턴지역(Metropolitan Washington area)의 설문조사
자료를 기초로 추정된 교통수단 선택의 이항로짓모형은 〈표 9-1〉과 같다. 여
기서 통행자들의 통근을 위해 선택 가능한 교통수단은 승용차와 대중교통수
단의 두 가지이다.

〈표 9-1〉의 예는 이항선택모형의 정립에 대한 설명을 하는 데 유용하다.
첫 번째와 두 번째 행(行)은 각각 승용차의 효용(V_{An})과 대중교통수단의 효
용(V_{Tn})을 나타내고, 열(列)은 β_1에서 β_7까지의 일곱 개의 계수들을 나타낸
다. 〈표 9-1〉의 추정결과를 식으로 나타내면 다음과 같다.

V_{An}(직장이 도심지인 경우)

$= 1.454 - 0.00897$ 차내(車內)통행시간 $- 0.0308$ 차외(車外)통행시간
$- 0.0115$ 승용차통행비용 $+ 0.770$ 가구의 자동차 보유대수 $- 0.561$

〈표 9-1〉 교통수단 선택행태의 설명을 위한 이항로짓모형의 정립과 추정계수:

$$P_n(A) = \frac{e^{V_{An}}}{e^{V_{An}} + e^{V_{Tn}}}$$

	β_1	β_2	β_3	β_4
승용차의 효용 (V_{An})	1	차내통행시간 (분)	차외통행시간 (분)	승용차통행비용 (￠)
대중교통 수단의 효용 (V_{Tn})	0	차내통행시간 (분)	차외통행시간 (분)	0
추정계수	1.454	-0.00897	-0.0308	-0.0115

	β_5	β_6	β_7
승용차의 효용 (V_{An})	0	가구의 자동차 보유대수	1: 직장이 도심에 있는 경우 0: 기타
대중교통 수단의 효용 (V_{Tn})	대중교통수단요금 (￠)	0	0
추정계수	-0.00708	0.770	-0.561

V_{An}(직장이 도심지가 아닌 경우)

  =1.454－0.00897 차내통행시간－0.0308 차외통행시간－0.0115 승용차
  통행비용＋0.770 가구의 자동차 보유대수

V_{Tn}＝－0.00897 차내통행시간－0.0308 차외통행시간－0.00708 대중교통수단
  요금

이제 〈표 9-1〉의 첫 번째 열(β_1)부터 차례로 살펴보자. 승용차에 대해 1
로 정의되고 대중교통수단에 대해 0으로 정의되는 이러한 변수를 대안특유
의 상수(alternative-specific constant)라 한다. 이 대안특유의 상수는 $\varepsilon_{jn} - \varepsilon_{in}$
의 평균을 나타낸다. 즉 모든 다른 조건들이 동일할 때 대안 j의 효용으로부
터 대안 i의 효용을 뺀 차이를 나타낸다. 따라서 선택 가능한 대안이 두 개
인 이항로짓모형에서는 오직 한 개의 대안특유의 상수만이 존재할 수 있다.
왜냐하면 우리가 관심을 가지는 것은 두 가지 대안의 효용의 차이이기 때문
이다. 〈표 9-1〉에서 β_1의 추정치는 1.454로 양(＋)의 부호를 가지므로 승용
차에 대한 상대적 선호(preference)를 나타낸다.

두 번째와 세 번째 계수들은 차내통행시간(In-Vehicle Travel Time:
$IVTT$)과 차외통행시간(Out-of-Vehicle Travel Time: $OVTT$)의 효용에의
기여도를 나타낸다. 여기서 차내통행시간과 차외통행시간의 계수들은 승용
차의 효용함수와 대중교통수단의 효용함수에 공통적으로 적용된다. 이와 같
이 모든 대안의 효용함수에 동일하게 적용되며, 따라서 모든 대안에 대해 동
일한 계수값을 가지는 변수를 일반적 변수(generic variable)라고 한다. 이처
럼 일반적 변수로 모형을 정립하는 것은 차내통행시간과 차외통행시간의 두
가지 변수가 승용차의 효용과 대중교통수단의 효용에 똑같은 한계(비)효용
을 가질 것으로 가정하기 때문이다. 〈표 9-1〉에서 β_2와 β_3의 추정치가 음
(－)의 값을 가지므로 통근자들은 짧은 차내통행시간과 차외통행시간을 선
호함을 알 수 있다. β_3가 β_2보다 더 큰 음(－)의 절대값을 가진다는 사실로
부터 차외통행시간이 차내통행시간보다 더 큰 한계비효용을 가져다 주는 것
을 알 수 있다.

〈표 9-1〉에서 통행비용을 나타내는 변수는 대안특유의 변수(alternative-
specific variable)로 모형을 정립하고, 계수값 β_4와 β_5를 추정하였다. 이처럼
통행비용을 나타내는 변수를 대안특유(alternative-specific)인 것으로 취급한

것은 분석자가 승용차통행비용과 대중교통수단요금이 대안들의 효용에 각기
다른 영향을 미칠 것으로 가정했기 때문이다. 즉 분석자는 통행자들이 승용
차통행비용과 대중교통수단의 요금에 대하여 다르게 인지할 것으로 가정하
고 있다는 것이다. 아무튼 β_4와 β_5의 추정치들은 모두 음($-$)의 부호를 가지
는 것을 〈표 9-1〉에서 볼 수 있는데, 이는 비용이 적게 드는 대안을 선호할
것이라는 우리의 직관(intuition)에 의한 판단과 일치하는 것이다.

　　계수 β_6와 β_7을 가지는 마지막 두 개의 변수는 대안특유의 사회경제적
변수(alternative-specific socioeconomic variable)들이다. 여섯 번째 변수인 가
구의 자동차 보유대수는 오직 승용차의 효용함수에만 포함되어 있는데, 이는
가구의 자동차 보유대수가 클수록 승용차를 이용할 확률이 커질 것이라는
가설을 근거로 한다. 모형의 추정결과는 β_6가 양($+$)의 부호를 가지는 것으
로 나타나 우리의 직관적 판단이 타당한 것임을 보여주고 있다. 마지막 변수
는 통행자가 도심에 직장을 가졌는지 혹은 도심이 아닌 다른 지역에 직장이
있는지에 따라 통근교통수단의 선택에 영향을 미칠 것으로 보고, 직장의 소
재지를 나타내는 더미변수(dummy variable)이다. 이 더미변수에 대한 모형
의 추정결과는 〈표 9-1〉에서 보는 바와 같이 음($-$)의 부호를 가짐으로써
직장이 도심에 있는 통근통행자는 그렇지 않은 통근통행자에 비해 통근교통
수단으로 승용차를 이용할 확률이 작을 것이라는 사실을 알 수 있다.

　　한편 〈표 9-1〉에 나타낸 Cambridge Systematics(1976)의 모형과는 달리
대안특유의 사회경제적 변수를 승용차의 효용함수(V_{An})에 포함시키는 대신
에 대중교통수단의 효용함수(V_{Tn})에 포함시킬 수도 있다. 물론 이렇게 될 경
우 추정계수의 부호는 바뀌겠지만, 두 가지 선택대안의 효용의 차이는 변하
지 않는다. 대안특유의 사회경제적 변수를 어떤 대안의 모형정립에 포함하느
냐 하는 문제는 지극히 임의적(arbitrary)이라고 할 수 있다.

2. 다항로짓모형의 정립

　　세 가지 이상의 선택대안을 가지는 다항로짓모형의 경우도 모형정립의
원리는 이항로짓모형의 그것과 기본적으로 동일하다고 할 수 있다. 이제
1968년에 워싱턴지역에서 수집된 가구별 면접조사자료를 기초로 Ben-Akiva,
Lerman, Jessiman, Albright, and Nestle(1976)이 추정한 교통수단 선택의 다

항로짓모형을 살펴보면서 모형정립의 원리를 다시 음미해 보자.

　　Ben-Akiva, Lerman, Jessiman, Albright, and Nestle(1976)의 연구에서는
선택 가능한 교통수단을 단독운전(driving alone), 합승운전(sharing a ride),
버스의 세 가지로 분류하여 다항로짓모형을 개발하였다. 이와 같이 세 개의
선택 가능한 대안을 고려하는 다항로짓모형을 위한 결정적 효용함수는 〈표
9-2〉와 같이 나타난다.

　　이항로짓모형에서와 마찬가지로 변수들은 대안특유의 상수(alternative-
specific constant), 교통수단의 특성, 그리고 대안특유의 사회경제적 특성

〈표 9-2〉 교통수단 선택행태의 설명을 위한 다항로짓모형의 정립

	β_1	β_2	β_3	β_4	β_5
단독운전의 효용	1	0	차내통행시간 (분)	차외통행시간(분) / 거리(마일)	통행비용 / 연간 가계소득
합승운전의 효용	0	1	차내통행시간 (분)	차외통행시간(분) / 거리(마일)	통행비용 / 연간 가계소득
버스의 효용	0	0	차내통행시간 (분)	차외통행시간(분) / 거리(마일)	통행비용 / 연간 가계소득

	β_6	β_7	β_8	β_9	β_{10}
단독운전의 효용	승용차의 수 / 운전면허소지자수	0	1: 직장이 도심에 있는 경우 0: 기타	0	연간 가계소득
합승운전의 효용	0	승용차의 수 / 운전면허소지자수	0	1: 직장이 도심에 있는 경우 0: 기타	연간 가계소득
버스의 효용	0	0	0	0	0

	β_{11}	β_{12}	β_{13}	β_{14}
단독운전의 효용	1: 통행자가 가구의 주된 소득원인 경우 0: 기타	0	0	0
합승운전의 효용	0	1: 공무원이면 0: 기타	가구내 직장인의 수	직장의 고용밀도 ×편도 통행거리
버스의 효용	0	0	0	0

(alternative-specific socioeconomic characteristics)을 포함한다. 모형정립의 기본원리는 이항로짓모형의 그것과 기본적으로 같다. 이항로짓모형에서 대안특유의 상수와 대안특유의 사회경제적 변수들이 대안들 사이의 효용 차이를 측정하기 위하여 사용되었듯이 다항로짓모형도 마찬가지다. 따라서 〈표 9-2〉에서 보듯이 대안특유의 상수와 대안특유의 사회경제적 변수들은 각각 아무리 많아도 $(J-1)$개의 대안을 위해 효용함수모형에 포함되어야 한다. 〈표 9-2〉에서 보듯이 대안특유의 상수는 오직 단독운전의 효용과 합승운전의 효용함수에 포함되어 있을 뿐이고, 버스의 효용함수에는 포함되지 않는다. 대안특유의 사회경제적 변수들도 최대한 두 개의 대안의 효용함수에 포함되어 있음을 〈표 9-2〉에서 볼 수 있다. 예를 들면 '승용차의 수/운전면허소지자 수'와 직장의 위치(도심여부)를 나타내는 더미변수는 단독운전의 효용함수와 합승운전의 효용함수에만 각각 따로 포함되어 있음을 볼 수 있다.

한편 모든 사회경제적 변수가 이들 두 사회경제적 변수처럼 오직 하나의 대안에 특유하게 적용되어 같은 변수이면서도 대안에 따라 각기 다른 계수값을 가질 것으로 가정될 수 있는 것만은 아니다. β_{10}에 대응하는 연간 가계소득과 같이 두 개의 대안에 동시에 포함되어서 단독운전의 효용과 합승운전의 효용에 같은 계수값을 가지도록 모형구조를 만들 수도 있다. 이와 같은 모형구조의 선택은 분석자의 이론적 가설 혹은 판단에 의존할 수밖에 없다.

제 3 절   로짓모형의 추정

1. 최우추정법

회귀모형의 추정을 위해 최소제곱법(최소자승법)이 주로 사용되듯이 확률선택모형의 추정을 위해서는 최우추정법(最尤推定法; method of maximum likelihood estimation)이 주로 사용된다. 최우추정법에 의해 추정되는 최우추정량(最尤推定量; maximum likelihood estimator)의 값은 관찰된 표본이 나올 가능성을 최대로 만드는 계수값이다. 최우추정량은 다음과 같은 세 가지 성질을 가지는 것으로 알려져 있다(Ben-Akiva and Lerman, 1985: 22).

첫째, 최우추정량은 일치성(consistency)을 가진다. 일치성이란 표본의 크기가 무한히 커짐에 따라 추정량의 분포가 파라미터(parameter)의 값에 집중하는 성질을 말한다.

둘째, 최우추정량의 분포는 점근적(漸近的)으로 정규분포에 접근 (asymptotically normal)한다. 즉 표본의 수가 증가할수록 정규분포에 접근한다는 것이다.

셋째, 최우추정량은 점근적으로 효율적(asymptotically efficient)이다. 어느 추정량이 효율성을 가진다는 것은 그 추정량의 분산이 다른 어느 추정량의 분산보다 작다는 것을 의미한다.

이제 최우추정법에 대한 이해를 간편하게 하기 위해 이항선택모형의 경우를 예로 살펴보자.

선택 가능한 대안으로 i와 j의 두 가지가 있을 때 대안 i의 선택여부를 나타내는 변수 y_{in}은 다음과 같은 관찰값을 가진다.

$$y_{in} = \begin{cases} 1: \text{개인 } n\text{이 대안 } i\text{를 선택한 경우} \\ 0: \text{개인 } n\text{이 대안 } j\text{를 선택한 경우} \end{cases}$$

단, $y_{jn} = 1 - y_{in}$

또한 대안 i와 대안 j의 효용함수에 포함될 변수들의 벡터 x_{in}과 x_{jn}의 표본관측치가 있을 것이다. N개의 표본으로부터 관찰된 y_{in}, y_{jn}, x_{in}, x_{jn}의 자료값을 이용해서 우리는 통계적으로 바람직한 성질을 가지는 추정치 $\hat{\beta}_1$, $\hat{\beta}_2$, $\cdots$, $\hat{\beta}_K$을 찾아내야 한다.

어떤 모집단(population)으로부터 표본의 크기가 N개인 표본을 추출하는 방법은 수없이 많다. 이제 N개의 크기를 가지는 어떤 표본의 발생가능성 (likelihood)을 생각해 보자. 모형의 추정을 위해 사용될 N개의 표본은 전체 모집단으로부터 무작위적으로 추출되었다고 가정되기 때문에 표본 전체의 발생가능성은 개별 표본관측치의 발생가능성과 동일한 것으로 볼 수 있다.

N개의 표본으로부터 얻은 y_{in}, y_{jn}, x_{in}, x_{jn}의 자료값을 이용해서 β_1, β_2, $\cdots$, β_K의 값을 추정해야 한다. 모형의 추정을 위해 먼저 다음과 같은 우도함수(尤度函數; likelihood function)를 정의해야 한다.

$$L^{*}(\beta_1,\ \beta_2,\ \cdots,\ \beta_K) = \prod_{n=1}^{N} P_n(i)^{y_{in}} P_n(j)^{y_{jn}} \qquad \langle 9\cdot4 \rangle$$

여기서 $P_n(i)$와 $P_n(j)$는 $\beta_1,\ \beta_2,\ \cdots,\ \beta_K$의 함수임은 물론이다. 최우추정법은 바로 우도함수를 최대로 하는 추정량의 값을 찾는 방법이다. 위와 같은 우도함수를 극대화시키는 문제는 우도함수에다 log를 취함으로써 계산을 편리하게 할 수 있으면서 log를 취하지 않은 것과 같은 결과를 얻을 수 있다. 따라서 우리는 다음과 같은 로그우도함수(log likelihood function)를 얻는다.

$$L(\beta_1,\ \beta_2,\ \cdots,\ \beta_K) = \log L^{*}(\beta_1,\ \beta_2,\ \cdots,\ \beta_K)$$
$$= \sum_{n=1}^{N} \left[y_{in}\ \log P_n(i) + y_{jn}\ \log P_n(j) \right] \qquad \langle 9\cdot5 \rangle$$

이항선택모형에서는 $y_{jn} = 1 - y_{in}$이 성립하고, 또한 $P_n(j) = 1 - P_n(i)$이다. 따라서 다음의 등식이 성립한다.

$$L(\beta_1,\ \beta_2,\ \cdots,\ \beta_K) = \sum_{n=1}^{N} \{ y_{in}\ \log P_n(i) + (1 - y_{in})\ \log[1 - P_n(i)] \} \qquad \langle 9\cdot6 \rangle$$

최우추정법(最尤推定法)은 바로 로그우도함수 $L(\beta_1,\ \beta_2,\ \cdots,\ \beta_K)$을 극대화시키는 $\hat{\beta}_1,\ \hat{\beta}_2,\ \cdots,\ \hat{\beta}_K$을 찾는 방법이다. 이를 위해 로그우도함수 L을 $\hat{\beta}_1,\ \hat{\beta}_2,\ \cdots,\ \hat{\beta}_K$에 대해 각각 편미분하여 이를 0으로 놓는다.

$$\frac{\partial L}{\partial \hat{\beta}_1} = \sum_{n=1}^{N} \left\{ y_{in}\frac{\dfrac{\partial P_n(i)}{\partial \hat{\beta}_1}}{P_n(i)} + y_{jn}\frac{\dfrac{\partial P_n(j)}{\partial \hat{\beta}_1}}{P_n(j)} \right\} = 0$$

$$\frac{\partial L}{\partial \hat{\beta}_2} = \sum_{n=1}^{N} \left\{ y_{in}\frac{\dfrac{\partial P_n(i)}{\partial \hat{\beta}_2}}{P_n(i)} + y_{jn}\frac{\dfrac{\partial P_n(j)}{\partial \hat{\beta}_2}}{P_n(j)} \right\} = 0$$

$$\vdots \qquad\qquad \vdots \qquad\qquad \vdots$$

$$\frac{\partial L}{\partial \hat{\beta}_K} = \sum_{n=1}^{N} \left\{ y_{in} \frac{\dfrac{\partial P_n(i)}{\partial \hat{\beta}_K}}{P_n(i)} + y_{jn} \frac{\dfrac{\partial P_n(j)}{\partial \hat{\beta}_K}}{P_n(j)} \right\} = 0 \qquad \langle 9 \cdot 7 \rangle$$

이상의 연립방정식을 풀면 최우추정치 $\hat{\beta}_1$, $\hat{\beta}_2$, $\cdots$, $\hat{\beta}_K$을 구할 수 있다. 그런데 이상의 연립방정식은 로그우도함수 L을 극대화시키기 위한 필요조건 (necessary conditions)일 뿐이다. 따라서 로그우도함수 L이 전체적으로 볼록한지(globally concave)를 확인해야 하는데, 이것이 확인되어야만 식 $\langle 9 \cdot 7 \rangle$ 의 연립방정식을 풀어서 구한 $\hat{\beta}_1$, $\hat{\beta}_2$, $\cdots$, $\hat{\beta}_K$이 유일한(unique) 최우추정치임을 알 수 있다.

2. Newton - Raphson 알고리즘

(1) Newton - Raphson 알고리즘의 개요

이제 로그우도함수를 극대화시키는 최우추정치는 실제로 어떻게 계산되는지 보자. 일반적으로 비선형방정식(非線型方程式)을 극대화하는 데는 반복

<그림 9-3> Newton-Raphson 알고리즘의 기본원리

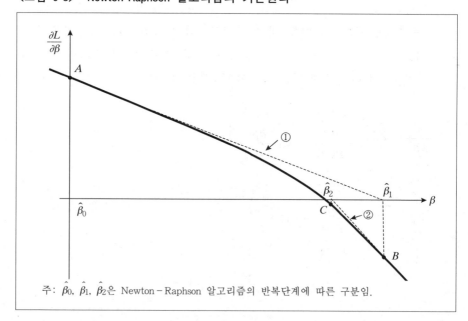

주: $\hat{\beta}_0$, $\hat{\beta}_1$, $\hat{\beta}_2$은 Newton - Raphson 알고리즘의 반복단계에 따른 구분임.

계산법(iteration method)을 이용하여 근사치를 구하게 된다. 즉 미지의 파라 미터(unknown parameter)들의 임의의 초기치(주로 0이 사용됨)를 시점(始點) 으로 하여 경사도(gradient)와 헤시안(Hessian)을 이용하여 이동방향(search direction)을 찾아 진행하면서 근사치를 찾는다. 이를 위해 가장 흔히 쓰이는 방법이 Newton-Raphson 알고리즘이며, 특히 이 방법은 로짓모형의 경우 가 장 효과적인 방법으로 알려져 있다. 〈그림 9-3〉은 Newton-Raphson 알고리 즘의 반복과정(iteration process)을 개괄적으로 나타낸다.

〈그림 9-3〉에서 선 ①과 ②는 반복과정의 선형근사(linear approxi- mation)를 나타내며, 선형근사를 통해 점 $A \to B \to C$로 이동하면서 이들 점 에 대응하는 추정치 $\hat{\beta}_0$, $\hat{\beta}_1$, $\hat{\beta}_2$을 차례로 얻는다. 이러한 반복과정은 $\hat{\beta}$의 변 화가 특정 허용치보다 작아질 때까지 계속된다.

구체적으로 Newton-Raphson 알고리즘은 다음과 같은 4단계 과정을 거 친다(Ben-Akiva and Lerman, 1985: 82-83).

① 시작단계: 반복계산단계를 $\omega=0$으로 둔다. 파라미터 값의 초기치로 $\hat{\beta}_0=[\beta_{01}, \beta_{02}, \cdots, \beta_{0K}]$를 선택한다. 대개의 경우 $\hat{\beta}_0=0$을 선택한다.

② 로그우도함수의 선형근사(linear approximation) 단계: $\hat{\beta}_\omega$일 때 로그우 도함수의 1차 편도함수의 값 $\nabla L(\hat{\beta}_\omega)$와 2차 편도함수의 값 $\nabla^2 L(\hat{\beta}_\omega)$을 발견 한다.

③ 새로운 파라미터 값의 발견단계: 다음의 식을 이용하여 새로운 파라미 터 값 $\hat{\beta}_{\omega+1}$을 발견한다.

$$\hat{\beta}_{\omega+1} = \hat{\beta}_\omega - [\nabla^2 L(\hat{\beta}_\omega)]^{-1} \nabla L(\hat{\beta}_\omega) \qquad \langle 9 \cdot 8 \rangle$$

④ 수렴여부 검사단계: $\hat{\beta}_{\omega+1} - \hat{\beta}_\omega$이 아주 '작은' 값을 가지는지 확인한 다. 수렴여부의 검사를 위한 전형적인 판단기준은 다음과 같다.

$$\left[\frac{1}{K} \sum_{k=1}^{K} (\hat{\beta}_{\omega+1, k} - \beta_{\omega k})^2 \right]^{\frac{1}{2}} < e_1(\text{기준치}) \qquad \langle 9 \cdot 9 \rangle$$

$$혹은 \left| \frac{\hat{\beta}_{\omega+1, k} - \hat{\beta}_{\omega k}}{\hat{\beta}_{\omega k}} \right| < e_2(\text{기준치}) \quad (k=1, 2, \cdots, K) \qquad \langle 9 \cdot 10 \rangle$$

만약 식 〈9·9〉혹은 〈9·10〉의 기준을 만족시키면 반복계산을 중지하고, 그렇지 않으면 $\omega=\omega+1$로 두고 ②, ③, ④의 과정을 반복한다. 수렴여부의 검사를 위해서 $e_1=10^{-4}$, $e_2=10^{-2}$이 전형적인 기준치로 쓰인다.

Newton-Raphson 알고리즘은 대부분의 확률선택모형의 최우추정량을 구하는 데 광범위하게 이용된다. 다만 적용되는 확률선택모형의 종류에 따라 각기 다른 $P_n(i)$의 계산공식이 이용된다. 예컨대 이항로짓모형을 적용할 때는 $P_n(i)=\dfrac{e^{V_{in}}}{e^{V_{in}}+e^{V_{jn}}}$의 공식이 로그우드함수에서 사용되는 것이다.

(2) 이항로짓모형을 위한 Newton-Raphson 알고리즘의 적용

Newton-Raphson 알고리즘이 실제로 어떻게 적용되는지 살펴보기 위해 이항로짓모형에 적용하여 보기로 하자(Ben-Akiva and Lerman, 1985: 84-87).

먼저 식 〈9·5〉의 로그우드함수에다 이항로짓모형을 위한 $P_n(i)$와 $P_n(j)$의 계산공식을 대입하면 다음과 같다.

$$
\begin{aligned}
L &= \sum_{n=1}^{N} \{y_{in} \log P_n(i) + y_{jn} \log P_n(j)\} \\
&= \sum_{n=1}^{N} \left\{ y_{in} \log\left(\frac{e^{V_{in}}}{e^{V_{in}}+e^{V_{jn}}}\right) + y_{jn} \log\left(\frac{e^{V_{jn}}}{e^{V_{in}}+e^{V_{jn}}}\right) \right\} \\
&= \sum_{n=1}^{N} \left\{ y_{in} \log\left(\frac{e^{\beta X_{in}}}{e^{\beta X_{in}}+e^{\beta X_{jn}}}\right) + y_{jn} \log\left(\frac{e^{\beta X_{jn}}}{e^{\beta X_{in}}+e^{\beta X_{jn}}}\right) \right\} \qquad \langle 9 \cdot 11 \rangle
\end{aligned}
$$

단, X_{in}, X_{jn} = 설명변수의 벡터

표현의 단순화를 위해 X_n을 다음과 같이 정의할 수 있다.

$$X_n = X_{in} - X_{jn} \qquad\qquad\qquad \langle 9 \cdot 12 \rangle$$

식 〈9·12〉에서 X_n의 각 요소(element)는 모든 $k=1, 2, \cdots, K$를 위해 $x_{nk}=x_{ink}-x_{jnk}$로 정의될 수 있다.

따라서 이항로짓모형에 의하면 어떤 개인 n이 대안 i를 선택할 확률 $P_n(i)$는 다음과 같이 표현된다.

$$P_n(i) = \frac{e^{\beta X_{in}}}{e^{\beta X_{in}} + e^{\beta X_{jn}}} = \frac{1}{1 + e^{\beta X_{jn} - \beta X_{in}}} = \frac{1}{1 + e^{-\beta(X_{in} - X_{jn})}} = \frac{1}{1 + e^{-\beta X_n}} \qquad \langle 9 \cdot 13 \rangle$$

그리고 개인 n이 대안 j를 선택할 확률 $P_n(j)$는 다음과 같이 표현된다.

$$P_n(j) = 1 - P_n(i) = 1 - \frac{1}{1 + e^{-\beta X_n}} = \frac{1 + e^{-\beta X_n}}{1 + e^{-\beta X_n}} - \frac{1}{1 + e^{-\beta X_n}}$$

$$= \frac{e^{-\beta X_n}}{1 + e^{-\beta X_n}} \qquad\qquad\qquad\qquad\qquad \langle 9 \cdot 14 \rangle$$

한편 식 $\langle 9 \cdot 11 \rangle$을 보면 $P_n(i)$와 $P_n(j)$가 식 $\langle 9 \cdot 13 \rangle$과 $\langle 9 \cdot 14 \rangle$의 계산결과로 대체될 수 있음을 살펴볼 수 있다. 그리고 식 $\langle 9 \cdot 7 \rangle$에서 보는 바와 같이 로그우도함수 L을 극대화시키는 파라미터 벡터 β의 값을 찾아 내기 위해서는 로그우도함수 L을 파라미터 벡터 β로 편미분하여 이를 0으로 놓아야 하는데, 이를 위해 우선 다음의 계산이 필요하다.

$$\log P_n(i) = \log\left(\frac{1}{1 + e^{-\beta X_n}}\right) = \log 1 - \log(1 + e^{-\beta X_n}) = 0 - \log(1 + e^{-\beta X_n})$$

$$= -\log(1 + e^{-\beta X_n}) \qquad\qquad\qquad\qquad \langle 9 \cdot 15 \rangle$$

$$\log P_n(j) = \log\left(\frac{e^{-\beta X_n}}{1 + e^{-\beta X_n}}\right) = \log e^{-\beta X_n} - \log(1 + e^{-\beta X_n}) \qquad \langle 9 \cdot 16 \rangle$$

이제 식 $\langle 9 \cdot 15 \rangle$를 βX_n에 대해 편미분하면 다음을 얻는다.

$$\frac{\partial \log P_n(i)}{\partial(\beta X_n)} = \frac{e^{-\beta X_n}}{(1 + e^{-\beta X_n})^2}(1 + e^{-\beta X_n}) = \frac{e^{-\beta X_n}}{1 + e^{-\beta X_n}} = P_n(j) \qquad \langle 9 \cdot 17 \rangle$$

그리고 식 $\langle 9 \cdot 16 \rangle$을 βX_n에 대해 편미분하면 다음을 얻는다.

$$\frac{\partial \log P_n(j)}{\partial(\beta X_n)} = \frac{(-1)e^{-\beta X_n}}{e^{-\beta X_n}} + \frac{e^{-\beta X_n}}{1 + e^{-\beta X_n}} = -1 + \frac{e^{-\beta X_n}}{1 + e^{-\beta X_n}}$$

$$= \frac{-(1 + e^{-\beta X_n}) + e^{-\beta X_n}}{1 + e^{-\beta X_n}} = \frac{-1}{1 + e^{-\beta X_n}} = -P_n(i) \qquad \langle 9 \cdot 18 \rangle$$

이제 식 〈9·17〉과 〈9·18〉의 계산결과를 이용하여 식 〈9·11〉에 나타낸 로그우도함수 L을 파라미터 β_k에 대해 편미분하면 다음과 같다.

$$
\begin{aligned}
\frac{\partial L}{\partial \beta_k} &= \sum_{n=1}^{N} \left\{ y_{in} \frac{\partial \log P_n(i)}{\partial \beta_k} + y_{jn} \frac{\partial \log P_n(j)}{\partial \beta_k} \right\} \\
&= \sum_{n=1}^{N} \left\{ y_{in} \frac{\partial \log P_n(i)}{\partial (\beta X_n)} \frac{\partial (\beta X_n)}{\partial \beta_k} + y_{jn} \frac{\partial \log P_n(j)}{\partial (\beta X_n)} \frac{\partial (\beta X_n)}{\partial \beta_k} \right\} \\
&= \sum_{n=1}^{N} \left\{ y_{in} P_n(j) \frac{\partial (\beta X_n)}{\partial \beta_k} + y_{jn} [-P_n(i)] \frac{\partial (\beta X_n)}{\partial \beta_k} \right\} \\
&= \sum_{n=1}^{N} \left\{ y_{in} P_n(j) x_{nk} - y_{jn} P_n(i) x_{nk} \right\} \\
&= \sum_{n=1}^{N} \left\{ y_{in} [1 - P_n(i)] - (1 - y_{in}) P_n(i) \right\} x_{nk} \\
&= \sum_{n=1}^{N} \left\{ y_{in} - y_{in} P_n(i) - P_n(i) + y_{in} P_n(i) \right\} x_{nk} \\
&= \sum_{n=1}^{N} \left\{ y_{in} - P_n(i) \right\} x_{nk} \quad (k = 1, 2, 3, \cdots, K) \quad\quad \langle 9 \cdot 19 \rangle
\end{aligned}
$$

최우추정법은 로그우도함수 L을 극대화시키는 $\hat{\beta}_1, \hat{\beta}_2, \cdots, \hat{\beta}_K$을 찾는 방법이므로 식 〈9·19〉를 0으로 놓고 풀면 구해진다. 따라서 식 〈9·20〉을 만족시키는 $\hat{\beta}_1, \hat{\beta}_2, \cdots, \hat{\beta}_K$을 찾으면 된다.

$$
\frac{\partial L}{\partial \hat{\beta}_k} = \sum_{n=1}^{N} \left\{ y_{in} - P_n(i) \right\} x_{nk} = 0 \quad (k = 1, 2, 3, \cdots, K) \quad\quad \langle 9 \cdot 20 \rangle
$$

한편 Newton – Raphson 알고리즘의 반복계산과정을 적용하기 위해서는 로그우도함수의 2차 편미분이 필요한데, 로그우도함수의 2차 편도함수는 다음과 같이 구해진다.

$$
\frac{\partial^2 L}{\partial \beta_k \partial \beta_l} = - \sum_{n=1}^{N} P_n(i) [1 - P_n(i)] x_{nk} x_{nl} \quad\quad \langle 9 \cdot 21 \rangle
$$

예제 9-2 승용차와 대중교통의 두 가지 교통수단이 선택 가능한 K시에서 시민들을 대상으로 한 설문조사를 통해 〈표 1〉과 같이 자료가 수집되었다. 〈표 2〉에 주어진 것과 같은 이항로짓모형을 정립하고 모형의 파라미터를 추정하고자 한다. Newton – Raphson 알고리즘을 이용하여 로짓모형의 파라미터를 추정하시오. 단, 반복계산은 2회차 계산까지만 하시오.

〈표 1〉 로짓모형의 추정을 위해 수집된 자료

개인번호(n)	승용차 통행시간(단위: 분)	대중교통 통행시간(단위: 분)	선택된 대안
1	52.9	4.4	대중교통
2	4.1	28.5	대중교통
3	4.1	86.9	승용차
4	56.2	31.6	대중교통
5	51.8	20.2	대중교통
6	0.2	91.2	승용차

〈표 2〉 모형의 정립

	β_1	β_2
승용차의 효용(V_{An})	1	승용차 통행시간(단위: 분)
대중교통의 효용(V_{Tn})	0	대중교통 통행시간(단위: 분)

◆ 풀이 ◆ 주어진 문제를 위한 승용차의 선택확률은 다음과 같이 계산된다.

$$P_n(A) = \frac{e^{V_{An}}}{e^{V_{An}} + e^{V_{Tn}}}$$

$$= \frac{1}{1 + e^{V_{Tn} - V_{An}}}$$

$$= \frac{1}{1 + e^{\beta_2 X_{Tn} - (\beta_1 + \beta_2 X_{An})}}$$

$$= \frac{1}{1 + e^{-\beta_1 - \beta_2(X_{An} - X_{Tn})}} \qquad \langle 1 \rangle$$

단, X_{An}=승용차 통행시간

X_{Tn}=대중교통 통행시간

아울러 승용차의 선택여부를 나타내는 변수 y_{An}은 다음과 같은 관찰값을 가진다.

$$y_{An} = \begin{cases} 1: \text{개인 } n\text{이 승용차를 선택한 경우} \\ 0: \text{개인 } n\text{이 대중교통을 선택한 경우} \end{cases}$$

주어진 문제를 위하여 Newton – Raphson 알고리즘을 적용하기 위해 로그우도함수의 1차 편도함수를 나타내면 식 〈9·19〉를 따라 다음과 같다.

$$\frac{\partial L(\beta)}{\partial \beta_k} = \sum_{n=1}^{N} \{y_{in} - P_n(i)\} x_{nk} \quad (k=1, 2, \cdots, K) \qquad \langle 2 \rangle$$

주어진 문제에서는 오직 두 개의 x_{nk}가 있는데, 이들은 다음과 같다.

x_{n1}=대안특유의 상수

x_{n2}=$x_{An} - x_{Tn}$=두 교통수단의 통행시간 차이

따라서 식 〈2〉는 다음과 같은 두 개의 식으로 표현된다.

$$\frac{\partial L(\beta)}{\partial \beta_1} = \sum_{n=1}^{N} \{y_{An} - P_n(A)\} x_{n1} \qquad \langle 3 \rangle$$

$$\frac{\partial L(\beta)}{\partial \beta_2} = \sum_{n=1}^{N} \{y_{An} - P_n(A)\} x_{n2} \qquad \langle 4 \rangle$$

주어진 문제를 위한 Newton – Raphson 알고리즘의 적용은 다음과 같은 과정을 거쳐 이루어진다.

〈0회차 계산〉

① 시작단계: 파라미터 값의 초기치로 $\hat{\beta}_0 = [\beta_{01}, \beta_{02}]' = [0 \quad 0]'$를 선택한다. 이때 $P_n(A) = \frac{1}{2}$이 된다.

<1회차 계산>

② 로그우도함수의 선형근사단계:

식 〈*3*〉에 의해 다음을 얻는다.

$$\frac{\partial L(\hat{\beta}_0)}{\partial \beta_1} = \left(0 - \frac{1}{2}\right)(1) + \left(0 - \frac{1}{2}\right)(1) + \left(1 - \frac{1}{2}\right)(1)$$
$$+ \left(0 - \frac{1}{2}\right)(1) + \left(0 - \frac{1}{2}\right)(1) + \left(1 - \frac{1}{2}\right)(1) = -1$$

식 〈*4*〉에 의해 다음을 얻는다.

$$\frac{\partial L(\hat{\beta}_0)}{\partial \beta_2} = \left(0 - \frac{1}{2}\right)(52.9 - 4.4) + \left(0 - \frac{1}{2}\right)(4.1 - 28.5)$$
$$+ \left(1 - \frac{1}{2}\right)(4.1 - 86.9) + \left(0 - \frac{1}{2}\right)(56.2 - 31.6)$$
$$+ \left(0 - \frac{1}{2}\right)(51.8 - 20.2) + \left(1 - \frac{1}{2}\right)(0.2 - 91.2) = -127.05$$

로그우도함수의 2차 편미분 값은 식 〈*9·21*〉을 이용해 다음과 같이 구해진다.

$$\frac{\partial^2 L(\hat{\beta}_0)}{\partial \beta_1^{\,2}} = -\sum_{n=1}^{6} \left(\frac{1}{2}\right)\left(\frac{1}{2}\right)x_{n1}^2 = -6\left(\frac{1}{2}\right)\left(\frac{1}{2}\right)(1)^2 = -1.5$$

$$\frac{\partial^2 L(\hat{\beta}_0)}{\partial \beta_1 \partial \beta_2} = -\left(\frac{1}{2} \times \frac{1}{2} \times 1 \times 48.5\right) - \left[\frac{1}{2} \times \frac{1}{2} \times 1 \times (-24.4)\right]$$
$$- \left[\frac{1}{2} \times \frac{1}{2} \times 1 \times (-82.8)\right] - \left(\frac{1}{2} \times \frac{1}{2} \times 1 \times 24.6\right)$$
$$- \left(\frac{1}{2} \times \frac{1}{2} \times 1 \times 31.6\right) - \left[\frac{1}{2} \times \frac{1}{2} \times 1 \times (-91)\right] = 23.3750$$

$$\frac{\partial^2 L(\hat{\beta}_0)}{\partial \beta_2 \partial \beta_1} = \frac{\partial^2 L(\hat{\beta}_0)}{\partial \beta_1 \partial \beta_2} = 23.3750$$

$$\frac{\partial^2 L(\hat{\beta}_0)}{\partial \beta_2^{\,2}} = -\left(\frac{1}{2} \times \frac{1}{2} \times 48.5^2\right) - \left[\frac{1}{2} \times \frac{1}{2} \times (-24.4)^2\right]$$
$$- \left[\frac{1}{2} \times \frac{1}{2} \times (-82.8)^2\right] - \left(\frac{1}{2} \times \frac{1}{2} \times 24.6^2\right)$$
$$- \left(\frac{1}{2} \times \frac{1}{2} \times 31.6^2\right) - \left[\frac{1}{2} \times \frac{1}{2} \times (-91)^2\right] = -4,922.0425$$

따라서 다음을 얻는다.

$$\nabla L(\hat{\beta}_0) = \begin{bmatrix} -1 \\ -127.05 \end{bmatrix}$$

$$\nabla^2 L(\hat{\beta}_0) = \begin{bmatrix} -1.5 & 23.3750 \\ 23.3750 & -4,922.0425 \end{bmatrix}$$

③ 새로운 파라미터 값의 발견단계:

식 〈9·8〉을 이용하여 $\hat{\beta}_1$의 값을 다음과 같이 발견한다.

$$\hat{\beta}_1 = \hat{\beta}_0 - [\nabla^2 L(\hat{\beta}_0)]^{-1} \nabla L(\hat{\beta}_0)$$

$$= \begin{bmatrix} 0 \\ 0 \end{bmatrix} - \frac{1}{6,836.6732} \begin{bmatrix} -4,922.0425 & -23.3750 \\ -23.3750 & -1.5 \end{bmatrix} \begin{bmatrix} -1 \\ -127.05 \end{bmatrix}$$

$$= \begin{bmatrix} -1.1543 \\ -0.0313 \end{bmatrix}$$

④ 수렴여부 검사단계:

수렴여부의 검사를 위해 식 〈9·9〉의 판단기준을 적용하면 다음과 같다.

$$\left[\frac{1}{K} \sum_{k=1}^{K} (\hat{\beta}_{1k} - \hat{\beta}_{0k})^2 \right]^{\frac{1}{2}}$$

$$= \left[\frac{1}{2}(-1.1543 - 0)^2 + \frac{1}{2}(-0.0313 - 0)^2 \right]^{\frac{1}{2}}$$

$$= 0.8165 > e_1 = 10^{-4}$$

이제 1회차 반복계산단계의 계산결과를 바탕으로 개인별 승용차 선택확률을 계산해보자. 1회차 반복계산단계에서 발견된 $\hat{\beta}_1 = [\hat{\beta}_{11}, \hat{\beta}_{12}]' = [-1.1543 \ -0.0313]'$의 값을 식 〈1〉에 대입하면 개인별 승용차 선택확률은 다음과 같이 계산된다.

$$P_1(A) = \frac{1}{1 + e^{1.1543 + 0.0313(48.5)}} = 0.0646$$

$$P_2(A) = \frac{1}{1 + e^{1.1543 + 0.0313(-24.4)}} = 0.4036$$

$$P_3(A) = \frac{1}{1 + e^{1.1543 + 0.0313(-82.8)}} = 0.8080$$

$$P_4(A) = \frac{1}{1 + e^{1.1543 + 0.0313(24.6)}} = 0.1274$$

$$P_5(A) = \frac{1}{1 + e^{1.1543 + 0.0313(31.6)}} = 0.1050$$

$$P_6(A) = \frac{1}{1 + e^{1.1543 + 0.0313(-91)}} = 0.8447$$

〈2회차 계산〉

② 로그우도함수의 선형근사단계 :

식 〈 3 〉에 의해 다음을 얻는다.

$$\begin{aligned}
\frac{\partial L(\hat{\beta}_1)}{\partial \beta_1} &= (0 - 0.0646)(1) + (0 - 0.4036)(1) \\
&\quad + (1 - 0.8080)(1) + (0 - 0.1274)(1) \\
&\quad + (0 - 0.1050)(1) + (1 - 0.8447)(1) = -0.3533
\end{aligned}$$

식 〈 4 〉에 의해 다음을 얻는다.

$$\begin{aligned}
\frac{\partial L(\hat{\beta}_1)}{\partial \beta_2} &= (0 - 0.0646)(52.9 - 4.4) + (0 - 0.4036)(4.1 - 28.5) \\
&\quad + (1 - 0.8080)(4.1 - 86.9) + (0 - 0.1274)(56.2 - 31.6) \\
&\quad + (0 - 0.1050)(51.8 - 20.2) + (1 - 0.8447)(0.2 - 91.2) \\
&= -29.7672
\end{aligned}$$

로그우도함수의 2차 편미분 값은 식 〈 9 · 21 〉을 이용해 다음과 같이 구해진다.

$$\begin{aligned}
\frac{\partial^2 L(\hat{\beta}_1)}{\partial \beta_1^{\,2}} &= -(0.0646)(0.9354)(1)^2 - (0.4036)(0.5964)(1)^2 \\
&\quad - (0.8080)(0.1920)(1)^2 - (0.1274)(0.8726)(1)^2 \\
&\quad - (0.1050)(0.8950)(1)^2 - (0.8447)(0.1553)(1)^2 \\
&= -0.7926
\end{aligned}$$

$$\begin{aligned}
\frac{\partial^2 L(\hat{\beta}_1)}{\partial \beta_1 \partial \beta_2} &= -(0.0646)(0.9354)(1)(48.5) \\
&\quad - (0.4036)(0.5964)(1)(-24.4)
\end{aligned}$$

$$-(0.8080)(0.1920)(1)(-82.8)$$
$$-(0.1274)(0.8726)(1)(24.6)$$
$$-(0.1050)(0.8950)(1)(31.6)$$
$$-(0.8447)(0.1553)(1)(-91)=22.0210$$

$$\frac{\partial^2 L(\hat{\beta}_1)}{\partial \beta_2 \partial \beta_1}=\frac{\partial^2 L(\hat{\beta}_1)}{\partial \beta_1 \partial \beta_2}=22.0210$$

$$\frac{\partial^2 L(\hat{\beta}_1)}{\partial \beta_2^{\,2}}=-(0.0646)(0.9354)(48.5)^2$$
$$-(0.4036)(0.5964)(-24.4)^2$$
$$-(0.8080)(0.1920)(-82.8)^2$$
$$-(0.1274)(0.8726)(24.6)^2$$
$$-(0.1050)(0.8950)(31.6)^2$$
$$-(0.8447)(0.1553)(-91)^2=-2,596.4663$$

따라서 다음을 얻는다.

$$\nabla L(\hat{\beta}_1)=\begin{bmatrix} -0.3533 \\ -29.7672 \end{bmatrix}$$

$$\nabla^2 L(\hat{\beta}_1)=\begin{bmatrix} -0.7926 & 22.0210 \\ 22.0210 & -2,596.4663 \end{bmatrix}$$

③ 새로운 파라미터 값의 발견단계:

식 〈9·8〉을 이용하여 $\hat{\beta}_2$의 값을 다음과 같이 발견한다.

$$\hat{\beta}_2=\hat{\beta}_1-[\nabla^2 L(\hat{\beta}_1)]^{-1}\nabla L(\hat{\beta}_1)$$

$$=\begin{bmatrix} -1.1543 \\ -0.0313 \end{bmatrix}-\frac{1}{1,573.0348}\begin{bmatrix} -2,596.4663 & -22.0210 \\ -22.0210 & -0.7926 \end{bmatrix}\begin{bmatrix} -0.3533 \\ -29.7672 \end{bmatrix}$$

$$=\begin{bmatrix} -2.1542 \\ -0.0512 \end{bmatrix}$$

④ 수렴여부 검사단계: 수렴여부의 검사를 위해 식 〈9·9〉의 판단기준을 적용하면 다음과 같다.

$$\left[\frac{1}{K}\sum_{k=1}^{K}(\hat{\beta}_{2k}-\hat{\beta}_{1k})^2\right]^{\frac{1}{2}}$$

$$=\left\{\frac{1}{2}\left[-2.1542-(-1.1543)\right]^2+\frac{1}{2}\left[-0.0512-(-0.0313)\right]^2\right\}^{\frac{1}{2}}$$

$$=0.7072>e_1=10^{-4}$$

따라서 2회차 반복계산의 결과는 수렴여부의 검사를 위한 판단기준을 충족시키지 못함을 알 수 있다. 아무튼 2회차 반복계산의 결과를 정리하면 다음과 같다.

$$\hat{\beta}_2=\left[\begin{array}{c}\hat{\beta}_{21}\\\hat{\beta}_{22}\end{array}\right]=\left[\begin{array}{c}-2.1542\\-0.0512\end{array}\right]$$

제 4 절 로짓모형의 추정결과 검토

1. 모형의 적합도

모형이 추정되고 나면 추정된 모형이 관측된 자료를 얼마나 잘 설명하는가를 살펴볼 필요가 있다. 확률선택모형에서 모형 전체의 적합도(goodness of fit)를 나타내기 위해 ρ^2(rho-squared: likelihood ratio index라 불림)이 주로 사용된다. ρ^2은 다음과 같이 계산된다.

$$\rho^2=1-\frac{L(\hat{\beta})}{L(0)} \qquad\qquad \langle 9\cdot22\rangle$$

여기서 $L(0)$은 모형에서의 모든 계수 β_1, β_2, $\cdots$, β_K의 값이 0일 때의 로그우도함수(log likelihood function)의 값이다. 이 $L(0)$은 이항선택모형에서는 두 가지의 대안이 각기 선택될 확률이 $\frac{1}{2}$인 모형의 로그우도(log likelihood)라 볼 수 있다. 한편 $L(\hat{\beta})$은 로그우도함수의 최대치에서의 로그우도함수의 값이다.

ρ^2은 회귀분석에서의 R^2과 마찬가지로 0과 1 사이의 값을 가지며, 1에 가까울수록 좋은 적합도를 나타낸다. ρ^2은 일반적으로 R^2보다 비교적 작은

값을 가지는데, ρ^2의 값이 0.2와 0.4 사이의 값만 가져도 추정된 모형이 아주 좋은 적합도를 가지는 것으로 평가할 수 있다(McFadden, 1976: 41).

한편 확률선택모형에서 모형 전체의 적합도를 나타내기 위해 종종 $\bar{\rho}^2$ (rho-squared bar: adjusted likelihood ratio index라 불림)가 사용되기도 하는데, $\bar{\rho}^2$는 다음과 같이 계산된다.

$$\bar{\rho}^2 = 1 - \frac{L(\hat{\beta}) - K}{L(0)} \qquad \langle 9 \cdot 23 \rangle$$

단, K=추정된 파라미터의 수(상수 포함)

식 $\langle 9 \cdot 23 \rangle$에서 보는 바와 같이 $\bar{\rho}^2$는 식 $\langle 9 \cdot 22 \rangle$에 나타낸 ρ^2과 비슷하지만, 추정된 파라미터의 수(K)로 수정된 점이 다를 뿐이다. 일반적으로 ρ^2은 모형의 설명변수의 수가 증가함에 따라 커지는 경향이 있는데, $\bar{\rho}^2$를 모형의 적합도 측정을 위해 사용하면 모형의 설명변수의 수에 따라 수정된 적합도를 측정할 수 있게 된다(Ben-Akiva and Lerman, 1985: 167).

2. 가설검정

(1) 추정된 하나의 모형을 대상으로 한 가설검정

① 개별 계수에 대한 가설검정

확률선택모형에서도 제 4 장에서 살펴본 회귀모형에서와 마찬가지로 개별 계수들의 추정치가 통계적으로 어느 정도 신뢰성이 있는지 살펴볼 필요가 있다. 이를 위해서 우리는 회귀모형에서와 마찬가지로 개별 계수들에 대한 가설을 설정하고 이를 검정하여야 하는데, 이러한 가설검정(假說檢定)의 원리는 제 4 장에서 살펴본 회귀모형의 경우와 기본적으로 동일하다고 볼 수 있다.

개별 계수들의 추정치가 통계적 의미를 가지는 것인지를 살펴보기 위하여 가장 전형적으로 설정되는 가설은 다중회귀모형(多重回歸模型)의 경우와 마찬가지로 다음과 같다.

H_0: $\beta_k = 0$
H_1: $\beta_k \neq 0$

단, $k = 1, 2, 3, \cdots, K$

이렇게 설정된 가설을 검정하기 위한 검정통계량(檢定統計量)으로 t-통계량을 사용하는 것도 회귀분석의 경우와 같다. 따라서 여기서는 이러한 가설검정의 기본원리에 대한 설명 대신에 Cambridge Systematics(1976)가 워싱턴지역의 자료를 이용하여 추정한 이항로짓모형을 예로 살펴보자. 〈표 9-3〉은 워싱턴지역의 자료를 이용한 이항로짓모형의 추정결과를 나타낸다.

〈표 9-3〉에서 보는 바와 같이 두 번째 변수인 차내통행시간을 위한 계수를 제외하고는 파라미터(parameter)가 0이라는 귀무가설(H_0)이 10% 유의수준에서 모두 기각됨을 알 수 있다. 한편 유의수준을 5%로 했을 경우에는 5번째 변수인 대중교통수단요금과 7번째의 더미변수도 H_0: $\beta_k = 0$이라는 귀무가설을 기각시키지 못한다. 아무튼 회귀모형에서도 논의하였듯이 통계적

〈표 9-3〉 워싱턴지역의 자료를 이용하여 추정된 이항로짓모형

(대안 1: 승용차, 대안 2: 대중교통수단)

변수번호	변수명	계수의 추정치	표준오차	t-값
1	승용차 상수 (대안 1)	1.454	0.393	3.70
2	차내통행시간(분) (대안 1, 2)	-0.00897	0.00630	-1.42
3	차외통행시간(분) (대안1, 2)	-0.0308	0.0106	-2.90
4	승용차통행비용(¢) (대안 1)	-0.0115	0.00262	-4.39
5	대중교통수단요금 (대안 2)	-0.00708	0.00378	-1.87
6	가구의 자동차 보유대수 (대안 1)	0.770	0.213	3.16
7	직장이 도심지인지를 나타내는 더미변수 (대안 1)	-0.561	0.306	-1.84

주: 1) 설명변수들은 각 변수명의 아래 괄호 속에 나열된 대안에 대하여 추정된 계수값을 취함.
   2) 종속변수들은 선택된 대안에 대해 1의 값을 취하고, 선택되지 않은 대안에 대해 0의 값을 취함.
   3) 표본수 = 1,476
   $L(0) = -1,023$
   $L(\hat{\beta}) = -347.4$
   $\rho^2 = 0.660$

분석이란 정도의 문제라는 점을 감안한다면 10% 유의수준이라 해서 무의미하다고 할 수는 없다.

② 모형에 대한 가설검정

앞서 우리는 개별 계수의 추정치가 통계적으로 믿을 만한 것인지 검정하는 문제를 살펴보았는데, 이 개별검정(個別檢定)으로 모형 자체에 대한 판단을 완전히 할 수 없음은 다중회귀모형(多重回歸模型)에서의 경우와 같다고 볼 수 있다. 이제 모형의 통계적 유의성을 전체적으로 검정하기 위한 가설과 검정통계량에 대해 구체적으로 살펴보자.

모형의 통계적 유의성을 전체적으로 검정하기 위해 대안특유의 상수(alternative-specific constant)를 포함한 모든 파라미터가 0이라는 귀무가설(H_0)을 검정해야 할 경우가 있을 것이다. 이때 우리는 귀무가설(H_0)과 대립가설(H_1)을 다음과 같이 설정한다.

H_0: $\beta_1 = \beta_2 = \beta_3 = \cdots = \beta_K = 0$
H_1: 모든 β_k가 0이 되는 것은 아니다.

이와 같이 설정된 가설을 검정하기 위해 쓰이는 검정통계량은 $-2[L(0) - L(\hat{\beta})]$이다. 이렇게 계산된 통계량을 유의수준 α와 자유도 K(모형에서 추정된 파라미터의 수)를 적용하여 χ^2분포표에서 찾은 χ^2값과 비교하여 귀무가설의 기각여부를 판정하게 된다.

한편 대안특유의 상수를 제외한 나머지 모든 파라미터가 0이라는 귀무가설(H_0)을 검정해야 할 경우가 있을 수도 있다. 이 경우의 귀무가설(H_0)과 대립가설(H_1)은 다음과 같다.

H_0: 대안특유의 상수를 제외한 나머지 모든 파라미터가 0이다.
H_1: 대안특유의 상수를 제외한 모든 파라미터가 0이 되는 것은 아니다.

이와 같이 설정된 가설을 검정하기 위해 쓰이는 검정통계량은 $-2[L(c) - L(\hat{\beta})]$이다. 여기서 $L(c)$는 설명변수로서 오직 대안특유의 상수만이 모형에 포함되어 있을 때의 로그우도함수(log likelihood function)의 값이다. 이렇게 계산된 통계량을 유의수준 α와 자유도 K(추정된 파라미터의 수)－J(대안의 수)+1을 적용하여 χ^2분포표에서 찾은 χ^2값과 비교하여 귀무가설의 기각여부를 판정하게 된다. 만약 계산된 검정통계량이 χ^2분포표에서 찾은 χ^2값보다 크면 귀무가설(H_0)은 기각되고, 추정된 모형이 전체적으로 믿을 수 있는 것이라고 할 수 있다.

(2) 시장분할된 소집단별 모형의 비교를 위한 가설검정

① 개별 계수의 비교를 위한 가설검정

우리는 종종 사회경제적 특성에 따라 소집단(subgroup)으로 구분하여 소집단별 모형을 따로 추정하여 비교를 하기도 한다. 이처럼 표본 전체를 소집단으로 구분하는 것을 시장분할(market segmentation)이라고 하는데, 시장분할된 소집단별로 모형을 추정한 후 두 소집단의 개별 계수가 통계적으로 충분히 다른지를 검정하기 위해서는 다음과 같은 귀무가설(H_0)과 대립가설(H_1)이 설정된다.

$$H_0:\ \beta_k^1 = \beta_k^2$$
$$H_1:\ \beta_k^1 \neq \beta_k^2$$

단, $k = 1, 2, 3, \cdots, K$
  $\beta_k^1 =$ 소집단 1의 k번째 계수
  $\beta_k^2 =$ 소집단 2의 k번째 계수

이렇게 설정된 가설을 검정하기 위한 검정통계량으로는 t-통계량이 사용되는데, 이때 사용되는 t-통계량은 다음과 같이 계산된다(Ben-Akiva and Lerman, 1985: 202).

$$t = \frac{\hat{\beta}_k^1 - \hat{\beta}_k^2}{\sqrt{var(\hat{\beta}_k^1) + var(\hat{\beta}_k^2)}} \qquad\qquad \langle 9 \cdot 24 \rangle$$

단, $var(\hat{\beta}_k^1) =$ 추정계수 $\hat{\beta}_k^1$의 분산
  $var(\hat{\beta}_k^2) =$ 추정계수 $\hat{\beta}_k^2$의 분산

이렇게 계산된 t-값과 t-분포표에서 가설검정을 위한 유의수준 α에 따라 찾은 t-값을 비교하여 귀무가설(H_0)의 기각여부를 판정하게 된다.

예제 9-3   윤대식, 김기혁, 배영석, 김경식(1995)은 승용차 소유여부 선택의 연령그룹별 모형을 추정하여 〈표〉와 같은 결과를 얻었다. 30세 이하와 31세 이상 직장인으로 시장분할한 후 추정된 로짓모형에서 설명변수로 사용된 성별, 개인소득, 운전면허 소지여부, 직주간 시간거리의 4가지 변수의 개별 계수값이 두 소집단간에 통계적으로 충분히 다른지 검정하시오.

〈표〉 승용차 소유여부 선택의 연령그룹별 로짓모형 추정결과

설명변수	추정계수(추정계수의 표준오차)	
	30세 이하 연령그룹	31세 이상 연령그룹
성별(남성 1, 여성 0)	1.2913(0.3783)	0.2684(0.3412)
개인소득 (단위: 만원)	0.0270(0.0054)	0.0108(0.0025)
운전면허 소지여부 (있다 1, 없다 0)	18.8411(1,477.10)	4.6706(0.5715)
직주간 시간거리 (단위: 분)	0.0280(0.0153)	0.0526(0.0116)
더미상수	-23.2270(1,477.10)	-6.1552(0.8303)
표본수	477	437
$L(0)$	-330.63	-302.91
$L(\hat{\beta})$	-125.92	-170.91
ρ^2	0.6192	0.4358

주: 모형의 추정계수는 모두 승용차를 소유하는 대안에 대한 추정치임.

◆ 풀이 ◆   두 소집단의 개별 계수가 통계적으로 충분히 다른지를 검정하기 위한 t-통계량은 다음과 같이 계산된다.

$$t(성별) = \frac{1.2913 - 0.2684}{\sqrt{0.3783^2 + 0.3412^2}} = 2.0079$$

$$t(개인소득) = \frac{0.0270 - 0.0108}{\sqrt{0.0054^2 + 0.0025^2}} = 2.7224$$

$$t(운전면허 소지여부) = \frac{18.8411 - 4.6706}{\sqrt{1,477.10^2 + 0.5715^2}} = 0.0096$$

$$t(직주간\ 거리) = \frac{0.0280 - 0.0526}{\sqrt{0.0153^2 + 0.0116^2}} = -1.2812$$

이상의 계산결과로부터 우리는 두 연령그룹 사이에 성별과 개인소득의 계수는 통계적으로 충분히 다르고, 운전면허 소지여부와 직주간 거리의 계수는 통계적으로 충분히 다르지 않음을 알 수 있다.

② 모형 전체의 비교를 위한 가설검정

앞서 우리는 개별 계수의 비교를 위한 가설검정의 문제를 논하였는데, 이 개별검정으로는 시장분할된 여러 소집단의 모형 전체를 비교할 수는 없다. 우리는 종종 소집단으로 구분하여 모형을 추정하고, 이 추정결과를 전체 표본을 이용하여 추정된 모형의 결과와 비교할 경우가 있다. 이 경우 전체자료(full data set)를 이용하여 먼저 모형을 추정하고, 다음에 시장분할을 한 후 소집단별 모형을 추정하여 이를 비교하게 된다(Ben-Akiva and Lerman, 1985: 194-195).

만약 시장분할된 개별 소집단의 표본크기(sample size)를 $N_g(g=1, 2, \cdots, G)$라 두면 다음의 식이 성립한다.

$$\sum_{g=1}^{G} N_g = N \qquad\qquad \langle 9 \cdot 25 \rangle$$

단, $N =$ 전체 표본크기(full sample size)

시장분할된 소집단별 모형의 추정결과를 전체적으로 비교하기 위한 귀무가설(H_0)과 대립가설(H_1)은 다음과 같이 설정된다.

H_0: $\beta^1 = \beta^2 = \cdots = \beta^G$

H_1: 모든 β^g가 동일한 것은 아니다.

여기서 β^g는 시장분할된 소집단 g를 위한 계수의 벡터(vector of coefficients)이다. 그리고 이러한 가설을 검정하기 위해 쓰이는 검정통계량은 χ^2-통계량이며, 다음과 같이 계산된다.

$$\chi^2 = -2\Big[L_N(\hat{\beta}) - \sum_{g=1}^{G} L_{Ng}(\hat{\beta}^g)\Big] \qquad\qquad \langle 9 \cdot 26 \rangle$$

단, $L_N(\hat{\beta})$＝전체자료를 이용할 경우의 로그우도함수의 최대치에서의 로그우
도함수의 값

$\qquad$ $L_{Ng}(\hat{\beta}^g)$＝시장분할된 소집단의 표본자료를 이용할 경우의 로그우도함수
의 최대치에서의 로그우도함수의 값

이렇게 계산된 통계량을 우도비 검정통계량(likelihood ratio test
statistic)이라 하는데, 이 통계량을 다음과 같이 계산되는 자유도를 적용하여
χ^2분포표에서 찾은 χ^2값과 비교하여 귀무가설의 기각여부를 판정하게 된다.

$$자유도 = \sum_{g=1}^{G} K_g - K \qquad\qquad \langle 9 \cdot 27 \rangle$$

단, K_g＝시장분할된 소집단 g를 위한 추정 파라미터의 수(상수 포함)
$\qquad$ K＝전체자료를 이용하여 추정된 모형의 파라미터의 수(상수 포함)

예제 9-4   (예제 9-3)에 주어진 문제에서 두 연령그룹별 로짓모형의 모
든 계수값의 벡터가 통계적으로 같은지 검정하시오. 단, 두 연령그룹을 모
두 포함한 전체자료를 이용한 $L(\hat{\beta})$의 값은 −308. 64로 계산되었다. 아울러
전체자료를 이용하여 추정된 모형은 시장분할의 기준이 된 연령이 설명변
수로 포함되었다.

◆ 풀이 ◆   식 $\langle 9 \cdot 26 \rangle$을 이용하여 우도비 검정통계량($\chi^2$-통계량)을 계
산하면 다음과 같다.

$$\chi^2 = -2[-308. 64 - (-125. 92) - (-170. 91)] = 23. 62$$

한편 전체자료를 이용하여 추정된 모형은 연령을 포함하여 6개의 설명
변수를 가지므로 자유도는 식 $\langle 9 \cdot 27 \rangle$에 따라 다음과 같이 계산된다.

$$자유도 = (5+5) - 6 = 4$$

계산된 우도비 검정통계량 23.62는 유의수준 0.5%에서도 다음의 귀무
가설(H_0)이 기각되어 두 연령그룹간에 추정계수값의 벡터가 뚜렷이 다른

것을 알 수 있다.

H_0: β(30세 이하)$=\beta$(31세 이상)

H_1: β(30세 이하)$\neq\beta$(31세 이상)

제 5 절   로짓모형의 주요이슈

1. IIA문제

IIA(Independence from Irrelevant Alternatives: 비관련 대안으로부터의 독립성)문제는 로짓모형이 가지는 바람직스럽지 못한 성질이다. 로짓모형이 가지는 IIA문제는 어떤 하나의 대안의 다른 대안에 대한 상대적 선택확률은 선택 가능한 다른 제3의 대안의 존재여부에 영향을 받지 않는다는 것이다. 이러한 성질은 식으로 표현하면 쉽게 알 수 있다.

$$\frac{P_n(i)}{P_n(l)}=\frac{\dfrac{e^{V_{in}}}{\sum\limits_{j=1}^{J}e^{V_{jn}}}}{\dfrac{e^{V_{ln}}}{\sum\limits_{j=1}^{J}e^{V_{jn}}}}=\frac{e^{V_{in}}}{e^{V_{ln}}}=e^{V_{in}-V_{ln}} \qquad \langle\,9\cdot28\,\rangle$$

식 〈9·28〉에서 보는 바와 같이 대안간 선택확률의 비율은 고려중인 두 가지 대안의 효용에 의해서만 결정되고, 다른 어떤 것에도 영향을 받지 않음을 알 수 있다. 이러한 IIA성질은 각 대안의 확률적 효용이 서로 독립적이라는 가정에 연유한다. 그러나 이러한 가정이 적용될 수 없는 상황이 있을 수 있다. 바로 이러한 경우에 로짓모형이 가지는 IIA성질은 예측의 오류를 낳을 수 있다.

예를 들어 어떤 도시에서 교통수단으로 승용차와 버스의 선택확률이 각각 0.5라 하자.

$$P_n(\text{승용차})=\frac{1}{2}$$

$$P_n(\text{버스}) = \frac{1}{2}$$

이제 또 다른 버스 서비스가 새로이 공급되는데, 기존의 버스와는 오직 버스의 페인트색만이 다르다고 하자. 그래서 선택 가능한 교통수단으로 승용차, 빨간 버스, 파란 버스의 세 가지가 있을 때 이들 세 가지 교통수단의 선택확률은 IIA성질에 의해 다음과 같이 예측된다.

$$P_n(\text{승용차}) = \frac{1}{3}$$

$$P_n(\text{빨간 버스}) = \frac{1}{3}$$

$$P_n(\text{파란 버스}) = \frac{1}{3}$$

왜냐하면 IIA성질에 의하여

$$\frac{P_n(\text{승용차})}{P_n(\text{버스})} = 1$$

이 성립하며, 따라서 $P_n(\text{승용차})$, $P_n(\text{빨간 버스})$, $P_n(\text{파란 버스})$이 모두 같은 값을 가질 것으로 예측된다.

그러나 로짓모형을 이용한 이러한 예측은 우리의 직관적인 판단과는 일치하지 않는다. 통행자들은 빨간 버스와 파란 버스를 같은 대안으로 취급하고, 실제로는 다음과 같은 선택확률을 보일 것이다.

$$P_n(\text{승용차}) = \frac{1}{2}$$

$$P_n(\text{빨간 버스}) = \frac{1}{4}$$

$$P_n(\text{파란 버스}) = \frac{1}{4}$$

지금까지 살펴본 예는 비록 극단적인 예이긴 하지만, 의사결정주체에게 비슷하게 느껴지는 대안의 선택확률은 로짓모형에서 과대예측(overprediction)되는 경향이 있음을 보여준다. 바로 이러한 IIA문제가 로짓모형이 가지는 커다란 결점이다. 따라서 로짓모형의 적용에 있어서 대안의 정의와 구분은 대단히 중요하다. 이와 같은 IIA문제 때문에 로짓모형에서 선택대안의 집합은 뚜렷이 그 속성이 다른 대안들로 구분되어야 한다. 왜냐하면 대안들끼리 뚜렷이 구별될 수 있을 때만 각 대안의 확률적 효용이 상호 독립적이되고, 이때 로짓모형을 이용한 예측이 정확할 수 있기 때문이다.

로짓모형에서 IIA성질이 문제시될 경우에 추정계수의 값은 정확한 것이 못된다. IIA문제를 완화시키기 위해서는 결정적 효용함수의 모형을 아주 구체적이고 상세히 정립함으로써 대안간의 확률적 효용요소의 상관성을 줄일수 있을 것이다. 또한 시장분할(market segmentation)을 통하여 각 소집단(subgroup)별로 로짓모형을 따로 추정하여 IIA문제를 없앨 수도 있다. 그리고 제10장에서 논의될 네스티드 로짓모형(nested logit model)의 활용을 통해서도 IIA문제를 극복할 수 있다. 이 네스티드 로짓모형의 추정결과는 확률적효용의 대안간 상관성(inter-alternative correlations) 여부를 나타내 주기도 한다.

2. 정책분석을 위한 모형의 활용

우리가 추정한 로짓모형이 일정한 유의수준에서 통계적으로 의미가 있는 것으로 밝혀지면 우리는 이 모형을 여러 가지 가능한 정책변화의 영향을 파악하는 데 활용할 수 있다. 정책분석을 위해 모형을 활용하기 위해서는 정책수단으로 활용이 가능한 변수들을 모형에 포함시키는 작업이 선행되어야 한다.

앞서 살펴본 교통수단 선택모형에서 정책변수로서 쓰일 수 있는 변수로는 대중교통수단의 요금이 있다. 대중교통수단요금은 중앙 혹은 지방정부가 요금결정과정에 직접 혹은 간접적으로 개입한다는 점에서 중요한 정책변수라 할 수 있다. 이것 외에도 교통수단 선택모형에서 승용차의 주차요금, 대중교통수단의 운행시격(運行時隔; headway), 대중교통수단의 환승대기시간(transfer waiting time) 등도 정책변수로 쓰일 수 있다. 이들 변수들은 모두 개인들의 교통수단 선택에 영향을 미치면서 공공의 정책수단으로 쓰일 수 있는 변수들이다(윤대식, 윤성순, 1998: 317).

다양한 정책시나리오에 따라 의사결정주체의 선택행태가 어떻게 변할 것인지를 예측하고자 할 때, 자료가 수집된 모든 표본을 대상으로 하나의 모형을 추정한 후 이를 이용하여 정책변화의 효과를 예측할 수 있다. 또한 자료가 수집된 표본을 사회경제적 특성에 따라 몇 개의 소집단(subgroup)으로 구분하고, 이들 소집단별로 모형을 추정하여 구분된 소집단에 따라 각기 다른 정책효과를 분석할 수도 있다. 아울러 소집단별로 모형을 추정하는 경우 어떤 정책변수의 변화에 따른 전체 선택확률의 변화는 다음과 같이 계산된다(McFadden, 1976: 56).

전체 선택확률의 변화

$$= \sum_{g=1}^{G} (\text{소집단 } g\text{의 선택확률 변화} \times \text{전체에서 소집단 } g\text{가 차지하는 인구의 비중}) \qquad \langle 9 \cdot 29 \rangle$$

연습문제

9-1. 소도시인 K시에서 선택 가능한 교통수단은 승용차와 버스의 두 가지이고, 이 도시의 시민들이 선택 가능한 쇼핑 몰(shopping mall)은 쇼핑 몰 1과 쇼핑 몰 2의 두 가지이다. K시에서는 토요일 오후 2시에서 6시 사이에 900대의 쇼핑통행이 두 쇼핑목적지를 향해 발생한다. K시의 쇼핑통행을 위한 교통수단 선택의 로짓모형은 다음과 같이 추정되었다.

$$V_A = 0.6 - 0.3T + 0.12S$$
$$V_B = -0.3T + 0.12S$$

단, V_A = 승용차의 결정적 효용
V_B = 버스의 결정적 효용
T = 통행시간(단위: 분)
S = 쇼핑 몰의 면적(단위: 천평)

K시의 시민들이 쇼핑 몰 1로 가는 데 걸리는 평균통행시간은 승용차의 경우 8분, 버스의 경우 14분으로 알려져 있다. 아울러 쇼핑 몰 2로 가는 데 걸리는 평균통행시간은 승용차의 경우 15분, 버스의 경우 22분으로 알려져 있다. 만약 쇼핑 몰 1의 면적이 25,000평이고, 쇼핑 몰 2의 면적이 40,000평이라면 K시에서 토요일 오후 2시에서 6시 사이에 두 쇼핑

몰 1과 2로 가는 승용차와 버스의 통행량은 각각 얼마가 될지 로짓모형을 이용하여 예측하시오.

9-2. 선택대안이 4개인 다항로짓모형에서 최대한 몇 개의 대안특유의 상수(alternative-specific constant)가 모형에 포함될 수 있는가? 그리고 그 이유를 설명하시오.

9-3. Cambridge Systematics(1976)가 추정한 교통수단 선택의 이항로짓모형(〈표 9-1〉 참조)에서 차내통행시간은 일반적 변수(generic variable)로 모형에 포함되어 있다. 그러나 승용차의 차내통행시간과 대중교통수단의 차내통행시간은 개인의 효용에 각기 다른 효용을 미치는 것으로도 볼 수 있다. 이때 우리는 이 변수를 대안특유의 변수(alternative-specific variable)로 모형에 포함할 수 있을 것이다. 대안특유의 변수로 모형에 포함했을 때 승용차의 차내통행시간과 대중교통수단의 차내통행시간에 대한 추정계수값 가운데 어느 것이 더 큰 값을 가질 것으로 생각되는지 논의해 보시오.

9-4. (예제 9-2)에 주어진 문제에서 로짓모형의 추정을 위해 수집된 자료가 〈표〉에서 보는 바와 같이 추가적으로 확보되었다고 한다. Newton-Raphson 알고리즘을 이용하여 로짓모형의 파라미터를 추정하시오. 단, 반복계산은 5회차 계산까지 하시오.

〈표〉 로짓모형의 추정을 위해 수집된 자료

개인번호(n)	승용차 통행시간(단위: 분)	대중교통 통행시간(단위: 분)	선택된 대안
1	52.9	4.4	대중교통
2	4.1	28.5	대중교통
3	4.1	86.9	승용차
4	56.2	31.6	대중교통
5	51.8	20.2	대중교통
6	0.2	91.2	승용차
7	27.6	79.7	승용차
8	89.9	2.2	대중교통
9	41.5	24.5	대중교통
10	95.0	43.5	대중교통
11	99.1	8.4	대중교통
12	18.5	84.0	승용차

13	82.0	38.0	승용차
14	8.6	1.6	대중교통
15	22.5	74.1	승용차
16	51.4	83.8	승용차
17	81.0	19.2	대중교통
18	51.0	85.0	승용차
19	62.2	90.1	승용차
20	95.1	22.2	대중교통
21	41.6	91.5	승용차

9-5. 윤대식, 김기혁, 배영석, 김경식(1995)은 승용차 소유여부 선택의 로짓 모형을 표본 전체를 이용하여 추정하고, 다음에 성별로 시장분할을 한 후 성별 모형을 〈표〉와 같이 추정하였다.

(1) 남성과 여성의 두 그룹 사이에 연령, 개인소득, 운전면허 소지여부, 직주간 시간거리의 4가지 변수의 개별 계수값이 통계적으로 충분히 다른지 가설검정의 원리를 이용하여 검토하시오.

(2) 남성과 여성의 두 그룹 사이에 로짓모형의 모든 계수값의 벡터가 통계적으로 충분히 다른지 가설검정의 원리를 이용하여 검토하시오.

〈표〉 승용차 소유여부 선택의 로짓모형 추정결과

설명변수	추정계수(추정계수의 표준오차)		
	표본 전체	남 성	여 성
성별(남성 1, 여성 0)	0.7410		
연령	0.0493	0.0283(0.0132)	0.1486(0.0303)
개인소득(단위: 만원)	0.0147	0.0154(0.0030)	0.0131(0.0037)
운전면허 소지여부 (있다 1, 없다 0)	5.1878	5.6231(0.8155)	5.5976(1.0738)
직주간 시간거리 (단위: 분)	0.0460	0.0442(0.0106)	0.0636(0.0202)
더미상수	-9.5474	-8.5395(1.0345)	-13.2726(1.9680)
표본수	914	546	368
$L(0)$	-633.54	-378.46	-255.08
$L(\hat{\beta})$	-308.64	-236.16	-63.515
ρ^2	0.5128	0.3760	0.7510

주: 모형의 추정계수는 모두 승용차를 소유하는 대안에 대한 추정치임.

9-6. 로짓모형이 가지는 IIA성질을 설명하고, 어떤 경우에 로짓의 IIA성질이
문제가 되는지 설명해 보시오.

참고문헌

윤대식, 김기혁, 배영석, 김경식(1995). "직장인의 승용차 소유여부 선택행태에 관
한 연구". 대한교통학회지, 제13권 제 4 호: 61-77.

윤대식, 윤성순(1998). 도시모형론. 제 2 판. 서울: 홍문사.

Ben-Akiva, M., S. Lerman, W. A. Jessiman, R. L. Albright, and R. E.
Nestle(1976). *A Behavioral Analysis of Automobile Ownership and Modes of
Travel.* Vol. 1-4, Prepared for USDOT, Office of the Secretary for Policy
Planning and International Affairs, and FHWA, Washington, D.C.

Ben-Akiva, M. and S. R. Lerman(1985). *Discrete Choice Analysis: Theory and
Application to Travel Demand.* Cambridge: The MIT Press.

Cambridge Systematics, Inc.(1976). *A Behavioral Analysis of Automobile
Ownership and Modes of Travel.* Prepared for USDOT and FHWA,
Washington, D.C.

McFadden, D.(1976). *The Theory and Practice of Disaggregate Demand
Forecasting for Various Modes of Urban Transportation.* University of
California-Berkeley, Institute of Transportation Studies, Working Paper No.
7623.

Train, K.(1986). *Qualitative Choice Analysis: Theory, Econometrics, and an
Application to Automobile Demand.* Cambridge: The MIT Press.

제 10 장

네스티드 로짓모형

제 1 절 네스티드 로짓모형의 의의

1. 표준로짓모형의 취약점

네스티드 로짓모형(nested logit model)은 앞서 살펴본 표준로짓모형 (standard logit model)이 가진 결점을 보완하기 위해 개발되었다. 네스티드 로짓모형의 유용성을 살펴보기 위해 표준로짓모형의 취약점을 다시 살펴보자(윤대식, 윤성순, 1998: 321; Dae-Sic Yun, 1990: 48-50).

첫째, IIA(Independence from Irrelevant Alternatives)성질이 더 이상 유효하지 않을 것으로 판단되는 상황에서 표준로짓모형을 사용할 경우 우리의 직관적인 판단과는 거리가 먼 예측을 유도할 수 있다. 각 대안의 확률적 효용이 서로 독립적이라는 가정이 통하지 않을 경우 IIA성질이 문제가 되며, 이때 앞서 살펴본 표준로짓모형을 이용하게 되면 문제가 된다는 것이다. 이런 경우 네스티드 로짓모형을 이용함으로써 IIA문제를 해결할 수 있다.

둘째, 앞서 살펴본 표준로짓모형은 선택대안의 수가 많을 경우 분석자가 너무 많은 대안을 평가하는 데 어려움이 많다는 제약점을 가진다. 예컨대 분석자가 어떤 도시에 사는 시민들의 쇼핑통행패턴을 분석하기 위해 쇼핑목적지, 이용교통수단, 통행경로의 선택 등 여러 가지 측면의 선택행태를 모형으로 나타내고자 하는 경우를 생각해 보자. 이 경우에 만약 쇼핑목적지의 대안이 10가지, 교통수단의 대안이 3가지, 통행경로의 대안이 3가지가 각각 있다면 분석자는 90가지의 대안들의 조합을 가질 것이고, 이들 90가지 대안들을 위한 효용함수의 모형정립을 시도해야 한다. 그러나 90가지 대안들에 대한 자료를 수집하고 모형정립을 시도하는 것은 현실적으로 극히 어렵다고 할 수 있다. 따라서 표준로짓모형은 이런 경우에 적용하기가 부적절하게 된다. 또한 이렇게 선택대안의 수가 많을 때는 표준로짓모형을 이용하게 되면 IIA성질이 문제가 될 가능성이 커지게 됨은 물론이다. 이런 경우 우리는 네스티드 로짓모형을 이용함으로써 문제를 해결할 수 있다.

2. 네스티드 로짓모형의 활용이 가능한 상황

네스티드 로짓모형은 바로 이와 같은 로짓모형의 두 가지 취약점을 극복하기 위해 개발되었다. 네스티드 로짓모형에서는 더 이상 IIA성질이 문제가 되지 않으며, 모형정립의 어려움도 해결할 수 있다. 또한 네스티드 로짓모형은 대안들의 확률적 효용들의 상관성 여부를 진단할 수 있게 한다.

네스티드 로짓모형은 앞서 살펴본 다항로짓모형의 일반화된 형태로 볼 수 있다. 네스티드 로짓모형 구조의 기본 아이디어는 하나의 선택측면이 다른 선택측면과 분리되어 결정될 수 있는 계층적 구조를 가진다고 가정하는 것이다. 비록 실제로는 선택을 위한 의사결정이 동시에 이루어진다고 하더라

〈그림 10-1〉 표준로짓과 네스티드 로짓의 모형구조(선택의 차원이 1차원인 경우)

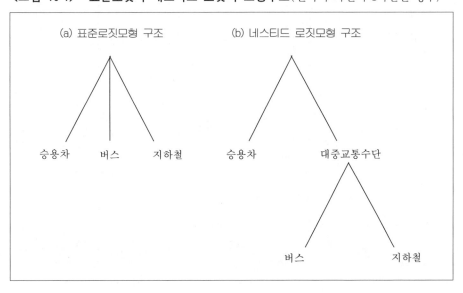

도 네스티드 로짓모형에서는 모형구조만을 단순히 계층화시켜 표현할 뿐이며, 의사결정의 순서가 꼭 계층화되어 있음을 가정하는 것은 아니다.

　　이제 네스티드 로짓모형이 활용될 수 있는 실제 상황을 생각해 보자. 네스티드 로짓모형은 선택의 차원(dimensions of choice)은 단순히 1차원인데, 오직 IIA문제를 해결하기 위해 활용될 수 있음을 앞서 살펴보았다. 예컨대 어떤 도시에서 선택 가능한 교통수단이 승용차·버스·지하철의 세 가지가 있다고 가정하자. 이 도시에 사는 시민들의 교통수단 선택의 행태를 분석하기 위해서 〈그림 10-1〉에서 보는 바와 같이 표준로짓모형을 이용할 수도 있지만, 버스와 지하철은 대안의 속성이 비교적 비슷하여 대안간 상호 대체싱(cross-alternative substitutability)이 클 것으로 판단되면 이들 두 가지 대안을 하나의 '네스트'(nest)로 묶는 네스티드 로짓모형 구조를 이용하여야 한다.

　　앞서 우리는 네스티드 로짓모형이 여러 가지 측면의 선택행태를 모형으로 나타내고자 하는 경우에 유용하게 쓰일 수 있음을 살펴보았다. 특히 대안의 수가 많아서 표준로짓모형으로는 모형정립이 불가능할 때 네스티드 로짓모형이 유용함을 알았다. 이제 시민들의 쇼핑통행패턴을 분석하기 위해 네스

〈그림 10-2〉　네스티드 로짓의 모형구조(선택의 차원이 3차원인 경우)

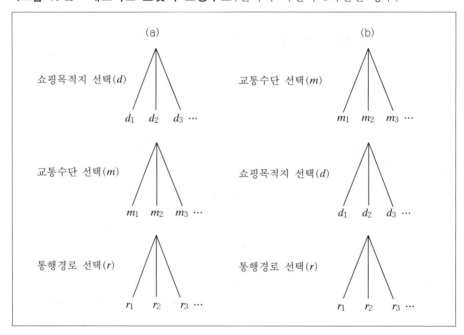

티드 로짓모형이 쓰이는 경우를 생각해 보자. 시민들의 쇼핑통행패턴의 분석을 위해 쇼핑목적지·교통수단·통행경로의 세 가지 측면이 고려될 수 있다면 〈그림 10-2〉와 같이 두 가지의 네스티드 로짓모형 구조가 이용될 수 있을 것이다. 〈그림 10-2〉에서 나타낸 두 가지의 모형구조 가운데 어느 것이 더 적절한 모형구조인가에 관한 해답은 모형의 추정결과를 보아야 논의가 가능하다.

3. 네스티드 로짓모형의 가정

이제 네스티드 로짓모형에서 어떻게 대안들이 분류되고 계층화되어야 하는지 살펴보자. 〈그림 10-1〉과 〈그림 10-2〉에서 보는 바와 같이 네스티드 로짓모형은 여러 개의 가지(branch)가 계층화되어 표현되는데, 비슷한 속성을 갖는 대안들은 같은 가지에 분류되어야 하고 대안들의 속성이 달라서 상호대체가 어려운 대안들은 각기 다른 가지에 분류되어 모형이 정립되어야 한다. 즉 쉽게 비교될 수 있는 대안들은 함께 분류되어야 하는데, 이처럼 함께 분류될 수 있는 그룹들을 '네스트'(nest)라 한다. 여기서 각각의 네스트에 속한 대안들은 표준로짓모형에 따라 평가된다.

실제 추정을 위한 네스티드 로짓모형의 '나무가지 구조'(tree structure)는 이처럼 분석자의 직관적인 판단이나 사전지식에 의존하지만, 경우에 따라서는 여러 가지의 '나무가지 구조'가 가능할 것으로 판단될 수도 있다. 이런 경우에는 어떤 모형구조가 가장 적절한 것인지 알기 위해서는 모든 가능한 모형구조를 이용해서 실제로 추정한 후에 모형의 적절성 여부를 판단할 수 있을 것이다. 물론 각기 다른 '나무가지 구조'는 대안간 확률적 효용의 상관성에 대한 각기 다른 가정을 근거로 한다.

〈그림 10-2〉의 (a)에 나타낸 네스티드 로짓모형을 위한 효용함수는 다음과 같이 표현된다(Ben-Akiva and Lerman, 1985: 291-292).

$$U_{dmr} = \tilde{V}_d + \tilde{V}_m + \tilde{V}_r + \tilde{V}_{dm} + \tilde{V}_{mr} + \tilde{V}_{dr} + \tilde{V}_{dmr} + \tilde{\varepsilon}_d + \tilde{\varepsilon}_{dm} + \tilde{\varepsilon}_{dmr},$$
$$\forall (d, m, r) \in C_n \qquad\qquad \langle 10 \cdot 1 \rangle$$

단, U_{dmr}＝쇼핑목적지 d, 교통수단 m, 통행경로 r로 이루어진 대안들의 집합 (C_n)에 속하는 어떤 대안의 총효용

$\tilde{V}_d$=쇼핑목적지 d에 속하는 모든 대안들에 공통적인 결정적 효용요소

$\tilde{V}_m$=교통수단 m에 속하는 모든 대안들에 공통적인 결정적 효용요소

$\tilde{V}_r$=통행경로 r에 속하는 모든 대안들에 공통적인 결정적 효용요소

$\tilde{V}_{dm}$=조합 (d, m) 특유의 나머지 결정적 효용요소

$\tilde{V}_{mr}$=조합 (m, r) 특유의 나머지 결정적 효용요소

$\tilde{V}_{dr}$=조합 (d, r) 특유의 나머지 결정적 효용요소

$\tilde{V}_{dmr}$=조합 (d, m, r) 특유의 나머지 결정적 효용요소

$\tilde{\varepsilon}_d, \ \tilde{\varepsilon}_{dm}, \ \tilde{\varepsilon}_{dmr}$=확률적 효용요소

한편 〈그림 10-2〉의 (b)에 나타낸 네스티드 로짓모형을 위한 효용함수
는 다음과 같이 표현된다.

$$U_{mdr}=\tilde{V}_m+\tilde{V}_d+\tilde{V}_r+\tilde{V}_{md}+\tilde{V}_{dr}+\tilde{V}_{mr}+\tilde{V}_{mdr}+\tilde{\varepsilon}_m+\tilde{\varepsilon}_{md}+\tilde{\varepsilon}_{mdr},$$
$$\forall(m, \ d, \ r)\in C_n \qquad\qquad \langle\, 10\cdot2\,\rangle$$

만약 〈그림 10-2〉의 (a)에 나타낸 쇼핑목적지 선택(d), 교통수단 선택
(m), 통행경로 선택(r)이 네스티드 로짓모형 대신에 표준로짓모형에 의해
표현된다면 효용함수는 다음과 같이 표현된다(Ben-Akiva and Lerman,
1985: 278).

$$U_{dmr}=\tilde{V}_d+\tilde{V}_m+\tilde{V}_r+\tilde{V}_{dm}+\tilde{V}_{mr}+\tilde{V}_{dr}+\tilde{V}_{dmr}+\varepsilon_{dmr} \qquad\qquad \langle\, 10\cdot3\,\rangle$$

제 2 절 네스티드 로짓모형의 구조와 추정

1. 모형의 구조

네스티드 로짓의 선택확률은 한계선택확률(marginal choice probability)
과 조건부 선택확률(conditional choice probability)의 곱으로 표현된다. 이제
선택의 행태가 3단계의 나무가지 구조(tree structure)에 의해 표현되는 네스
티드 로짓모형의 구조를 생각해 보자.

〈그림 10-3〉은 3단계로 표현되는 네스티드 로짓모형을 그림으로 나타낸
것이다. 〈그림 10-3〉에서 i, j, k는 선택의 측면을 나타낸다. 예를 들어 시민

들의 쇼핑통행패턴을 분석하기를 원한다면 i는 쇼핑목적지, j는 이용교통수단, k는 통행경로를 표현할 수 있다. 또한 쇼핑통행패턴의 분석시에 i는 이용교통수단, j는 쇼핑목적지, k는 통행경로를 표현할 수도 있다.

3단계의 나무가지 구조에 의해 표현되는 네스티드 로짓모형은 다음과 같이 계산된다.

$$P_n(ijk) = P_n(k \mid i,\ j) \cdot P_n(j \mid i) \cdot P_n(i) \qquad\qquad \langle 10 \cdot 4 \rangle$$

여기서 $P_n(k \mid i,\ j)$는 i와 j가 주어진 상황에서 k를 선택할 조건부 확률이다. $P_n(j \mid i)$는 i가 결정된 상황에서 j가 선택될 조건부 확률이다. $P_n(i)$는 i가 선택될 한계확률이다. 여기서 조건부(conditionality)의 방향은 앞서도 언급하였듯이 대안간 확률적 효용의 상관관계를 반영하는 것이며, 의사결정의 실질적인 순서를 표현하는 것은 아니다.

각각의 선택주체들은 표준로짓모형에 의해 정립된 것과 같은 효용함수를 평가해서 대안을 선택하는 것으로 가정된다. 〈그림 10-3〉에 주어진 예에서 선택된 k와 선택되지 않은 k에 관한 표본관측치의 자료를 이용해서 조건

〈그림 10-3〉 3단계로 표현되는 네스티드 로짓모형

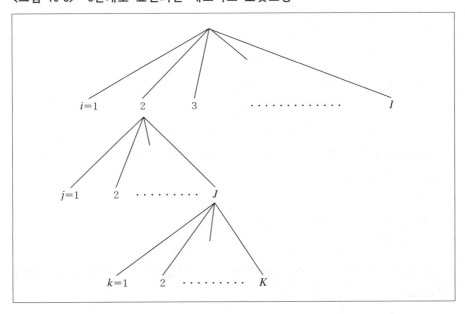

부 확률함수 $P_n(k \mid i, j)$의 파라미터(parameters)를 추정한다. 조건부 확률 $P_n(k \mid i, j)$는 미지의 파라미터 벡터 β를 포함한다.

$$P_n(k \mid i, j) = \frac{e^{\beta X_{ijk}}}{\sum\limits_{k=1}^{K} e^{\beta X_{ijk}}} \qquad\qquad \langle 10 \cdot 5 \rangle$$

단, X_{ijk}=대안 (i, j, k)를 위한 설명변수의 벡터

파라미터의 벡터 β가 추정되고 나면 다음과 같이 각각의 j에 대하여 inclusive value I_{ij}가 계산된다.

$$I_{ij} = \log \sum\limits_{k=1}^{K} e^{\beta X_{ijk}} \qquad\qquad \langle 10 \cdot 6 \rangle$$

inclusive value(logsum이라 불리기도 함) I_{ij}는 어떤 하나의 주어진 대안 j에 속하는 대안 $k=1, 2, \cdots, K$의 최대효용의 기대값이다.

이제 조건부 확률함수 $P_n(j \mid i)$가 선택된 j와 선택되지 않은 j에 관한 표본관측치의 자료를 이용해서 다음과 같이 추정된다.

$$P_n(j \mid i) = \frac{e^{\alpha Y_{ij} + (1-\sigma) I_{ij}}}{\sum\limits_{j=1}^{J} e^{\alpha Y_{ij} + (1-\sigma) I_{ij}}} \qquad\qquad \langle 10 \cdot 7 \rangle$$

단, Y_{ij}=대안 (i, j)를 위한 설명변수의 벡터

설명변수들의 벡터 Y_{ij}의 파라미터 α와 inclusive value I_{ij}의 파라미터 $(1-\sigma)$가 추정되고 나면, 또 하나의 inclusive value인 J_i가 각각의 i에 대하여 다음과 같이 계산된다.

$$J_i = \log \sum\limits_{j=1}^{J} \sum\limits_{k=1}^{K} e^{\beta X_{ijk} + \alpha Y_{ij}} = \log \sum\limits_{j=1}^{J} e^{\alpha Y_{ij} + (1-\sigma) I_{ij}} \qquad \langle 10 \cdot 8 \rangle$$

다음에 어떤 하나의 대안 i를 선택할 한계확률함수 $P_n(i)$가 다음과 같이 추정된다.

$$P_n(i) = \frac{e^{\gamma Z_i + (1-\delta) J_i}}{\sum\limits_{i=1}^{I} e^{\gamma Z_i + (1-\delta) J_i}}$$

$$\langle 10 \cdot 9 \rangle$$

단, Z_i = 대안 i의 설명변수의 벡터

설명변수들의 벡터 Z_i의 파라미터 γ와 inclusive value J_i의 파라미터 $(1-\delta)$가 여기서 추정된다.

지금까지 살펴본 $P_n(k \mid i, j)$, $P_n(j \mid i)$, $P_n(i)$의 세 가지 확률의 곱이 네스티드 로짓 선택확률 $P_n(ijk)$이 된다. 네스티드 로짓모형이 표준로짓모형과 뚜렷이 다른 점은 바로 inclusive value의 존재이다. inclusive value는 바로 각각의 네스트(nest)의 최대효용의 기대값을 나타낸다. 이 inclusive value는 '나무가지 구조'(tree structure)에서 차상위 계층구조의 대안들을 묘사하는 설명변수로 사용된다.

2. 모형의 정립과 추정

네스티드 로짓모형은 표준로짓모형과 마찬가지로 최우추정법(maximum likelihood estimation)이 파라미터(계수)의 추정을 위하여 사용된다. 네스티드 로짓모형은 모형의 구조가 계층화되어 있는 만큼 추정의 비용은 표준로짓모형보다 크다고 할 수 있다. 왜냐하면 네스티드 로짓모형은 순차적 추정과정(sequential estimation procedure)을 거쳐 추정되기 때문이다.

이제 네스티드 로짓모형이 어떤 순차적 과정을 거쳐 추정되는지 살펴보자. 네스티드 로짓모형의 순차적 추정과정은 '나무가지 구조'의 아래에서 위로 진행된다. 앞서 살펴본 바와 같이 선택의 측면이 i, j, k의 3단계의 계층구조로 표현되는 네스티드 로짓모형의 추정은 다음과 같은 순차적 과정을 거친다(Maddala, 1983: 70).

① 설명변수 X_{ijk}의 계수벡터 β가 추정된다.

② inclusive value I_{ij}가 계산된다.

③ 설명변수 Y_{ij}의 계수벡터 α와 I_{ij}의 계수 $(1-\sigma)$가 추정된다.

④ inclusive value J_i가 계산된다.

⑤ 설명변수 Z_i의 계수벡터 γ와 J_i의 계수 $(1-\delta)$가 추정된다.

이제 네스티드 로짓의 모형정립에 대해 구체적으로 살펴보자. 앞서도 언급하였듯이 네스티드 로짓모형이 활용될 수 있는 상황은 크게 두 가지로 구분될 수 있다.

첫째는 다차원(多次元)의 선택상황(multidimensional choice situations)을 표현하기 위해 네스티드 로짓모형이 활용될 수 있다. 예를 들면 주거입지와 교통수단 선택의 행태를 동시에 분석하고자 할 때 이들 두 가지 측면의 선택은 '나무가지 구조'에서 각기 다른 계층에 표현될 수도 있다. 조건부 (conditionality)의 방향에 대한 뚜렷한 이론적 근거나 사전지식이 있을 때 네스티드 로짓모형은 다차원의 선택상황을 위해 이용될 수 있다.

네스티드 로짓모형이 사용될 수 있는 두 번째 상황은 네스트(nests)가 대안들간의 유사성의 정도(degrees of similarity)를 나타내고자 할 때이다. 이때 네스티드 로짓모형은 1차원의 선택(unidimensional choice)을 표현하기 위해 사용되며, 이 때의 네스티드 로짓모형의 '나무가지 구조'는 어떤 선택이 이루어지는 심리적인 과정을 표현한다고 볼 수 있다. 예컨대 승용차, 버스, 지하철의 세 가지 교통수단의 선택행태를 분석하고자 할 때, 우리는 버스와 지하철은 대중교통수단으로 분류하여 하나의 네스트에 속할 수 있도록 분류할 수도 있으며, 승용차와 버스는 도로를 이용하고 지하철은 궤도(rail)를 이용한다는 점을 감안하여 승용차와 버스를 하나의 네스트에 속하도록 분류하여 모형정립을 할 수도 있다. 이때 두 가지 가능한 모형구조 가운데 어떤 것이 적절한지는 이론적 지식이나 모형의 경험적 추정결과에 따라 판단할 수 있다.

이제 네스티드 로짓모형의 효용함수를 어떻게 구체화할 것인지 생각해 보자. 네스티드 로짓모형이 다차원의 선택상황을 표현하기 위해 쓰일 때 효용함수에 포함될 설명변수를 선택하는 데 큰 어려움은 없다. 예를 들어 교통수단과 주거입지를 동시에 표현하는 네스티드 로짓모형에서 교통수단의 속성을 나타내는 설명변수와 주거입지의 장소적 특성을 나타내는 설명변수는 뚜렷이 다르고, 이들 각각의 선택의 차원에 영향을 미치는 선택주체의 사회경제적 특성변수들도 다른 것이 보통이다.

그러나 네스티드 로짓모형이 1차원의 선택을 표현하기 위해 사용될 때는 효용함수의 모형정립에 몇 가지 제약이 있다(윤대식, 윤성순, 1998: 328-330).

〈그림 10-4〉 교통수단 선택을 위한 두 가지 가능한 네스티드 로짓모형 구조

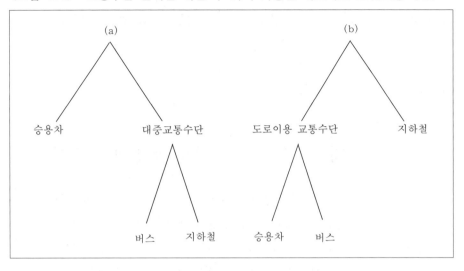

첫째, 네스티드 로짓모형이 1차원의 선택을 표현하기 위해 사용될 때는 설명변수의 선택에 어려움이 있다. 〈그림 10-4〉에서 나타낸 교통수단 선택을 위한 두 가지 네스티드 로짓모형 구조를 생각해 보자. 분석자는 세 가지 교통수단의 효용함수 외에 대중교통수단(버스와 지하철)의 효용함수나 도로이용 교통수단(승용차와 버스)의 효용함수를 구체화하고 추정을 위한 자료를 수집해야 하는데, 두 가지 대안(버스와 지하철, 혹은 승용차와 버스)의 특성을 종합적으로 표현하는 것은 어렵다고 볼 수 있다. 물론 대안들의 서비스수준 (level-of-service)을 나타내는 변수들의 경우 하나의 네스트(nest)에 속하는 두 가지 대안의 평균값을 이용할 수도 있지만, 선택주체들의 사회경제적 특성을 나타내는 변수들의 경우 과연 어떤 변수가 '나무가지 구조'의 어떤 단계의 선택에 영향을 미칠 것인지 판단하기는 더욱 어렵다.

둘째, 계층화된 구조로 나타나는 네스티드 로짓모형에서 계층의 수가 많을수록 각각의 네스트(nest)를 위한 표본관측치의 수가 줄어들게 되고, 아울러 설명변수의 수도 줄어드는 것이 일반적이다. 이렇게 될 경우 계층화된 모형구조의 각 단계에서의 모형의 적합도를 나타내는 ρ^2(likelihood ratio index)의 값은 작아질 가능성이 크고, 아울러 개별 계수의 추정치가 통계적 신뢰성을 잃을 수도 있다.

셋째, 앞서도 여러 번 언급하였듯이 어떤 계층구조로 네스티드 로짓모형을 표현하는 것이 적절한 것인지를 판단하는 것도 쉬운 문제가 아니다. 〈그림 10-4〉에서 교통수단 선택의 모형정립 예에서도 살펴보았듯이 일반적으로 어떤 계층구조로 표현하는 것이 바람직한 것인지에 대한 것은 국가나 지역에 따라 다를 수 있다.

제 3 절   네스티드 로짓모형의 추정결과 검토

네스티드 로짓모형의 추정결과 가운데 우리가 가장 주의깊게 살펴보아야 하는 것은 inclusive value의 추정계수값이 과연 어떤 값을 가지는가 하는 것이다. inclusive value의 추정계수값은 '나무가지 구조'의 아래 단계에서 하나의 그룹으로 분류된 선택대안들의 유사성의 정도를 나타낸다. 우리가 앞서 살펴본 세 단계의 선택 (i, j, k)로 계층화되어 표현되는 선택의 상황에서 inclusive value의 계수값 ($1-\sigma$)는 k단계에서 하나의 그룹으로 묶여 있는 대안들의 유사성의 정도를 나타내고, 다른 inclusive value의 계수값 ($1-\delta$)는 j단계에서 하나의 그룹으로 묶인 대안들의 유사성의 정도를 나타낸다.

만약에 inclusive value의 추정계수들의 값 ($1-\sigma$)와 ($1-\delta$)가 통계적으로 1과 충분히 다른 것으로 밝혀지면 이는 실제로 IIA성질이 유지되지 않는 상황임을 알 수 있다. 즉 inclusive value의 추정계수값 ($1-\sigma$)와 ($1-\delta$)가 1이 아님이 밝혀질 때는 네스티드 로짓모형을 사용하지 않고 표준로짓모형을 사용하면 문제가 됨을 알 수 있다.

한편 inclusive value의 추정계수값 ($1-\sigma$)와 ($1-\delta$)가 1과 같은 것으로 밝혀지면 네스티드 로짓모형은 표준로짓모형과 같아지므로 구태여 네스티드 로짓모형을 사용할 타당성이 없다고 볼 수 있다. 즉 단순히 표준로짓모형을 사용해도 문제가 없으며, 표준로짓모형을 이용한 추정계수의 값이 편의된 (biased) 추정치가 아님을 알 수 있다.

inclusive value의 추정계수값이 0과 1 사이의 값을 가지면 네스티드 로짓모형 구조가 유효한 것으로 볼 수 있다. Hausman and McFadden(1984)에 의하면 0과 1 사이의 값을 벗어나는 inclusive value의 계수값도 여전히 잘

정의되지만, 모형의 해석은 분명히 할 수 없다고 지적한다. Amemiya(1990) 역시 실제로 네스티드 로짓모형을 이용한 경험적 연구에서 inclusive value의 계수값이 0과 1 사이의 값을 벗어날 확률도 상당히 크다고 지적하고 있다.

네스티드 로짓모형의 추정에 있어서 계층화된 모형구조의 각각의 단계에서 ρ^2(likelihood ratio index)이 계산된다. ρ^2은 표준로짓모형에서 살펴본 바와 같이 모형 전체의 적합도를 나타내기 위해 사용되며, 계산공식은 표준로짓모형에서와 같다. 다만 네스티드 로짓모형에서는 계층(단계)의 수가 많을수록 각 계층(단계)을 위한 ρ^2의 값은 작아지는 경향이 있다. 이는 계층의 수가 증가할수록 각각의 네스트(nest)를 위한 관측치와 설명변수의 수가 줄어들기 때문이다.

한편 모형의 추정결과로부터 우리는 추정결과가 통계적으로 믿을 만한 것인지 살펴보기 위해 가설검정(假說檢定)을 개별 계수와 모형 전체에 대해할 수 있는데, 가설검정의 원리는 표준로짓모형의 경우와 기본적으로 같다고볼 수 있다. 다만 앞서도 언급하였듯이 계층의 수가 증가할수록 각각의 네스트를 위한 관측치와 설명변수의 수가 줄어들기 때문에 개별검정이나 전체검정의 결과가 통계적 신뢰성이 없는 것으로 밝혀질 가능성은 표준로짓모형의경우보다 훨씬 크다고 볼 수 있다.

네스티드 로짓모형은 교통수요분석을 위해 다양하게 활용되고 있는데, 네스티드 로짓모형의 추정결과를 검토하기를 원하는 독자들은 윤대식(Dae-Sic Yun, 1990, 1991, 1997, 1999), 윤대식, 김기혁, 김경식(1996), Dae-Sic Yun and O'Kelly(1997), Dae-Sic Yun, Jeong-Yeob Lee, and Sinha(2000) 등의 연구를 참조하기 바란다.

연습문제

10-1. 네스티드 로짓모형의 활용이 가능한 상황을 설명하고, 그 예를 들어 보시오.

10-2. 2단계의 나무가지 구조에 의해 표현되는 네스티드 로짓모형의 선택 확률이 계산되는 원리를 설명하시오.

10-3. 네스티드 로짓모형의 추정결과 중에서 inclusive value의 추정계수값

이 가지는 의미를 설명해 보시오.

참고문헌 ──────────────────────

윤대식(1991). "쇼핑 교통/활동패턴의 요일별 모형". 지역연구, 제 7 권 제 1 호, 한 국지역학회: 53-68.

윤대식(1997). "통근통행자의 통행패턴 선택행태의 분석". 대한교통학회지, 제15권 제 4 호: 35-51.

윤대식(1999). "통근통행 이전의 비통근통행 발생여부와 교통수단 선택행태 분석". 대한교통학회지, 제17권 제 5 호: 57-65.

윤대식, 김기혁, 김경식(1996). "쇼핑통행의 목적지와 교통수단의 선택행태에 관한 연구". 국토계획, 제31권 제 5 호, 대한국토·도시계획학회: 253-267.

윤대식, 윤성순(1998). 도시모형론. 제 2 판. 서울: 홍문사.

Amemiya, T.(1990). "A Generalization of the Nested Logit Model". Paper presented at the Research Seminar, Department of Economics, The Ohio State University.

Ben-Akiva, M. and S. R. Lerman(1985). *Discrete Choice Analysis: Theory and Application to Travel Demand.* Cambridge: The MIT Press.

Hausman, J. and D. McFadden(1984). "Specification Tests for the Multinomial Logit Model". *Econometrica*, Vol. 52, No. 5: 1219-1240.

Maddala, G. S.(1983). *Limited-Dependent and Qualitative Variables in Econometrics.* Cambridge: Cambridge University Press.

Yun, Dae-Sic(1990). *Modeling the Day-of-the-Week Shopping Travel/Activity Patterns.* Ph. D. Dissertation, Department of City and Regional Planning, The Ohio State University.

Yun, Dae-Sic, Jeong-Yeob Lee, and K. C. Sinha(2000). "Modeling Prework Trip-Making and Home Departure Time Choice". *Journal of Transportation Engineering*, American Society of Civil Engineers, Vol. 126, No. 4: 308-312.

Yun, Dae-Sic and M. E. O'Kelly(1997). "Modeling the Day-of-the-week Shopping Activity and Travel Patterns". *Socio-Economic Planning Sciences*, Vol. 31, No. 4: 307-319.

제 5 편
네트워크 모형

제 11 장

사용자균형 모형

제 1 절 Wardrop의 통행경로 선택원리와
네트워크균형

1. Wardrop의 통행경로 선택원리

통행자의 통행경로(travel path or route) 선택원리는 Wardrop(1952)에 의해 두 가지 가능성이 제시되었다. Wardrop이 제시한 첫 번째 통행경로 선택원리는 '통행자는 다른 통행자의 통행경로 선택과는 상관없이 자신의 통행시간을 최소화하는 통행경로를 선택한다'는 것이다. Wardrop이 제시한 두 번째 통행경로 선택원리는 '통행자는 자신을 포함한 모든 통행자들의 총통행시간이 최소화되도록 통행경로를 선택한다'는 것이다.

Wardrop의 첫 번째 통행경로 선택원리는 개별 통행자들의 이기적인 (selfish) 통행경로 선택원리를 나타낸다. 반면에 Wardrop의 두 번째 통행경로 선택원리는 통행자들끼리의 협동(cooperation)을 통해 모든 통행자들의 총통행시간 혹은 개별 통행자들의 평균통행시간이 최소화되도록 통행자들은 통행경로를 선택한다는 사실을 나타낸다. 따라서 Wardrop의 두 번째 통행경로 선택원리는 효율적인 교통운영을 위한 정책적 개입이 가능할 경우 실현이 가능하며, 교통시장(transportation market)에 정책적 개입이 없을 경우에는 Wardrop의 첫 번째 통행경로 선택원리에 의해 통행자들의 통행경로 선택이 나타날 가능성이 크다.

Wardrop의 첫 번째 통행경로 선택원리는 사용자균형(user equilibrium)

통행배정모형에 의해 설명되고, 두 번째 통행경로 선택원리는 시스템최적
(system optimum) 통행배정모형에 의해 설명된다. 이들 두 가지 통행경로
선택원리 가운데 첫 번째 통행경로 선택원리가 통행자의 일반적인 행태를
더욱 더 잘 반영하는 것으로 볼 수 있다. 따라서 Wardrop의 첫 번째 통행경
로 선택원리가 일반적으로 네트워크균형이 달성되는 원리를 더욱 잘 나타내
는 것으로 인정된다(Thomas, 1991 : 109-110).

2. 네트워크균형

　　링크(link)의 서비스수준(level of service)은 통행시간, 통행비용, 안전성
(safety), 교통류의 안정성(stability of traffic flow) 등에 의해 표현될 수 있
는데, 이 가운데 통행시간이 링크의 서비스수준을 나타내는 가장 대표적인
척도로 사용되어 왔다. 왜냐하면 통행시간은 대부분의 다른 척도들과 높은
상관관계를 가지는 동시에 측정이 상대적으로 쉽기 때문이다.

　　링크 통행시간 함수(link performance function)는 링크의 서비스수준을
나타내는 대표적인 척도인 링크 통행시간(link travel time)을 링크 통행량
(link flow)의 함수로 표현한 것이다. 링크 통행시간 함수는 종종 교통량-지
체 함수(volume-delay function), 링크혼잡 함수(link congestion function), 링
크서비스 함수(link service function)로 불리기도 한다. 〈그림 11-1〉은 링크
통행시간 함수의 전형적인 모양을 보여준다.

〈그림 11-1〉 링크 통행시간 함수

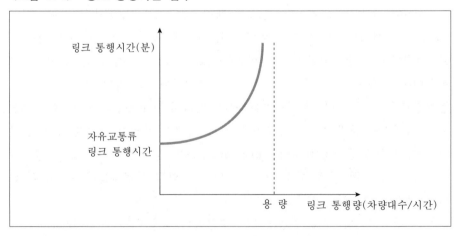

가장 일반적으로 사용되는 링크 통행시간 함수는 미국 도로국(U.S. Bureau of Public Roads)이 제안한 것으로 다음과 같다.

$$t_a = t_f \left[1 + \alpha \left(\frac{V}{C} \right)^\beta \right]$$
　　　　　　　　　　　　　　　　　　　　　　〈11·1〉

단, t_a＝링크 a의 통행시간
　　t_f＝링크 a의 자유교통류 통행시간
　　V＝링크 통행량
　　C＝링크 용량
　　$\alpha,\ \beta$＝파라미터

식 〈11·1〉에서 파라미터인 α와 β값은 각각 미국 도로국이 사용하는 0.15와 4.0의 값이 많이 이용되어 왔다(National Cooperative Highway Research Program, 1998: 94). 그러나 국가와 지역에 따라 각기 다른 α와 β값이 이용될 수 있음은 물론이다.

네트워크균형(network equilibrium)의 개념은 개별 링크의 통행시간은 그 링크의 통행량의 함수라는 사실로부터 발전되었다. 네트워크균형을 살펴보기 위해 다음의 두 가지 가정이 필요하다.

첫째, 주어진 출발지(origin)와 목적지(destination) 사이를 통행하고자 하는 통행자의 수는 알려져 있다.

둘째, 주어진 출발지와 목적지는 여러 개의 통행경로에 의해 연결되어 있다.

이러한 두 가지 가정하에서 우리의 관심사는 통행자들이 이들 통행경로에 어떻게 배정되는가를 살펴보는 것이다. 이들 각 통행경로를 이용할 통행량은 교통수요와 교통시스템 성과의 균형(demand/system performance equilibrium)에 의해 결정된다.

개별 링크의 통행량은 많은 출발지와 목적지 사이에 있는 많은 통행경로상의 통행량의 합이다. 링크 통행시간 함수는 개별 링크마다 따로 정의된다. 그러나 교통수요는 개별 링크마다 따로 정의되지 않으며, 한 쌍의 출발지와 목적지를 연결하는 다양한 통행경로 가운데 통행자들이 어떻게 선택하는가를 나타낸다. 이처럼 교통수요함수와 링크 통행시간 함수가 다른 형태로 표현되기 때문에 링크, 통행경로, 출발지-목적지 쌍(O-D pair)이 분리되어 분석될 수 없다.

일반적으로 모든 통행자들은 출발지로부터 목적지로 통행할 때 그들의 통행시간을 최소화하는 통행경로를 선택하는 것으로 가정된다. 이러한 가정은 바로 사용자균형 상태를 나타내는 것이다. 사용자균형 상태가 네트워크균형으로 주로 정의되는 이유도 사용자균형 상태가 통행자의 행태를 적절히 반영하는 것으로 인정되기 때문이다.

제 2 절 사용자균형의 기본가정과 원리

1. 사용자균형의 기본가정

사용자균형 모형은 다음의 4가지 가정을 기초로 한다(Tatineni, Edwards, and Boyce, 1998: 157).

첫째, 출발지(origin)와 목적지(destination) 사이의 통행량은 모형정립기간(modeling period) 동안 고정되어 있다. 즉 정태적이다.

둘째, 링크 통행시간은 그 링크에 있는 통행량의 함수이며, 다른 링크에 있는 통행량과는 무관하다. 한편 실시간(real time) 교통운영을 위해 활용되는 동적 통행배정(dynamic trip assignment)에서는 이 가정이 적용되지 않는다.

셋째, 통행자는 네트워크를 구성하는 모든 링크의 통행시간에 대한 완전한 정보를 가지고 있다.

넷째, 통행자의 통행경로 선택행위는 그들의 통행시간 최소화를 목표로 한다. 따라서 최종적인 네트워크 통행량은 사용자균형 통행경로 선택의 결과이다.

2. 사용자균형의 원리

사용자균형 모형은 '통행자는 자신의 통행시간을 최소화하는 통행경로를 선택한다'는 가정에서 출발한다. 따라서 사용자균형 모형의 해(solution)는 출발지와 목적지가 같을 경우 어떠한 통행경로를 이용하더라도 같은 통행시간을 보장하도록 한다(윤대식, 윤성순, 1998: 543; Sheffi, 1985: 22).

왜냐하면 만약 한 쌍의 출발지와 목적지를 연결하는 여러 개의 통행경로 가운데 통행시간이 짧게 걸리는 통행경로가 존재할 경우 통행자는 언제든지 그들 자신의 통행경로를 바꿀 것으로 사용자균형 모형은 가정하고 있기 때문이다. 따라서 사용자균형 통행패턴은 통행자가 그들의 통행경로를 바꿈으로써 더 이상 그들의 통행시간을 단축시킬 수 없는 상태로 볼 수 있다. 이러한 점에서 사용자균형 모형은 통행자의 통행경로 선택행태를 가장 잘 반영한다고 볼 수 있다.

사용자균형 모형의 원리에 대한 이해를 위해 〈그림 11-2〉의 (a)에서 보

〈그림 11-2〉 사용자균형의 예

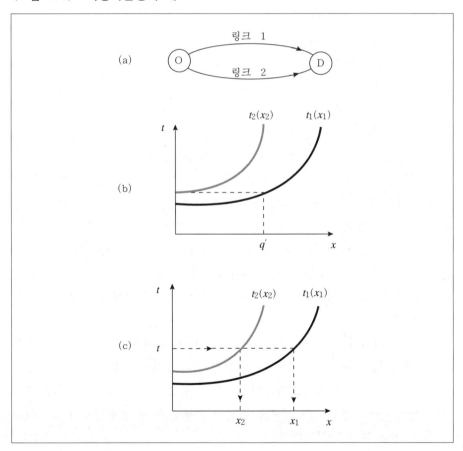

는 바와 같이 2개의 링크로 구성된 네트워크를 생각해 보자. 이 네트워크는
2개의 통행경로에 의해 연결된 한 쌍의 출발지와 목적지를 나타낸다. t_1과 t_2
는 각각 링크 1과 2에서의 통행시간을 나타내고, x_1과 x_2는 각각 이들 링크
에서의 통행량을 나타낸다. 아울러 출발지와 목적지 사이의 총통행량은 q로
주어져 있다. 따라서 다음의 식이 성립한다.

$$q = x_1 + x_2 \qquad\qquad\qquad \langle 11 \cdot 2 \rangle$$

이들 링크의 통행시간 함수 $t_1(x_1)$과 $t_2(x_2)$는 〈그림 11-2〉의 (b)에서 보
는 바와 같다. 이제 출발지와 목적지 사이의 총통행량(q)이 매우 적다고 가
성하자. 만약 모든 통행자가 그들 자신의 통행시간을 최소화하려 한다면 q
명의 통행자(운전자)들은 각자 모두 링크 1을 이용해서 통행하여야 한다. 왜
냐하면 〈그림 11-2〉의 (b)에서 보는 바와 같이 링크 1의 자유교통류 통행시
간이 링크 2의 자유교통류 통행시간보다 작기 때문이다.

링크 1의 통행량이 증가하면 그 링크의 통행시간이 증가하는데, 이렇게
하여 증가되는 링크 1의 통행시간이 링크 2의 자유교통류 통행시간과 같아
질 때까지 모든 통행자(운전자)들은 링크 1을 이용할 것이고, 링크 2는 아무
도 이용하지 않을 것이다. 이것이 링크 1을 이용하는 어떤 통행자(운전자)도
그들의 통행경로를 링크 2로 바꾸려는 유인(incentive)이 없는 네트워크에서
의 균형(equilibrium) 상태이다. 이러한 네트워크에서의 균형은 출발지와 목
적지 사이의 총통행량(q)이 링크 1의 통행시간이 링크 2의 자유교통류 통행
시간과 같게 되도록 하는 통행량 q'보다 적을 경우에는 항상 유지된다.

만약 총통행량이 q'를 초과하게 되면 〈그림 11-2〉의 (c)에서 보는 바와
같이 네트워크에 추가되는 통행자(운전자)들은 링크 1과 2를 분산 이용할 것이
다. 따라서 링크 1과 2의 통행시간이 같을 때 네트워크에서의 균형이 유지
될 수 있다.

만약 링크 1과 2가 모두 통행자(운전자)들에 의해 이용될 만큼 총통행량
(q)이 많은데도 불구하고 이들 두 링크의 통행시간이 다를 경우 일부 통행
자들은 통행경로를 바꿈으로써 그들 자신의 통행시간을 줄일 수 있을 것이
다. 통행자들이 그들의 통행경로를 바꾸려는 행동은 두 통행경로의 통행시간
이 같을 때는 일어나지 않는다.

이러한 원리로부터 우리는 사용자균형(user equilibrium)의 개념을 다음과 같이 명확하게 정의할 수 있다. 즉 사용자균형 상태에서는 '한 쌍의 출발지와 목적지를 위해 이용되는 모든 통행경로의 통행시간은 같고, 이용되지 않는 통행경로의 통행시간은 이용되는 통행경로의 통행시간보다 길거나 같다'는 것이다(Sheffi, 1985: 22; Mannering and Kilareski, 1990: 228).

예제 11-1 어떤 관광도시의 철도역과 관광명소를 연결하는 두 개의 통행경로(paths)가 있으며, 이들은 각기 하나의 링크로 이루어져 있다. 그리고 각 통행경로의 통행시간 함수(performance function)는 다음과 같이 주어져 있다.

$$t_1 = 2 + x_1$$
$$t_2 = 1 + 2x_2$$

이 도시의 철도역에서 출발하여 관광명소로 가는 통행량은 5대/분이다. 각 통행경로의 사용자균형 통행량과 통행시간을 구하시오.

◆ 풀이 ◆ 철도역에서 관광명소로 분당 5대의 차량이 통행한다고 하였으므로 다음의 식이 성립한다.

$$q = x_1 + x_2 = 5 \qquad\qquad \langle 1 \rangle$$

사용자균형의 정의에 의하면, 이용되는 모든 통행경로의 통행시간은 같아야 한다. 아울러 주어진 문제의 경우 〈그림〉의 통행시간 함수를 자세히 살펴보면 두 개의 통행경로가 모두 이용됨을 알 수 있다. 따라서 다음의 식이 성립한다.

$$t_1 = t_2$$
즉 $2 + x_1 = 1 + 2x_2 \qquad\qquad \langle 2 \rangle$

따라서 식 〈1〉과 〈2〉의 연립방정식을 풀면 통행경로별 사용자균형 통행량을 다음과 같이 구할 수 있다.

$$x_1 = 3(즉\ 3대/분)$$

$x_2 = 2$(즉 2대/분)

아울러 통행경로별 사용자균형 통행시간은 다음과 같이 구해진다.

$t_1 = t_2 = 5$분

〈그림〉 통행시간 함수

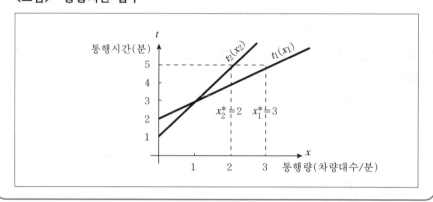

예제 11-2)   어떤 도시에서 도심(CBD)과 외곽지역을 연결하는 두 개의 통행경로(paths)가 있다. 그리고 이들 통행경로는 각기 하나의 링크로 구성되어 있다. 아침 피크(peak) 시간대(1시간)에 외곽지역에서 도심으로 4,500대의 차량이 통행한다.

통행경로 1은 시간당 60마일의 속도제한이 적용되고, 그 길이는 6마일이다. 통행경로 2는 시간당 45마일의 속도제한이 적용되고, 그 길이는 3마일이다.

통행경로 1의 통행시간은 시간당 500대의 차량이 추가될 때마다 2분이 증가하는 것으로 조사되었다. 통행경로 2의 통행시간은 시간당 차량대수(단위: 1,000대)의 제곱(square)만큼 증가하는 것으로 조사되었다. 각 통행경로의 사용자균형 통행량과 통행시간을 구하시오.

◆풀이◆   주어진 자료를 이용해서 각 통행경로의 자유교통류 통행시간을 계산하면 다음과 같다.

통행경로 1의 자유교통류 통행시간

　＝6마일/60mph×60분/시간＝6분

통행경로 2의 자유교통류 통행시간

　＝3마일/45mph×60분/시간＝4분

아울러 통행경로 1의 통행시간은 시간당 500대의 차량이 추가될 때마다 2분이 증가한다고 알려져 있으므로 시간당 1,000대의 차량이 추가될 때마다 4분이 증가한다고 볼 수 있다. 따라서 통행경로 1의 통행시간 함수(performance function)는 다음과 같이 표현된다.

$$t_1 = 6 + 4x_1 \qquad\qquad\qquad\qquad\qquad\qquad\qquad\qquad \langle 1 \rangle$$

한편 통행경로 2의 통행시간은 시간당 차량대수(단위: 1,000대)의 제곱만큼 증가하므로 통행경로 2의 통행시간 함수는 다음과 같이 표현할 수 있다.

$$t_2 = 4 + x_2^2 \qquad\qquad\qquad\qquad\qquad\qquad\qquad\qquad \langle 2 \rangle$$

여기서 t_1과 t_2는 통행경로 1과 2의 통행시간을 분 단위로 나타낸 것이며, x_1과 x_2는 통행경로 1과 2의 시간당 차량대수를 1,000대 단위로 나타낸 것이다.

아울러 주어진 문제에서 아침 피크 시간대(1시간)에 외곽지역에서 도심으로 4,500대의 차량이 통행한다고 하였으므로 다음의 식이 성립한다.

$$q = x_1 + x_2 = 4.5 \qquad\qquad\qquad\qquad\qquad\qquad\qquad \langle 3 \rangle$$

여기서 q는 출발지와 목적지 사이의 총차량통행량을 1,000대 단위로 나타낸 것이다.

사용자균형의 정의에 의하면, 이용되는 모든 통행경로의 통행시간은 같아야 한다. 그러나 먼저 우리는 이들 두 통행경로가 모두 이용되는지 아닌지를 살펴보아야 한다. 〈그림〉은 두 통행경로의 통행시간 함수를 그래프로 나타낸 것이다.

〈그림〉에서 보는 바와 같이 통행경로 2의 자유교통류 통행시간이 통행경로 1의 자유교통류 통행시간보다 작기 때문에 총통행량이 q'보다 적으면 오직 통행경로 2만 이용될 것이다. 그러나 총통행량이 q'를 초과하게 되면 통행경로 2의 혼잡으로 인해 통행경로 1도 통행자들에 의해 이용될 것이다. 따라서 문제에서 주어진 시간당 4,500대의 통행량이 q'를 초과하는지 다음

〈그림〉 통행시간 함수

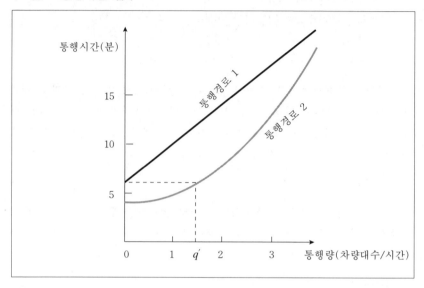

과 같은 검토가 필요하다.

　　① 만약 모든 차량이 통행경로 1을 이용하는 것으로 가정하면 $t_1(4.5)$ =24분, $t_2(0)$ =4분이 될 것이다.

　　② 만약 모든 차량이 통행경로 2를 이용하는 것으로 가정하면 $t_1(0)$ =6 분, $t_2(4.5)$ =24.25분이 될 것이다.

　　이 계산결과로부터 우리는 $t_1(4.5) > t_2(0)$ 이고, $t_2(4.5) > t_1(0)$ 임을 알 수 있다. 여기서 우리는 사용자균형 상태에 대한 정의를 상기할 필요가 있 다. 즉 사용자균형 상태에서는 이용되는 모든 통행경로의 통행시간은 같고, 이용되지 않는 통행경로의 통행시간은 이용되는 통행경로의 통행시간보다 길거나 같다고 하였다. 따라서 상기의 계산결과는 이용되지 않는 통행경로 의 통행시간이 이용되는 통행경로의 통행시간보다 짧기 때문에 두 개의 통 행경로가 모두 이용된다는 사실을 알 수 있다. 아울러 사용자균형 상태에서 는 이들 두 통행경로의 통행시간이 같게 되므로 다음의 식이 성립한다.

　　$t_1 = t_2$
　　즉 $6 + 4x_1 = 4 + x_2{}^2$　　　　　　　　　　　　　　　　　〈4〉

　　주어진 문제에서 출발지와 목적지 사이의 총차량통행량은 시간당

4,500대라고 하였으므로 다음의 식이 성립한다.

$$x_1 + x_2 = 4.5 \qquad \langle 5 \rangle$$

따라서 식 〈4〉와 〈5〉의 연립방정식을 풀면 통행경로별 사용자균형 통행량을 다음과 같이 구할 수 있다.

$$6 + 4(4.5 - x_2) = 4 + x_2^2$$

$$x_2 = 2.899(즉\ 2,899대/시간)$$

$$x_1 = 4.5 - x_2 = 4.5 - 2.899 = 1.601(즉\ 1,601대/시간)$$

아울러 우리는 통행경로별 사용자균형 통행시간을 다음과 같이 구할 수 있다.

$$t_1 = 6 + 4(1.601) = 12.4분$$

$$t_2 = 4 + (2.899)^2 = 12.4분$$

제 3 절 사용자균형 모형

1. 분석의 기초개념: 통행경로와 링크의 관계

사용자균형의 수리모형(mathematical model)을 살펴보기 위해서는 분석에 필요한 기초적인 개념을 살펴보는 것이 필요하다. 이를 위해 특히 통행경로와 링크의 관계(path-link incidence relationships)를 살펴보는 것이 무엇보다 중요하다.

링크(link)는 단순히 노드(node)와 노드를 연결하는 구간으로서 링크 교통류(link flow)로는 통행의 출발지와 목적지를 확인할 수 없다. 반면에 통행경로(path or route)는 통행의 출발지와 목적지를 연결하는 링크들의 합이다. 물론 하나의 링크는 두 개 이상의 통행경로에 중복되어 포함될 수 있다(윤대식, 윤성순, 1998: 541).

통행경로와 링크의 관계는 다음의 식 〈11·3〉으로 설명될 수 있다.

$$c_k^{rs} = \sum_a t_a \delta_{ak}^{rs} \qquad \langle 11 \cdot 3 \rangle$$

단, c_k^{rs}＝출발지 r와 목적지 s 간의 통행경로 k의 통행시간

t_a＝링크 a의 통행시간

$\delta_{ak}^{rs} = \begin{cases} 1: & \text{만약 링크 } a\text{가 출발지 } r\text{와 목적지 } s\text{ 간의 통행경로 } k\text{상에 있으면} \\ 0: & \text{그렇지 않으면} \end{cases}$

식 〈 11 · 3 〉은 어떤 통행경로(k)의 통행시간은 이 통행경로를 구성하는 모든 링크들의 통행시간의 합과 같다는 사실을 나타낸다. 한편 통행경로와 링크의 관계는 다음의 식 〈 11 · 4 〉와 같이 통행량을 기준으로 설명될 수도 있다.

$$x_a = \sum_r \sum_s \sum_k f_k^{rs} \delta_{ak}^{rs} \qquad\qquad \langle\,11 \cdot 4\,\rangle$$

단, x_a＝링크 a의 통행량

f_k^{rs}＝출발지 r와 목적지 s 간의 통행경로 k의 통행량

식 〈 11 · 4 〉는 어떤 링크(a)의 통행량은 그 링크를 통과하는 제각기 다른 출발지와 목적지를 가진 모든 통행경로의 통행량의 합과 같다는 사실을 나타낸다. 따라서 식 〈 11 · 3 〉과 〈 11 · 4 〉는 모두 통행경로와 링크의 관계 (path-link incidence relationships)를 나타낸다고 볼 수 있다.

이제 통행경로와 링크의 관계를 〈그림 11-3〉에서 보는 바와 같은 네트워크를 예로 들어 살펴보도록 하자. 〈그림 11-3〉의 네트워크는 2개의 출발지-목적지 쌍(origin-destination pairs: O-D pairs)과 4개의 링크를 가진다.

2개의 출발지-목적지 쌍은 노드 1을 출발하여 노드 4로 가는 통행과 노드 2를 출발하여 노드 4로 가는 통행이다. 링크의 번호는 화살표의 위쪽에

〈그림 11-3〉　단순한 네트워크의 예

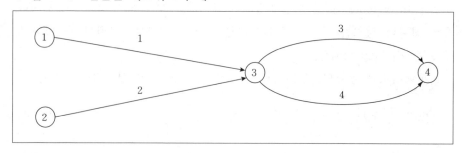

표시되어 있다. 먼저, 출발지 노드 1에서 목적지 노드 4로 가는 첫 번째 통행경로는 링크 1과 3을 통과하고, 두 번째 통행경로는 링크 1과 4를 통과한다고 가정하자. 아울러 출발지 노드 2에서 목적지 노드 4로 가는 첫 번째 통행경로는 링크 2와 3을 통과하고, 두 번째 통행경로는 링크 2와 4를 통과한다고 가정하자. 이 경우에 우리는 지시변수(indicator variables: 더미변수라 불리기도 함)인 δ_{ak}^{rs}가 다음의 값들을 가진다는 사실을 알 수 있다.

링크 1: $\delta_{11}^{14}=1$, $\delta_{12}^{14}=1$, $\delta_{11}^{24}=0$, $\delta_{12}^{24}=0$

링크 2: $\delta_{21}^{14}=0$, $\delta_{22}^{14}=0$, $\delta_{21}^{24}=1$, $\delta_{22}^{24}=1$

링크 3: $\delta_{31}^{14}=1$, $\delta_{32}^{14}=0$, $\delta_{31}^{24}=1$, $\delta_{32}^{24}=0$

링크 4: $\delta_{41}^{14}=0$, $\delta_{42}^{14}=1$, $\delta_{41}^{24}=0$, $\delta_{42}^{24}=1$

아울러 이 계산결과는 δ_{ak}^{rs}의 값을 나타내는 다음과 같은 행렬(matrix)로 표현이 가능하다.

		O-D 1-4		O-D 2-4	
링크＼통행경로		1	2	1	2
1		1	1	0	0
2		0	0	1	1
3		1	0	1	0
4		0	1	0	1

따라서 우리는 식 〈11·3〉을 이용하여 다음과 같이 통행경로와 링크의 관계를 표현할 수 있다.

$$c_1^{14}=t_1\delta_{11}^{14}+t_2\delta_{21}^{14}+t_3\delta_{31}^{14}+t_4\delta_{41}^{14}=t_1+t_3$$

$$c_2^{14}=t_1\delta_{12}^{14}+t_2\delta_{22}^{14}+t_3\delta_{32}^{14}+t_4\delta_{42}^{14}=t_1+t_4$$

$$c_1^{24}=t_1\delta_{11}^{24}+t_2\delta_{21}^{24}+t_3\delta_{31}^{24}+t_4\delta_{41}^{24}=t_2+t_3$$

$$c_2^{24}=t_1\delta_{12}^{24}+t_2\delta_{22}^{24}+t_3\delta_{32}^{24}+t_4\delta_{42}^{24}=t_2+t_4$$

아울러 우리는 식 〈11·4〉를 이용하여 주어진 예를 위한 통행경로와 링크의 관계를 다음과 같이 표현할 수도 있을 것이다.

$$x_1 = f_1^{14}\delta_{11}^{14} + f_2^{14}\delta_{12}^{14} + f_1^{24}\delta_{11}^{24} + f_2^{24}\delta_{12}^{24} = f_1^{14} + f_2^{14}$$

$$x_2 = f_1^{14}\delta_{21}^{14} + f_2^{14}\delta_{22}^{14} + f_1^{24}\delta_{21}^{24} + f_2^{24}\delta_{22}^{24} = f_1^{24} + f_2^{24}$$

$$x_3 = f_1^{14}\delta_{31}^{14} + f_2^{14}\delta_{32}^{14} + f_1^{24}\delta_{31}^{24} + f_2^{24}\delta_{32}^{24} = f_1^{14} + f_1^{24}$$

$$x_4 = f_1^{14}\delta_{41}^{14} + f_2^{14}\delta_{42}^{14} + f_1^{24}\delta_{41}^{24} + f_2^{24}\delta_{42}^{24} = f_2^{14} + f_2^{24}$$

2. 사용자균형의 수리모형

사용자균형 통행배정문제는 사용자균형 평가기준(user-equilibrium criterion)을 만족시키는 통행경로별 통행량을 찾는 문제이다. 사용자균형 통행량은 '베크만의 변환'(Beckmann's transformation)으로 알려진 다음과 같은 최적화모형의 해를 구함으로써 발견이 가능하다(Sheffi, 1985: 59-66).

극소화: $Z(X) = \sum_a \int_0^{x_a} t_a(\omega)d\omega$ $\langle 11\cdot5\cdot1\rangle$

제약조건: $\sum_k f_k^{rs} = q_{rs}$ $\forall\ r,\ s$ $\langle 11\cdot5\cdot2\rangle$

         $f_k^{rs} \geq 0$ $\forall\ k,\ r,\ s$ $\langle 11\cdot5\cdot3\rangle$

여기서 $x_a = \sum_r \sum_s \sum_k f_k^{rs}\delta_{ak}^{rs}$ $\forall\ a$ $\langle 11\cdot5\cdot4\rangle$

단, x_a＝링크 a의 통행량

     t_a＝링크 a의 통행시간

     f_k^{rs}＝출발지 r와 목적지 s간의 통행경로 k의 통행량

     q_{rs}＝출발지 r와 목적지 s간의 통행분포량

     $\delta_{ak}^{rs} = \begin{cases} 1: \text{만약 링크 } a\text{가 출발지 } r\text{와 목적지 } s\text{간의 통행경로 } k\text{상에 있으면} \\ 0: \text{그렇지 않으면} \end{cases}$

식 $\langle 11\cdot5\cdot1\rangle$의 목적함수는 링크 통행시간 함수(link performance function)의 적분 값을 모든 링크에 대해 합한 것이다.

식 $\langle 11\cdot5\cdot2\rangle$의 제약조건은 출발지 r와 목적지 s 간에 있는 모든 통행경로의 통행량을 합한 것은 출발지 r와 목적지 s 간의 총통행분포량과 같아야 한다는 사실을 나타낸다. 두 번째 제약조건인 식 $\langle 11\cdot5\cdot3\rangle$은 출발지 r와 목적지 s 간의 통행경로 k의 통행량은 항상 0보다 같거나 큰 값을 가진

다는 비음(非陰)의 제약조건(non-negativity constraints)을 나타낸다. 식 $\langle 11 \cdot 5 \cdot 4 \rangle$는 어떤 링크 a의 통행량은 그 링크를 통과하는 모든 통행경로의 통행량의 합과 같아야 한다는 사실을 나타내며, 이것은 오직 정의상의 제약조건(definitional constraints)이다.

한편 식 $\langle 11 \cdot 5 \cdot 2 \rangle$의 제약조건은 통행경로의 통행량의 관점에서 표현된 반면, 식 $\langle 11 \cdot 5 \cdot 1 \rangle$의 목적함수는 링크 통행량의 함수로 표현되어 있음을 볼 수 있다.

따라서 식 $\langle 11 \cdot 5 \cdot 4 \rangle$의 제약조건이 필요하게 되는데, 이 제약조건은 통행경로 통행량을 이용하여 링크 통행량을 나타낸 것이다. 식 $\langle 11 \cdot 5 \cdot 4 \rangle$의 제약조건은 또한 링크 통행량의 편미분은 특정 통행경로 통행량의 관점에서 정의될 수 있음을 의미한다. 즉 만약 $r\text{-}s \neq m\text{-}n$ 혹은 $k \neq l$이면, $\dfrac{\partial f_k^{rs}}{\partial f_l^{mn}}$ $=0$이므로 다음 식이 성립한다.

$$\frac{\partial x_a(f)}{\partial f_l^{mn}} = \frac{\partial \sum_r \sum_s \sum_k f_k^{rs} \delta_{ak}^{rs}}{\partial f_l^{mn}} = \delta_{al}^{mn} \qquad \langle 11 \cdot 6 \rangle$$

식 $\langle 11 \cdot 6 \rangle$은 링크 a의 통행량을 출발지 m과 목적지 n 사이에 있는 통행경로 l의 통행량으로 편미분한 값은 만약 링크 a가 그 통행경로의 일부이면 1의 값을 가지고, 그렇지 않으면 0의 값을 가진다는 사실을 나타낸다.

목적함수 $Z(X)$는 링크의 통행량(x_a)의 함수로 표현된다. 일반적으로 어떤 링크의 통행시간은 그 링크의 통행량의 함수로 표현되며, 앞서 사용자균형 모형의 기본가정에서 살펴본 바와 같이 다른 링크의 통행량과는 무관한 것으로 가정된다.

이러한 가정은 〈그림 11-1〉에서 보는 바와 같이 링크 통행시간 함수에 그대로 반영되어 있다. 따라서 사용자균형 모형을 위한 링크 통행시간 함수의 특성(가정)은 다음과 같은 수식으로 표현될 수 있다.

$$\frac{\partial t_a(x_a)}{\partial x_b} = 0 \qquad \forall \ a \neq b \qquad \langle 11 \cdot 7 \cdot 1 \rangle$$

$$\frac{\partial t_a(x_a)}{\partial x_a} > 0 \qquad \forall \ a \qquad \langle 11 \cdot 7 \cdot 2 \rangle$$

식 〈11·5·1〉~〈11·5·4〉에서 표현된 사용자균형 모형에서 결정변수(decision variable)는 f_k^{rs}(출발지 r와 목적지 s간의 통행경로 k의 통행량)가 된다. 만약 f_k^{rs}의 값들을 모두 구하면 자동적으로 x_a(링크 a의 통행량)의 값도 구할 수 있게 된다.

예제 11-3　　(예제 11-1)에서 주어진 문제를 최적화모형으로 표현하고, 그 해를 구하시오.

◆ **풀이** ◆　　주어진 문제를 풀기 위한 최적화모형은 다음 식과 같이 표현된다.

극소화:
$$Z(\mathrm{X}) = \int_0^{x_1}(2+\omega)d\omega + \int_0^{x_2}(1+2\omega)d\omega \qquad \langle 1 \rangle$$

제약조건: $x_1+x_2=5$ $\qquad\qquad\qquad\qquad\qquad \langle 2 \rangle$

$x_1,\ x_2 \geq 0$ $\qquad\qquad\qquad\qquad\qquad\qquad \langle 3 \rangle$

식 〈2〉의 제약조건은 $x_2=5-x_1$으로 표현이 가능하므로 상기의 최적화모형은 다음과 같이 표현이 가능하다.

극소화:
$$Z(x_1) = \int_0^{x_1}(2+\omega)d\omega + \int_0^{5-x_1}(1+2\omega)d\omega \qquad \langle 4 \rangle$$

제약조건: $x_1 \geq 0$ $\qquad\qquad\qquad\qquad\qquad \langle 5 \rangle$

$5-x_1 \geq 0$ $\qquad\qquad\qquad\qquad\qquad \langle 6 \rangle$

이 최적화모형의 해를 구하기 위해 제약조건을 고려하지 않고 목적함수식 〈4〉를 적분하여 표현하면 다음과 같다.

$$Z(x_1) = 1.5x_1^2 - 9x_1 + 30 \qquad\qquad\qquad \langle 7 \rangle$$

이 목적함수의 최적해는 $Z(x_1)$을 x_1으로 미분한 값을 0으로 놓으면 구해진다.

$$\frac{dZ(x_1)}{dx_1} = 3x_1 - 9 = 3(x_1-3) = 0 \qquad\qquad \langle 8 \rangle$$

따라서 $x_1=3$에서 목적함수의 값이 극소가 된다는 사실을 알 수 있다.

아울러 이 최적해($x_1=3$)는 식 〈5〉와 〈6〉의 제약조건을 만족시키는 것을 알 수 있다. 따라서 이 최적해는 동시에 제약조건이 있는 최적화모형의 해임을 알 수 있다. 최종적으로 우리는 통행경로별 사용자균형 통행량을 다음과 같이 얻을 수 있다.

$x_1=3$(즉 3대/분), $x_2=2$(즉 2대/분)

아울러 통행경로별 사용자균형 통행시간을 다음과 같이 구할 수 있다.

$t_1=t_2=5$

이 계산결과로부터 최적화모형을 이용한 풀이는 (예제 11-1)에서 살펴본 사용자균형의 기본원리를 이용한 풀이와 같은 해를 보장한다는 사실을 알 수 있다.

예제 11-4)   (예제 11-2)에서 주어진 문제를 최적화모형으로 표현하고, 그 해를 구하시오.

◆ 풀이 ◆   주어진 문제의 통행경로별 통행시간 함수(performance function)는 다음과 같다.

$t_1=6+4x_1$

$t_2=4+x_2^2$

따라서 주어진 문제를 풀기 위한 최적화모형은 다음과 같이 표현된다.

극소화: $Z(X)=\displaystyle\int_0^{x_1}(6+4\omega)\,d\omega+\int_0^{x_2}(4+\omega^2)\,d\omega$ 〈1〉

제약조건: $x_1+x_2=4.5$ 〈2〉

$\qquad\quad x_1,\ x_2 \geq 0$ 〈3〉

식 〈2〉의 제약조건은 $x_1=4.5-x_2$로 표현이 가능하므로 상기의 최적화모형은 다음과 같이 표현이 가능하다.

극소화: $Z(X) = \int_0^{4.5-x_2} (6+4\omega)d\omega + \int_0^{x_2} (4+\omega^2)d\omega$ ⟨4⟩

제약조건: $4.5-x_2 \geq 0$ ⟨5⟩

$x_2 \geq 0$ ⟨6⟩

이 최적화모형의 해를 구하기 위해 제약조건을 고려하지 않고 목적함수식 ⟨4⟩를 적분하면 다음과 같다.

$$Z(x_2) = \int_0^{4.5-x_2} (6+4\omega)d\omega + \int_0^{x_2} (4+\omega^2)d\omega$$

$$= [6\omega + 2\omega^2]_0^{4.5-x_2} + [4\omega + \frac{\omega^3}{3}]_0^{x_2}$$

$$= (27-6x_2+40.5-18x_2+2x_2^2) + (4x_2+\frac{x_2^3}{3})$$

$$= \frac{x_2^3}{3} + 2x_2^2 - 20x_2 + 67.5$$ ⟨7⟩

이 목적함수의 최적해는 $Z(x_2)$를 x_2로 미분한 값을 0으로 놓으면 구해진다.

$$\frac{dZ(x_2)}{dx_2} = x_2^2 + 4x_2 - 20 = 0$$ ⟨8⟩

이 식을 풀면 $x_2 = 2.899$(즉 2,899대/시간)를 얻고, 이 최적해는 식 ⟨5⟩와 ⟨6⟩의 제약조건을 만족시키는 것을 알 수 있다. 아울러 계산된 x_2의 값을 식 ⟨2⟩의 제약조건에 대입하면 다음을 얻는다.

$x_1 = 4.5 - 2.899 = 1.601$(즉 1,601대/시간)

계산된 최적해($x_1 = 1.601$, $x_2 = 2.899$)를 통행경로별 통행시간 함수에 대입하면 다음과 같이 사용자균형 통행시간을 구할 수 있다.

$t_1 = 6 + 4(1.601) = 12.4$분
$t_2 = 4 + (2.899)^2 = 12.4$분

이 계산결과로부터 (예제 11-2)의 풀이 결과와 같음을 알 수 있다.

3. 사용자균형 모형의 필요조건

식 〈11·5·1〉~〈11·5·4〉에 나타낸 사용자균형 모형의 최적해를 구하기 위해 라그랑지 함수(Lagrangian function)를 다음과 같이 정의할 수 있다.

$$L(f, u) = Z[X(f)] + \sum_r \sum_s u_{rs}(q_{rs} - \sum_k f_k^{rs}) \qquad \langle 11 \cdot 8 \cdot 1 \rangle$$

$$f_k^{rs} \geq 0 \qquad \forall \; k, r, s \qquad \langle 11 \cdot 8 \cdot 2 \rangle$$

단, u_{rs}＝라그랑지 승수(Lagrange multiplier)

식 〈11·8·1〉의 라그랑지 함수에 식 〈11·5·4〉의 제약조건이 포함되지 않은 것은 이 제약조건이 오직 정의상의 제약조건이기 때문이다. 식 〈11·8·1〉의 라그랑지 함수로부터 비선형계획(non-linear programming) 문제의 극소화를 위한 필요조건(necessary conditions or first-order conditions)인 쿤-터커 조건(Kuhn-Tucker conditions)을 유도하면 다음과 같다.

$$f_k^{rs} \frac{\partial L(f, u)}{\partial f_k^{rs}} = 0, \quad \frac{\partial L(f, u)}{\partial f_k^{rs}} \geq 0 \quad \forall \; k, r, s \qquad \langle 11 \cdot 9 \cdot 1 \rangle$$

$$\frac{\partial L(f, u)}{\partial u_{rs}} = 0 \; \forall \; r, s \qquad \langle 11 \cdot 9 \cdot 2 \rangle$$

또한 식 〈11·8·2〉의 비음의 제약조건이 충족되어야 한다. 식 〈11·9·2〉는 단순히 식 〈11·5·2〉의 제약조건을 그대로 나타낸다. 식 〈11·9·1〉에 표현된 필요조건은 라그랑지 함수 $L(f, u)$의 통행량 변수 f_l^{mn}에 대한 편미분을 계산하여 그 결과를 식 〈11·9·1〉에 대입함으로써 표현이 가능하다. 라그랑지 함수 $L(f, u)$의 통행량 변수 f_l^{mn}에 대한 편미분을 계산하면 다음과 같다.

$$\frac{\partial}{\partial f_l^{mn}} L(f, u) = \frac{\partial}{\partial f_l^{mn}} Z[X(f)] + \frac{\partial}{\partial f_l^{mn}} \sum_r \sum_s u_{rs}(q_{rs} - \sum_k f_k^{rs}) \quad \langle 11 \cdot 10 \rangle$$

식 〈11·10〉의 우변은 2개의 항으로 표현되어 있다. 첫 번째 항은 목적함수의 편미분이고, 두 번째 항은 제약조건을 포함하는 항의 편미분이다.

식 〈11·10〉의 우변의 첫 번째 항은 연쇄법칙(chain rule)에 의해 다음과 같이 표현이 가능하다.

$$\frac{\partial Z[X(f)]}{\partial f_l^{mn}} = \sum_b \frac{\partial Z(X)}{\partial x_b} \frac{\partial x_b}{\partial f_l^{mn}} \qquad \langle 11 \cdot 11 \rangle$$

식 〈11·11〉의 우변은 2개 항의 곱의 합(summation)으로 표현되어 있는데, 첫 번째 항은 다음과 같이 계산된다.

$$\frac{\partial Z(X)}{\partial x_b} = \frac{\partial}{\partial x_b} \sum_a \int_0^{xa} ta(\omega) d\omega = t_b \qquad \langle 11 \cdot 12 \rangle$$

식 〈11·11〉의 우변의 두 번째 항은 링크 통행량을 특정 통행경로상의 통행량으로 편미분한 값을 나타낸다. 따라서 다음의 식을 얻는다.

$$\frac{\partial x_b}{\partial f_l^{mn}} = \frac{\partial \sum_r \sum_s \sum_k f_k^{rs} \delta_{bk}^{rs}}{\partial f_l^{mn}} = \delta_{bl}^{mn} \qquad \langle 11 \cdot 13 \rangle$$

이제 식 〈11·12〉와 〈11·13〉을 식 〈11·11〉의 우변에 대입하면 다음의 식을 얻는다.

$$\frac{\partial Z[X(f)]}{\partial f_l^{mn}} = \sum_b t_b \delta_{bl}^{mn} = c_l^{mn} \qquad \langle 11 \cdot 14 \rangle$$

식 〈11·14〉에서 c_l^{mn}은 특정 통행경로상의 통행시간을 나타낸다.

이제 식 〈11·10〉의 우변의 두 번째 항을 검토해 보자. 우선 변수의 정의상 다음이 성립한다.

$$\frac{\partial f_k^{rs}}{\partial f_l^{mn}} = \begin{cases} 1: \text{만약 } r=m, \ s=n, \ \text{그리고 } k=l \\ 0: \text{그렇지 않으면} \end{cases}$$

아울러 q_{rs}는 상수이고, u_{rs}는 f_l^{mn}의 함수가 아니므로 식 〈11·10〉의 우변의 두 번째 항은 다음과 같이 표현된다.

$$\frac{\partial}{\partial f_l^{mn}} \sum_r \sum_s u_{rs}(q_{rs} - \sum_k f_k^{rs}) = -u_{mn} \qquad \langle 11 \cdot 15 \rangle$$

식 〈 11 · 14 〉와 〈 11 · 15 〉를 식 〈 11 · 10 〉에 대입하면 다음을 얻는다.

$$\frac{\partial}{\partial f_l^{mn}} L(f, u) = c_l^{mn} - u_{mn} \qquad\qquad 〈 11 · 16 〉$$

이제 식 〈 11 · 9 · 1 〉~〈 11 · 9 · 2 〉에 표현된 쿤-터커 조건은 비음의 제약조건($f_k^{rs} \geq 0$)을 추가하여 다음과 같이 정리될 수 있다.

$$f_k^{rs}(c_k^{rs} - u_{rs}) = 0 \qquad\qquad \forall\ k, r, s \qquad\qquad 〈 11 · 17 · 1 〉$$

$$c_k^{rs} - u_{rs} \geq 0 \qquad\qquad \forall\ k, r, s \qquad\qquad 〈 11 · 17 · 2 〉$$

$$\sum_k f_k^{rs} = q_{rs} \qquad\qquad \forall\ r, s \qquad\qquad 〈 11 · 17 · 3 〉$$

$$f_k^{rs} \geq 0 \qquad\qquad \forall\ k, r, s \qquad\qquad 〈 11 · 17 · 4 〉$$

이제 식 〈 11 · 17 · 1 〉~〈 11 · 17 · 4 〉에 표현된 쿤-터커 조건의 함축적 의미를 살펴보자.

식 〈 11 · 17 · 3 〉과 〈 11 · 17 · 4 〉는 식 〈 11 · 5 · 2 〉와 〈 11 · 5 · 3 〉에 표현된 것과 같은 제약조건이다. 따라서 모형의 목적함수를 극소화시키는 점에서도 모형의 제약조건은 그대로 유지된다는 단순한 사실을 나타낸다.

식 〈 11 · 17 · 1 〉과 〈 11 · 17 · 2 〉는 출발지(origin)와 목적지(destination)를 연결하는 모든 개별 통행경로(path)에 대해 성립한다. 만약 어떤 통행경로에 통행량이 배정되지 않으면(즉 $f_k^{rs}=0$), 그 통행경로상의 통행시간(c_k^{rs})은 라그랑지 승수(u_{rs})보다 크거나 같아야 한다. 만약 어떤 통행경로에 통행량이 배정되면(즉 $f_k^{rs}>0$), 그 통행경로상의 통행시간(c_k^{rs})은 라그랑지 승수(u_{rs})와 같아야 한다.

이는 어떠한 경우에도 주어진 출발지와 목적지를 위한 라그랑지 승수는 어떠한 통행경로상의 통행시간보다 작거나 같은 값을 가진다는 사실을 나타낸다. 따라서 라그랑지 승수(u_{rs})는 출발지 r과 목적지 s 사이의 최소통행경로 통행시간과 같다.

이제 우리는 식 〈 11 · 17 · 1 〉과 〈 11 · 17 · 2 〉가 사용자균형 통행배정의 원리를 나타낸다는 사실을 알 수 있다. 주어진 출발지와 목적지를 연결하는 많은 통행경로가 존재하는데, 이들 통행경로 가운데는 통행량이 배정되는 통행경로와 통행량이 배정되지 않는 통행경로가 존재한다. 식 〈11·17·1〉과 〈11·17·2〉는 통행량이 배정되는 통행경로의 통행시간은 최소통행시간과 같고, 통행량이 배정되지 않는 통행경로의 통행시간은 최소통행시간보다 크거나 같다는 사실을 나타낸다.

따라서 만약 통행패턴이 식 〈11·17·1〉과 〈11·17·2〉를 만족시킨다면 어떠한 통행자도 통행경로를 바꿈으로써 통행시간을 단축할 수 없게 된다. 이렇게 해서 식 〈11·5·1〉~〈11·5·4〉에서 표현된 최적화모형의 해는 사용자균형 평가기준(user-equilibrium criterion)을 만족시키는 통행량임을 알 수 있다. 이러한 이유로 말미암아 식 〈11·5·1〉~〈11·5·4〉에서 표현된 최적화모형을 우리는 사용자균형 모형이라 부른다.

4. 사용자균형 모형의 충분조건

사용자균형 모형은 극소화문제(minimization problem)로 표현되는데, 모형이 오직 하나의 해를 갖기 위해서는 다음의 두 가지 충분조건(sufficient conditions or second-order conditions)을 충족하여야 한다.

첫째, 목적함수는 최적해(X^*) 근방에서 엄밀하게 볼록하여야(strictly convex) 한다.

〈그림 11-4〉 함수의 엄밀한 볼록성(strict convexity)**과 볼록성**(convexity)

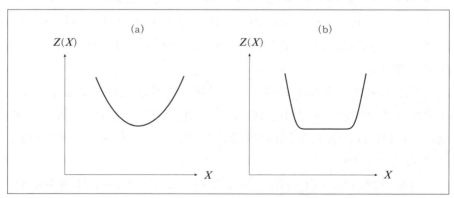

둘째, 제약조건들에 의해 정의되는 실행가능영역(feasible region)은 볼록하여야(convex) 한다.

엄밀한 볼록성(strict convexity)과 볼록성(convexity)의 차이는 〈그림 11-4〉에서 볼 수 있다. 〈그림 11-4〉의 (a)의 곡선은 엄밀하게 볼록한(strictly convex) 반면에 (b)의 곡선은 엄밀하게 볼록하지 않으며 그냥 볼록하다고 (convex) 할 수 있다.

사용자균형 모형에서 제약조건들은 모두 선형함수(linear function)이므로 실행가능영역은 볼록하여야 한다는 두 번째 충분조건은 자동적으로 충족된다. 따라서 우리는 목적함수가 최적해(X^*) 근방에서 엄밀하게 볼록하여야 한다는 첫 번째 충분조건이 충족되는지 검토하여야 한다.

이러한 검토를 위해 앞서 살펴본 사용자균형 모형의 목적함수를 다시 보도록 하자.

$$Z(X) = \sum_a \int_0^{x_a} t_a(\omega)\,d\omega \qquad\qquad \langle 11 \cdot 5 \cdot 1 \rangle'$$

어떤 함수가 엄밀하게 볼록한지(strictly convex)의 여부는 헤시안 행렬식(Hessian determinant) 혹은 간단히 헤시안(Hessian)이라고 불리는 행렬식 $|H|$를 검토하여야 한다. 식 $\langle 11 \cdot 5 \cdot 1 \rangle'$의 사용자균형 목적함수의 헤시안은 다음과 같다.

$$|H| = \nabla^2 Z(X) = \begin{vmatrix} \dfrac{\partial^2 Z}{\partial x_1^2} & \dfrac{\partial^2 Z}{\partial x_1 \partial x_2} & \cdots\cdots\cdots\cdots & \dfrac{\partial^2 Z}{\partial x_1 \partial x_A} \\[2.5ex] \dfrac{\partial^2 Z}{\partial x_2 \partial x_1} & \dfrac{\partial^2 Z}{\partial x_2^2} & \cdots\cdots\cdots\cdots & \dfrac{\partial^2 Z}{\partial x_2 \partial x_A} \\[2.5ex] \vdots & \vdots & & \vdots \\[2.5ex] \dfrac{\partial^2 Z}{\partial x_A \partial x_1} & \dfrac{\partial^2 Z}{\partial x_A \partial x_2} & \cdots\cdots\cdots\cdots & \dfrac{\partial^2 Z}{\partial x_A^2} \end{vmatrix} \qquad \langle 11 \cdot 18 \rangle$$

식 $\langle 11 \cdot 18 \rangle$에서 보는 바와 같이 헤시안의 원소(elements)는 사용자균형 목적함수를 모형의 결정변수(decision variables)인 개별 링크의 통행량

(x_a)으로 두 번 편미분한 2차 편도함수(second partial derivatives)이다.

한편 m번째와 n번째 링크의 통행량으로 두 번 편미분한 목적함수의 2차 편도함수는 식 $\langle 11 \cdot 7 \cdot 1 \rangle$과 $\langle 11 \cdot 7 \cdot 2 \rangle$에서 표현된 바와 같은 링크 통행시간 함수의 가정에 의해 다음과 같은 값을 가진다.

$$\frac{\partial^2 Z(X)}{\partial x_m \partial x_n} = \frac{\partial}{\partial x_n} \left[\frac{\partial Z(X)}{\partial x_m} \right]$$

$$= \frac{\partial}{\partial x_n} [t_m(x_m)] = \begin{cases} \dfrac{dt_n(x_n)}{dx_n} > 0 : \text{만약 } m=n\text{이면} \\[2mm] 0 : \text{그렇지 않으면} \end{cases} \quad \langle 11 \cdot 19 \rangle$$

따라서 식 $\langle 11 \cdot 18 \rangle$의 헤시안은 다음과 같이 표현된다.

$$|H| = \nabla^2 Z(X) = \begin{vmatrix} \dfrac{dt_1(x_1)}{dx_1} & 0 & 0 & \cdots\cdots & 0 \\ 0 & \dfrac{dt_2(x_2)}{dx_2} & 0 & \cdots\cdots & 0 \\ 0 & 0 & \ddots & & \vdots \\ \vdots & \vdots & & \ddots & \\ 0 & 0 & \cdots\cdots & & \dfrac{dt_A(x_A)}{dx_A} \end{vmatrix} \quad \langle 11 \cdot 20 \rangle$$

식 $\langle 11 \cdot 20 \rangle$에서 $|H|$의 주소행렬식(主小行列式; principal minors)은 다음과 같다.

$$|H_1| = \frac{dt_1(x_1)}{dx_1}, \quad |H_2| = \begin{vmatrix} \dfrac{dt_1(x_1)}{dx_1} & 0 \\ 0 & \dfrac{dt_2(x_2)}{dx_2} \end{vmatrix}, \quad \cdots\cdots, \quad |H_A| = |H| \quad \langle 11 \cdot 21 \rangle$$

식 $\langle 11 \cdot 21 \rangle$에 표현된 주소행렬식이 모두 양(+)의 값을 가지면 사용자 균형 모형의 목적함수는 극소값을 가지게 되며, 이것이 극소의 충분조건이 된다. 그런데 식 $\langle 11 \cdot 20 \rangle$에 나타낸 헤시안($|H|$)의 원소는 0을 제외하고는

모두 양$(+)$의 값을 가지므로 식 $\langle 11 \cdot 21 \rangle$의 주소행렬식은 모두 양$(+)$의 값을 가진다. 따라서 사용자균형 모형의 목적함수는 엄밀히 볼록하며, 오직 하나의 극소값을 가진다는 것을 알 수 있다. 함수의 극대와 극소 판정법에 대한 자세한 설명은 윤대식, 윤성순(1998: 제5장)을 참조하기 바란다.

5. 사용자균형 모형의 해법: Frank-Wolfe 알고리즘

식 $\langle 11 \cdot 5 \cdot 1 \rangle \sim \langle 11 \cdot 5 \cdot 4 \rangle$에 표현된 사용자균형 수리모형의 최적해를 발견하기 위하여 주로 사용되는 해법이 Frank and Wolfe(1956)에 의해 개발된 알고리즘이다. Frank-Wolfe 알고리즘은 선형의 제약조건(linear constraints)을 가진 2차계획문제(quadratic programming problems)를 풀기 위한 해법으로 개발되었는데, 특히 사용자균형 수리모형의 해를 발견하는 데 유용한 것으로 알려져 있다(Sheffi, 1985: 99).

Frank-Wolfe 알고리즘은 초기해를 시작으로 하여 목적함수 값을 개선시키는 해를 찾는 과정을 목적함수 값이 안정된 값으로 수렴할 때까지 반복계산하는 과정을 거치며, 다음과 같은 4단계 과정을 거친다(Sheffi, 1985: 99-104).

① 방향발견(direction finding) 단계: 다음의 극소화문제의 해 $Y^n = (y_1^n, y_2^n, \cdots, y_I^n)$을 발견한다.

$$\text{극소화}: Z^n(Y) = \nabla Z(X^n) \cdot Y = \sum_i \left(\frac{\partial Z(X^n)}{\partial x_i} \right) y_i \qquad \langle 11 \cdot 22 \cdot 1 \rangle$$

$$\text{제약조건}: \sum_i h_{ij} y_i \geq b_j \qquad \qquad \forall j \qquad \langle 11 \cdot 22 \cdot 2 \rangle$$

단, $Y = (y_1, y_2, \cdots, y_I) =$ 새로이 정의된 결정변수

$h_{ij}, b_j =$ 상수

$n =$ 반복계산단계

식 $\langle 11 \cdot 22 \cdot 1 \rangle$을 보면 목적함수의 계수는 $\dfrac{\partial Z(X^n)}{\partial x_1}$, $\dfrac{\partial Z(X^n)}{\partial x_2}$,

$\cdots\cdots$, $\dfrac{\partial Z(X^n)}{\partial x_I}$이며, 이 계수들은 식 $\langle 11 \cdot 5 \cdot 1 \rangle$에 나타낸 원래 목적함수의 편미분 값임을 알 수 있다.

② 이동크기결정(step-size determination) 단계: 다음의 극소화문제의 해

α_n을 발견한다.

극소화: $Z[X^n + \alpha(Y^n - X^n)]$ ⟨11·23·1⟩

제약조건: $0 \leq \alpha \leq 1$ ⟨11·23·2⟩

③ 이동(move) 단계: X^{n+1}을 다음과 같이 계산한다.

$$X^{n+1} = X^n + \alpha_n(Y^n - X^n)$$ ⟨11·24⟩

④ 수렴여부검사 단계: 만약 다음의 기준을 충족시키면 반복계산을 중지하며, 그렇지 않으면 반복계산단계를 $n = n+1$로 두고 ①, ②, ③의 과정을 반복한다.

$$Z(X^n) - Z(X^{n+1}) \leq K(기준치)$$ ⟨11·25⟩

예제 11-5 다음의 2차계획문제를 풀기 위하여 Frank-Wolfe 알고리즘을 이용하시오.

극소화: $Z(X) = 4(x_1 - 10)^2 + (x_2 - 4)^2$

제약조건: $x_1 - x_2 \leq 10$

$\quad\quad\quad \dfrac{1}{5}x_1 - x_2 \geq 3$

$\quad\quad\quad x_1 \geq 0$

◆ 풀이 ◆ 주어진 문제를 위하여 Frank-Wolfe 알고리즘을 적용하기 위해서는 우선 다음과 같은 예비적 계산이 필요하다.

$$\nabla Z(X^n) = \nabla Z(x_1^n, x_2^n) = [(8x_1^n - 80), (2x_2^n - 8)]$$ ⟨1⟩

따라서 반복계산의 첫 번째 단계인 방향발견(direction finding)을 위한 극소화문제는 식 ⟨11·22·1⟩~⟨11·22·2⟩를 따라 다음과 같이 표현된다.

극소화: $Z^n(Y) = (8x_1^n - 80)y_1 + (2x_2^n - 8)y_2$ ⟨2⟩

제약조건: $y_1 - y_2 \leq 10$ ⟨3⟩

$\quad\quad\quad \dfrac{1}{5}y_1 - y_2 \geq 3$ ⟨4⟩

$\quad\quad\quad y_1 \geq 0$ ⟨5⟩

반복계산의 두 번째 단계인 이동크기결정(step-size determination)을 위한 극소화문제의 목적함수는 식 〈 *11 · 23 · 1* 〉을 따라 다음과 같이 표현된다.

$$Z[X^n + \alpha(Y^n - X^n)]$$
$$= 4[x_1^n + \alpha(y_1^n - x_1^n) - 10]^2 + [x_2^n + \alpha(y_2^n - x_2^n) - 4]^2 \qquad \langle 6 \rangle$$

이렇게 표현된 목적함수의 극소값은 결정변수인 α_n에 대해 미분하여 0으로 놓으면 구할 수 있다.

$$\frac{dZ}{d\alpha} = 8[x_1^n + \alpha(y_1^n - x_1^n) - 10](y_1^n - x_1^n) + 2[x_2^n + \alpha(y_2^n - x_2^n) - 4](y_2^n - x_2^n)$$
$$= 8x_1^n(y_1^n - x_1^n) + 8\alpha(y_1^n - x_1^n)^2 - 80(y_1^n - x_1^n)$$
$$+ 2x_2^n(y_2^n - x_2^n) + 2\alpha(y_2^n - x_2^n)^2 - 8(y_2^n - x_2^n) = 0 \qquad \langle 7 \rangle$$

이 식은 다음과 같이 정리된다.

$$\alpha[8(y_1^n - x_1^n)^2 + 2(y_2^n - x_2^n)^2] = (80 - 8x_1^n)(y_1^n - x_1^n) + (8 - 2x_2^n)(y_2^n - x_2^n) \langle 8 \rangle$$

따라서 다음과 같이 α의 산정식을 구할 수 있다.

$$\alpha = \frac{(80 - 8x_1^n)(y_1^n - x_1^n) + (8 - 2x_2^n)(y_2^n - x_2^n)}{8(y_1^n - x_1^n)^2 + 2(y_2^n - x_2^n)^2} \qquad \langle 9 \rangle$$

이제 주어진 문제의 제약조건을 고려하여 실행가능해(feasible solution) $X^1 = (0, -10)$을 초기 실행가능해로 하여 반복계산하면 다음과 같다.

〈1회차 계산〉

① 방향발견(direction finding) 단계: 다음의 극소화문제(선형계획문제)의 해 $Y^1 = (y_1^1, y_2^1)$을 발견하여야 한다.

극소화: $Z^1(Y) = [8(0) - 80]y_1 + [2(-10) - 8]y_2 = -80y_1 - 28y_2 \qquad \langle 10 \rangle$

제약조건: $y_1 - y_2 \leq 10 \qquad\qquad\qquad\qquad\qquad\qquad\qquad \langle 11 \rangle$

$\qquad\qquad \frac{1}{5}y_1 - y_2 \geq 3 \qquad\qquad\qquad\qquad\qquad\qquad \langle 12 \rangle$

$\qquad\qquad y_1 \geq 0 \qquad\qquad\qquad\qquad\qquad\qquad\qquad\qquad \langle 13 \rangle$

이 극소화문제의 제약조건을 고려하여 실행가능영역(feasible region)을 그래프상에 표현하면 〈그림〉과 같다.

이 그래프에서 보는 바와 같이 선형의 제약조건(linear constraints)을 가지면서 목적함수도 선형함수(linear function)로 표현된 선형계획문제이므

〈그림〉 실행가능영역

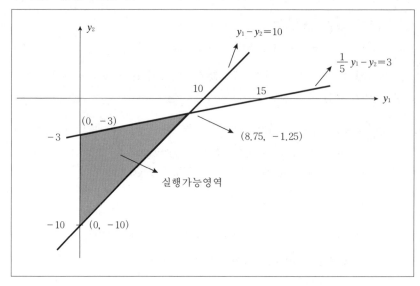

로 최적해는 꼭지점 실행가능해(corner-point feasible solution)들 중의 하나가 된다. 그래프에서 보는 바와 같이 이 극소화문제의 꼭지점 실행가능해는 3개이며, 이들 각 꼭지점 실행가능해와 목적함수의 값은 다음과 같다.

$$(0, \ -10): \ Z^1(0, \ -10) = -80(0) - 28(-10) = 280$$
$$(0, \ -3): \ Z^1(0, \ -3) = -80(0) - 28(-3) = 84$$
$$(8.75, \ -1.25): \ Z^1(8.75, \ -1.25) = -80(8.75) - 28(-1.25) = -665$$

따라서 이 극소화문제의 최적해는 $Y^1 = (8.75, \ -1.25)$이고, 이때 목적함수 Z^1의 값은 -665임을 알 수 있다.

② 이동크기결정(step-size determination) 단계: 식 〈 *11 · 23 · 1* 〉의 극소화문제의 해 α_1은 식 〈 *9* 〉를 이용하여 다음과 같이 계산된다.

$$\alpha_1 = \frac{(80-0)(8.75-0) + (8+20)(-1.25+10)}{8(8.75-0)^2 + 2(-1.25+10)^2} = 1.234$$

그런데 식 〈 *11 · 23 · 2* 〉의 제약조건을 만족시켜야 하므로 $\alpha_1 = 1$이 된다.

③ 이동(move) 단계: X^2를 식 〈 *11 · 24* 〉를 이용해 계산한다.

$$x_1^2 = 0 + 1(8.75 - 0) = 8.75$$

$$x_2^2 = -10 + 1(-1.25 + 10) = -1.25$$

④ 수렴여부검사 단계: 식 〈 $11 \cdot 25$ 〉에 나타낸 바와 같은 반복계산의 중지를 위한 기준을 충족시키는지 확인하기 위해 먼저 다음의 계산이 필요하다.

$$Z(X^1) = 4(0 - 10)^2 + (-10 - 4)^2 = 596$$

$$Z(X^2) = 4(8.75 - 10)^2 + (-1.25 - 4)^2 = 33.8125$$

따라서 $Z(X^1) - Z(X^2) = 562.1875$ 이므로 2회차 반복계산단계로 간다.

〈2회차 계산〉

① 방향발견 단계: 1회차 계산단계에서 발견된 $X^2 = (8.75, \ -1.25)$ 의 값을 목적함수에 대입하여 다음의 극소화문제의 해 $Y^2 = (y_1^2, \ y_2^2)$ 를 발견하여야 한다.

극소화: $Z^2(Y) = [8(8.75) - 80]y_1 + [2(-1.25) - 8]y_2$

$$= -10y_1 - 10.5y_2 \qquad\qquad \langle 14 \rangle$$

제약조건: $y_1 - y_2 \leq 10$ $\qquad\qquad\qquad\qquad\qquad \langle 15 \rangle$

$$\frac{1}{5}y_1 - y_2 \geq 3 \qquad\qquad\qquad\qquad \langle 16 \rangle$$

$$y_1 \geq 0 \qquad\qquad\qquad\qquad\qquad\quad \langle 17 \rangle$$

2회차 반복계산단계에서의 각 꼭지점 실행가능해와 목적함수의 값은 다음과 같다.

$(0, \ -10)$: $Z^2(0, \ -10) = -10(0) - 10.5(-10) = 105$

$(0, \ -3)$: $Z^2(0, \ -3) = -10(0) - 10.5(-3) = 31.5$

$(8.75, \ -1.25)$: $Z^2(8.75, \ -1.25) = -10(8.75) - 10.5(-1.25) = -74.375$

따라서 이 극소화문제의 최적해는 $Y^2 = (8.75, \ -1.25)$ 이고, 이때 목적함수 Z^2 의 값은 -74.375 임을 알 수 있다.

② 이동크기결정 단계: 식 〈 $11 \cdot 23 \cdot 1$ 〉의 극소화문제의 해 α_2 는 식 〈 9 〉를 이용하여 다음과 같이 계산된다.

$$\alpha_2 = \frac{[80 - 8(8.75)](8.75 - 8.75) + [8 - 2(-1.25)](-1.25 + 1.25)}{8(8.75 - 8.75)^2 + 2(-1.25 + 1.25)^2} = 0$$

아울러 $\alpha_2=0$은 식 $\langle 11\cdot23\cdot2\rangle$의 제약조건을 만족시킴을 알 수 있다.

③ 이동 단계: X^3를 식 $\langle 11\cdot24\rangle$를 이용해 다음과 같이 계산한다.

$$x_1^3=8.75+0=8.75$$
$$x_2^3=-1.25+0=-1.25$$

④ 수렴여부검사 단계: 식 $\langle 11\cdot25\rangle$에 나타낸 바와 같은 반복계산의 중지를 위한 기준을 충족시키는지 확인하기 위해 먼저 다음의 계산이 필요하다.

$$Z(X^3)=4(8.75-10)^2+(-1.25-4)^2=33.8125$$

따라서 $Z(X^2)-Z(X^3)=33.8125\ \ 33.8125=0$이므로 반복계산의 중지를 위한 기준을 충족시킨다. 따라서 반복계산을 중지하고, Frank-Wolfe 알고리즘의 계산결과(최적해)를 정리하면 다음과 같다.

$$x_1^*=8.75$$
$$x_2^*=-1.25$$
$$Z^*=-74.375$$

연습문제

11-1. 다음의 〈그림〉에 주어진 네트워크는 두 개의 출발지-목적지 쌍(O-D pairs)과 5개의 링크를 가진다. 두 개의 출발지-목적지 쌍은 노드 1에서 4로 가는 것과 노드 2에서 4로 가는 것이다. 또한 각 출발지-목적지 쌍은 각기 두 개의 통행경로를 가진다.

　(1) 주어진 네트워크를 위한 지시변수(indicator variables) δ_{ak}^{rs}의 값을 구하시오.

　(2) 식 $\langle 11\cdot3\rangle$과 $\langle 11\cdot4\rangle$에서 나타낸 통행경로와 링크의 관계(path-link incidence relationships)를 표현하는 식을 모든 통행경로와 링크에 대하여 나타내시오.

<그림> 네트워크

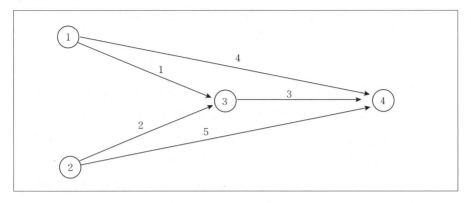

11-2. 하나의 출발지와 목적지를 연결하는 세 개의 통행경로는 다음과 같은 통행시간 함수를 가진다.

$$t_1 = 2 + 0.5x_1$$
$$t_2 = 1 + x_2$$
$$t_3 = 4 + 0.2x_3$$

단, 통행시간 t_1, t_2, t_3의 단위는 분이고, 통행량 x_1, x_2, x_3의 단위는 1,000대/시간이다.

(1) 출발지와 목적지 사이의 통행량이 시간당 18,000대일 경우 각 통행경로의 사용자균형 통행량을 구하시오.

(2) 출발지와 목적지 사이의 통행량이 시간당 5,000대일 경우 각 통행경로의 사용자균형 통행량을 구하시오.

11-3. S시와 그 위성도시인 B시를 연결하는 두 개의 통행경로가 있으며, 이들 통행경로의 통행시간 함수는 다음과 같이 주어져 있다.

$$t_1 = 4 + 5\left(\frac{x_1}{c_1}\right)$$
$$t_2 = 3 + 7\left(\frac{x_2}{c_2}\right)$$

단, t_1=통행경로 1의 통행시간(단위: 분)
    t_2=통행경로 2의 통행시간(단위: 분)

x_1 = 통행경로 1의 피크 시간대 통행량(단위: 1,000대)

x_2 = 통행경로 2의 피크 시간대 통행량(단위: 1,000대)

c_1 = 통행경로 1의 피크 시간대 용량(단위: 1,000대/시간)

c_2 = 통행경로 2의 피크 시간대 용량(단위: 1,000대/시간)

이들 두 개 통행경로의 피크 시간대 통행량의 합은 6,000대라고 한다. 그리고 통행경로 1의 용량은 시간당 4,400대이고, 통행경로 2의 용량은 시간당 5,200대이다. 그런데 통행경로 2의 노면상태가 나빠서 도로의 재포장공사가 시행될 예정이어서 통행경로 2의 용량이 시간당 2,200대 수준으로 줄어들 전망이다. 이 경우 각 통행경로의 통행시간이 어떻게 변할지 사용자균형 모형의 원리를 이용해 예측하시오.

11-4. 한 쌍의 출발지와 목적지를 연결하는 두 개의 통행경로가 있고, 이들 출발지와 목적지 사이에 시간당 15,000대의 차량이 통행한다. 두 개의 통행경로별 통행시간 함수는 다음과 같다.

$t_1 = 4 + 3x_1$

$t_2 = b + 6x_2$

단, 통행시간 t_1, t_2의 단위는 분이고, 통행량 x_1, x_2의 단위는 1,000대/시간이다.

(1) 통행경로 1의 사용자균형 통행량이 시간당 9,780대일 경우 통행경로 2의 자유교통류 통행시간(b)을 구하고, 통행경로별 사용자균형 통행시간을 구하시오.

(2) 출발지와 목적지 사이의 통행량이 시간당 7,000대로 감소할 경우 각 통행경로의 사용자균형 통행량과 통행시간을 구하시오.

11-5. Frank-Wolfe 알고리즘을 이용하여 다음 2차계획문제의 해를 구하시오.

극소화: $Z(X) = x_1^2 + 2x_2^2 - 2x_1x_2 - 10x_2$

제약조건: $0 \le x_1 \le 4$

$0 \le x_2 \le 6$

참고문헌

윤대식, 윤성순(1998). 도시모형론. 제 2 판. 서울: 홍문사.

Mannering, F. L. and W. P. Kilareski(1990). *Principles of Highway Engineering and Traffic Analysis*. New York: John Wiley & Sons.

National Cooperative Highway Research Program(1998). *Travel Estimation Techniques for Urban Planning*. Report 365, Washington, D. C.: Transportation Research Board, National Research Council.

Sheffi, Y.(1985). *Urban Transportation Networks: Equilibrium Analysis with Mathematical Programming Methods*. Englewood Cliffs: Prentice-Hall, Inc.

Tatineni, M., H. Edwards, and D. Boyce(1998). "Comparison of Disaggregate Simplicial Decomposition and Frank-Wolfe Algorithms for User-Optimal Route Choice". *Transportation Research Record* 1617: 157-162.

Thomas, R.(1991). *Traffic Assignment Techniques*. Aldershot: Avebury Technical.

Wardrop, J. G.(1952). "Some Theoretical Aspects of Road Traffic Research". *Proceedings, Institution of Civil Engineers* Ⅱ(1): 325-378.

제 12 장

시스템최적 모형

제 1 절 시스템최적 모형

1. 시스템최적의 수리모형

사용자균형 모형이 통행자의 통행경로 선택행태를 비교적 설득력 있게 묘사한다는 장점에도 불구하고 사회 전체의 효율성을 측정하는 개념인 시스템최적(system optimum)의 관점에서 볼 때 규범적으로 바람직한 통행배정인가 하는 문제는 별도의 검토가 필요하다.

시스템최적은 네트워크 공급주체의 입장에서 전체 네트워크의 이용을 극대화하는 통행배정 원리이다. 시스템최적 모형의 목적함수와 제약조건은 다음과 같다(Sheffi, 1985 : 69).

극소화 : $\widetilde{Z}(X) = \sum_a x_a t_a(x_a)$ 〈12·1·1〉

제약조건 : $\sum_k f_k^{rs} = q_{rs} \quad \forall \ r, s$ 〈12·1·2〉

$f_k^{rs} \geq 0 \quad \forall \ k, r, s$ 〈12·1·3〉

여기서 $x_a = \sum_r \sum_s \sum_k f_k^{rs} \delta_{ak}^{rs} \quad \forall \ a$ 〈12·1·4〉

단, x_a＝링크 a의 통행량
t_a＝링크 a의 통행시간
f_k^{rs}＝출발지 r와 목적지 s 간의 통행경로 k의 통행량

q_{rs}＝출발지 r와 목적지 s 간의 통행분포량

$$\delta_{ak}^{rs} = \begin{cases} 1: \text{만약 링크 } a\text{가 출발지 } r\text{와 목적지 } s \text{ 간의 통행경로 } k\text{상에 있으면} \\ 0: \text{그렇지 않으면} \end{cases}$$

식 〈12·1·1〉의 시스템최적 목적함수는 네트워크를 이용하는 모든 차량의 총통행시간을 나타낸다. 이 시스템최적 목적함수는 링크 통행량의 측면에서 표현되며, 사용자균형 모형의 목적함수와는 달리 링크 통행시간의 적분함수를 포함하지 않는다. 한편 식 〈12·1·2〉~〈12·1·4〉에 표현된 시스템최적 모형의 제약조건은 제11장에서 살펴본 사용자균형 모형의 그것과 동일하다.

식 〈12·1·1〉~〈12·1·4〉에 표현된 시스템최적 모형의 해(solution)는 일반적으로 네트워크에서의 균형상태(equilibrium situation)를 나타내지 않는다. 시스템최적 모형의 해는 모든 차량통행자들이 그들 자신을 포함한 모든 통행자들의 총통행시간이 최소화되도록 통행경로를 선택한다는 Wardrop의 두 번째 원리를 만족시킨다. 따라서 시스템최적 통행패턴 상태에서는 통행자들이 그들의 통행경로를 바꿈으로써 그들 자신의 통행시간을 감소시킬 수 있는 소지가 있다. 결과적으로 시스템최적 통행패턴은 안정적(stable)이지 못하고, 통행자의 실제적인 통행경로 선택행태를 설명하지 못한다. 따라서 시스템최적 모형은 네트워크균형 모형으로 사용될 수 없다.

시스템최적 모형이 통행자의 통행경로 선택행태를 정확하게 묘사하지 못함에도 불구하고 시스템최적 모형의 해는 사회적으로 가장 바람직한 통행배정을 보여준다는 점에서 교통계획의 표준척도(yardstick)로서의 기능을 한다고 볼 수 있다(Sheffi, 1985: 69-70). 특히 시스템최적 통행량은 사용자균형 통행량과의 비교를 위해 주로 이용된다(Mannering and Kilareski, 1990: 235). 이러한 이유 때문에 시스템최적 모형에 대한 검토가 필요하다.

예제 12-1　(예제 11-2)에 주어진 상황을 위한 시스템최적 통행시간을 구하시오.

◆ 풀이 ◆　주어진 문제를 위한 시스템최적 목적함수는 다음과 같다.

$$\widetilde{Z}(X) = x_1(6+4x_1) + x_2(4+x_2^2) = 6x_1 + 4x_1^2 + 4x_2 + x_2^3 \qquad \langle 1 \rangle$$

아울러 주어진 문제의 제약조건을 고려하면 $x_1 = 4.5 - x_2$임을 알 수 있으므로 식 $\langle 1 \rangle$의 목적함수는 다음과 같이 표현될 수 있다.

$$\begin{aligned}\widetilde{Z}(X) &= 6(4.5 - x_2) + 4(4.5 - x_2)^2 + 4x_2 + x_2^3 \\ &= x_2^3 + 4x_2^2 - 38x_2 + 108 \end{aligned} \qquad \langle 2 \rangle$$

목적함수식 $\langle 2 \rangle$를 극소화하는 값은 식 $\langle 2 \rangle$를 미분하여 0으로 놓으면 구할 수 있다.

$$\frac{d\widetilde{Z}(X)}{dx_2} = 3x_2^2 + 8x_2 - 38 = 0 \qquad \langle 3 \rangle$$

식 $\langle 3 \rangle$을 풀면 $x_2 = 2.467$을 얻고, 따라서 $x_1 = 4.5 - 2.467 = 2.033$을 얻는다. 아울러 다음과 같이 시스템최적 통행시간을 구할 수 있다.

$$t_1 = 6 + 4(2.033) = 14.13분$$
$$t_2 = 4 + (2.467)^2 = 10.08분$$

이처럼 시스템최적 통행시간은 (예제 11-2)에서 구한 사용자균형 통행시간과 일치하지 않는다.

모든 통행자들의 총 사용자균형 통행시간은 다음과 같이 계산된다.

$$\frac{4{,}500(12.4)}{60} = 930대 - 시간$$

한편 모든 통행자들의 총 시스템최적 통행시간은 다음과 같이 계산된다.

$$\frac{[2{,}033(14.13) + 2{,}467(10.08)]}{60} = 893.2대 - 시간$$

이러한 계산결과로부터 우리는 시스템최적 통행배정이 $930 - 893.2 = 36.8$대 - 시간 만큼의 총통행시간 절약을 가져온다는 사실을 알 수 있다.

예제 12-2)   S국립공원에는 공원입구에서 최종 관광목적지까지 가는 두 개의 차량통행경로가 있다. 이 국립공원에는 관광철의 피크 시간대에 4,000대의 차량이 관광을 위해 오는데, 이 국립공원의 교통관리자는 각 통행경로에 똑같은 대수의 차량이 통행하도록 통행차량을 관리하고 있다. 두 개 통행경로의 통행시간 함수는 다음과 같이 주어져 있다.

$$t_1 = 10 + x_1$$
$$t_2 = 5 + 3x_2$$

단, 통행시간 t_1, t_2의 단위는 분이고, 통행량 x_1, x_2의 단위는 1,000 대/시간이다.

만약 S국립공원의 교통관리자가 시스템최적 통행배정 원리에 따라 통행배정을 하면 모든 통행자들의 총통행시간은 얼마나 줄어들 것으로 예상되는지 추정해 보시오.

◆ 풀이 ◆   S국립공원의 교통관리자가 두 개의 통행경로에 똑같은 대수의 차량이 통행하도록 통행차량을 관리하면 각 통행경로를 이용하는 모든 차량의 총통행시간은 다음과 같이 계산된다.

통행경로 1의 총통행시간 $= \dfrac{x_1 t_1}{60} = \dfrac{2,000(10+2)}{60} = 400$대 – 시간

통행경로 2의 총통행시간 $= \dfrac{x_2 t_2}{60} = \dfrac{2,000[5+3(2)]}{60} = 366.67$대 – 시간

따라서 네트워크를 이용하는 모든 통행차량의 총통행시간은 다음과 같다.

$400 + 366.67 = 766.67$대 – 시간

한편 시스템최적 목적함수는 다음과 같다.

$$\widetilde{Z}(X) = x_1(10+x_1) + x_2(5+3x_2) \qquad \langle 1 \rangle$$

아울러 주어진 문제의 제약조건을 고려하면 $x_1 = 4.0 - x_2$임을 알 수 있으므로 식 $\langle 1 \rangle$의 목적함수는 다음과 같이 표현될 수 있다.

$$\widetilde{Z}(X) = 4x_2^2 - 13x_2 + 56 \qquad\qquad \langle\, 2\, \rangle$$

목적함수식 $\langle\, 2\, \rangle$를 극소화하는 값은 식 $\langle\, 2\, \rangle$를 미분하여 0으로 놓으면 구할 수 있다.

$$\frac{d\widetilde{Z}(X)}{dx_2} = 8x_2 - 13 = 0 \qquad\qquad \langle\, 3\, \rangle$$

식 $\langle\, 3\, \rangle$을 풀면 $x_2 = 1.625$를 얻고, 따라서 $x_1 = 4 - 1.625 = 2.375$를 얻는다. 아울러 시스템최적을 만족시키는 통행경로별 모든 차량의 총통행시간을 다음과 같이 구할 수 있다.

$$\text{통행경로 1의 총통행시간} = \frac{x_1 t_1}{60} = \frac{2.375(10 + 2.375)}{60} = 489.84 \text{대} - \text{시간}$$

$$\text{통행경로 2의 총통행시간} = \frac{x_2 t_2}{60} = \frac{1.625[5 + 3(1.625)]}{60} = 267.45 \text{ 대} - \text{시간}$$

따라서 시스템최적 상태에서 네트워크를 이용하는 모든 통행차량의 총통행시간은 다음과 같다.

$$489.84 + 267.45 = 757.29 \text{대} - \text{시간}$$

이러한 계산결과로부터 우리는 시스템최적 통행배정이 통행량의 균등배정보다 $766.67 - 757.29 = 9.38$ 대 $-$ 시간 만큼의 총통행시간 절약을 가져온다는 사실을 알 수 있다.

2. 시스템최적 모형의 필요조건

식 $\langle\, 12 \cdot 1 \cdot 1\, \rangle \sim \langle\, 12 \cdot 1 \cdot 4\, \rangle$에서 표현된 시스템최적 모형의 최적해를 구하기 위해 라그랑지 함수(Lagrangian function)를 다음과 같이 정의할 수 있다.

$$\widetilde{L}(f,\ \widetilde{u}) = \widetilde{Z}[X(f)] + \sum_r \sum_s \widetilde{u}_{rs}\left(q_{rs} - \sum_k f_k^{rs}\right) \qquad \langle\, 12 \cdot 2 \cdot 1\, \rangle$$

$$f_k^{rs} \geq 0 \quad \forall\ k, r, s \qquad\qquad \langle\, 12 \cdot 2 \cdot 2\, \rangle$$

단, $\widetilde{u}_{rs}$＝라그랑지 승수(Lagrange multiplier)

제11장에서 살펴본 사용자균형 모형에서와 마찬가지로 식 $\langle 12 \cdot 1 \cdot 4 \rangle$의 제약조건이 포함되지 않은 것은 이 제약조건이 오직 정의상의 제약조건이기 때문이다. 식 $\langle 12 \cdot 2 \cdot 1 \rangle$의 라그랑지 함수와 식 $\langle 12 \cdot 2 \cdot 2 \rangle$의 비음의 제약조건(non-negativity constraints)을 고려하여 모형의 필요조건들을 정리하면 다음과 같다.

$$f_k^{rs} \frac{\partial \widetilde{L}(f, \widetilde{u})}{\partial f_k^{rs}} = 0, \quad \frac{\partial \widetilde{L}(f, \widetilde{u})}{\partial f_k^{rs}} \geq 0 \quad \forall \ k, r, s \qquad \langle 12 \cdot 3 \cdot 1 \rangle$$

$$\frac{\partial \widetilde{L}(f, \widetilde{u})}{\partial \widetilde{u}_{rs}} = 0 \quad \forall \ r, s \qquad \langle 12 \cdot 3 \cdot 2 \rangle$$

$$f_k^{rs} \geq 0 \quad \forall \ k, r, s \qquad \langle 12 \cdot 3 \cdot 3 \rangle$$

식 $\langle 12 \cdot 3 \cdot 2 \rangle$와 $\langle 12 \cdot 3 \cdot 3 \rangle$은 단순히 원래의 제약조건인 식 $\langle 12 \cdot 1 \cdot 2 \rangle$와 $\langle 12 \cdot 1 \cdot 3 \rangle$을 나타낸다. 따라서 아래에서는 식 $\langle 12 \cdot 3 \cdot 1 \rangle$만을 검토하도록 한다.

식 $\langle 12 \cdot 3 \cdot 1 \rangle$은 라그랑지 함수 $\widetilde{L}(f, \widetilde{u})$를 통행량 변수 f_l^{mn}에 대하여 편미분함으로써 표현이 가능하다.

$$\frac{\partial}{\partial f_l^{mn}} \widetilde{L}(f, \widetilde{u}) = \frac{\partial}{\partial f_l^{mn}} \widetilde{Z}[X(f)] + \frac{\partial}{\partial f_l^{mn}} \sum_r \sum_s \widetilde{u}_{rs}(q_{rs} - \sum_k f_k^{rs}) \qquad \langle 12 \cdot 4 \rangle$$

식 $\langle 12 \cdot 4 \rangle$의 우변은 2개의 항으로 표현되어 있다. 이 2개의 항 가운데 두 번째 항은 제11장의 사용자균형 모형에서 살펴본 식 $\langle 11 \cdot 8 \rangle$의 우변의 두 번째 항과 기본적으로 같다. 따라서 식 $\langle 11 \cdot 13 \rangle$과 유사하게 다음과 같이 표현된다.

$$\frac{\partial}{\partial f_l^{mn}} \sum_r \sum_s \widetilde{u}_{rs}(q_{rs} - \sum_k f_k^{rs}) = -\widetilde{u}_{mn} \qquad \langle 12 \cdot 5 \rangle$$

식 $\langle 12 \cdot 4 \rangle$의 우변의 첫 번째 항은 시스템최적 목적함수를 통행량 변수 f_l^{rs}로 편미분한 것으로 다음과 같이 표현된다.

$$
\begin{aligned}
\frac{\partial}{\partial f_l^{mn}} \widetilde{Z}[X(f)] &= \sum_b \frac{\partial \widetilde{Z}(X)}{\partial x_b} \frac{\partial x_b}{\partial f_l^{mn}} \\
&= \sum_b \frac{\partial \widetilde{Z}(X)}{\partial x_b} \frac{\partial \sum_r \sum_s \sum_k f_k^{rs} \delta_{bk}^{rs}}{\partial f_l^{mn}} \\
&= \sum_b \frac{\partial \widetilde{Z}(X)}{\partial x_b} \delta_{bl}^{mn} \\
&= \sum_b \delta_{bl}^{mn} \frac{\partial}{\partial x_b} \sum_a x_a t_a(x_a) \\
&= \sum_b \delta_{bl}^{mn} \left[t_b(x_b) + x_b \frac{dt_b(x_b)}{dx_b} \right] \qquad \langle 12 \cdot 6 \rangle
\end{aligned}
$$

식 $\langle 12 \cdot 6 \rangle$에 대한 직관적인 해석을 용이하게 하기 위해 우리는 다음과 같이 정의할 수 있다.

$$
\widetilde{t}_a(x_a) = t_a(x_a) + x_a \frac{dt_a(x_a)}{dx_a} \qquad \langle 12 \cdot 7 \rangle
$$

식 $\langle 12 \cdot 7 \rangle$에서 나타낸 통행시간 $\widetilde{t}_a(x_a)$는 링크 a의 추가적인 통행자가 이 링크의 총통행시간에 미치는 한계적인 기여(marginal contribution)로 해석될 수 있다. 식 $\langle 12 \cdot 7 \rangle$은 두 개 항의 합으로 표현되어 있는데, $t_a(x_a)$는 링크 a의 통행량이 x_a일 때 추가적인 통행자가 경험하는 통행시간이다. 한편 $\frac{dt_a(x_a)}{dx_a}$는 추가적인 통행자가 먼저 링크 a를 이용하고 있는 기존의 개별 통행자들에게 미치는 추가적인 통행시간 부담을 나타낸다. 새로운 통행시간 변수 $\widetilde{t}_a$를 이용해서 식 $\langle 12 \cdot 6 \rangle$은 다음과 같이 표현될 수 있다.

$$
\frac{\partial}{\partial f_l^{mn}} \widetilde{Z}[X(f)] = \sum_b \delta_{bl}^{mn} \widetilde{t}_b = \widetilde{c}_l^{mn} \qquad \langle 12 \cdot 8 \rangle
$$

식 $\langle 12 \cdot 8 \rangle$에서 $\widetilde{c}_l^{mn}$은 출발지 m과 목적지 n을 연결하는 통행경로 l의 한계 총통행시간(marginal total travel time)을 나타낸다. 이제 시스템최적 모형의 필요조건은 다음과 같이 정리될 수 있다.

$$
f_k^{rs} (\widetilde{c}_k^{rs} - \widetilde{u}_{rs}) = 0 \quad \forall \ k, r, s \qquad \langle 12 \cdot 9 \cdot 1 \rangle
$$

$$\widetilde{c}_k^{rs} - \widetilde{u}_{rs} \geq 0 \quad \forall \ k, \ r, \ s \qquad\qquad \langle 12 \cdot 9 \cdot 2 \rangle$$

$$\sum_k f_k^{rs} = q_{rs} \quad \forall \ r, \ s \qquad\qquad \langle 12 \cdot 9 \cdot 3 \rangle$$

$$f_k^{rs} \geq 0 \quad \forall \ k, \ r, \ s \qquad\qquad \langle 12 \cdot 9 \cdot 4 \rangle$$

식 $\langle 12 \cdot 9 \cdot 1 \rangle$과 $\langle 12 \cdot 9 \cdot 2 \rangle$는 시스템최적 통행배정 상태에서는 주어진 출발지와 목적지를 위해 이용되는 모든 통행경로의 한계 총통행시간은 같다는 사실을 나타낸다. 시스템최적 통행배정 상태에서의 라그랑지 승수 $\widetilde{u}_{rs}$의 값은 출발지 r와 목적지 s를 위해 이용되는 모든 통행경로의 한계 통행시간을 나타낸다.

한편 식 $\langle 12 \cdot 9 \cdot 3 \rangle$과 $\langle 12 \cdot 9 \cdot 4 \rangle$는 시스템최적 모형의 원래 제약조건을 그대로 나타낸다.

3. 시스템최적 모형의 충분조건

식 $\langle 12 \cdot 1 \cdot 1 \rangle \sim \langle 12 \cdot 1 \cdot 4 \rangle$에 표현된 시스템최적 모형이 오직 하나의 해를 갖기 위해서는 제11장의 사용자균형 모형의 충분조건에서 살펴본 바와 마찬가지로 다음의 두 가지 충분조건을 충족하여야 한다.

첫째, 목적함수는 최적해(X^*) 근방에서 엄밀하게 볼록하여야(strictly convex) 한다.

둘째, 제약조건들에 의해 정의되는 실행가능영역(feasible region)은 볼록하여야(convex) 한다.

시스템최적 모형의 제약조건들은 사용자균형 모형의 제약조건들과 같다. 이들 제약조건들은 모두 선형함수(linear function)이므로 실행가능영역은 볼록하여야 한다는 두 번째 충분조건은 자동적으로 충족된다.

따라서 사용자균형 모형에서와 마찬가지로 우리는 목적함수가 최적해 (X^*) 근방에서 엄밀하게 볼록하여야 한다는 첫 번째 충분조건이 충족되는지 검토하면 된다.

첫 번째 충분조건에 대한 검토를 위해서는 시스템최적 목적함수의 헤시안(Hessian)을 검토하여야 한다. 그런데 사용자균형 목적함수의 헤시안을 검토하기 위해 식 〈 11 · 16 〉에서 살펴본 바와 같이 헤시안의 원소(elements)는 목적함수를 모형의 결정변수인 개별 링크의 통행량(x_a)으로 두 번 편미분한 2차 편도함수(second partial derivatives)이다.

시스템최적 목적함수를 나타내는 식 〈 12 · 1 · 1 〉을 링크 통행량 변수 x_b로 편미분하면 다음 식을 얻는다.

$$\frac{\partial \widetilde{Z}(X)}{\partial x_b} = \frac{\partial}{\partial x_b} \sum_a x_a\, t_a(x_a) = t_b(x_b) + x_b \frac{dt_b(x_b)}{dx_b} \qquad \langle\, 12 \cdot 10 \,\rangle$$

따라서 m번째와 n번째 링크의 통행량으로 두 번 편미분한 목적함수의 2차 편도함수는 다음과 같은 값을 가진다.

$$\frac{\partial^2 \widetilde{Z}(X)}{\partial x_m \partial x_n} = \frac{\partial}{\partial x_n}\left[\frac{\partial \widetilde{Z}(X)}{\partial x_m}\right] = \frac{\partial}{\partial x_n}\left[t_m(x_m) + x_m \frac{dt_m(x_m)}{dx_m}\right]$$

$$= \begin{cases} 2\dfrac{dt_n(x_n)}{dx_n} + x_n\dfrac{d^2 t_n(x_n)}{dx_n^{\,2}} : \text{만약 } m = n \text{이면} \\[2mm] 0 : \text{그렇지 않으면} \end{cases} \qquad \langle\, 12 \cdot 11 \,\rangle$$

식 〈 12 · 11 〉의 계산결과가 시스템최적 목적함수의 헤시안의 원소들이 된다. 시스템최적 목적함수의 헤시안은 주대각선(主對角線; principal diagonal)에 있는 원소는 $2\dfrac{dt_n(x_n)}{dx_n} + x_n\dfrac{d^2 t_n(x_n)}{dx_n^{\,2}}$의 값을 가지고, 나머지 원소는 모두 0의 값을 가진다.

링크 통행시간 함수는 일반적으로 제11장의 〈그림 11-1〉에서 보는 바와 같은 모양을 가진다. 따라서 식 〈 11 · 7 · 2 〉에서 표현된 것과 같은 가정이 유지되고, 즉 $\dfrac{dt_n(x_n)}{dx_n} > 0$, 아울러 $\dfrac{d^2 t_n(x_n)}{dx_n^{\,2}} > 0$이 성립한다(고차 도함수를 이용한 함수의 극대와 극소 판정법에 대해서는 윤대식, 윤성순, 1998: 88-93 참조).

이러한 사실로부터 우리는 시스템최적 목적함수의 헤시안의 주대각선에 있는 원소는 모두 양(+)의 값을 가진다는 것을 알 수 있다. 아울러 이 헤시안의 주소행렬식(principal minors) 모두 양(+)의 값을 가진다는 사실을 알 수 있어 시스템최적 모형의 목적함수는 '엄밀히 볼록'하며 오직 하나의 극소값을 가진다는 사실을 알 수 있다.

제 2 절 사용자균형과 시스템최적의 비교

1. 사용자균형과 시스템최적의 비교

앞서 우리는 사용자균형 모형과 시스템최적 모형을 따로따로 살펴보았다. 이제 사용자균형 모형과 시스템최적 모형을 비교해 보기로 한다. 사용자균형 모형이 통행자의 통행경로 선택행태를 비교적 설득력 있게 묘사한다는 장점에도 불구하고 사회 전체의 효율성을 측정하는 개념인 시스템최적의 관점에서 볼 때 규범적으로 바람직한 통행배정인가 하는 문제에 대한 검토가 필요하다.

교통혼잡이 전혀 없는 상황에서는 시스템최적 모형은 사용자균형 모형과 같은 해(solution)를 보장하지만, 교통혼잡이 존재하는 상황에서는 두 모형은 다른 통행배정 결과를 초래한다. 이제 교통혼잡이 전혀 없는 상황에서 사용자균형 모형의 목적함수가 시스템최적 모형의 목적함수와 어떻게 같게 되는지 검토해 보자.

교통혼잡이 전혀 없는 경우 각 링크의 통행시간은 그 링크의 통행량의 함수가 아니다. 따라서 다음의 식이 성립한다.

$$t_a(x_a) = t_a' \qquad\qquad \langle 12 \cdot 12 \rangle$$

그리고 식 $\langle 11 \cdot 5 \cdot 1 \rangle$의 사용자균형 모형의 목적함수에서 링크 통행시간 함수를 식 $\langle 12 \cdot 12 \rangle$로 대체하면 다음과 같이 된다.

$$Z(X) = \sum_a \int_0^{x_a} t_a' \, d\omega = \sum_a x_a \, t_a' \qquad\qquad \langle 12 \cdot 13 \rangle$$

따라서 식 $\langle 12 \cdot 13 \rangle$의 사용자균형 모형의 목적함수는 식 $\langle 12 \cdot 1 \cdot 1 \rangle$의 시스템최적 모형의 목적함수와 동일함을 알 수 있다. 이러한 결과로부터 교통혼잡이 존재하지 않는 상황에서만 사용자균형 통행배정은 동시에 시스템최적을 달성할 수 있음을 알 수 있다. 즉 교통혼잡이 존재하지 않는 상황에서만 교통시장(transportation market)에서의 균형은 동시에 사회적으로 가장 바람직한 결과를 초래함을 알 수 있다.

그러나 대부분의 교통시장은 심각한 교통혼잡이 존재한다. 교통혼잡이 존재하는 교통시장에서 사용자균형 통행배정은 시장균형을 가장 현실성 있게 표현하고 예측하는 것이긴 하지만, 사회적으로 가장 바람직한 통행배정은 아니다.

따라서 교통계획의 목표(benchmark)는 시스템최적 통행배정이며, 사용자균형 통행배정량이 시스템최적 통행배정량으로 조정되도록 유도하는 것이 교통계획의 목표가 되어야 한다. 시스템최적 통행배정으로의 유도를 위해 혼잡통행료, 램프 미터링(ramp metering) 등의 정책수단을 통해 통행자의 통행경로 선택을 바람직한 방향으로 유도할 수 있다.

2. Braess의 역설

'Braess의 역설'(Braess's paradox)은 새로운 도로(즉 링크)의 건설 후에 오히려 통행자의 통행시간이 길어질 수 있는 가능성을 사용자균형 통행배정 원리를 통해 보여준다. Braess의 역설은 규범적인 시스템최적 통행배정량과 현상 기술적인 사용자균형 통행배정량의 기본적인 차이가 역설적인 결과를 초래할 수 있음을 보여주는 것이다(Sheffi, 1985: 75).

이러한 Braess의 역설을 보여주는 사례는 독일의 스투트가르트(Stuttgart)의 도로개선의 경우를 통해서 실제로 볼 수 있다. 스투트가르트의 경우 도심 도로의 개선에도 불구하고 통행자의 통행시간을 단축시키기는 커녕 오히려 통행시간이 증가하는 결과를 초래하였다(Small, 1992: 115).

Braess의 역설을 설명하기 위해 〈그림 12-1〉에서 보는 바와 같이 4개의 링크로 구성된 아주 단순한 네트워크를 고려해 보자. 이 네트워크는 오직 한 쌍의 출발지와 목적지를 연결하는 2개의 통행경로(paths)를 가진다. 아울러 각각의 링크를 위한 링크 통행시간 함수가 주어져 있다.

〈그림 12-1〉에서 보는 바와 같이 출발지(origin)와 목적지(destination)간의 통행량은 6(단위: 1,000대/시간)이라고 가정하자. 사용자균형 통행배정량은 어떠한 통행경로를 이용하더라도 동일한 통행시간이 걸리는 통행배정량이라는 사실은 제11장에서 살펴본 바와 같다. 따라서 다음의 식을 만족시켜야 한다.

〈그림 12-1〉 4개의 링크로 구성된 네트워크: 최초의 네트워크

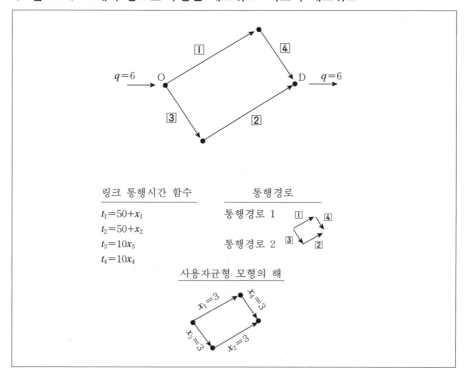

링크 통행시간 함수

$t_1 = 50 + x_1$
$t_2 = 50 + x_2$
$t_3 = 10x_3$
$t_4 = 10x_4$

통행경로

통행경로 1

통행경로 2

사용자균형 모형의 해

$c_1 = c_2$

단, c_1 = 통행경로 1의 통행시간
  c_2 = 통행경로 2의 통행시간

즉 통행경로별 통행량은 다음의 식을 만족시키는 값이 될 것이다.

$$(50 + x_1) + 10x_4 = 10x_3 + (50 + x_2)$$

아울러 출발지에서 출발하는 통행량과 목적지에 도착하는 통행량은 각각 6이 되어야 하므로 다음의 식이 성립한다.

$x_1 + x_3 = 6$ (출발지)
$x_2 + x_4 = 6$ (목적지)

이상의 3개의 식을 만족시키는 통행경로별 사용자균형 통행량은 다음과 같다.

$f_1 = 3, \ f_2 = 3$

아울러 4개의 개별 링크별 통행량은 다음과 같다.

$x_1 = 3, \ x_2 = 3, \ x_3 = 3, \ x_4 = 3$

한편 링크별 통행시간은 링크 통행시간 함수에 링크 통행량을 대입하여 다음과 같이 구해진다.

$t_1 = 53, \ t_2 = 53, \ t_3 = 30, \ t_4 = 30$

따라서 2개의 통행경로별 통행시간은 다음과 같이 동일함을 알 수 있다.

$c_1 = c_2 = 83$

그리고 모든 통행자(혹은 통행차량)의 총통행시간은 다음과 같이 계산된다.

$$\sum_i x_i \, t_i = 6 \times 83 = 498$$

이제 Braess의 역설이 어떻게 발생하는지를 살펴보기 위해 하나의 새로운 링크가 기존의 네트워크에 추가로 건설되는 경우를 가정하자.

새로운 링크의 추가적인 건설로 〈그림 12-2〉에서 보는 바와 같이 이 네트워크는 한 쌍의 출발지와 목적지를 연결하는 3개의 통행경로를 가지게 된다. 그리고 새로이 건설되는 링크의 통행시간 함수는 〈그림 12-2〉에 주어진 바와 같다.

〈그림 12-2〉에서 보는 바와 같이 1개의 새로운 링크가 추가된 네트워크에서 사용자균형 통행배정량은 어떠한 통행경로를 이용하더라도 동일한 통행시간이 걸리는 통행배정량이다. 즉 다음의 식을 만족시켜야 한다.

<그림 12-2> 새로운 링크가 추가된 네트워크: Braess의 역설

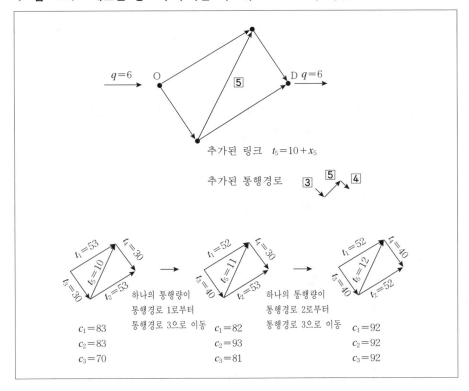

$c_1 = c_2 = c_3$

따라서 통행경로별 통행량은 다음의 식을 만족시키는 값이 될 것이다.

$$(50 + x_1) + 10x_4 = 10x_3 + (50 + x_2) = 10x_3 + (10 + x_5) + 10x_4$$

이 식은 3개의 식으로 구성된 다음과 같은 연립방정식으로 표현이 가능하다.

$$(50 + x_1) + 10x_4 = 10x_3 + (50 + x_2)$$
$$10x_3 + (50 + x_2) = 10x_3 + (10 + x_5) + 10x_4$$
$$(50 + x_1) + 10x_4 = 10x_3 + (10 + x_5) + 10x_4$$

아울러 출발지에서 출발하는 통행량과 목적지에 도착하는 통행량은 각각 6이 되어야 하므로 다음의 식이 성립한다.

$x_1 + x_3 = 6$ (출발지)
$x_2 + x_4 = 6$ (목적지)

이상에서 표현된 바와 같은 5개의 식으로 구성된 연립방정식을 풀면 5개의 개별 링크별 통행량을 다음과 같이 얻는다.

$x_1 = 2, \ x_2 = 2, \ x_3 = 4, \ x_4 = 4, \ x_5 = 2$

이울러 통행경로별 통행량은 다음과 같다.

$f_1 = 2, \ f_2 = 2, \ f_3 = 2$

링크별 통행시간은 링크 통행시간 함수에 링크 통행량을 대입하여 다음과 같이 구해진다.

$t_1 = 52, \ t_2 = 52, \ t_3 = 40, \ t_4 = 40, \ t_5 = 12$

따라서 3개의 통행경로별 통행시간은 다음과 같이 동일한 값을 가진다.

$c_1 = c_2 = c_3 = 92$

그리고 모든 통행자(혹은 통행차량)의 총통행시간은 다음과 같이 계산된다.

$$\sum_i x_i t_i = 6 \times 92 = 552$$

이상에서 살펴본 바와 같이 새로운 링크의 추가적인 건설에도 불구하고 통행자의 통행경로별 통행시간과 총통행시간은 증가하는 역설적인 결과를 초래하고 있다. 이러한 현상을 일컬어 'Braess의 역설'(Braess's paradox)이라 하는데, Braess의 역설이 갖는 함축적 의미는 다음과 같다.

첫째, 새로운 링크의 건설에 대한 투자 여부의 결정에 있어 Braess의 역설 현상이 발생할 것인지 아닌지를 살펴보기 위해 체계적인 시스템분석이 중요하다. 왜냐하면 새로운 링크의 건설에도 불구하고 통행자의 통행시간이 증가할 수 있는 가능성이 있기 때문이다.

둘째, Braess의 역설에서 나타나는 새로운 링크의 건설로 인한 통행시간의 증가는 사용자균형 통행배정의 기본원리에서 비롯된다. 사용자균형 통행배정의 기본원리는 개별 통행자의 통행경로 선택은 다른 링크 이용자들에 대한 영향을 고려함이 없이 이루어지는 것으로 가정하고 있다. 현실적으로 교통계획가들은 도로의 추가적인 건설은 시스템최적의 관점에서 추진하는 반면에, 통행배정은 사용자균형 통행배정원리에 입각하여 예측하는 경우가 많다. 사용자균형 통행배정이 통행자의 통행경로 선택행태를 더욱 적절히 표현할 수 있다는 장점에도 불구하고, 교통계획가를 위한 규범적 목표는 시스템최적의 관점에서 평가되고 점검되는 것이 바람직하다. 이러한 관점에서 예측과 계획의 괴리를 어떻게 조정할 수 있는가 하는 문제가 제기된다.

셋째, 많은 교통경제학자들은 새로운 링크의 건설이 오히려 교통문제를 악화시킬 수 있는 가능성이 있음을 Braess의 역설을 근거로 설명하면서 통행자의 통행을 줄일 수 있는 교통수요관리와 교통시스템의 효율적 이용이 중요함을 강조한다. 교통경제학자들은 혼잡통행료, 램프 미터링(ramp metering), 일방통행제 등의 정책수단이 비용 효과적(cost-effective)이며, 통행자의 통행 선택에 더욱 의미 있는 영향을 미친다고 보고 있다. 특히 비록 혼잡통행료로 인해 승용차 이용을 포기하지 않더라도 혼잡통행료를 통해 통행을 네트워크상에서 더욱 효율적으로 배정하는 것이 혼잡통행료의 부과로 얻을 수 있는 편익의 더욱 중요한 부분을 차지한다는 것이다(이번송, 1998: 93).

3. 교통계획을 위한 시사점

사용자균형과 시스템최적의 비교, 그리고 Braess의 역설에 대한 검토를 통해 교통계획을 위한 시사점을 도출하면 다음과 같다.

첫째, 공공의 정책적 개입이 없을 경우 교통시장에서 사용자균형 통행배정이 일어날 수 있도록 통행자가 네트워크를 구성하는 모든 링크의 통행시간에 대한 완전한 정보를 가질 수 있는 정보체계와 기술적 여건이 마련되어야 한다. 이러한 여건의 조성은 지능형 교통체계(Intelligent Transportation Systems: ITS)의 효율적인 개발과 투자가 관건이 될 것으로 보인다.

둘째, 지금까지 대부분의 교통계획에서는 예측은 문제의 심각성만 살펴 보기 위해 수행하고, 정책구상이나 계획대안의 발견은 몇 가지 성과지표(performance standards)의 충족 여부를 바탕으로 하였다. 그리고 사용자균형 통행량을 예측한다 하더라도 같은 네트워크상에서 사회적으로 더욱 바람직한 시스템최적 통행배정량으로의 유도를 위한 시도는 거의 없었다. 따라서 계획의 목표 설정과 계획 및 정책대안의 마련을 위해 시스템최적 통행배정량의 예측과 사용자균형 통행배정량과의 괴리(gap) 극복을 위한 대안 마련이 계획의 중요한 내용으로 포함되는 것이 바람직하다.

셋째, 사용자균형 모형의 평가과정에서 새로운 링크의 건설이 항상 교통혼잡문제를 완화시킬 수 있는 대인은 아니라는 사실을 발견할 수 있었다. 따라서 통행자의 통행감소와 통행경로 변경을 유도할 수 있는 교통수요관리와 교통시스템의 효율적 이용(예: 버스전용 차선제, 일방통행제)의 중요성을 살펴볼 수 있다. 따라서 교통기반시설의 확충에 앞서 먼저 교통수요관리와 기존 시스템의 효율성을 제고시킬 수 있는 계획대안 마련이 선행되는 것이 바람직하다는 사실을 알 수 있다.

연습문제

12-1. 하나의 출발지-목적지 쌍(O-D pair)은 두 개의 통행경로를 가지며, 이들 두 개 통행경로의 통행시간 함수는 다음과 같이 주어져 있다.

$$t_1 = 8 + x_1$$
$$t_2 = 1 + 2x_2$$

단, 통행시간 t_1, t_2의 단위는 분이고, 통행량 x_1, x_2의 단위는 1,000 대/ 시간이다.

만약 출발지와 목적지 사이의 총통행량이 4,000 대/시간이라면 통행경로별 사용자균형 통행량과 통행시간, 시스템최적 통행량과 통행시간은 얼마나 될지 예측하시오. 아울러 사용자균형과 시스템최적이 달성될 때 모든 통행차량의 총통행시간은 각각 얼마나 될지 예측하시오.

12-2. 〈그림〉에서 보는 바와 같이 도시 A에서 도시 B로 가는 두 개의 통행

경로는 고속도로(통행경로 1)와 국도(통행경로 2)이다. 이들 두 통행경로의 통행시간 함수는 다음과 같다.

$t_1 = 3 + 0.5x_1$

$t_2 = 1 + x_2$

단, 통행시간 t_1, t_2의 단위는 분이고, 통행량 x_1, x_2의 단위는 1,000대/시간이다.

아울러 도시 A에서 도시 B까지의 통행량은 1,500대/시간이라고 한다.

〈그림〉 네트워크

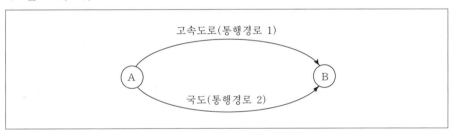

(1) 사용자균형 통행량과 통행시간을 구하시오.

(2) 시스템최적 통행량과 통행시간을 구하고, 사용자균형 통행량 및 통행시간과 비교하시오.

12-3. 라그랑지 함수를 이용하여 (예제 12-2)에 주어진 문제의 해를 구해 보시오.

12-4. 어떤 경우에 사용자균형 모형과 시스템최적 모형의 해가 동일한 값을 갖게 되는지 설명하시오.

12-5. 'Braess의 역설'의 개념에 대해 설명하고, Braess의 역설이 갖는 함축적 의미를 논의하시오.

참고문헌

윤대식, 윤성순(1998). 도시모형론. 제 2 판. 서울: 홍문사.

이번송(1998). 도시교통정책의 경제론. 서울: 박영사.

354 제5편 네트워크 모형

Mannering, F. L. and W. P. Kilareski(1990). *Principles of Highway Engineering and Traffic Analysis*. New York: John Wiley & Sons.

Sheffi, Y.(1985). *Urban Transportation Networks: Equilibrium Analysis with Mathematical Programming Methods*. Englewood Cliffs: Prentice-Hall, Inc.

Small, K. A.(1992). *Urban Transportation Economics*. Chur, Switzerland: Harwood Academic Publishers.

제 13 장 교통계획 대안의 평가: 비용-편익분석

제 13 장

교통계획 대안의 평가: 비용-편익분석[1]

제 1 절 비용-편익분석의 의의와 절차

1. 비용-편익분석의 의의

　비용-편익분석(cost-benefit analysis: 편익-비용분석이라고도 함)은 다수의 대안적 투자사업(alternative projects) 가운데 하나의 투자사업을 선택하거나, 고려중인 여러 가지 투자사업의 우선순위를 결정하고자 할 때 판단의 기준을 제공한다. 또한 비용-편익분석은 오직 하나의 투자사업에 대해서 투자할 만한 가치가 있는 사업인지 혹은 아닌지를 평가할 때도 유용한 판단의 기준을 제공한다.

　비용-편익분석기법의 기본논리는 다음과 같은 사실을 기초로 한다. 첫째, 모든 투자사업은 자원을 사용한다. 즉 모든 투자사업은 비용(cost)을 지불한다. 둘째, 모든 투자사업은 편익(benefit)을 제공한다. 셋째, 만약 비용과 편익이 정확하게 측정된다면 투자로부터 발생하는 비용과 편익을 비교 평가하여 어떤 투자사업의 타당성 여부를 평가하거나 투자사업의 우선순위를 매길 수 있다는 점이다.

　비용-편익분석은 사회 전체의 입장에서 비용과 편익을 분석하는 경제분석(economic analysis: 경제성 분석이라고도 함)과 투자사업주체의 입장에서 비용과 편익을 분석하는 재무분석(financial analysis)의 두 가지로 나누어진다.

---

　1) 이 장(章)은 윤대식(2011)의 제14장을 수정 · 보완하였다.

예컨대 어떤 투자사업(예: 도로건설)은 대기오염문제를 더욱 악화시킨다
고 하자. 이러한 대기오염의 악화는 사회적 비용(social cost)으로 경제분석에
서는 비용으로 간주되지만, 투자사업의 주체에게는 회계장부상 비용으로 지
출되지 않기 때문에 재무분석에서는 비용으로 간주되지 않는다.

그러면 공공투자사업의 타당성 평가를 위한 비용-편익분석에서는 이 두
가지 가운데 무엇이 사용되어야 하는가? 두말할 필요도 없이 경제분석이 사
용되어야 한다. 왜냐하면 공공투자사업의 수혜자(beneficiary)와 비용부담자
는 사회 전체이므로 마땅히 사회 전체의 입장에서 비용과 편익이 확인되고
평가되어야 하기 때문이다. 사회적 비용-편익분석(social cost-benefit analysis)
이라고도 불리는 공공투자의 경제분식은 어떤 투자사업이 사회 선체에 미치
는 효과를 경제학적 개념에 입각하여 분석하는 것이다. 이와 같은 맥락에서
아래에서는 재무분석이 아닌 경제분석의 개념에 입각한 비용-편익분석에 대
해 논의하기로 한다.

2. 비용-편익분석의 절차

공공부문의 투자사업의 평가절차도 민간부문의 투자사업의 평가절차와
대체로 유사하나, 비용과 편익의 측정을 위한 항목이나 할인율의 결정 등은
민간부문의 그것과 크게 다르다. 공공투자사업을 대상으로 하는 비용-편익분
석의 절차는 다음과 같은 단계로 나누어 볼 수 있다.

첫째, 주어진 목표를 달성하기 위한 대안(후보투자사업)들을 발견하고
규정한다.

둘째, 각 대안에 의하여 영향을 받을 모든 수혜자와 피해자집단을 확인
한다. 이들 가운데는 혜택을 받는 집단도 있고, 손해를 보는 집단도 있을 것
이다.

셋째, 각 대안에 의하여 영향을 받을 집단들의 비용의 흐름(cost
stream)과 편익의 흐름(benefit stream)을 화폐단위로 확인해 낸다. 대안의
긍정적인 효과는 편익이 되고 대안의 부정적인 효과는 비용이 되는데, 이들
두 개념은 상대적인 개념으로 볼 수 있다.

넷째, 대안에 의해 영향을 받을 것으로 예측되는 모든 개인과 집단들의
편익과 비용을 합산한다.

다섯째, 비용-편익분석의 여러 가지 평가기준 가운데 하나 혹은 둘 이상의 기준을 적용하여 대안을 평가한다.

여섯째, 예측의 불확실성(uncertainty)문제에 대처하고자 할 경우에는 의사결정분석(decision analysis)을 활용하거나 민감도분석(sensitivity analysis)을 행한다.

일곱째, 평가기준에 따라 적정대안을 선택하거나 최종의사결정자가 결정할 수 있도록 정보를 제공해 준다.

이상에서 열거된 비용-편익분석의 과정은 단순한 것처럼 보이지만, 실제로는 각 단계마다 복잡하고 어려운 이슈들이 많이 포함되어 있다. 이제 비용-편익분석의 실제적인 절차에 대한 이해를 돕기 위해 어떤 도시의 지하철 건설사업을 예로 살펴보자.

어떤 도시에서는 날로 악화되는 도로교통혼잡문제를 해결하기 위해 지하철 건설을 고려하고 있는데, 지하철 건설사업이 할 만한 가치가 있는 사업인지 혹은 아닌지 검토해 보고자 한다. 이 경우에는 주어진 목표를 달성하기 위한 대안, 즉 투자사업이 이미 규정되어 있으므로 이 사업으로 인해 영향을 받을 수혜자집단과 피해자집단을 확인하고, 이들 집단이 얻게 될 비용과 편익의 내용을 우선 파악해야 한다. 이제 지하철 건설로 인해 발생할 비용과 편익을 생각해 보자.

우선 지하철 건설로 인한 비용으로는 지하철 건설을 위한 실제의 투자비용 및 운영비용과 지하철 건설기간 동안 시민들이 겪게 되는 불편 등을 들 수 있다. 한편 지하철 건설로 인해 발생할 편익은 훨씬 다양하고, 측정또한 쉽지 않은 것들이 많다. 일반적으로 다음과 같은 편익이 발생할 것으로 예측될 수 있다.

① 지하철 이용자의 **통행시간 절약**: 수혜자는 지하철 이용자이고, 이들이 얻게 되는 편익의 내용은 도로를 이용할 때보다 훨씬 줄어든 통행시간의 절약이다.

② 지하철 이용자의 **교통비용 절감**: 지하철의 건설로 원래 자가용 승용차를 이용하던 시민들이 지하철의 이용으로 전환하게 될 것이며, 이들이 지불할 자동차의 연료비, 감가상각비, 기타 유지보수비용 등의 절감이 편익의 내용이 된다.

③ 자동차 이용자의 통행시간 절약: 수혜자는 자동차 이용자이고, 이들이 얻게 되는 편익의 내용은 지하철 이용의 증가로 인해 발생하는 도로혼잡의 완화로 인한 자동차 이용자의 통행시간 절약이다.

④ 도로유지비용의 감소: 지하철의 건설은 도로의 이용을 줄여 도로유지비용의 감소를 가져올 것이다. 도로의 유지비용이 주로 세금에 의해 충당되는 경우, 감소된 도로유지비용으로 인해 수혜를 받는 사람은 주민들이고 편익의 내용은 도로유지비용의 감소로 인하여 나타날 기타 다른 예산의 증액으로 인한 주민들의 복지향상이 된다.

⑤ 대기오염의 감소: 지하철 건설은 자동차의 이용을 감소시키며, 따라서 대기오염도 감소시킬 것이다. 이때 수혜자는 일정한 공간적 범위 내에 사는 주민들이 되고, 편익의 내용은 주민들의 개선된 건강이 된다.

⑥ 개발이익: 지하철의 건설은 도시를 더욱 매력적인 장소로 만들게 한다. 예컨대 지하철 건설로 주변지역의 주민들이 지하철 건설 이전보다 더욱 편리해진 교통을 이용하여 도시의 중심부로 쇼핑을 많이 오기도 할 것이며, 따라서 다른 지역의 인구를 흡인하는 역할을 할 것이다. 이때 편익의 수혜자는 상인·토지소유자·지방정부가 되고, 편익의 내용은 상인들의 수입 증가, 토지소유자의 임대료 증가, 재산세의 증가로 인한 지방정부의 세입 증대 등이 될 것이다.

이상에서는 지하철 건설사업으로 인한 편익의 수혜자와 편익의 본질적인 내용들이 확인되었다. 이렇게 확인된 편익의 본질적인 내용들은 투자사업들의 비용들과 함께 모두 화폐단위로 측정의 단위가 통일되어야 한다. 예컨대 통행시간의 절약(단위: 분/인)이나 개선된 건강(단위: 약값의 절약, 연장된 수명 등) 등도 모두 화폐단위로 환산되어야 한다. 아울러 개인 혹은 집단별로 측정된 비용과 편익은 모두 합산되고 집계되어야 한다. 다음에는 이렇게 집계된 비용과 편익을 비용-편익분석의 평가기준을 적용하여 이 사업의 투자 타당성 여부를 평가하게 되는데, 경우에 따라서는 비용과 편익의 측정에 내포된 불확실성의 문제에 대처하기 위해 의사결정분석이나 민감도분석을 행한 후에 최종결정을 하게 된다. 투자사업의 타당성 여부나 우선순위의 결정을 위해 사용되는 투자사업의 평가기준으로는 ① 순현재가치(Net Present Value: *NPV*), ② 내부수익률(Internal Rate of Return: *IRR*), ③ 편익/비용 비(Benefit/Cost Ratio: B/C ratio), ④ 자본회수기간(pay-back period) 기준 등이 있는데, 이들에 대해서는 제2절에서 자세히 살펴보기로 한다.

3. 비용-편익분석의 이슈

비용-편익분석은 여러 단계를 거쳐 자료가 수집되고 정리되는데, 실제의 비용-편익분석에서는 많은 단계에서 어렵고 복잡한 문제를 내포하고 있다. 비용-편익분석의 실제 적용과정에서 제기되는 중요한 이슈는 다음과 같다.

첫째, 측정되는 비용과 편익은 다양한 측정단위로 표현되는데, 이들 다양한 측정단위로 표현되는 비용과 편익을 어떻게 비교할 것인가 하는 문제가 제기된다. 이러한 문제제기에 대해서는 화폐단위의 사용이 일반적으로 권장되고 받아들여져 왔는데, 화폐단위로 모든 비용과 편익을 표현하는 작업이 경우에 따라서는 어려움이 많은 것이 사실이다. 여기에 대해서는 제3절에서 상세히 논의하도록 한다.

둘째, 미래의 제각기 다른 시점에서 발생하는 비용과 편익을 어떻게 비교해야 하는가라는 문제가 제기된다. 이것은 할인율(discount rate)의 선택에 관한 문제로서, 만약 시장이자율을 할인율로 사용하게 되면 미래의 세대들을 고려할 수 없는 문제점을 내포하게 된다. 왜냐하면 시장이자율이란 현세대의 입장에서 결정된 것이며, 미래세대들의 입장은 전혀 고려되어 있지 않기 때문이다. 따라서 할인율로서 시장이자율을 사용하게 되면 세대 간 형평성(inter-generational equity)의 문제를 내포하게 된다.

셋째, 미래에 발생될 것으로 예측되는 비용과 편익이 확실히 예측될 수 있을까 하는 문제가 제기된다. 이러한 미래예측의 불확실성(uncertainty)의 문제에 대처하기 위해서 의사결정분석이나 민감도분석이 활용될 수 있다. 의사결정분석과 민감도분석에 대해서는 제5절에서 자세히 논의하도록 한다.

넷째, 공공투자사업의 분배적 측면을 어떻게 고려해야 하는가라는 문제가 제기될 수 있다. 종종 어떤 공공투자사업은 고소득층에게만 큰 편익을 가져다주는 경우가 있을 것이고, 어떤 투자사업은 저소득층에게 많은 편익을 가져다주는 것도 있을 것이다. 이처럼 각기 다른 소득계층이나 집단에게 비용과 편익의 분배가 치중되어 있는 사업들을 막연하게 합산하여 나타낸 비용과 편익의 값으로 타당성을 평가하거나 투자사업의 우선순위를 매기는 것은 종종 잘못된 판단을 유도할 가능성이 크다. 따라서 공공투자의 분배적 측면을 고려하여 비용-편익분석을 하고자 할 경우에는 특정집단에게 상대적인 가중치를 부여하는 방법이 쓰일 수 있다.

제 2 절 비용-편익분석의 평가기준

1. 순현재가치

개인 혹은 집단별 비용과 편익자료에 대한 연도별 집계과정을 거친 후에 분석자는 비용과 편익의 연도별 흐름에 관한 다음의 자료를 얻게 된다.

비용: C_0 C_1 C_2 … C_t … C_T
편익: B_0 B_1 B_2 … B_t … B_T

이 자료로부터 t년도의 순편익(net benefit)은 다음과 같이 계산할 수 있다.

$$N_t = B_t - C_t \qquad\qquad \langle 13 \cdot 1 \rangle$$

단, N_t =t년도의 순편익
  B_t =t년도의 편익
  C_t =t년도의 비용

따라서 순편익의 연도별 흐름에 관한 다음의 자료를 얻을 수 있다.

N_0 N_1 N_2 … N_t … N_T

이 연도별 순편익의 흐름을 합산하여 현재의 화폐가치로 하나의 숫자로 나타낸 것이 바로 순현재가치(Net Present Value: NPV)이다. 비용과 편익을 현재가치로 환산하는 이유는 비용과 편익의 발생시기가 서로 다를 때 단순비교만으로는 어느 것이 더 큰지를 알 수 없기 때문이다.

순현재가치(NPV)는 다음과 같이 계산된다.

$$NPV = \frac{B_0 - C_0}{(1+d)^0} + \frac{B_1 - C_1}{(1+d)^1} + \frac{B_2 - C_2}{(1+d)^2} + \cdots + \frac{B_t - C_t}{(1+d)^t} + \cdots + \frac{B_T - C_T}{(1+d)^T}$$

$$= \frac{N_0}{(1+d)^0} + \frac{N_1}{(1+d)^1} + \frac{N_2}{(1+d)^2} + \cdots + \frac{N_t}{(1+d)^t} + \cdots + \frac{N_T}{(1+d)^T}$$

$$= \sum_{t=0}^{T} \frac{N_t}{(1+d)^t} \qquad\qquad \langle 13 \cdot 2 \rangle$$

여기서 d는 할인율(discount rate)을 나타내며, 이렇게 계산된 순현재가치의 값이 클수록 고려중인 투자사업은 할 만한 가치가 있는 사업으로 평가받게 된다. 만약 하나의 투자사업에 대한 투자의 타당성평가가 주목적일 때는 계산된 순현재가치가 (+)의 값을 가지면 적용된 할인율하에서 투자할 가치가 있는 사업으로 판정되며, 여러 가지 투자사업 가운데 우선순위를 매기고자 할 때는 순현재가치의 값이 클수록 선호된다.

그러면 할인율 d는 어떤 의미를 가지며, 무엇을 반영해야 하는지 생각해 보자. 할인율은 바로 미래보다는 현재를 중시하는 개인들의 시간선호(time preference)를 반영해야 하는데, 모든 개인들의 시간선호를 대표적으로 표현할 수 있는 할인율의 선택이 어려운 과제이다. 물론 시장이자율이 할인율의 결정에 중요한 판단기준을 제공하기는 하나, 시장이자율이란 미래세대들을 전혀 고려하지 못하는 문제점을 내포하고 있다. 왜냐하면 시장이자율이란 현세대의 관점에서 투자의 기회비용을 반영하고 있기 때문에 현세대를 중요시하는 편견(bias)을 포함하고 있으며, 따라서 세대간 형평성(inter-generational equity)의 문제를 내포하고 있다고 볼 수 있기 때문이다. 이와 같은 관점에서 본다면 사적이익(私的利益)을 추구하는 개인기업의 재무분석에서는 시장이자율이 그대로 사용될 수 있으나, 투자의 영향이 미래세대들에게 미치는 공공투자사업의 경우 시장이자율을 그대로 할인율로서 사용하는 데는 문제가 있다고 볼 수 있다. 이러한 할인율의 결정문제가 비용-편익분석의 판단기준으로서 순현재가치(NPV)가 가지는 제약점이라고 볼 수 있다.

예제 13-1) 다음의 〈표〉와 같이 순편익($N_t = B_t - C_t$)의 연도별 흐름을 가진 투자사업이 있다. 순현재가치(NPV) 기준을 이용하고 할인율 8%, 7%, 6%를 적용해서 이 투자사업의 타당성을 검토해 보시오.

〈표〉 순편익의 연도별 흐름(N_t)

(단위: 억원)

연도	1	2	3	4	5	6	7
순편익	−10	−3	4	4	4	4	4

◆풀이◆   ① 할인율 8%를 적용할 경우 순현재가치(NPV)는 다음과 같이 계산되어 투자의 타당성이 있는 것으로 평가된다.

$$NPV = \frac{-10}{(1+0.08)} + \frac{-3}{(1+0.08)^2} + \frac{4}{(1+0.08)^3} + \frac{4}{(1+0.08)^4}$$
$$+ \frac{4}{(1+0.08)^5} + \frac{4}{(1+0.08)^6} + \frac{4}{(1+0.08)^7} = 1.86억원$$

② 할인율 7%를 적용할 경우 순현재가치(NPV)는 다음과 같이 계산되어 투자의 타당성이 있는 것으로 평가된다.

$$NPV = \frac{-10}{(1+0.07)} + \frac{-3}{(1+0.07)^2} + \frac{4}{(1+0.07)^3} + \frac{4}{(1+0.07)^4}$$
$$+ \frac{4}{(1+0.07)^5} + \frac{4}{(1+0.07)^6} + \frac{4}{(1+0.07)^7} = 2.36억원$$

③ 할인율 6%를 적용할 경우 순현재가치(NPV)는 다음과 같이 계산되어 투자의 타당성이 있는 것으로 평가된다.

$$NPV = \frac{-10}{(1+0.06)} + \frac{-3}{(1+0.06)^2} + \frac{4}{(1+0.06)^3} + \frac{4}{(1+0.06)^4}$$
$$+ \frac{4}{(1+0.06)^5} + \frac{4}{(1+0.06)^6} + \frac{4}{(1+0.06)^7} = 2.90억원$$

2. 내부수익률

비용-편익분석을 위한 내부수익률(Internal Rate of Return: IRR) 기준은 순현재가치의 계산을 위한 객관적인 할인율의 결정이 어려운 경우에 유용하게 쓰인다. 내부수익률(IRR)이란 어떤 투자사업에서 발생하는 비용(cost)의 현재가치의 합계와 편익(benefit)의 현재가치의 합계를 같게 만들거나, 또는 그 비율을 1로 만드는 할인율로 정의된다. 다시 말하면 내부수익률

〈그림 13-1〉 *NPV* 기준과 *IRR* 기준의 동등성

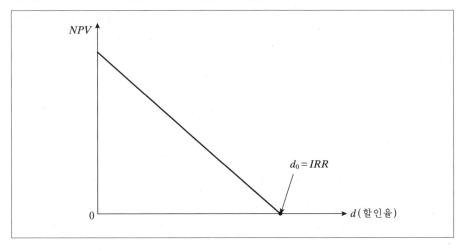

은 순현재가치가 0이 되도록 하는 할인율이라 할 수 있다. 이 내부수익률 (*IRR*)의 값이 정치적인 고려나 시장이자율을 감안하여 설정한 최저한계선을 넘을 경우 이 사업은 타당성이 있는 것으로 평가할 수 있다. 한편 여러 후보사업 가운데 투자의 우선순위를 매길 때는 계산된 내부수익률(*IRR*)의 값이 큰 사업이 선호된다.

내부수익률(*IRR*)은 다음과 같이 계산된다. 즉

$$\sum_{t=0}^{T} \frac{B_t - C_t}{(1+d)^t} = \sum_{t=0}^{T} \frac{N_t}{(1+d)^t} = 0 \qquad \langle 13 \cdot 3 \rangle$$

혹은 $\dfrac{\displaystyle\sum_{t=0}^{T} \dfrac{B_t}{(1+d)^t}}{\displaystyle\sum_{t=0}^{T} \dfrac{C_t}{(1+d)^t}} = 1 \qquad \langle 13 \cdot 4 \rangle$

을 만족시키는 *d*가 내부수익률(*IRR*)이 된다.

이와 같은 내부수익률(*IRR*)의 산정공식에서 보듯이 어떤 하나의 투자사업을 채택할 것인가 아니면 거부할 것인가를 판단하고자 할 경우에는 순현재가치(*NPV*)와 내부수익률(*IRR*)의 기준은 동일한 결론에 도달케 한다.

순현재가치(NPV)와 내부수익률(IRR) 기준의 동등성(同等性)은 〈그림 13-1〉에서 보는 바와 같다. 어떤 하나의 투자사업의 채택 여부를 결정하는 상황에서는 〈그림 13-1〉에서 d가 0과 IRR 사이의 값을 가지는 구간에서는 $NPV>0$이 되고 $IRR>d$가 되어 검토 중인 투자사업의 타당성이 있는 것으로 평가할 수 있다.

　비용-편익분석을 위해서 내부수익률(IRR) 기준을 사용하는 경우에도 몇 가지 문제점이 있다.

　첫째, 어떤 투자사업은 내부수익률(IRR)을 하나도 가지지 않는 것도 있고, 또한 어떤 투자사업은 여러 개의 내부수익률을 가지는 것도 있다. 이와 같은 문제점은 내부수익률의 계산공식에서 본 바와 같이 할인율 d에 관하여 T차 방정식을 풀어야 하는 문제에 기인한다. 예컨대 〈표 13-1〉에서 보는 바와 같은 순편익(N_t)의 연도별 흐름을 가지는 투자사업을 생각해 보자. 이 투자사업에서 할인율(d)이 100%일 때도 $NPV=0$이 되고, 할인율(d)이 200%일 때도 $NPV=0$이 된다. 이 예에서 우리는 2개의 내부수익률(IRR)을 얻게 되는데, 이러한 점이 내부수익률(IRR) 기준이 가지는 치명적인 약점이다.

$d=100\%$

$$-1+\frac{5}{(1+1)}-\frac{6}{(1+1)^2}=0$$

$d=200\%$

$$-1+\frac{5}{(1+2)}-\frac{6}{(1+2)^2}=0$$

　둘째, 내부수익률(IRR) 기준은 투자사업의 영향이 미칠 전기간(全期間)에 걸쳐 하나의 할인율을 묵시적으로 가정하고 있는데, 이러한 가정이 적용

〈표 13-1〉 어떤 투자사업의 순편익의 연도별 흐름

(단위: 억원)

연도(t)	0	1	2
순편익 (N_t)	−1	5	−6

되지 않을 것으로 판단되는 경우에는 투자사업의 평가기준으로 내부수익률 (*IRR*)이 적절하지 않게 된다.

3. 편익/비용 비

편익/비용 비(Benefit/Cost Ratio: *B/C* ratio)는 투자사업으로부터 발생하는 편익흐름의 현재가치를 비용흐름의 현재가치로 나눈 비율을 말한다. 편익/비용 비가 1 이상이면 그 사업은 투자의 타당성이 있고 편익/비용 비가 클수록 투자사업의 효과가 큰 것으로 판정되는데, 그 산정식은 다음과 같다.

$$\frac{B}{C} \text{ 비} = \frac{B}{C} = \frac{\sum_{t=0}^{T} \frac{B_t}{(1+d)^t}}{\sum_{t=0}^{T} \frac{C_t}{(1+d)^t}} \qquad \langle 13 \cdot 5 \rangle$$

단, B=편익의 현재가치의 합계
C=비용의 현재가치의 합계

편익/비용 비(B/C 비)는 투자타당성의 판정기준으로 다음과 같은 문제점을 가진다.

첫째, 편익/비용 비는 순현재가치(*NPV*)와 마찬가지로 할인율(d)에 따라 대단히 민감하게 그 값이 변하는 관계로 적정할인율의 선택과 적용에 어려움이 많다. 현실경제는 정부의 금융통제, 자본시장의 미발달 등의 요인으로 인해 완전경쟁적 자본시장이 존재하지 않는 만큼 자본의 사회적 기회비용, 시간선호율, 시장이자율이 모두 일치하기 어려운 관계로 적정할인율의 결정이 어렵다. 이러한 적정할인율 결정의 어려움은 특히 할인율에 민감한 편익/비용 비 적용의 경우 대체투자사업간의 우선순위 결정에 혼돈을 초래할 수 있다.

둘째, 편익/비용 비는 다수의 대체 가능한 투자사업 중에서 사업규모가 작아서 적은 순현재가치를 발생시키는 사업도 선택될 가능성이 크다. 이러한 가능성은 편익/비용 비의 산정공식에서 충분히 살펴볼 수 있는데, 이렇게 될 경우 순현재가치(*NPV*) 기준과는 상반되는 투자사업이 선택될 가능성이 크게 된다. 예컨대 현재가치로 환산하여 5천만원의 투자로 1억원의 편익을 가

져다 주는 투자사업과 7천만원의 투자로 1억3천만원의 편익을 가져다 주는
투자사업의 두 가지 투자대안을 비교해 보면, 첫 번째 대안의 편익/비용 비
는 2이고, 두 번째 대안의 편익/비용 비는 1.86이 된다. 따라서 편익/비용 비
의 기준에 의하면 첫 번째 대안이 더 바람직하다고 평가할 수 있다. 그러나
만약 투자예산으로 7천만원이 이용 가능하다면 비록 편익/비용 비는 첫 번
째 대안이 크다 할지라도 두 번째 대안의 순현재가치가 더 크기 때문에 두
번째 대안이 더 바람직하다고 할 수 있다.

4. 자본회수기간

자본회수기간(pay-back period)이란 투자된 자본이 회수되기까지의 투
자사업의 운영기간을 말하며, 이러한 자본회수기간이 가장 짧은 투자사업이
채택 또는 선호되는 방법이 자본회수기간 기준이다. 이 기준은 미래가 불확
실하거나 자본회수에 위험이 있을 것으로 판단되는 경우에 사용할 수 있는
투자평가방법으로 근시안적인 투자평가방법이라 할 수 있다.

〈표 13-2〉에 나타낸 A와 B 두 가지 투자사업을 비교해 보자. 두 가지
투자사업 A와 B 모두 처음에 100억원을 투자하고 두 사업 모두 2년간 계속
된다. 1년 후에 투자사업 A는 150억원을 얻는 반면에 투자사업 B는 아무것
도 얻지 못함으로써 자본회수기간 기준에 의해 A가 선택된다. 그러나 그 다
음 해의 순편익을 고려하면 자본회수기간 기준에 의한 투자사업의 선택은
잘못된 것임을 알 수 있다. 자본회수기간 방법의 특징은 이처럼 자본회수기
간 이후 나타나는 편익은 무시된다는 점이다.

〈표 13-2〉 자본회수기간 기준에 의한 두 가지 투자사업의 비교

(단위: 억원)

투자사업	C_0	$B_1 - C_1$	$B_2 - C_2$
A	100	150	1
B	100	0	1,000

5. 평가기준의 비교평가

지금까지 살펴본 공공투자사업의 평가기준들은 제각기 다소의 문제점을

갖고 있다. 순현재가치(NPV)와 편익/비용 비(B/C 비)는 적정할인율의 선택이 어려운 과제이고, 이들 두 기준은 모두 할인율의 선택에 따라 평가의 결과가 민감하게 변할 수 있다. 내부수익률(IRR)은 만약 하나의 투자사업을 위해서 오직 하나의 내부수익률이 존재한다면 여러 가지 후보투자사업 가운데 하나를 선택하는 상황에서 유용하게 쓰일 수 있다. 왜냐하면 내부수익률에 의존하는 방법은 할인율의 선택에 관한 문제로 고민할 필요가 없으면서 각 사업마다 하나의 내부수익률이 정의되기 때문에 투자사업들 간의 비교가 간단하기 때문이다. 그러나 어떤 투자사업이 몇 개의 내부수익률을 가질 것인지 알 수 없다는 치명적인 약점 때문에 하나의 사업에 대해 하나의 내부수익률을 가지는 상황이 아니면 잘 활용되지 않는다. 또한 자본회수기간 기준도 특별히 미래가 극히 불확실하거나 위험이 있는 경우가 아니면 잘 활용되지 않는다.

　　한편 순현재가치(NPV)와 편익/비용 비(B/C 비)는 둘다 할인율의 선택에 민감하다는 문제점을 가지며, 여기에다 편익/비용 비 기준에 의하면 앞서 살펴본 바와 같이 작은 순현재가치(NPV)를 가져다 주는 소규모의 투자사업

〈그림 13-2〉　의사결정상황별 판단의 기준

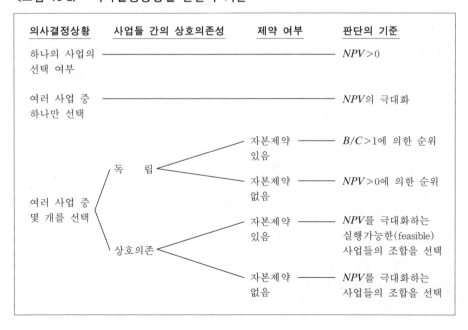

의사결정상황	사업들 간의 상호의존성	제약 여부	판단의 기준
하나의 사업의 선택 여부			$NPV>0$
여러 사업 중 하나만 선택			NPV의 극대화
여러 사업 중 몇 개를 선택	독립	자본제약 있음	$B/C>1$에 의한 순위
		자본제약 없음	$NPV>0$에 의한 순위
	상호의존	자본제약 있음	NPV를 극대화하는 실행가능한(feasible) 사업들의 조합을 선택
		자본제약 없음	NPV를 극대화하는 사업들의 조합을 선택

이 선택될 가능성이 크다는 문제점을 가진다. 따라서 편익/비용 비는 자본제약이 있으면서 여러 가지 상호 독립적인 투자사업들이 선택되어야 할 경우에 유용하게 쓰이고, 나머지 대부분의 경우에는 순현재가치(NPV)가 투자사업의 평가기준으로 많이 권장되고 있다.

　　따라서 순현재가치(NPV)가 공공투자사업의 비용-편익분석을 위한 일반적인 판단기준으로 널리 받아들여지고 있다. 〈그림 13-2〉는 비용-편익분석의 각기 다른 판단상황에서 사용할 수 있는 일반적인 판단의 기준을 나타낸다.

제 3 절   비용과 편익의 측정

1. 비용과 편익의 구분

　　한 사업의 비용과 편익을 평가하고자 할 때 무엇이 비용이고 무엇이 편익인지에 관한 구분이 필요하다. 비용과 편익의 구분을 위한 접근방법은 다음의 두 가지 방법이 있다. 첫 번째 방법은 투자사업에의 투입을 비용으로, 투자사업의 산출을 편익으로 구분하는 방법이다. 두 번째 방법은 사업의 긍정적 효과는 편익으로, 사업의 부정적 효과는 비용으로 간주하여 구분하는 방법이다.

　　투자사업의 여러 가지 평가기준 가운데 순현재가치(NPV)를 이용하여 대안을 비교할 때에는 이들 두 가지 접근방법 가운데 어느 것을 사용하든 큰 문제가 없으나, 다른 평가기준을 사용할 때는 비용과 편익의 구분방법에 따라 투자사업의 평가결과가 달라지는 문제점이 야기되기도 한다(노화준, 1989: 246).

　　비용과 편익의 구분을 위한 두 가지 접근방법 가운데 투자사업에의 실제투입만을 비용으로 식별하는 첫 번째 접근방법이 보편적으로 많이 활용된다. 비용과 편익을 이와 같은 방법으로 식별하게 되면 비용의 측정은 비교적 용이해지고 편익의 측정은 어려운 문제를 포함하게 된다. 아래에서는 비용과 편익의 구분을 위한 첫 번째 접근방법에 입각해서 분류된 비용과 편익의 측정방법을 살펴보기로 한다.

2. 비용의 측정

어떤 투자사업의 투입가치, 즉 비용의 측정에 있어서 가장 어려운 두 가지의 문제점은 ① 측정 그 자체의 문제와 ② 어떤 특정상황하에서 사용할 비용의 적절한 개념이 무엇인가를 결정하는 문제이다.

이들 두 가지의 기본적인 문제들 가운데 첫 번째 문제는 측정에 사용될 적절한 비용의 개념을 알고 있는 경우에 투입에 대한 가치를 어떻게 측정할 것인가 하는 것이다. 일반적으로 사용될 비용의 개념만 적절히 결정되고 나면 측정 그 자체는 별 문제가 없을 것으로 생각되는 경향이 있으나, 실제로는 이 자체도 매우 어려운 작업이고 측정결과가 정확한 것이 아닐 가능성도 항상 지니고 있는 것이다(노화준, 1989: 247).

비용을 측정할 때에는 기회비용(opportunity cost)과 실제로 지불한 비용을 구분할 필요가 있다. 한 자원의 기회비용은 그 자원의 여분 한 단위를 보유하지 않는 데 따르는 비용을 말하는데, 기회비용은 그 자원을 활용할 수 있는 최선의 대안에 있어서의 비용이다. 이와 같은 관점에서 기회비용은 자원의 잠재가격(shadow price)이라 할 수 있다. 기회비용은 비용-편익분석에서 자원의 비용에 대한 올바른 측정수단이라 할 수 있으며, 이들 기회비용은 한 자원에 지불된 가격이라고 할 수 있는데 때로는 실제 지불한 비용과 다른 경우도 있다.

잠재가격과 실제의 가격이 일치하지 않는 경우는 시장이 완전경쟁시장이 아닌 불완전경쟁시장일 때이며, 이때의 시장가격은 진정한 사회가치를 반영하지 못한다. 따라서 이러한 경우에는 시장가격을 완전경쟁시장에서의 가격으로 조정하여야 하는데, 이를 잠재가격이라 할 수 있다.

예컨대 어떤 원자재가 국내의 독점시장에서 생산되고 이때의 시장가격이 100만원이라고 하자. 그런데 이것이 완전경쟁적인 시장에서 생산된다면 단지 90만원에 불과하다고 할 때 이 원자재의 잠재가격은 100만원이 아니라 90만원이 된다. 따라서 정부가 공공투자사업을 위해 비록 100만원을 지불했다고 하더라도 비용-편익분석에서의 비용은 90만원으로 계산하여야 한다. 차액인 10만원은 독점 생산자에게 돌아간 화폐적 이익에 불과하며, 이것이 사회에서의 진정한 비용을 의미하는 것은 아니기 때문이다.

3. 편익의 측정

어떤 공공투자사업의 효과(산출)를 편익으로 정의할 경우 편익은 실로 다양하게 나타난다. 어떤 투자사업으로 인하여 직접적으로 발생하는 편익이 있는가 하면, 간접적으로 나타나는 편익도 있다. 어떤 투자사업의 효과가 어떤 상품이나 서비스의 가격을 변화시키는 것이 있는가 하면, 가격의 변화로 나타나지 않는 영향도 있을 수 있다. 예컨대 어떤 투자사업으로 인해 대기오염이나 수질오염, 소음 등의 정도가 변화한다면 이는 바로 가격으로 환산되지 않는 투자사업의 영향이다. 어쨌든 이 모든 사업의 영향이 편익의 측정항목에 포함되어야 한다.

어떤 투자사업의 영향, 즉 편익을 측정하기 위하여 편익을 다음의 세 가지로 분류하는 것이 보편적이다.

① 상품이나 서비스가 완전경쟁시장에서 공급 또는 소비되면서 상품이나 서비스의 가격변화로 나타나는 편익

② 상품이나 서비스가 불완전경쟁시장에서 공급 또는 소비되면서 상품이나 서비스의 가격변화로 나타나는 편익

③ 시장이 존재하지 않는 상품 혹은 서비스의 수준변화로 나타나는 편익

아래에서는 이처럼 세 가지로 분류된 편익의 종류별로 편익의 측정방법에 대해 살펴보기로 한다.

(1) 완전경쟁시장에서 소비자의 가격변화로 나타나는 편익

어떤 상품이나 서비스가 무수히 많은 공급자와 수요자로 구성된 완전경쟁시장에서 공급되고 소비될 때, 여기서 형성된 가격은 자원의 사회적 기회비용을 적절히 반영하는 것으로 볼 수 있다. 따라서 완전경쟁시장에서 제공되는 상품과 서비스의 가격변화는 어떤 투자사업의 영향을 쉽게 파악할 수 있게 한다.

완전경쟁시장이 형성되는 상품이나 서비스의 경우 소비자잉여(consumer surplus)는 소비자의 순편익(net benefit)을 나타낸다. 〈그림 13-3〉에서 수요곡선은 소비자들이 어떤 상품이나 서비스에 대하여 지불할 의사(willingness to pay)가 있는 값을 나타내는데, 빗금 친 부분으로 표현된 소비자잉여는 바

〈그림 13-3〉 소비자잉여

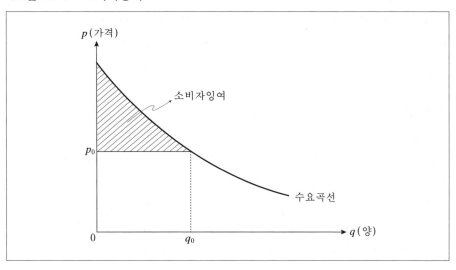

로 소비자들이 어떤 상품이나 서비스에 대하여 지불하고자 하는 값과 실제로 그들이 지불한 값과의 차(差)로서 정의된다. 다시 말하면 소비자잉여는 어떤 상품이나 서비스를 소비함으로써 소비자들이 얻게 되는 총편익(total benefits)에서 비용을 뺀 것, 즉 순편익이다.

〈그림 13-4〉 소비자잉여의 변화

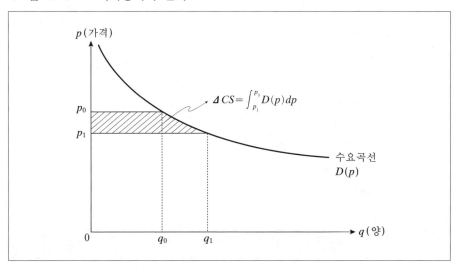

　　공공투자사업의 평가에서 사업 전과 후의 소비자잉여의 변화가 바로 그 사업의 편익으로 간주되는데, 소비자잉여의 변화는 바로 시장가격의 변화에 따라 나타나게 된다. 〈그림 13-4〉에서 보는 바와 같이 어떤 투자사업이 소비자의 가격을 p_0에서 p_1으로 하락시킬 경우 이 투자사업의 편익은 ΔCS로 나타나게 된다. 만약 어떤 투자사업의 영향이 여러 가지 상품이나 서비스의 가격에 영향을 미친다면 이들이 모두 합산되어야 함은 물론이다.

　　한편 어떤 공공투자사업으로 인한 상품이나 서비스가격의 하락은 생산자들의 편익에도 영향을 미친다. 이제 생산자들의 편익이 어떻게 변할 것인지 보기 위해 생산자잉여(producer surplus)의 개념을 생각해 보자. 〈그림 13-5〉에서 공급곡선(S)은 모든 생산자들의 한계비용(marginal cost: MC)을 횡으로 합친 것인데, 빗금 친 부분으로 표시된 생산자잉여는 생산자들의 총수입에서 생산자들의 총비용(공급곡선의 아랫부분)을 뺀 것이다. 이 생산자잉여는 바로 생산자들이 상품 혹은 서비스의 생산으로 얻게 되는 순편익이다.

　　공공투자사업의 비용-편익분석에서는 사업 전과 후의 생산자잉여의 변화 역시 편익으로 간주되며, 이것 역시 시장가격의 변화에 따라 나타나게 된다. 〈그림 13-6〉에서 보는 바와 같이 어떤 투자사업이 소비자의 가격을 p_0에서 p_1으로 하락시킬 경우 이 투자사업의 편익은 ΔPS만큼 감소하게 된다.

〈그림 13-5〉　생산자잉여

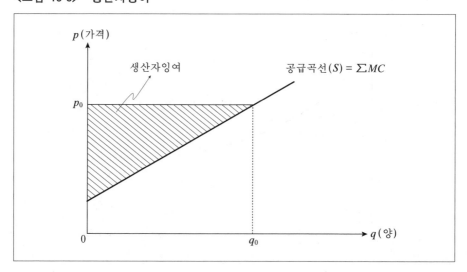

<그림 13-6>　생산자잉여의 변화

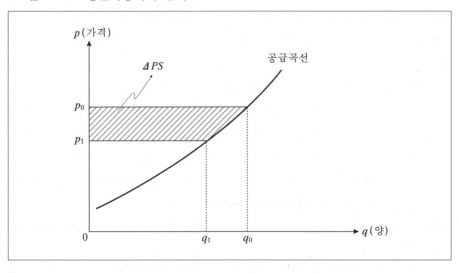

이러한 생산자잉여의 변화 역시 어떤 투자사업에 의해 영향을 받는 모든 상품과 서비스에 대해서 측정되어야 한다.

　　결론적으로 이야기하면, 완전경쟁시장이 형성되는 상품과 서비스의 경우 어떤 투자사업의 편익이 이들 상품 혹은 서비스의 가격에 영향을 미친다면 소비자잉여와 생산자잉여의 변화를 모두 합산하여 이를 편익으로 간주하여야 한다는 것이다.

(2) 불완전경쟁시장에서 소비자의 가격변화로 나타나는 편익

　　어떤 상품이나 서비스가 무수히 많은 공급자와 수요자로 구성되어 있는 완전경쟁시장에서 공급되고 소비되지 않을 경우 어떤 투자사업의 편익을 측정하기 위하여 소비자잉여와 생산자잉여의 변화를 살펴보는 것은 의미가 없다. 왜냐하면 완전경쟁시장에서 형성된 시장가격은 자원의 사회적 기회비용 즉 잠재가격을 반영한 것으로 볼 수 있으나, 불완전경쟁시장에서의 가격은 자원의 기회비용 즉 잠재가격을 반영하지 못하기 때문이다.

　　따라서 불완전경쟁시장이 형성되는 것으로 판단되는 상품과 서비스의 가격변화는 잠재가격을 이용해서 어떤 투자사업의 편익을 측정해야 한다. 예를 들면 어떤 공공투자사업의 투입물을 독점시장에서 구매했을 경우 구입가

격(소비자가격)은 한계비용(생산자가격)과 상이하므로 시장가격이 투입물의
사회적 기회비용을 반영하지 못한다. 다른 예로 투입물에 조세(물품세)가 부
과되었을 경우에도 소비자가 구매하는 시장가격과 한계비용을 반영하는 생
산자가격이 서로 다르게 된다. 이상의 경우에는 시장가격이 사회적 기회비용
을 나타내지 못하므로 잠재가격으로 사회적 편익이나 비용을 측정해야 한다.

　　잠재가격의 필요성은 시장가격이 항상 사회적 가치를 정확하게 표현하
고 있지는 않는다는 인식에서 비롯되었다. 잠재가격은 생산에 사용한 자원을
위해서 최대로 지불할 수 있는 가격, 즉 최대의 기회비용을 의미한다. 실제
의 상황에서 잠재가격의 결정을 위해 선형계획적 접근방법(linear programming
approach)이 권장된다(Sassone and Schaffer, 1978: 56). 잠재가격의 추정에
대한 상세한 논의는 Sassone and Schaffer(1978)의 제5장을 참고하기 바란다.

(3) 시장이 존재하지 않는 상품 혹은 서비스의 수준변화로 나타나는 편익

　　편익의 측정이 더욱 어려운 경우는 아예 시장이 존재하지 않는 상품 혹
은 서비스의 수준변화로 편익이 나타나는 경우이다. 불완전경쟁시장에서의
시장가격의 존재는 적어도 찾고자 하는 상품 혹은 서비스의 사회적 가치의
근사치에 대한 단서를 제공해 준다. 그러나 시장이 존재하지 않는 재화나 서
비스수준의 변화로 나타나는 편익은 변화의 측정뿐만 아니라 화폐가치로의
환산 또한 어려운 과제이다.

　　실제로 많은 공공투자사업의 경우 그 편익이 시장이 존재하지 않는 상
품 혹은 서비스의 수준변화로 나타나는 경우가 많다. 예를 들면 어떤 공공투
자사업은 자동차사고의 감소를 가져올 수도 있고 대기오염이나 소음의 감소
를 초래할 수도 있다. 또한 어떤 공공투자사업(예: 도로건설사업, 지하철 건설
사업 등)은 시간절약을 가져올 수도 있고, 어떤 사업(예: 공원건설사업)은 시
민들에게 편안한 휴식공간을 제공할 수도 있다. 이제 이와 같은 편익들을 어
떻게 화폐가치로 환산할 수 있는지 논의해 보자.

　　① 통행시간가치의 평가

　　통행시간의 가치(value of travel time)를 화폐단위로 측정하는 것은 교
통계획 대안의 평가를 위해 매우 중요하다. 통행시간의 가치는 시간과 비용
의 한계대체율(marginal rate of substitution)을 살펴봄으로써 측정이 가능하다.

우리는 어떤 교통수단의 효용함수를 확률선택모형(예: 로짓모형)을 이용
해서 추정할 수 있다. 예를 들어 승용차의 효용함수가 다음과 같이 추정되었
다고 하자.

$$V_A = \alpha TIME_A + \beta COST_A \qquad\qquad \langle 13 \cdot 6 \rangle$$

단, V_A = 승용차의 결정적 효용
  $TIME_A$ = 승용차의 통행시간
  $COST_A$ = 승용차의 통행비용
  α, β = 파라미터

이 모형에서 승용차의 통행시간의 화폐적 가치는 다음과 같이 계산된다.

$$\text{승용차의 통행시간 가치} = \frac{\dfrac{\partial V_A}{\partial TIME_A}}{\dfrac{\partial V_A}{\partial COST_A}} = \frac{\alpha}{\beta} \qquad\qquad \langle 13 \cdot 7 \rangle$$
$$\text{(단위시간당)}$$

이제 다른 예로 버스의 효용함수가 다음과 같이 4개의 설명변수를 이용
하여 추정되었다고 하자.

$$V_B = \alpha_C Cost + \alpha_v\, In\text{-}Vehicle\ Travel\ Time$$
$$+ \alpha_w Waiting\ Time + \alpha_A Access\ Time \qquad \langle 13 \cdot 8 \rangle$$

단, V_B = 버스의 결정적 효용
  $Cost$ = 버스요금
  $In\text{-}Vehicle\ Travel\ Time$ = 버스의 차내통행시간
  $Waiting\ Time$ = 버스를 기다리는 시간
  $Access\ Time$ = 집에서 버스정류장까지의 소요시간
  α_C, α_v, α_w, α_A = 파라미터

이 모형에서 버스를 기다리는 시간의 화폐적 가치는 다음과 같이 계산
된다.

$$기다리는 \ 시간의 \ 가치 = \cfrac{\cfrac{\partial V_B}{\partial Waiting \ Time}}{\cfrac{\partial V_B}{\partial Cost}} = \frac{\alpha_w}{\alpha_c} \qquad \langle 13 \cdot 9 \rangle$$

(단위시간당)

이렇게 버스를 기다리는 시간의 가치(단위시간당)가 추정된 후에 우리는 다음과 같이 어떤 교통투자사업이 가져올 기다리는 시간의 감소편익을 계산할 수 있다.

지역사회 전체의 대기시간 감소편익

$$= \frac{\alpha_w}{\alpha_c} \times 시간이 \ 절약될 \ 사람의 \ 수 \times 1인당 \ 절약시간 \qquad \langle 13 \cdot 10 \rangle$$

예제 13-2) 로짓모형을 이용하여 다음과 같이 승용차의 효용함수가 추정되었다. 추정된 로짓모형을 이용하여 승용차의 차내통행시간과 차외통행시간의 가치를 계산하시오.

$$V_A = -0.0412 \ COST - 0.0101 \ IVTT - 0.0231 \ OVTT$$

단, V_A=승용차의 결정적 효용
  $COST$=승용차의 통행비용(단위: 천원)
  $IVTT$=승용차의 차내통행시간(단위: 분)
  $OVTT$=승용차의 차외통행시간(단위: 분)

◆풀이◆ 승용차의 차내통행시간의 화폐적 가치는 다음과 같이 계산된다.

$$\cfrac{\cfrac{\partial V_A}{\partial IVTT}}{\cfrac{\partial V_A}{\partial COST}} = \frac{-0.0101}{-0.0412} = 0.245천원/분 = 245원/분$$

따라서 차내통행시간의 시간당 화폐적 가치는 245원×60분=14,700원이 된다.

한편 승용차의 차외통행시간의 화폐적 가치는 다음과 같이 계산 된다.

$$\frac{\dfrac{\partial V_A}{\partial OVTT}}{\dfrac{\partial V_A}{\partial COST}} = \frac{-0.0231}{-0.0412} = 0.561 천원/분 = 561원/분$$

따라서 차외통행시간의 시간당 화폐적 가치는 561원×60분=33,660 원이 된다.

이상의 계산결과를 보면 차외통행시간의 화폐적 가치가 차내통행시간 의 화폐적 가치보다 훨씬 큰 것을 볼 수 있다. 이는 차내통행시간과 차외통 행시간의 추정계수값의 차이에 기인하는데, 차내통행시간에 비해 차외통행 시간이 승용차의 효용에 더 큰 부(負, −)의 영향을 미치기 때문이다. 일반 적으로 통행시간의 가치는 사람들이 통행시간 단축을 위하여 지불하고자 하 는 금전적 가치를 의미하므로 차외통행시간의 화폐적 가치가 더 큰 것을 알 수 있다.

② 수요함수접근법에 의한 공원의 특성별 가치 평가

도시의 공원들은 각기 다른 특성들을 가지고, 각기 다른 접근비용(입장 료, 교통비 등)을 가진다. 이제 도시공원들의 개별 특성(예: 연못, 구내매점 등) 들의 화폐가치를 측정하기 위하여 〈표 13-3〉과 같은 자료를 얻었다고 하자.

〈표 13-3〉의 자료를 이용해서 선형회귀분석(linear regression analysis)을 하여 도시공원에 대한 다음과 같은 수요모형을 추정할 수 있다.

$$Q = \alpha_0 + \alpha_a a + \alpha_b b + \cdots + \alpha_c c \qquad \langle 13 \cdot 11 \rangle$$

단, Q = 공원이용자수
   a = 연못의 수
   b = 매점의 수
   c = 접근비용(입장료와 교통비)
   $\alpha_0, \alpha_a, \alpha_b, \alpha_c$ = 파라미터

이렇게 추정된 공원의 수요모형을 이용해서, 예컨대 연못의 화폐가치는

〈표 13-3〉　도시공원의 이용자수와 특성자료

공원 번호	공원 이용자수	연못의 수	매점의 수	……	접근비용 (입장료와 교통비)
1	Q_1	a_1	b_1	……	c_1
2	Q_2	a_2	b_2	……	c_2
3	Q_3	a_3	b_3	……	c_3
.	.	.	.	.	.
.	.	.	.	.	.
.	.	.	.	.	.
.	.	.	.	.	.
.	.	.	.	.	.
.	.	.	.	.	.
N	Q_N	a_N	b_N	……	c_N

다음과 같이 계산된다.

$$\text{연못의 가치} = \frac{\dfrac{\partial Q}{\partial a}}{\dfrac{\partial Q}{\partial c}} = \frac{\alpha_a}{\alpha_c} \qquad \langle\, 13 \cdot 12 \,\rangle$$

　　　이와 같은 방법으로 각각의 공원특성들이 화폐가치로 표현될 수 있다. 또한 이렇게 계산된 공원의 특성별 가치를 근거로 새로운 공원의 건설이나 폐쇄에 따른 편익을 계산할 수 있다. 즉 공원의 이용자수를 개별 특성의 화폐가치에다 곱하면 공원의 어떤 특성이 사회 전체에 주는 편익을 얻을 수 있게 된다.

　　　이상에서는 도시공원의 특성별 가치 평가를 위해서 수요함수접근법을 적용시켜 보았는데, 이들 외에도 여러 가지 공공투자사업에 적용이 가능하다. 이와 같은 수요함수접근법을 활용할 때 유의해야 할 점은 수요모형의 추정시에 관련있는 모든 설명변수들을 모형에 포함시켜야 한다는 점이다. 만약에 관련있은 설명변수가 수요모형에 충분히 포함되지 않을 경우에는 편의된 (biased) 추정계수값을 가질 가능성이 크게 된다.

③ 교통소음과 대기오염

우리는 종종 교통소음과 대기오염수준의 변화를 수반하는 공공투자사업을 하게 된다. 이때 우리는 교통소음과 대기오염수준의 변화를 편익으로 간주하고, 이를 화폐단위로 환산하여야 한다. 그러면 이들 소음과 대기오염의 화폐가치는 어떻게 측정할 수 있는지 생각해 보자.

첫 번째 접근방법은 이들 소음과 대기오염의 피해를 막는 데 소요되는 비용을 소음과 대기오염의 화폐가치로 간주하는 방법이다. 소음피해를 막기 위해서 방음장치를 설치할 수 있고, 대기오염으로부터의 피해를 막기 위해서는 집안에 공기정화기를 설치할 수 있다. 따라서 소음과 대기오염으로부터의 피해를 막기 위하여 지불하는 비용을 소음과 대기오염의 화폐가치로 간주하면 된다. 그러나 이와 같은 방법으로 소음과 대기오염의 가치를 측정하는 방법은 이들 피해방지시설들의 설치는 또 다른 부작용을 발생시키거나 다른 곳에 영향을 미칠 수 있어 소음과 대기오염수준의 변화가 가져다주는 편익을 계산하는 것이 쉽지 않다는 문제점이 있다.

두 번째 접근방법은 소음과 대기오염의 가치를 재산가치접근법(property value approach)을 이용하여 화폐단위로 측정하는 방법이다. 예컨대 〈그림 13-7〉에서 주택 A와 B는 방의 수, 대지면적, 위치 등의 모든 특성이 같으면서, 다만 주택 A는 버스정류장 옆에 있어 소음이 심하고 주택 B는 버스정류장으로부터 아주 멀리 떨어져 있어 소음이 없다고 하자.

모든 사람들이 소음을 문제시하게 될 경우 주택 B의 가격이 주택 A의

〈그림 13-7〉 **소음이 심한 집과 소음이 없는 집**

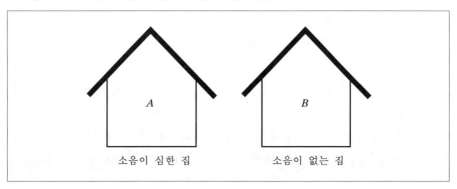

A	B
소음이 심한 집	소음이 없는 집

가격보다 비싸게 되는데, 이때 조용한 주택과 소음이 심한 주택의 가격차이가 바로 소음의 화폐가치가 된다.

그러면 이러한 재산가치접근법을 통계적으로 어떻게 실제상황에서 활용할 수 있는지 생각해 보자. 주택을 포함한 모든 부동산의 가치는 이들 부동산의 특성(예: 대지면적, 건축면적, 방의 수 등)에 의해 결정된다.

$$V = f(X) \qquad \langle 13 \cdot 13 \rangle$$

단, V=부동산의 가치(가격)
X=부동산의 특성벡터

부동산의 가격과 이들 부동산의 특성벡터들에 대한 자료들을 수집한 후에 우리는 다음과 같은 회귀모형을 추정할 수 있다.

$$V = \alpha_0 + \alpha_1 x_1 + \alpha_2 x_2 + \cdots \qquad \langle 13 \cdot 14 \rangle$$

단, x_1=소음의 정도
x_2=대지면적
α_i=파라미터 $(i=0, 1, 2, \cdots)$

이렇게 추정된 회귀모형에서 소음의 화폐가치는 다음과 같이 계산된다.

$$소음의\ 가치 = \frac{\partial V}{\partial x_1} = \alpha_1 \qquad \langle 13 \cdot 15 \rangle$$

이렇게 계산된 소음의 화폐가치를 이용해서 새로운 공공투자사업의 시행에 따라 환경편익을 계산할 수 있다.

④ 인간생명의 가치 평가

어떤 공공투자사업은 인명피해를 줄일 수 있는 것도 있다. 예를 들어 지하철의 건설사업은 교통사고로 인한 사망자의 수를 줄일 수 있다. 이때 교통사고의 감소로 인한 편익은 줄어든 교통사고 사망자의 수로 나타나는데, 이들 역시 비용-편익분석에서는 화폐가치로 환산되어야 한다. 그러면 아래에서는 인간생명의 가치가 어떻게 화폐단위로 환산될 수 있는지 생각해 보자.

첫 번째 방법은 인간의 생산성(productivity)을 사회에 대한 기여도로 간주하여 인간생명의 가치로 보는 방법이다. 예를 들어 어떤 사람은 연간 3,000만원으로 계산될 것이고, 또 어떤 사람은 연간 6,000만원으로 계산될 수도 있다. 이 방법의 문제점은 직업이 없는 사람의 경우 어떻게 생산성을 측정할 수 있는가라는 문제가 제기된다.

두 번째 방법은 사고시 받게 되는 보험금의 액수를 인간생명의 가치로 간주하여 계산하는 방법이다.

세 번째 방법은 어떤 개인의 미래 예상수입들을 모두 합쳐 현재의 화폐가치로 환산한 값을 인간생명의 가치로 간주하는 방법으로서 가장 표준적인 방법으로 제시되고 있다.

$$PV = \sum_{t=0}^{T} \frac{X_t}{(1+r)^t} \qquad \langle 13 \cdot 16 \rangle$$

단, PV = 미래 예상수입의 현재가치
　　X_t = t년도의 수입
　　r = 시장이자율

제4절　적정할인율의 선택과 분배의 문제

1. 적정할인율의 선택

비용-편익분석을 할 때 우리는 할인율을 먼저 결정하여야 한다. 이때 우리는 적정할인율을 어떻게 결정할 수 있는가? 적정할인율의 결정은 사업의 평가에 중요한 영향을 미치는데, 적용되는 할인율에 따라 투자사업에 대한 평가가 달라지는 경우가 빈번하게 일어나는 것이 현실이다. 이제 공공투자사업에의 적용을 위하여 검토될 수 있는 할인율을 살펴보자(김동건, 1984: 178-180; Gramlich, 1981: 95-107).

(1) 민간할인율

민간할인율은 민간자본시장에서 형성되는 시장이자율을 근간으로 하여 결정되는 할인율을 가리킨다. 자본시장이 완전경쟁시장이라면 이때 형성된 시장이자율은 소비자의 시간선호(time preference)가 적절히 반영되고 있으며, 동시에 자본이 갖는 한계생산성과도 일치하게 된다.

그러나 현실적으로 자본시장의 불안정성을 인정하지 않을 수 없으므로 실제의 시장이자율을 그대로 할인율로 사용하여 공공투자사업을 평가하는 데는 상당한 문제가 생기게 될 것이다. 불완전한 자본시장에서는 장래에 대한 불확실성 및 위험부담 때문에 프리미엄(premium)이 붙은 이자율이 형성되고, 또한 단기 혹은 장기에 따라 다양한 금리체계를 구성하게 된다. 따라서 민간할인율은 현세대의 시간선호마저 반영하지 못하는 문제점을 가진다고 볼 수 있다.

(2) 사회적 할인율

평가의 대상이 되는 사업이 민간투자사업이라면 시장이자율을 근거로 한 민간할인율을 적용하는 데 논리상 큰 문제가 없다고 하겠으나, 공공투자사업의 경우에는 시장이자율을 적용할 수 없고 시장이자율보다 낮은 사회적 할인율을 적용하여야 한다는 주장이 경제학자들 간에 많이 대두되어 왔다.

자본시장이 비록 완전경쟁시장이라 하더라도 시장이자율은 현세대의 시간선호를 반영할 뿐, 미래세대들을 무시하고 있다고 볼 수 있다. 그러나 대부분의 공공투자사업들은 미래세대들의 복지에 영향을 미치게 된다. 따라서 공공투자사업에는 시장이자율보다 낮은 사회적 할인율의 적용이 권장되고 있다.

(3) 자본의 기회비용

공공투자사업에 사회적 할인율을 적용한다면 이것을 어떻게 측정하느냐가 중요한 문제로 대두될 수밖에 없다. 사회적 시간선호율(social rate of time preference)을 정확히 측정하는 것은 불가능한 일이고, 따라서 일반적인 접근방법은 자본의 기회비용(opportunity cost of capital)으로 파악하는 것이다. 즉 자원이 공공투자사업에 사용되지 않고 민간투자사업에 사용되었을 때 획득할 수 있는 수익률을 공공투자사업의 할인율로 하는 것이다. 이렇게 본다면 민간기업이 통상 기대할 수 있는 전산업(全産業)의 평균수익률을 측정하여 이것을 공공투자사업의 할인율로 사용할 수 있을 것이다. 전체 민간기업의 평균수익률을 공공투자사업에 있어서의 자본의 기회비용으로 보고 이것을 할인율로 사용한다는 것은 공공투자사업도 민간투자사업에서 통상 기대할 수 있는 수익률을 발생시켜야지, 그렇지 않으면 그 공공투자사업은 타당성이 없는 사업으로 평가된다는 것을 의미하고 있다.

자본의 기회비용의 계산은 공공투자사업의 재원조달과 밀접한 관계가 있다. 만약 공공투자의 재원이 조세 혹은 공채발행에 의하여 조달된 것이라면 이것은 민간부문의 소비 혹은 투자를 희생한 것이므로 자본의 기회비용이 상대적으로 증가한다. 그러나 재원의 조달이 해외차관과 같은 금융적인 방법에 의존한다면 자본의 기회비용은 차입금의 이자율 크기에 의해 영향을 받게 될 것이다.

2. 분배의 문제

공공투자사업은 각기 다른 사회집단이나 소득집단들에게 다른 영향을 미칠 수 있다. 예컨대 도로의 건설은 저소득집단보다는 고소득집단(승용차 이용자)에게 더 큰 편익을 가져다 줄 것이고, 지하철의 건설은 저소득집단 (지하철 이용자)에게 오히려 더 큰 편익을 가져다 줄 것이다. 그러나 일반적인 비용-편익분석에서는 이와 같은 분배의 문제를 고려하지 않고 순현재가치(NPV)가 0보다 크거나 편익/비용 비(B/C 비)가 1보다 크면 그 사업은 경제적으로 타당성이 있는 것으로 평가하게 된다. 물론 분배의 문제가 전혀 문제가 되지 않는 상황에서는 어떤 공공투자사업이 가져다 줄 편익과 비용의 단순한 합계치를 근거로 사업의 타당성을 평가할 수 있다.

그러나 현재의 소득분배에 문제가 있거나 혹은 어떤 공공투자사업이 분배의 문제를 심각하게 야기할 가능성이 크다면 분배의 효과가 고려된 비용-편익분석을 하여야 한다. 분배의 효과가 고려된 비용-편익분석을 하기 위해서는 공공투자사업으로부터 영향을 받게 되는 사회집단별로 비용과 편익을 집계한 후 적절한 사회적 가중치(social weights)를 주어야 한다. 이때의 사회적 가중치는 상대적인 사회적 중요도를 반영하여야 하며, 이는 주로 정책결정자에 의해 규범적으로 결정되는 경우가 많다.

제 5 절　불확실성의 문제

1. 문제의 개요

　　공공투자사업의 비용-편익분석에 있어서 불확실성(uncertainty)에 관한 고려는 1960년대까지만 해도 비교적 한정된 소수의 분석자들에 의해서만 이루어져 왔으나, 최근에 와서 미래에 대한 불확실한 예측의 가능성을 인정하면서 불확실성에 대한 분석의 필요성이 고조되고 있다.

　　공공투자의 분석에 있어 불확실성을 고려하는 가장 중요한 목적은 한마디로 말해서 의사결정의 상황을 불확실한 상황으로부터 준위험의 상황(quasi-risk situation)으로 바꾸어 보려는 것이라 할 수 있다. 불확실성의 상황에서 결정을 행하는 경우, 발생할 결과에 대해서는 발생확률조차 알 수 없기 때문에 이러한 경우의 결정기준은 다분히 분석자 혹은 의사결정자의 불확실성에 대한 태도 또는 견해에 달려있다고 해도 과언이 아니다.

　　어떤 공공투자사업의 경제분석에 있어서 화폐단위로 측정되는 대부분의 비용과 편익의 흐름은 불확실한 미래의 예측에 바탕을 둔 기대치에 불과하므로 오류의 범위를 갖고 있다고 인정하지 않을 수 없다. 이러한 점을 고려한다면 분석자는 그 효과가 별로 중요하지도 않은 항목에 대하여 아주 정확한 값을 얻기 위해 많은 노력을 기울이기보다 그 측정이 잘못될 수도 있다는 점을 인식하고 의사결정자의 결정행위를 도울 수 있는 방법을 강구하는 것이 필요하다.

　　비용-편익분석에서 측정되는 모든 요소들에 대하여 오류 또는 불확실성의 정도를 분석하고 더욱 더 과학적으로 대처하려는 노력의 일환으로 여러 가지 접근방법들이 강구되어 오고 있다. 아래에서는 이러한 불확실성의 문제에 대처하기 위해 많이 활용되고 있는 의사결정분석(decision analysis)과 민감도분석(sensitivity analysis)에 대해 살펴보기로 한다.

2. 의사결정분석

(1) 미래의 상황에 대한 확률의 예측이 가능한 경우

비용-편익분석의 과정에서 미래의 불확실성이 내재된 문제에 대처하기 위해 의사결정분석이 활용될 수 있는 상황을 생각해 보자.

어떤 도시의 투자분석 전문가는 전철(rail-way)의 건설에 따른 비용-편익분석을 의뢰받았다고 하자. 그런데 이미 결정된 구간에서 지상에 전철노선을 건설할 것인지 혹은 지하에 건설할 것인지를 결정해야 한다고 한다. 이와 같은 의사결정 상황에서 내재된 불확실성은 예정된 전철구간에 지하암반이 존재할 가능성이 있다는 것이다. 지하암반이 존재하는 상황에서 지하노선을 결정할 경우 많은 건설비용이 소요되어 순현재가치(NPV)가 (−)의 값을 가질 가능성도 있다. 그런데 문제는 지하에 암반이 존재할지 정확하게 사전에 예측하는 것은 불가능하다고 한다. 다만 사전조사결과를 분석한 결과 예정 건설구간의 지하에 암반이 존재할 가능성이 70%이고, 지하에 암반이 존재하지 않을 가능성이 30%라고 한다. 이와 같은 문제를 풀기 위한 의사결정나무(decision tree)는 〈그림 13-8〉과 같이 나타낼 수 있다.

〈그림 13-8〉에 나타낸 전철건설문제의 의사결정나무에서 a_1과 a_2는 의사결정자가 취할 수 있는 행동이다. a_1은 지상으로 전철을 건설하는 것이고, a_2는 지하로 전철을 건설하는 대안이다. 그리고 θ_1과 θ_2는 의사결정자가 대안 a_i를 선택한 후에 알 수 있는 지하의 암반존재 여부를 나타낸다. θ_1은 암반이 존재하는 상황이고, θ_2는 암반이 존재하지 않는 상황을 나타내는 것이다. q_{ij}는 비용-편익분석에서 각각의 경우에 발생하는 순현재가치(NPV)를 나타내는 것으로, 의사결정자가 대안 a_i를 선택하고 지하의 암반존재 여부의 사실이 θ_j로 밝혀질 때 얻게 되는 순현재가치(NPV)를 나타낸다.

〈그림 13-8〉 전철건설문제를 위한 의사결정나무의 구조

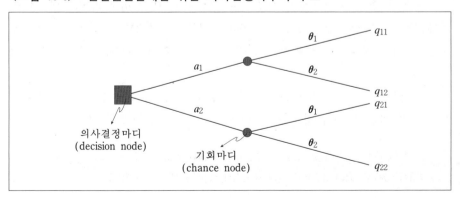

〈표 13-4〉 전철건설문제를 위한 청산표(q_{ij}**)**

(단위: 억원)

상황 ＼ 행동	a_1	a_2
θ_1	50	− 100
θ_2	50	150

　　이 문제를 풀기 위하여 다음과 같은 정보가 주어져 있다. 우선 의사결정자가 취할 수 있는 두 개의 대안 a_1과 a_2 가운데 어떤 대안을 선택하든 기술적인 제약이 없으며, 따라서 의사결정자가 a_1과 a_2를 선택할 확률은 동일하다고 한다. 한편 예정 건설구간에 지하암반이 존재할 가능성은 앞서 언급한 바와 같이 70%이고, 지하암반이 존재하지 않을 가능성은 30%라고 한다. 또한 의사결정자가 취할 수 있는 대안, 즉 행동과 지하의 암반존재 여부에 따른 순현재가치(*NPV*)의 값은 〈표 13-4〉의 청산표(pay-off table)로 주어져 있다.

　　〈표 13-4〉에서 지상에 전철노선을 건설하는 대안인 a_1이 선택되었을 때는 지하암반존재 여부에 관계없이 50억 원의 순현재가치(*NPV*)를 가지는 것으로 나타나 있고, 만약에 지하노선(a_2)을 건설하도록 결정했을 경우에는 얻게 되는 순현재가치(*NPV*)의 값이 상황에 따라 크게 다르다. 지하에 암반이 존재하는 경우에는 건설비용이 많이 소요되어 − 100억 원의 순현재가치가 발생하게 되고, 지하에 암반이 존재하지 않는 경우에는 150억 원의 순현재가치가 발생할 것으로 예측되고 있다.

　　주어진 정보를 이용하여 투자분석 전문가는 대안 a_1과 a_2 가운데 더 큰 기대화폐가치(expected monetary value: *EMV*)를 보장하는 대안을 선택하게 된다. 주어진 정보로부터 투자분석 전문가는 〈그림 13-9〉와 같이 의사결정나무를 만들 수 있다.

　　이제 〈그림 13-9〉로부터 대안 a_1과 a_2가 가지게 되는 기대화폐가치(*EMV*)를 다음과 같이 계산할 수 있다.

$$EMV(a_1) = (0.5 \times 0.7 \times 50) + (0.5 \times 0.3 \times 50) = 25$$
$$EMV(a_2) = \{0.5 \times 0.7 \times (-100)\} + (0.5 \times 0.3 \times 150) = -12.5$$

〈그림 13-9〉　전철건설문제의 의사결정나무

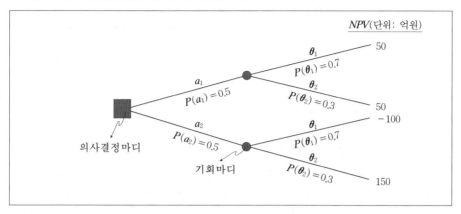

이와 같은 계산결과를 바탕으로 투자분석 전문가는 대안 a_1을 선택하는 것이 바람직하다고 판단할 수 있다. 왜냐하면 대안 a_1이 더 큰 기대화폐가치를 가지는 것으로 분석되었기 때문이다.

(2) 미래의 상황에 대한 확률값이 주어져 있지 않는 경우

이제 앞서 살펴본 문제와는 달리 미래의 상황에 대한 확률값이 주어져 있지 않는 경우를 생각해 보자.

투자분석 전문가가 직면한 문제는 고속도로의 건설문제로 고속도로를 4차선으로 할 것인지 혹은 8차선으로 할 것인지 하는 의사결정을 해야 한다. 이 문제에서 투자분석 전문가가 직면한 불확실성의 실체는 고속도로의 교통수요를 확실히 예측하기 어렵다는 것이다.

아울러 이 문제에서는 미래의 상황에 대한 발생확률의 예측이 전혀 불가능하며, 따라서 의사결정나무(decision tree)를 만드는 의미가 없게 된다. 투자분석 전문가에게 주어진 자료는 〈표 13-5〉와 같다.

〈표 13-5〉에 주어진 자료는 선택 가능한 전략(행동)과 미래의 교통수요의 상황에 대응한 순현재가치(NPV)를 나타내고 있다. 주어진 자료를 이용해서 의사결정을 할 때 선택되는 의사결정기준에 따라 각기 다른 전략(행동)이 선택되는데, 이들 의사결정기준들에 대해 살펴보자.

<표 13-5>　고속도로 건설문제를 위한 청산표

(단위: 억원)

행동(전략) ＼ 상황	순현재가치(NPV)		
	교통수요 높음	교통수요 보통	교통수요 낮음
8차선	800	200	−50
4차선	400	70	10

① 맥시민(maximin) 기준

이 기준에 의하면 최악의 상황을 판단기준으로 해서 가장 덜 나쁜 대안을 선택하게 된다. 예제에서는 교통수요가 낮은 상태에서 더 큰 순현재가치(10 > −50)를 가져다 주는 4차선이 선택된다.

② 맥시맥스(maximax) 기준

이 기준에 의하면 가장 큰 순현재가치(NPV)를 가져다 주는 대안이 선택된다. 예제에서는 교통수요가 높은 상황에서 더 큰 순현재가치(800 > 400)를 가져다 주는 8차선이 선택된다.

③ 후르위츠 알파(Hurwicz α) 기준

이 기준에 의하면 각 행동(전략)의 극소 순현재가치(minimum NPV)와 극대 순현재가치(maximum NPV)의 가중평균이 의사결정기준으로 사용된다. 만약 극소 순현재가치에 $\alpha = \frac{3}{4}$의 가중치를 주고, 극대 순현재가치에 $\alpha = \frac{1}{4}$의 가중치를 주게 되면 두 가지의 행동(전략) 가운데 8차선이 더 큰 가중평균치를 가지게 되며(162.5 > 107.5), 따라서 8차선이 선택된다.

$$8차선의 \ 가중평균치 = \frac{3}{4}(-50) + \frac{1}{4}(800) = 162.5$$

$$4차선의 \ 가중평균치 = \frac{3}{4}(10) + \frac{1}{4}(400) = 107.5$$

④ 베이즈(Bayes) 기준

이 기준에 의하면 모든 상황에 똑같은 가중치를 주어 기대화폐가치를 계산하여 더 큰 기대화폐가치값을 가지는 행동(전략)이 선택된다. 예제에서는 8차선(기대화폐가치 = $\frac{950}{3}$)이 4차선(기대화폐가치 = $\frac{480}{3}$)보다 더 큰 기대

화폐가치값을 가지며, 따라서 8차선이 선택된다.

$$8차선의 \ EMV = \frac{1}{3}(800) + \frac{1}{3}(200) + \frac{1}{3}(-50) = \frac{950}{3}$$

$$4차선의 \ EMV = \frac{1}{3}(400) + \frac{1}{3}(70) + \frac{1}{3}(10) = \frac{480}{3}$$

⑤ 미니맥스 후회(minimax regret) 기준

이 기준은 잘못된 의사결정의 기회비용(opportunity cost)을 평가하여 대안을 선택하는 방법으로, 주어진 예제를 위한 후회행렬(regret matrix)은 〈표 13-6〉과 같다.

〈표 13-6〉 고속도로 건설문제를 위한 후회행렬표

(단위: 억원)

행동(전략) \ 상황	후회의 크기		
	교통수요 높음	교통수요 보통	교통수요 낮음
8차선	0	0	60
4차선	400	130	0

〈표 13-6〉은 잘못된 의사결정이 초래할 후회의 크기를 나타내고 있다. 예컨대 교통수요가 높을 경우 8차선을 선택하면 후회가 없게 되어 후회의 크기가 0이 되고, 4차선을 선택하게 되면 $800 - 400 = 400$ 만큼의 후회를 하게된다.

후회의 크기는 작을수록 좋은데, 미니맥스 후회 기준에 의하면 두 전략의 가장 큰 후회를 비교해서 그 크기가 작은 전략이 선택된다. 따라서 이 기준에 의하면 8차선의 최대후회값 60이 4차선의 최대후회값 400보다 작게 되어 8차선이 선택된다.

3. 민감도분석

민감도분석(sensitivity analysis)은 공공투자사업에서 불확실한 외생요인(外生要因)의 변화가 사업의 경제성에 어떤 영향을 미치는가를 검토하는 것이 주목적이다. 민감도분석에서는 다음의 세 가지 사항에 대해 분석이 이루어져야 한다(김동건, 1984: 185).

① 투입물 및 산출물의 상대가격이 변동되었을 때 사업의 타당성은 어떻게 변하는가?(예컨대 비용만 10% 증가한다면 순현재가치 및 내부수익률은 얼마나 되는가?)

② 사업건설의 진행속도가 지연될 경우 타당성은 어떠한가?

③ 할인율을 변경시킬 때 순현재가치는 얼마만큼 변하는가?

이와 같은 민감도분석을 통해 공공투자사업의 성격과 그것의 내용에 관한 이해를 증진시키고, 또 취해야 할 예방대책 등을 제시함으로써 잘못된 판단의 위험을 감소시킬 수 있다.

제 6 절 비용-편익분석의 확장

1. 비용-효과분석

지금까지 살펴본 비용-편익분석은 비용과 편익 모두 화폐단위로 환산해야 하는 과정을 거친다. 그러나 많은 공공투자사업의 경우 비용과 편익을 화폐가치로 나타낼 수 없는 것이 많다. 이러한 경우에 원칙적으로 화폐가치로 나타나지 않는 비용과 편익을 앞서 살펴본 방법으로 화폐단위로 환산하여 비용-편익분석을 시도할 수도 있으나, 투자사업에 대한 산출을 나타내는 편익은 화폐단위가 아니라 물건의 단위나 용역의 단위, 그리고 기타 측정 가능한 효과로 나타낼 수 있다. 이처럼 총비용과 총효과를 비교하여 공공투자사업을 평가하는 것이 비용-효과분석(cost-effectiveness analysis)이다.

하나의 가치단위(화폐단위)로 어떤 공공투자사업의 투입 혹은 산출과 관련된 모든 요소를 측정하려고 하는 비용-편익분석과는 달리 비용-효과분석에서는 비용은 화폐단위로 측정되지만 효과는 화폐단위로 측정되지 않는다. 따라서 비용-효과분석에서는 순효과성이나 순편익을 측정할 수는 없다. 왜냐하면 비용과 효과의 측정을 위한 단위가 다르기 때문에 효과에서 비용을 뺄 수 없기 때문이다. 그러나 비용/효과 비율이나 효과/비용 비율은 계산할 수 있다. 예를 들어 건강서비스 한 단위에 대한 비용의 비율이라든가 비용 한

단위에 대한 건강서비스의 비율 등은 계산이 가능하다. 다만 이렇게 계산되는 비용/효과 비율이나 효과/비용 비율은 편익/비용 비와는 상당히 다른 의미를 가진다. 편익/비용 비는 비용에 비해 몇 배나 많은 편익을 가져다주는가를 알려 주므로 계산된 편익/비용 비의 값이 1보다 크면 현재 검토되고 있는 공공투자사업은 타당성이 있는 것으로 평가된다. 그러나 비용/효과 비율이나 효과/비용 비율은 객관적인 판단기준이 존재하지 않으며, 각 경우마다 다른 의미를 가지게 된다.

　비용-편익분석은 후생경제학의 이론을 바탕으로 개발되고 발전되어 왔으나, 비용-효과분석은 좀 더 실무적인 차원에서 비용-편익분석기법의 문제점을 보완하기 위한 시도로서 개발되었다. 비용-효과분석은 금전화할 수 없거나 화폐단위로 환산하는 데 무리가 따르는 편익요소를 발생시키는 공공투자사업을 평가하는 데 유용하게 사용된다. 따라서 비용-효과분석에서는 하나의 사업에 대하여 효과를 나타내는 데 쓰이는 측정지표는 하나만 존재하는 것이 아니며, 여러 개의 측정지표와 단위가 사용된다. 이와 같은 관점에서 비용-효과분석은 다판단기준평가(multicriteria evaluation)기법의 하나로 볼 수 있다.

　비용-효과분석은 1950년대에 미국 국방부의 사업평가를 위해 활용되면서 보편화되었다. 비용-효과분석은 랜드(RAND)연구소가 군사전략과 무기체계를 평가하는 작업에서 활용되었고, 비슷한 시기에 국방부의 사업예산 편성을 위한 자료분석에도 이용되었다. 이어 1960년대에 와서는 미국의 다른 정부기관에서도 비용-효과분석을 활용하기 시작하였다.

　비용-효과분석에서는 비용은 화폐단위로 측정되지만 효과는 화폐단위로 측정되지 않기 때문에 사업 혹은 대안의 평가기준은 비용-편익분석과는 다르다. 비용-효과분석에서는 다음과 같은 두 가지 평가기준이 주로 사용된다.

　① **최소비용기준**(least-cost criterion): 바람직할 것으로 판단되는 효과성의 기준을 설정하고, 이 기준을 만족시키는 대안 가운데 최소의 비용을 부담하는 대안을 선택한다.

　② **최대효과기준**(maximum-effectiveness criterion): 비용의 상한선의 기준을 설정한 다음, 이 기준을 만족시키는 대안 가운데 최대의 효과를 나타내는 대안을 선택한다.

　　비용-효과분석을 공공부문에서의 사업이나 대안을 평가하기 위해 사용할 때 다음과 같은 몇 가지 유용성을 가진다.

　　첫째, 비용-효과분석은 편익을 화폐가치로 측정하는 문제를 피하므로 비용-편익분석보다 사용이 간편하다.

　　둘째, 비용-효과분석은 대안(공공투자사업)의 효용을 경제적 기준이나 사회복지의 총량과 같은 총량적 기준으로 판정하는 것이 아니기 때문에 기술적 합리성(technical rationality)을 대표하는 것이라 할 수 있다. 즉 비용-효과분석은 어떤 공공투자사업이나 대안들을 다각도로 검토할 수 있게 한다.

　　셋째, 비용-효과분석은 시장가격에 의존하지 않으므로 민간경제부문에서 사용하는 이윤극대회의 논리를 따르지 않는다. 예컨대 비용-효과분석은 편익이 얼마나 비용을 초과했다든가, 같은 자원을 민간경제부문의 다른 대안에 투자한다면 얼마나 더 많은 이윤을 얻으리라는 것과 같은 계산을 피하는 경우가 많다.

　　넷째, 비용-효과분석은 외부효과(externalities)가 존재하거나 계량화가 어려운 편익을 수반하는 사업의 분석에 적합하다.

　　한편 비용-효과분석에 의한 공공투자사업 혹은 대안의 평가는 총량적인 사회복지와 관련된 뚜렷한 판단기준을 제시하지 못하는 제약점을 가진다. 비용-편익분석은 어떠한 경우에도 화폐단위로 비용과 편익이 계산되기 때문에 일률적인 평가의 기준이 존재하지만 비용-효과분석은 여러 가지 측면의 효과를 다각도로 검토하여야 하는 경우가 많은데, 이때 최적대안의 선택은 궁극적으로 평가항목(효과지표 항목)의 중요도에 대한 분석자의 주관적인 판단에 의존하지 않을 수 없다는 제약점을 가진다.

2. 목표달성행렬

　　목표달성행렬(goals-achievement matrix) 방법은 비용-편익분석의 취약점을 보완하기 위한 시도로서 Hill에 의해 개발되고 체계화되었다. 목표달성행렬에 의한 공공투자사업의 평가방법은 각 목표별로 비용과 편익을 분석하여 목표달성도의 개별적인 검토를 행하며, 각 목표별로 각기 다른 가중치의 부여가 허용된다. 또한 목표달성행렬을 이용하는 방법은 계량화가 어려운 항목을 꼭 계량화시켜야 하는 부담에서 벗어나게 한다.

Hill의 비용-편익분석에 대한 네 가지 중요한 비판은 다음과 같다(Hill, 1968: 24).

첫째, 비용-편익분석에서는 비계량화항목(intangibles)이 계량화되는 데 어려움이 있다.

둘째, 비용-편익분석이 기초로 하는 이론적 가정이 현실적으로 맞아 들어가지 않는 경우가 많다. 예컨대 대안에 의해 영향을 받는 집단의 사회적 복지(social welfare) 수준을 정확히 측정하기 힘들다.

셋째, 비용-편익분석은 공공투자사업이 초래할 집단 간 분배의 불공평성 문제를 고려하지 못하는 약점을 가진다.

넷째, 어떤 대안이 초래할 영향의 금전화와 순편익에 대해 주안점을 두는 것은 대안의 2차적인 영향(secondary consequences)을 무시하게 되어 종종 잘못된 의사결정을 유도하기도 한다.

목표달성행렬 방법의 핵심은 지역사회의 정책목표에 의해 대안의 영향이 분류된다는 점이다. Hill은 정책목표의 유형을 일반적인 목표에서부터 구체적인 목표로 위계적으로 조직화시켜야 한다고 주장한다(Hill, 1973: 23-24). 그는 또한 상위목표(goals)는 가능한 한 하위목표(objectives)로 전환시켜 어느 대안의 목표달성이 긍정적인지 혹은 부정적인지를 쉽게 인식할 수

〈표 13-7〉 목표달성행렬의 예

목 표	목표 1			목표 2			목표 3		
가치(선호도) 가중치	2			3			5		
	가중치	영향		가중치	영향		가중치	영향	
		편익	비용		편익	비용		편익	비용
집단 a	1	A	D	5	E	-	1	-	N
집단 b	3	H	-	4	-	R	2	-	-
집단 c	1	L	J	3	-	S	3	M	-
집단 d	2	-	-	2	T	-	4	-	-
집단 e	1	-	K	1	-	U	5	-	P
		Σ	Σ		Σ	Σ		Σ	Σ

주: 1) -는 영향이 해당 집단에 없는 것을 의미함.
    2) Σ는 각 목표별 편익과 비용의 합계를 의미함.
자료: M. Hill(1973). *Planning for Multiple Objectives: An Approach to the Evaluation of Transportation Plans.* Philadelphia: Regional Science Research Institute: 31.

있도록 해야 함을 지적한다.

〈표 13-7〉에 나타낸 목표달성행렬의 한 예는 각 목표가 각 집단의 복지에 미치는 영향력에 따라 다른 가중치가 부여되며 비용과 편익도 각 집단에 따라 다르게 산정된다고 가정하여 3개의 목표와 5개의 집단에 각각 다른 목표가중치와 집단가중치가 주어지는 것을 나타낸다.

〈표 13-7〉의 목표달성행렬에서 보는 바와 같이 영향은 편익과 비용으로 나누어지는데, Hill은 편익을 목표에 근접하는(progression toward a goal) 개념으로 보고, 비용을 목표로부터 이탈하는(regression from a goal) 개념으로 설정하였다. 목표가중치와 집단가중치는 각 대안의 총 목표달성 점수를 도출하기 위해 영향(비용과 편익)에 곱해지게 된다. 이 같은 목표달성행렬이 각 대안별로 하나씩 만들어져야 하므로 상당히 많은 자료분석과정을 거치게 된다. 목표달성행렬 방법의 장점은 다양한 집단들의 각기 다른 집단적 선호를 계획 혹은 대안의 평가과정에서 내재화시킬 수 있다는 점이다. 그러나 현실적으로는 지역사회의 목표설정과 목표별 가중치와 집단별 가중치를 부여할 때 여러 가지 난관에 봉착하게 된다. 일반적으로 해당집단의 목표가 다원적이기 때문에 합의적인 목표를 도출하기가 그다지 쉽지 않고, 가중치의 결정을 위한 만족할 만한 방법이 존재하지 않는다는 제약점을 가진다.

연습문제

13-1. 공공투자의 경제분석과 재무분석의 차이점을 설명하시오.

13-2. 편익이 동일하다고 가정할 때 다음과 같은 비용의 흐름을 가진 두 가지 대안들 가운데 어떤 대안이 더 바람직한지 순현재가치(NPV) 기준을 이용해서 평가해 보시오. 단 할인율은 6%라고 한다.

	계획 A	계획 B
현　　재	1,000,000(원)	3,000,000(원)
1년 후	0	0
2년 후	0	0
3년 후	1,000,000	1,500,000
4년 후	1,000,000	500,000
5년 후	1,000,000	500,000
6년 후	1,000,000	500,000
7년 후	1,000,000	500,000
8년 후	1,000,000	500,000
9년 후	1,000,000	500,000
10년 후	1,000,000	500,000
11년 후	1,000,000	500,000

13-3. 비용-편익분석의 의사결정기준 가운데 내부수익률(IRR) 기준이 가지는 문제점을 설명해 보시오.

13-4. 어떤 상품의 수요곡선은 다음과 같다고 한다.

$$X(p) = 24,000 - 0.3p$$

단, p＝가격(단위: 원)
　　$X(p)$＝주어진 가격에서의 소비량

그런데 이 상품의 가격이 현재 5,000원에서 3,000원으로 하락할 것으로 예측된다.

(1) 수요함수를 $p(X)$의 함수형태로 표현해 보시오.

(2) 원래의 가격에서의 소비자잉여를 계산해 보시오.

(3) 하락한 가격에서의 소비자잉여를 계산하고, 소비자가 얻을 가격변화의 편익을 추정하시오.

(4) 수요함수를 적분해서 가격변화의 편익을 계산하고, 계산결과가 (3)에서 발견한 추정치와 같은지 검토해 보시오.

13-5. 공공투자사업은 민간투자사업보다 낮은 할인율을 적용해야 하는지, 아니면 높은 할인율을 적용해야 하는지 논의해 보시오. 아울러 주장의 논리적 근거를 제시하시오.

참고문헌 ───

김동건(1984). 현대재정학. 서울: 박영사.

노화준(1989). 정책분석론. 서울: 박영사.

윤대식(2011). 도시모형론. 제4판. 서울: 홍문사.

Gramlich, E. M.(1981). *Benefit-Cost Analysis of Government Programs.* Englewood Cliffs: Prentice-Hall, Inc.

Hill, M.(1968). "A Goals-Achievement Matrix for Evaluating Alternative Plans". *Journal of the American Institute of Planners,* Vol. 34: 19-29.

Hill, M.(1973). *Planning for Multiple Objectives: An Approach to the Evaluation of Transportation Plans.* Philadelphia: Regional Science Research Institute.

Sassone, P. G. and W. A. Schaffer(1978). *Cost-Benefit Analysis: A Handbook.* New York: Academic Press.

제 14 장

교통계획의 미래와 새로운 가능성

제 1 절 교통수요모형의 미래:
이슈와 전망, 그리고 발전방향

1. 활동수요와 통행행태의 접목

교통은 그 자체가 목적이 아니고 인간의 활동수요를 충족시키기 위해 발생된다. 따라서 통행행태에 대한 정확한 분석은 활동수요의 분석을 기초로 하여야 함은 두말할 나위가 없다. 이러한 인식에 바탕을 두고 활동기반분석 (activity-based analysis)이 1980년대 이후 통행행태분석의 중요한 방법론으로 자리 잡게 되었다. 활동기반분석은 다양한 형태로 나타나는 활동수요를 다차원적으로 분석함을 목적으로 하는데, 통행에 관한 의사결정의 상호작용 (예: 통행목적지와 교통수단의 선택), 통행연계행태(trip-chaining behavior), 활동참여(activity participation)와 시간대의 선택, 하루 혹은 1주일 단위의 통행패턴의 분석 등을 다룬다.

활동기반분석이 통행행태의 분석에 기여한 바는 상당히 크다. 그럼에도 불구하고 활동의 선택과 통행발생을 직접적으로 연결시키는 모형의 개발은 극히 부진하였다(Ben-Akiva and Lerman, 1985: 362). 활동기반분석을 이용한 통행행태의 분석이 다양하게 이루어져 왔음에도 불구하고 아직도 교통계획 실무에서의 활용은 극히 부진한 것도 바로 이러한 이유 때문이다.

활동기반분석이 갖는 방법론적 복잡성(complexity)의 문제는 활동기반분석을 행태분석에만 머물게 하는 경향이 있다. 또한 지금까지 활동기반분석은 교통수요자의 사회경제적 특성만을 설명변수로 주로 사용하여 통행자의 통행행태를 분석대상으로 하였다. 따라서 정책변수 및 교통공급변수의 도입과 활용을 통하여 활동기반분석의 유용성을 확대하고 교통계획 실무에서의 기여를 증대시키는 것이 향후 과제이다. 예컨대 교통수요관리방안의 시행이나 교통서비스 공급의 변화에 따른 통행자의 행태 변화를 활동기반분석을 통하여 분석하는 작업이 필요하다.

최근 들어 정보통신기술의 발달로 통신이 통행을 대체하는 현상들이 나타나고 있다. 예컨대 인터넷을 이용한 쇼핑, 통신의 발달과 관련된 재택근무는 통신이 통행을 대체하는 역할을 하는데, 향후 이러한 경향은 더욱 증가할 것으로 전망된다. 따라서 정보통신기술의 발달과 함께 새로이 나타나는 활동의 변화, 특히 비통행 대안의 대체(the substitution of non-travel alternatives)를 분석하는 것이 교통수요분석의 새로운 과제가 되어야 할 것으로 보인다.

2. 가구 구성원 사이의 상호작용

개별 가구 구성원의 통행에 관한 의사결정은 상호 의존적인 측면도 많다. 예컨대 가구 구성원의 쇼핑통행은 가구(household) 전체의 쇼핑통행 욕구를 충족시키기 위해 발생하는 경우가 많다. 다른 예로, 어떤 가구가 1대의 승용차를 보유하고 있을 경우에 아버지와 어머니, 그리고 장성한 아들과 딸이 함께 이용할 수 있는데, 이때 개별 가구 구성원의 통행시간대 선택은 승용차의 이용가능시간을 조정함으로써 이루어진다.

통행선택에 있어 가구 구성원 사이의 상호작용을 교통수요분석에서 고려하려는 시도는 지금까지 제한된 범위 내에서 있어 왔다. 그러나 향후 가구구성의 특성이 변화하고 가구내 구성원의 역할분담이 변화될 것으로 전망되는 만큼, 가구 구성원의 통행 의사결정에 있어서의 상호작용에 관한 폭넓은 분석이 요망된다.

3. 통행시간대 선택행태의 분석

교통수요분석에서 시간대별 교통량의 분석이 하나의 중요한 분석대상임에도 불구하고 지금까지 4단계 교통수요분석을 비롯한 대부분의 교통수요분석에서 통행시간대의 선택은 분석의 중요한 대상으로 간주되지 못했던 것이

사실이다. 통행시간대의 선택이 분석의 중요한 대상으로 자리잡지 못한 배
경은 지금까지 통근통행이 전체 통행에서 큰 비중을 차지했고, 이들 통근통
행의 경우 통행시간대가 고정되어 있었던 것과도 무관하지 않은 것으로 보
인다.

　　교통수요분석에서 통행시간대 선택행태의 분석이 중요한 의미를 가지는
것은 교통수요자의 입장에서 볼 때 통행시간대의 선택이 더 이상 고정된 것
이 아니라, 교통혼잡상태, 혼잡통행료의 부과시간 등에 따라 가변적이기 때
문이다. 특히 최근에는 출퇴근시차제(staggering work hour), 탄력적 근무시
간제(flexible work hour) 등의 도입으로 통근통행의 시간대 선택이 제한된
범위에서나마 자유로운 경향이 나타나고 있고, 비통근통행의 비중이 계속 증
가하는 추세에 있어서 통행시간대 선택이 교통수요분석의 중요한 과제로 부
각되고 있다.

　　아울러 비통근통행의 경우 하루중 통행시간대의 선택뿐만 아니라 요일
의 선택도 다양하게 나타난다. 따라서 분석의 시간단위를 확장하는 것이 필
요하다. 이러한 분석을 가능하게 하기 위해서는 우선적으로 하루 단위의 통
행조사자료(one-day travel survey data)가 아닌 1~2주일 단위의 통행조사
자료(travel diary data)의 수집이 선행되어야 한다.

　　교통혼잡의 시간대별 분산은 교통시스템의 효율적 이용을 도모할 수 있
다는 점을 감안하여 많은 나라에서 대중교통요금의 시간대별 차등 적용, 혼
잡통행료의 시간대별 차등 적용 등이 시행되고 있다. 이와 같은 교통정책수
단의 효과를 파악할 수 있기 위해서도 통행시간대 선택이 교통수요분석의
새로운 연구주제로 자리잡을 것으로 전망된다.

4. 교통수요의 새로운 척도

　　지금까지 교통수요분석은 통행량의 형태로 표현된 교통수요와 그것을
발생시키는 사회경제적 활동의 관련성을 분석하는 데 초점을 두어 왔다. 통
행량은 구체적으로 사람통행량 혹은 차량통행량을 일컫는데, 통행량을 측정
하는 기본단위인 통행(trip)은 하나의 출발지(origin)를 출발하여 하나의 목
적지(destination)에 도착하는 한 방향의 이동을 일컫는다. 따라서 통행량은
통행의 거리나 시간에 관계없이 '수'(number)로 표현된다. 즉 도로의 통행

자수 혹은 차량대수 등으로 표현된다.

한편 최근에는 도시의 공간확산과 자동차의 이용을 전제로 한 토지이용으로 통행자의 평균통행거리가 계속 증가하는 추세에 있으며, 교통혼잡으로 인해 통행자의 평균통행시간이 증가하는 추세에 있다. 이처럼 변하는 교통수요의 새로운 측면을 반영하기 위해 교통수요의 새로운 척도가 최근 들어 많이 이용되고 있다.

선진국들의 경우 교통수요를 나타내는 척도로 주어진 기간(예: 1일 혹은 1년) 동안 분석대상지역의 도로를 이용하는 모든 차량의 총통행거리를 나타내는 VKT(Vehicle Kilometers Traveled)의 개념이 최근 들어 많이 이용되고 있다. VKT는 교통량에디 차량통행거리의 개념이 추가된 것으로 교통수요의 종합적인 척도로 그 활용이 증가추세에 있다.

VKT는 종종 1인당 VKT(VKT per capita)로 표현되어 개인의 교통수요를 나타내는 척도로 쓰이기도 한다. VKT는 교통수요를 근본적으로 결정하는 인구, 토지이용, 자동차의 보급, 통근 및 비통근 통행행태의 변화를 포착할 수 있어 교통정책뿐만 아니라, 도시계획, 인구배분정책 등 교통과 관련된 다양한 정책변화를 평가할 수 있는 틀(framework)을 제공할 수 있다. 아울러 VKT는 교통부문에서 발생하는 사회적 비용(예: 대기오염)을 추정할 수 있는 기초적인 자료를 제공하기도 한다.

새로운 척도를 이용한 교통수요분석의 필요성은 향후 계속 커질 것으로 보인다. 이러한 경향은 교통계획 및 정책의 관심영역이 변함에 따라 더욱 커질 것으로 전망된다. 따라서 새로운 수요척도를 종속변수로 하는 교통수요모형의 개발이 교통수요분석의 새로운 축으로 발전하여야 할 것으로 보인다.

5. 4단계 교통수요 분석과정에서의 피드백

우리는 제 3 장에서 전통적인 4단계 교통수요 분석기법의 취약점으로서 4단계로 구분된 교통수요가 상호 독립적인 선택으로 간주되어 순차적인 과정을 거쳐 예측된다는 점을 지적하였다. 이러한 취약점은 4단계의 각 단계에서 예측을 위해 사용되는 모형의 파라미터, 변수의 값 등이 각 단계간에 일치하지 않는 문제점을 야기한다. 예컨대 교통수단 선택단계에서 이용된 차량통행시간과 통행배정단계에서 이용된 차량통행시간 변수의 값이 일관성을 유지하지 못할 가능성이 크다(Boyce and Zhang, 1997: 1).

전통적인 4단계 교통수요 분석기법의 이러한 취약점을 극복하기 위한 시도는 단계별 예측과정에서 피드백(feedback)을 통해서 가능하다. 단계별 예측과정에서의 피드백은 통행배정단계의 결과를 통행발생, 통행분포, 교통수단 선택의 각 단계를 위한 투입자료(input data)로 바로 피드백시키는 것이다.

이러한 피드백 과정은 또한 균형 통행배정(equilibrium assignment)을 위한 통행배정단계 내에서의 피드백도 포함한다(Loudon, Parameswaran, and Gardner, 1997: 187). 〈그림 14-1〉은 4단계 과정에서의 바람직한 피드백 구조를 보여준다.

전통적인 4단계 교통수요 분석기법이 교통계획 실무에서 아직도 보편적인 방법으로 인정받고 활용된다는 점을 감안하면 바람직한 피드백 구조를 분석과정에 정착시키기 위한 계속적인 노력이 요구된다.

〈그림 14-1〉 4단계 교통수요 예측과정에서의 바람직한 피드백 구조

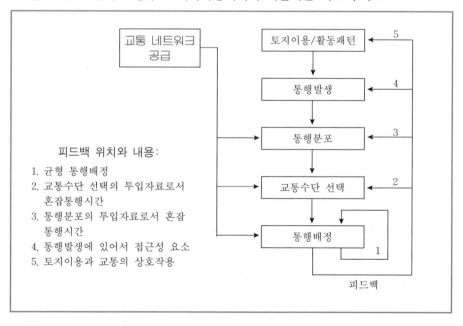

6. 연속/이산 선택모형의 활용

일반상품의 소비와는 달리 교통수요와 관련된 의사결정은 대개 이산선택(discrete choice)의 문제로 표현된다. 이러한 이유로 말미암아 교통수요분석에서는 종속변수를 이산선택으로 표현하는 확률선택모형(probabilistic choice model)이 많이 이용되어 왔다. 한편 일반상품의 수요는 종속변수인 수요량이 연속변수(continuous variable)로 표현되므로 회귀모형(regression model)이 수요함수의 추정을 위해 주로 이용된다.

그러나 최근에는 교통수요분석에서도 종속변수로서 연속변수의 도입 필요성이 증가하고 있다. 예컨대 활동기반분석에서 어떤 활동에의 참여 여부(activity participation)와 참여시간(duration time)의 선택은 이산선택과 연속선택(continuous choice)을 동시에 포함한다. 다른 예로, 최근 들어 개인의 교통수요를 나타내기 위한 척도로 그 이용이 증가추세에 있는 1인당 VKT 역시 연속변수이다.

교통수요분석을 위한 종속변수로서 연속변수와 이산변수를 동시에 포함하여 모형정립을 하고자 할 경우 우리는 연속/이산 선택모형(continuous/discrete choice model)을 활용할 수 있다(연속/이산 선택모형에 대한 이론적 설명은 Train, 1986, Chapter 5 참조). 향후 교통수요의 새로운 측면을 살펴보기 위해 연속/이산 선택모형의 활용이 더욱 많이 요청될 것으로 보인다.

7. 시계열자료의 활용

지금까지 교통수요분석은 대부분 횡단면자료(cross-sectional data)에 의존하였으며, 시계열자료(time-series data)의 사용은 교통수요분석에서 강조되지 않아 왔다.

교통수요분석에서 종종 시계열자료를 사용한 경우도 있었지만, 이들은 대부분 종속변수가 연속변수인 경우에 한정되었다. 시계열자료는 미시적인 교통수요분석에 활용이 상대적으로 어렵다(Ben-Akiva and Lerman, 1985: 370).

이산선택의 문제를 시계열자료를 이용하여 모형정립을 시도한 것은 1980년대 이후 시작되었으나, 교통수요분석에서 현재 보편화되지는 않은 상태이다. 그럼에도 불구하고 시계열자료의 활용이 종종 권장되는 이유는 횡단면자료의 분석이 갖는 한계 때문이다.

　　횡단면자료는 한 시점에서 수집된 자료이므로 설명변수(원인)와 종속변수(결과)의 인과관계가 한 시점에서 시차(time lag) 없이 나타나는 경우에 분석결과가 의미를 가지며, 장래의 교통수요 예측을 위해 사용될 때에는 한계를 가질 수밖에 없다.

　　교통수요모형의 예측력을 높이려는 시도는 시계열자료의 활용을 통해서 어느 정도 가능할 것으로 보인다. 따라서 시계열자료의 체계적인 수집과 시계열자료를 이용한 모형의 경험적 추정이 교통수요분석의 새로운 영역으로 나타날 것으로 보인다.

8. 잠재선호자료의 활용

　　잠재선호자료(stated preferences data)는 가상적인 대안에 대한 개인의 선호를 조사한 자료이다. 잠재선호자료를 이용한 교통수요분석은 현재 존재하는 상황이 아닌 가상의 상황에서 조사된 개인의 반응을 분석하는 관계로 자료의 신뢰성에 문제가 있는 것으로 지적되어 왔다. 왜냐하면 가상적인 상황에서 응답한 대로 실제의 상황에서 그대로 선택하지 않는 경우가 많기 때문이다(Ben-Akiva and Lerman, 1985: 367-368; Ortúzar and Willumsen, 1994: 23).

　　잠재선호자료가 가진 자료의 신뢰성 문제에도 불구하고 잠재선호자료를 이용한 교통수요분석의 필요성은 향후 더욱 커질 것으로 보인다. 왜냐하면 교통과 관련된 기술의 발달과 새로운 교통시스템에 대한 수요의 증가로 신교통시스템의 도입이 크게 늘어날 것으로 보이기 때문이다. 따라서 잠재선호자료를 이용한 교통수요모형의 신뢰성을 향상시키고 정책변수의 활용을 통하여 모형의 유용성을 증대시키는 노력이 계속되어야 할 것으로 보인다. 이러한 노력은 컴퓨터 시뮬레이션의 활용, 가상적인 상황의 더욱 구체적인 표현 등의 방법을 통해 가능할 것으로 보인다.

제2절 교통계획의 새로운 가능성

1. ITS의 활용

지능형 교통체계(Intelligent Transportation Systems: ITS)는 기존의 교통시설에 정보, 통신, 제어, 컴퓨터 등의 첨단기술을 접목시켜 교통시설 제공자 입장에서는 교통시설 이용의 효율성을 극대화하고, 이용자 입장에서는 개인의 편익을 극대화함을 목표로 하는 교통관리 기술이다. ITS는 교통시설 이용자에게 실시간(real-time) 교통정보를 수집하여 제공하고, 이를 통하여 교통시설 이용자들이 개인적 필요에 따라 바람직한 통행선택을 할 수 있게 한다. 아울러 ITS를 이용하여 수집된 교통정보는 교통체계 운영자에게 전달되어 효율적인 교통체계관리를 할 수 있도록 도와주는 역할도 한다.

ITS는 첨단교통관리체계(Advanced Traffic Management Systems: ATMS), 첨단교통정보체계(Advanced Traveler Information Systems: ATIS: 첨단여행자정보체계라고도 함), 첨단차량제어체계(Advanced Vehicle Control Systems: AVCS), 첨단대중교통체계(Advanced Public Transportation Systems: APTS), 사업용차량운영체계(Commercial Vehicle Operations: CVO)의 5개 분야로 구분되어 개발되고 있다.

ITS의 5개 분야 가운데 교통수요분석에서 가장 많이 활용되는 분야는 ATIS이다. ATIS는 도로교통상황, 최단경로 안내, 공공시설의 위치, 주차장 상황 등 각종 교통정보를 교통시설 이용자에게 제공하여 안전하고 원활한 교통운행을 지원하는 시스템이다(최회균, 1998: 312). 따라서 교통시설 이용자는 ATIS로부터 실시간 교통정보를 제공받고, 이를 바탕으로 통행에 관한 최선의 의사결정을 한다. 1990년대 이후 미국에서의 ATIS와 관련된 교통수요분석은 ATIS로부터 실시간 교통정보를 제공받은 통행자의 통행행태(user behavior)를 분석하는 것이 주종을 이루어 왔다. 그러나 아직까지 ATIS의 실용화는 초보단계에 있음을 감안한다면 향후 다양한 형태의 기술개발과 실용화가 진행될 경우 이의 효과를 통행자의 측면에서 분석하는 작업이 교통수요분석의 중요한 과제가 될 것으로 보인다.

ATIS 외에도 앞서 살펴본 ITS의 전 분야가 머지 않은 장래에 교통관리의 새로운 패러다임(paradigm)으로 자리잡을 것으로 전망되고, 이들이 궁극적으로 통행자의 통행행태를 크게 변화시킬 것으로 전망된다. ITS의 개발과 실용화에 따른 교통수요자의 반응은 단기적으로는 통행행태의 변화가 될 것이고, 장기적으로는 토지이용의 변화가 될 것으로 전망된다(Brand, 1994: 6). 〈그림 14-2〉는 ITS 정보와 개인행태의 관련성을 그림으로 나타낸 것이다. 그림에서 보는 바와 같이 토지이용과 통행 사이에는 직접적인 인과관계는 없으며, 제3의 변수인 개인의 행태를 통해 영향을 받는다.

ITS의 개발과 실용화에 따른 교통수요자의 행태에 관한 분석은 지금까지 상대적으로 많은 연구가 진행되어 온 분야인 통행경로 선택, 동적 통행배정(dynamic trip assignment) 외에 통행시간대 선택, 교통수단 선택 등 다양한 측면의 행태분석으로 확대될 것으로 전망된다.

통행자의 통행경로 선택행태를 가장 잘 설명하는 것으로 알려져 있는 사용자균형(user equilibrium) 통행배정이 교통시장(transportation market)에서 일어나려면 통행자가 네트워크(network)를 구성하는 모든 링크(link)의 통행시간에 대한 완전한 정보를 가질 수 있어야 하는데, 이러한 여건의 조성은 ITS의 실용화에 달려 있다고 볼 수 있다. 아울러 사회적으로는 시스템최적(system optimum) 통행배정이 바람직하며, 따라서 사용자균형 통행배정량

〈그림 14-2〉 **ITS 정보와 관련된 개인행태의 패러다임**

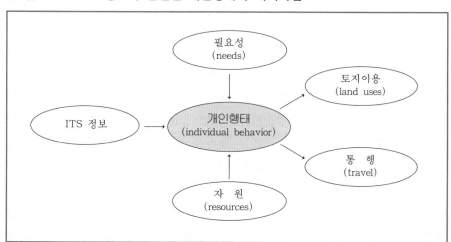

이 시스템최적 통행배정량으로 조정되도록 유도하는 것이 교통계획의 목표
가 되어야 한다는 점을 감안한다면 이를 위한 계획수단(예: 통행경로 안내,
램프 미터링)은 결국 ITS의 활용을 통해 가능할 것으로 보인다. 따라서 ITS
의 활용을 통한 교통계획 목표의 달성 여부를 교통수요 측면에서 분석하는
작업이 중요한 연구과제가 될 것으로 보인다.

2. GIS의 활용

교통계획에서 가장 중요한 문제는 분석을 위한 적절한 자료의 획득과
관련된 문제이다. 바로 이러한 필요성을 충족시키는 수단이 지리정보체계
(Geographic Information Systems: GIS)이다. GIS는 공간자료의 입력, 관리,
변환, 분석, 출력 기능을 충족시키기 위하여 컴퓨터로 관리되는 자료관리시
스템을 의미한다(Lewis, 1990: 34).

미국에서 1980년대 중반 GIS가 교통계획에 활용되기 시작한 이후 교통
분야에서 GIS의 활용은 계속 증가하여 왔다. 교통분야에서 사용되는 GIS는
궁극적으로 교통에 관한 의사결정지원 시스템(decision-support system)을 제
공할 컴퓨터에 기초를 둔 기술의 개발과 활용이다(Lewis, 1990: 34). 교통분
야에서 GIS의 활용은 교통자료의 수집, 보관, 분석을 위한 비용 효과적인 수
단(cost-effective tool)으로 널리 인정되어 왔다.

GIS의 활용은 전통적인 교통분석에서의 경우보다 네트워크를 더욱 구
체적으로 표현할 수 있다는 장점을 가진다(Spear, 1996: 218). 또한 GIS의
활용은 교통수요모형을 이용하는 분석방법보다 네트워크 자료(network
data)를 더욱 종합적으로 관리할 수 있는 장점을 가진다. 아울러 교통분석에
서의 GIS 활용은 수요모형을 이용하는 방법보다 다목적의 용도로 사용될 수
있는 장점을 가지기도 한다(Sutton, 1996: 25-26).

GIS가 교통수요분석에 활용될 수 있는 잠재력은 GIS 기술의 발달과 함
께 계속 커질 것으로 보인다. GIS는 통행을 전통적인 교통수요분석에서 취
급했던 방식인 하나의 존에서 다른 존으로의 통행이 아닌 구체적인 출발지
(origin)에서 목적지(destination)까지의 통행을 분석할 수 있고, 분석의 중요
한 요소인 통행거리를 전통적인 분석보다 더욱 정확하게 측정할 수 있어 전
반적으로 분석의 정확도를 높일 수 있는 장점을 가진다. 아울러 GIS는 교통

수요분석의 결과를 교통정책 담당자가 쉽게 이해할 수 있도록 그래픽으로 일목요연하게 보여줄 수 있는 장점을 가지고 있다(Spear, 1996: 232-233; McCormack, 1999: 39-43).

GIS의 공간 표현기능과 분석기능은 공간상에서 일어나는 활동(activity)을 분석하는 데 있어 전통적인 교통분석기법과 함께 훌륭한 분석도구로 인식되고 있다. 아직은 GIS의 활용이 초보단계에 있지만 향후 활용의 잠재력은 클 것으로 전망된다. 특히 교통수요 분석과정에서는 네트워크 작성, 존(zone)의 구획, 존별 사회경제적 자료의 확보 및 지표 설정, 통행발생단계에서 집중적으로 활용이 가능할 것으로 전망된다. 아울러 통행분포, 교통수단선택, 통행배정의 단계에서는 모형의 추정에 필요한 자료의 제공은 물론 그 결과를 그래픽으로 표현하는 데 포괄적으로 쓰일 수 있다(최기주, 1998: 283; Spear, 1996: 222).

GIS에 기초를 둔 교통수요모형(GIS-based transportation demand model)의 개발은 향후 교통수요분석의 새로운 연구과제로 떠오를 것으로 전망된다. 특히 GIS는 교통수요분석의 새로운 방법론으로 자리잡아 가고 있는 활동기반분석(activity-based analysis)을 더욱 용이하게 하는 기술적 토대가 될 것으로 보인다. GIS는 도시의 토지이용, 주거입지, 가구의 활동패턴, 개인의 통행 등 인간 활동시스템을 구성하는 개별 요소들의 상호작용을 동시에 분석할 수 있는 가능성을 보여주고 있다(Stopher, Hartgen, and Li, 1996: 298).

3. 빅 데이터의 활용

정보통신기술의 비약적인 발전은 교통계획을 위한 새로운 자료의 활용 가능성을 높이고 있다. 스마트폰 기반의 내비게이션 정보, 유료도로의 요금 결제를 위해 이용하는 하이패스, 대중교통 요금 결제를 위한 교통카드, 통신사 기지국 기반의 통신자료 등의 자료는 과거에는 교통계획을 위해 거의 활용되지 않았던 자료들이다. 이들 자료는 거의 실시간으로 수집되기 때문에 자료의 양(量)이 방대하여 자료의 분석에 어려움이 있는 것이 사실이지만, 최근 자료의 저장 및 분석 기술의 향상으로 각광을 받고 있는 빅 데이터(big data) 분석 기술을 활용하면 교통계획에 큰 도움이 되는 정보를 얻을 수 있다(한상진, 2017b: 13).

스마트폰 기반의 내비게이션 정보, 하이패스, 교통카드 등의 자료들을 교통계획에 활용하기 위해서는 우선 이들 자료들이 통합적으로 관리될 필요가 있다. 이러한 차원에서 교통 빅 데이터 플랫폼(platform)이 필요하다. 여기서 플랫폼은 교통과 관련된 자료들을 주고받을 수 있는 공간으로 정의할 수 있다(한상진, 2017a: 7-8). 그리고 교통 빅 데이터 플랫폼의 구축과 운영은 공공이 맡는 것이 바람직하다. 왜냐하면 민간에 비해 플랫폼의 안정적 운영이 가능할 뿐만 아니라, 여러 정부 부처가 운영하는 다양한 유형의 플랫폼과의 연계 가능성을 높일 수 있기 때문이다(한상진, 2017a: 10).

한편 교통계획에 비 데이터를 활용할 경우 기대되는 효과는 다음과 같다(윤서연 외, 2016: 31-32).

첫째, 전통적인 교통계획을 위해 활용되는 자료는 5년 간격으로 이루어지는 가구통행실태조사나 특정시점에 설문조사 혹은 교통량조사를 통해 수집되는 횡단면자료(cross-sectional data)가 대부분이다. 여기에 비해 빅 데이터는 상시 수집되는 자료이기 때문에 특정 시점의 자료가 가지는 시간적 불연속성을 보완할 수 있고, 시점의 변화에 따른 통행 및 교통현상의 변화를 확인할 수 있다. 아울러 전통적인 설문조사나 교통량조사가 가지는 표본수 확보의 한계를 극복할 수 있다.

둘째, 빅 데이터는 공간적 해상도가 높기 때문에 행정구역 경계를 기준으로 구분된 존(zone) 단위는 물론이고, 그보다 작은 단위의 공간적 분할을 다양하게 시도할 수 있고, 그렇게 분할된 구역에 대해 다양한 통행특성을 도출하고 확인할 수 있다.

셋째, 빅 데이터는 원천적으로 개인 단위의 자료를 실시간으로 수집한 미시적 자료이므로 이를 가공하여 활용하면 전통적인 교통수요분석 결과의 세부적 검증이 가능하고, 마이크로 시뮬레이션(micro simulation)에 활용이 가능할 것으로 예상된다.

향후 사물인터넷(Internet of Things: IoT), C-ITS(Cooperative Intelligent Transportation Systems), 자율주행 등이 현실화될 경우 활용할 수 있는 빅 데이터는 더욱 급격히 늘어날 것으로 예상된다. 따라서 빅 데이터를 활용할 경우 더욱 정밀한 분석이 가능할 것으로 판단되는 만큼, 향후 교통계획에서 빅 데이터의 활용이 중요한 연구과제가 될 것으로 보인다.

4. 자율주행차의 도입

제4차 산업혁명시대에 교통의 가장 혁신적인 변화는 자율주행차의 등장일 것이다. 자율주행차는 '자동차 스스로 주변 환경을 인식하고 위험을 판단해 운전자의 차량 운전을 최소화하며, 출발지에서 목적지까지 주행경로를 스스로 계획하여 안전하게 주행이 가능한 자동차'이다(이백진, 김광호, 2017: 28).

자율주행은 경로선택, 차선유지, 차선변경, 가·감속 제어, 긴급 시 제동 등을 운전자가 아닌 차량이 수행한다. 따라서 자동차의 자율주행은 인지(도로, 교통 상황 등), 판단(상황 대처), 제어(차량 제동) 등의 일련의 과정을 거쳐 수행된다(김규옥, 2015: 21). 자율주행차의 도입이 교통현상과 교통계획에 미칠 수 있는 영향과 교통계획 대안의 평가(비용-편익 분석) 시 고려가 필요한 사항을 살펴보면 다음과 같다(이백진, 김광호, 2017: 30-32).

① 교통 이용행태: 자율주행차로 이동하는 시간, 즉 통행시간에 대한 가치가 변화할 것이다. 통행시간이 '소비'가 아니라 '이용'이라는 개념으로 전환되는 것이다. 자율주행차를 이용하면 긴장된 상태로 운전하는 것이 통행이 아니라, 이동 중 업무, 회의, 엔터테인먼트(entertainment) 등의 다양한 활동이 가능해져 자동차가 이동수단에서 움직이는 사무실(mobile office)로 기능적인 변화를 할 수도 있다. 따라서 교통수요분석 시 여러 단계에서 중요하게 고려되는 변수인 통행시간이 번거롭고 불편하기만 한 마찰인자(friction factor)나 비효용(disutility)의 요소가 아니라, 다른 활동에 활용이 가능한 시간으로 전환될 수 있다. 이렇게 될 경우 교통수요분석의 여러 단계에 획기적인 영향을 미칠 수 있다. 아울러 교통계획 대안의 평가를 위한 비용-편익분석에도 획기적인 영향을 미칠 것으로 보인다. 예컨대 많은 교통 프로젝트(예: 도로 건설)는 통행시간 절감편익을 가져다주는데, 자율주행차의 도입으로 통행시간 절감편익이 획기적으로 줄어들 수 있다. 한편 자율주행차는 편리해진 차량 운전과 조작으로 청소년들과 고령자들의 차량통행(vehicle trip) 발생을 급격히 증가시킬 수도 있어 통행시간가치의 변화와 함께 교통수요분석의 대부분의 단계에 획기적인 영향을 미칠 것으로 전망된다.

② 교통운영: 자율주행차는 차량끼리 통신함으로써 군집운행이 가능하

다. 그리고 군집 내 모든 차량이 동시에 가·감속을 할 수 있어 차간 거리를 좁힐 수 있다. 아울러 차량 좌우의 거리도 좁힐 수 있어 차선 개념이 없어지거나, 2차로를 3차로처럼 이용할 수도 있다. 이에 따라 궁극적으로 도로용량이 증가된다고 볼 수 있고, 이로 인해 자동차 배기가스 배출량의 감소도 기대된다. 이러한 영향은 교통수요분석의 여러 단계에서 검토와 고려가 필요하고, 아울러 교통계획 대안의 평가를 위한 비용-편익분석에서도 검토와 고려가 필요할 것으로 보인다.

③ 교통안전: 자율주행차는 인적 요인(예: 졸음운전, 운전미숙)으로 인해 발생하는 교통사고를 획기적으로 감소시킬 수 있을 것으로 전망된다. 이러한 영향은 교통계획 대안의 평가를 위한 비용-편익분석에서 검토와 고려가 필요할 것으로 보인다.

④ 도시공간구조: 자율주행차는 사람들의 공간적 이동성, 접근성, 편리성을 획기적으로 개선할 것이다. 이에 따라 사람들이 도시에서 생활하는 활동공간이 보다 확대될 수 있다. 그리고 장거리 운전에 대한 부담이 줄어들어 직장과 주거지의 입지를 선택하는 데 유연성이 높아져 도시의 공간적 확산과 교외화를 유도할 수 있다. 이러한 도시공간구조의 변화는 교통계획 대안(교통계획 수단)의 검토 시에 검토되고 고려될 필요가 있다.

자율주행차의 도입은 차량 자동화기술의 발전과 자율주행을 지원할 수 있는 교통 인프라의 구축에 달려 있다. 최근 급격하게 발전하고 있는 자율주행 관련기술의 발전으로 자율주행차의 도입은 머지않아 실현될 것으로 전망되는 만큼, 교통수요 측면에서 자율주행차의 도입이 미치는 파급효과를 분석하는 작업이 중요한 연구과제가 될 것으로 보인다. 즉 자율주행차의 보급에 따른 이용자 통행행태의 변화, 교통수요의 변화 등에 대한 분석이 새로운 연구과제로 등장할 것이다. 아울러 교통계획 대안의 평가에서 검토 및 고려가 필요한 사항들을 분석하는 것도 중요한 연구과제가 될 것으로 보인다.

연습문제

14-1. 활동기반분석이 교통수요분석에 기여할 수 있는 분야들을 구체적으로 논의하시오.

14-2. 통행시간대 선택행태의 분석이 교통수요분석에서 중요성을 갖는 이유를 설명하시오.

14-3. 교통수요의 새로운 척도가 왜 필요한지 논의하시오.

14-4. 4단계 교통수요 분석과정에서 피드백이 왜 필요한지, 그리고 바람직한 피드백의 구조는 어떻게 되어야 하는지 논의하시오.

14-5. 교통수요분석에서 연속/이산 선택모형이 활용될 수 있는 선택상황을 예를 들어 설명하시오.

14-6. 교통수요분석에서 잠재선호자료가 활용될 수 있는 상황을 설명하고, 잠재선호자료의 활용에서 나타날 수 있는 문제점을 논의하시오.

14-7. 교통계획에서 ITS가 기여할 수 있는 분야를 논의하시오.

14-8. 교통계획에서 GIS가 기여할 수 있는 분야를 논의하시오.

14-9. 교통계획에서 빅 데이터를 활용할 경우 기대되는 효과를 논의하시오.

14-10. 자율주행차의 도입이 교통현상과 교통계획에 미칠 수 있는 영향을 설명하고, 교통계획 대안의 평가(비용-편익 분석) 시 고려가 필요한 사항을 논의하시오.

참고문헌

김규옥(2015). "자동차와 도로의 자율협력주행을 위한 도로 운영 방안". 교통, 11월호(Vol. 213), 한국교통연구원: 19-25.

윤서연 외(2016). 융합 빅데이터를 활용한 교통수요 추정 개선 연구. 국토연구원.

이백진, 김광호(2017). "자율주행차 도입과 도시교통 정책방향". 국토, 6월호(제428호), 국토연구원: 27-34.

최기주(1998). "GIS를 활용한 교통부문 제반계획의 효율성 제고". 대한교통학회 교통계획위원회 편, 교통계획의 이해, 서울: 청문각: 273-305.

최회균(1998). "ITS를 활용한 교통계획 수립". 대한교통학회 교통계획위원회 편, 교통계획의 이해, 서울: 청문각: 307-331.

한상진(2017a). "교통 빅데이터 플랫폼 개발 및 활용방안 구상". 교통, 3월호(Vol. 229), 한국교통연구원: 6-10.

한상진(2017b). "교통 빅데이터 플랫폼 구축 및 활용". 교통, 5월호(Vol. 231), 한국교통연구원: 13-14.

Ben-Akiva, M. and S. R. Lerman(1985). *Discrete Choice Analysis: Theory and*

Application to Travel Demand. Cambridge: The MIT Press.

Boyce, D. E. and Y-F Zhang(1997). "Calibrating Combined Model of Trip Distribution, Modal Split, and Traffic Assignment". *Transportation Research Record* 1607: 1-5.

Brand, D.(1994). "Criteria and Methods for Evaluating Intelligent Transportation System Plans and Operational Tests". *Transportation Research Record* 1453: 1-15.

Lewis, S.(1990). "Use of Geographical Information Systems in Transportation Modeling". *ITE Journal*, Vol. 60, No. 3, March: 34-38.

Loudon, W. R., J. Parameswaran, and B. Gardner(1997). "Incorporating Feedback in Travel Forecasting". *Transportation Research Record* 1607: 185-195.

McCormack, E.(1999). "Using a GIS to Enhance the Value of Travel Diaries". *ITE Journal*, Vol. 69, No. 1, January: 38-43.

Ortúzar, J. de D. and L. G. Willumsen(1994). *Modelling Transport*. Second Edition, Chichester: John Wiley & Sons.

Spear, B. D.(1996). "New Approaches to Transportation Forecasting Models: A Synthesis of Four Research Proposals". *Transportation* 23: 215-240.

Stopher, P. R., D. T. Hartgen, and Y. Li(1996). "SMART: Simulation Model for Activities, Resources and Travel". *Transportation* 23: 293-312.

Sutton, J. C.(1996). "Role of Geographic Information Systems in Regional Transportation Planning". *Transportation Research Record* 1518: 25-31.

Train, K.(1986). *Qualitative Choice Analysis: Theory, Econometrics, and an Application to Automobile Demand*. Cambridge: The MIT Press.

부 록

1. 표준정규(Z)분포표

$$P\{0 \le Z \le z\} = \int_0^z \frac{1}{\sqrt{2\pi}} e^{-\frac{1}{2}t^2} dt$$

z	0.00	0.01	0.02	0.03	0.04	0.05	0.06	0.07	0.08	0.09
0.0	0.0000	0.0040	0.0080	0.0120	0.0160	0.0199	0.0239	0.0279	0.0319	0.0359
0.1	0.0398	0.0438	0.0478	0.0517	0.0557	0.0596	0.0636	0.0675	0.0714	0.0753
0.2	0.0793	0.0832	0.0871	0.0910	0.0948	0.0987	0.1026	0.1064	0.1103	0.1141
0.3	0.1179	0.1217	0.1255	0.1293	0.1331	0.1368	0.1406	0.1443	0.1480	0.1517
0.4	0.1554	0.1591	0.1628	0.1664	0.1700	0.1736	0.1772	0.1808	0.1844	0.1879
0.5	0.1915	0.1950	0.1985	0.2019	0.2054	0.2088	0.2123	0.2157	0.2190	0.2224
0.6	0.2257	0.2291	0.2324	0.2357	0.2389	0.2422	0.2454	0.2486	0.2517	0.2549
0.7	0.2580	0.2611	0.2642	0.2673	0.2704	0.2734	0.2764	0.2794	0.2823	0.2852
0.8	0.2881	0.2910	0.2939	0.2967	0.2995	0.3023	0.3051	0.3078	0.3106	0.3133
0.9	0.3159	0.3186	0.3212	0.3238	0.3264	0.3289	0.3315	0.3340	0.3365	0.3389
1.0	0.3413	0.3438	0.3461	0.3485	0.3508	0.3531	0.3554	0.3577	0.3599	0.3621
1.1	0.3643	0.3665	0.3686	0.3708	0.3729	0.3749	0.3770	0.3790	0.3810	0.3830
1.2	0.3849	0.3869	0.3888	0.3907	0.3925	0.3944	0.3962	0.3980	0.3997	0.4015
1.3	0.4032	0.4049	0.4066	0.4082	0.4099	0.4115	0.4131	0.4147	0.4162	0.4177
1.4	0.4192	0.4207	0.4222	0.4236	0.4251	0.4265	0.4279	0.4292	0.4306	0.4319
1.5	0.4332	0.4345	0.4357	0.4370	0.4382	0.4394	0.4406	0.4418	0.4429	0.4441
1.6	0.4452	0.4463	0.4474	0.4484	0.4495	0.4505	0.4515	0.4525	0.4535	0.4545
1.7	0.4554	0.4564	0.4573	0.4582	0.4591	0.4599	0.4608	0.4616	0.4625	0.4633
1.8	0.4641	0.4649	0.4656	0.4664	0.4671	0.4678	0.4686	0.4693	0.4699	0.4706
1.9	0.4713	0.4719	0.4726	0.4732	0.4738	0.4744	0.4750	0.4756	0.4761	0.4767
2.0	0.4772	0.4778	0.4783	0.4788	0.4793	0.4798	0.4803	0.4808	0.4812	0.4817
2.1	0.4821	0.4826	0.4830	0.4834	0.4838	0.4842	0.4846	0.4850	0.4854	0.4857
2.2	0.4861	0.4864	0.4868	0.4871	0.4875	0.4878	0.4881	0.4884	0.4887	0.4890
2.3	0.4893	0.4896	0.4898	0.4901	0.4904	0.4906	0.4909	0.4911	0.4913	0.4916
2.4	0.4918	0.4920	0.4922	0.4925	0.4927	0.4929	0.4931	0.4932	0.4934	0.4936
2.5	0.4938	0.4940	0.4941	0.4943	0.4945	0.4946	0.4948	0.4949	0.4951	0.4952
2.6	0.4953	0.4955	0.4956	0.4957	0.4959	0.4960	0.4961	0.4962	0.4963	0.4964
2.7	0.4965	0.4966	0.4967	0.4968	0.4969	0.4970	0.4971	0.4972	0.4973	0.4974
2.8	0.4974	0.4975	0.4976	0.4977	0.4977	0.4978	0.4979	0.4979	0.4980	0.4981
2.9	0.4981	0.4982	0.4982	0.4983	0.4984	0.4984	0.4985	0.4985	0.4986	0.4986
3.0	0.4987	0.4987	0.4987	0.4988	0.4988	0.4989	0.4989	0.4989	0.4990	0.4990

2. t-분포표

$$P\{t \geq t_a\} = \alpha$$

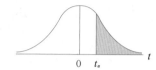

d.f.	$t_{0.100}$	$t_{0.050}$	$t_{0.025}$	$t_{0.010}$	$t_{0.005}$	d.f.
1	3.078	6.314	12.706	31.821	63.657	1
2	1.886	2.920	4.303	6.965	9.925	2
3	1.638	2.353	3.182	4.541	5.841	3
4	1.533	2.132	2.776	3.747	4.604	4
5	1.476	2.015	2.571	3.365	4.032	5
6	1.440	1.943	2.447	3.143	3.707	6
7	1.415	1.895	2.365	2.998	3.499	7
8	1.397	1.860	2.306	2.896	3.355	8
9	1.383	1.833	2.262	2.821	3.250	9
10	1.372	1.812	2.228	2.764	3.169	10
11	1.363	1.796	2.201	2.718	3.106	11
12	1.356	1.782	2.179	2.681	3.055	12
13	1.350	1.771	2.160	2.650	3.012	13
14	1.345	1.761	2.145	2.624	2.977	14
15	1.341	1.753	2.131	2.602	2.947	15
16	1.337	1.746	2.120	2.583	2.921	16
17	1.333	1.740	2.110	2.567	2.898	17
18	1.330	1.734	2.101	2.552	2.878	18
19	1.328	1.729	2.093	2.539	2.861	19
20	1.325	1.725	2.086	2.528	2.845	20
21	1.323	1.721	2.080	2.518	2.831	21
22	1.321	1.717	2.074	2.508	2.819	22
23	1.319	1.714	2.069	2.500	2.807	23
24	1.318	1.711	2.064	2.492	2.797	24
25	1.316	1.708	2.060	2.485	2.787	25
26	1.315	1.706	2.056	2.479	2.779	26
27	1.314	1.703	2.052	2.473	2.771	27
28	1.313	1.701	2.048	2.467	2.763	28
29	1.311	1.699	2.045	2.462	2.756	29
∞	1.282	1.645	1.960	2.326	2.576	∞

3. χ^2-분포표

$$P\{\chi^2 \geq \chi_\alpha^2\} = \alpha$$

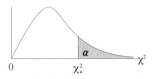

d.f. \ α	0.995	0.990	0.975	0.950	0.900
1	0.0000	0.0002	0.0010	0.0039	0.0158
2	0.0100	0.0201	0.0506	0.1025	0.2107
3	0.0717	0.1148	0.2157	0.3518	0.5844
4	0.2069	0.2971	0.4844	0.7107	1.0636
5	0.4117	0.5543	0.8312	1.1454	1.6103
6	0.6757	0.8720	1.2373	1.6353	2.2041
7	0.9892	1.2390	1.6898	2.1673	2.8331
8	1.3444	1.6464	2.1797	2.7326	3.4895
9	1.7349	2.0879	2.7003	3.3251	4.1682
10	2.1558	2.5582	3.2469	3.9403	4.8652
11	2.6032	3.0534	3.8157	4.5748	5.5778
12	3.0738	3.5705	4.4037	5.2260	6.3038
13	3.5650	4.1069	5.0087	5.8918	7.0415
14	4.0746	4.6604	5.6287	6.5706	7.7895
15	4.6009	5.2293	6.2621	7.2609	8.5468
16	5.1422	5.8122	6.9076	7.9616	9.3122
17	5.6972	6.4077	7.5641	8.6717	10.0852
18	6.2648	7.0149	8.2307	9.3904	10.8649
19	6.8439	7.6327	8.9065	10.1170	11.6509
20	7.4338	8.2604	9.5908	10.8508	12.4426
21	8.0336	8.8972	10.2829	11.5913	13.2396
22	8.6427	9.5424	10.9823	12.3380	14.0415
23	9.2604	10.1956	11.6885	13.0905	14.8479
24	9.8862	10.8564	12.4011	13.8484	15.6587
25	10.5197	11.5240	13.1197	14.6114	16.4734
26	11.1603	12.1981	13.8439	15.3791	17.2919
27	11.8076	12.8786	14.5733	16.1513	18.1138
28	12.4613	13.5648	15.3079	16.9279	18.9392
29	13.1211	14.2565	16.0471	17.7083	19.7677
30	13.7867	14.9535	16.7908	18.4926	20.5992
40	20.7065	22.1643	24.4331	26.5093	29.0505
50	27.9907	29.7067	32.3574	34.7642	37.6886
60	35.5346	37.4848	40.4817	43.1879	46.4589
70	43.2752	45.4418	48.7576	51.7393	55.3290
80	51.1720	53.5400	57.1532	60.3915	64.2778
90	59.1963	61.7541	65.6466	69.1260	73.2912
100	67.3276	70.0648	74.2219	77.9295	82.3581

계속

d.f. \ α	0.100	0.050	0.025	0.010	0.005
1	2.7055	3.8414	5.0238	6.6349	7.8794
2	4.6052	5.9914	7.3777	9.2103	10.5966
3	6.2514	7.8147	9.3484	11.3449	12.8381
4	7.7794	9.4877	11.1433	13.2767	14.8602
5	9.2364	11.0705	12.8325	15.0863	16.7496
6	10.6446	12.5916	14.4494	16.8119	18.5476
7	12.0170	14.0671	16.0128	18.4753	20.2777
8	13.3616	15.5073	17.5346	20.0902	21.9550
9	14.6837	16.9190	19.0228	21.6660	23.5893
10	15.9871	18.3070	20.4831	23.2093	25.1882
11	17.2750	19.6751	21.9200	24.7250	26.7569
12	18.5494	21.0261	23.3367	26.2170	28.2995
13	19.8119	22.3621	24.7356	27.6883	29.8194
14	21.0642	23.6848	26.1190	29.1413	31.3193
15	22.3072	24.9958	27.4884	30.5779	32.8013
16	23.5418	26.2962	28.8454	31.9999	34.2672
17	24.7690	27.5871	30.1910	33.4087	35.7185
18	25.9894	28.8693	31.5264	34.8053	37.1564
19	27.2036	30.1435	32.8523	36.1908	38.5822
20	28.4120	31.4104	34.1696	37.5662	39.9968
21	29.6151	32.6705	35.4789	38.9321	41.4010
22	30.8133	33.9244	36.7807	40.2894	42.7956
23	32.0069	35.1725	38.0757	41.6384	44.1813
24	33.1963	36.4151	39.3641	42.9798	45.5585
25	34.3816	37.6525	40.6465	44.3141	46.9278
26	35.5631	38.8852	41.9232	45.6417	48.2899
27	36.7412	40.1133	43.1944	46.9630	49.6449
28	37.9159	41.3372	44.4607	48.2782	50.9933
29	39.0875	42.5569	45.7222	49.5879	52.3356
30	40.2560	43.7729	46.9792	50.8922	53.6720
40	51.8050	55.7585	59.3417	63.6907	66.7659
50	63.1671	67.5048	71.4202	76.1539	79.4900
60	74.3970	79.0819	83.2976	88.3794	91.9517
70	85.5271	90.5312	95.0231	100.4252	104.2150
80	96.5782	101.8792	106.6297	112.3294	116.3219
90	107.5654	113.1458	118.1363	124.1168	128.2291
100	118.4985	124.3429	129.5611	135.8070	140.1694

색   인

저자약력

영남대학교 상대 경제학과 졸업
서울대학교 환경대학원 졸업(도시계획학 석사)
미국 The Ohio State University 대학원 도시 및 지역계획학과
　졸업(도시 및 교통계획학 박사)
미국 Purdue University 객원교수
대한교통학회 이사, 부회장, 고문
대한국토 · 도시계획학회 이사, 상임이사
한국지역학회 이사, 부회장
국토교통부 대도시권광역교통위원회 위원
국토교통부 중앙도시계획위원회 위원
국토교통부 신공항건설심의위원회 위원
국토교통부 중앙물류단지계획심의위원회 위원
현재 영남대학교 도시공학과 교수

著書 및 論文

『도시모형론』, 홍문사, 1995.

"Urban Residential Location and the Comparative Statics of
　Traffic Congestion", *Transportation Research-B*, Vol. 24B,
　No. 3, 1990.

"Modeling the Day-of-the-week Shopping Activity and Travel
　Patterns", *Socio-Economic Planning Sciences*, Vol. 31, No. 4,
　1997.

"Modeling Prework Trip-Making and Home Departure Time
　Choice", *Journal of Transportation Engineering*, American
　Society of Civil Engineers, Vol. 126, No. 4, 2000 외 다수.

교통계획―교통수요 이론과 모형

초판발행   2018년 2월 20일
중판발행   2023년 12월 20일

지은이   윤대식
펴낸이   안종만 · 안상준

편 집   마찬옥
기획/마케팅   장규식
표지디자인   권효진
제 작   우인도 · 고철민

펴낸곳   (주) 박영사
           서울특별시 금천구 가산디지털2로 53, 210호(가산동, 한라시그마밸리)
           등록 1959. 3. 11. 제300-1959-1호(倫)
전 화   02)733-6771
f a x   02)736-4818
e-mail   pys@pybook.co.kr
homepage   www.pybook.co.kr
ISBN   979-11-303-0513-4 93350

copyrightⓒ윤대식, 2018, Printed in Korea

정 가   28,000원